In Erinnerung an

JOSEF ENGEL

* 25. Februar 1909 † 06. Juli 1992

Ehrenbürger der Stadt Bad Orb

Josef Engel

Beiträge zur Orber Historie veröffentlicht in Bad Orber Zeitungen 1980 bis 1990

Gesammelt und herausgegeben von

Wolfgang Hessberger

2023

Eigenverlag Wolfgang Hessberger

Die Beiträge erschienen von Juli 1980 bis April 1990 im »Bad Orber Anzeiger« (Druckhaus Göb) und parallel oder zeitversetzt in der »Stadtschelle« (Anzeigeblatt für Bad Orb und den Joßgrund), beide Bad Orb. Die im Buch genannten Daten benennen die Veröffentlichung im »Bad Orber Anzeiger«.

Die Herausgabe in Buchform wurde freundlicherweise von den Rechteinhabern, den Enkeln Josef Engels, genehmigt.

Im Text wurden offensichtliche Fehler berichtigt und die neue deutsche Rechtschreibung angewendet. Ergänzungen erfolgten in eckigen Klammern [ ].

Bei Zitaten, insbesondere aus Urkunden und Schriftgut, wurde die dortige alte Schreibweise beibehalten.

Zur besseren Lesbarkeit wurden für Zitate und Abdrucke aus Urkunden und Schriftgut die Schriftart »Georgia« verwendet, für den übrigen Text »Calibri«.

2023 Eigenverlag Wolfgang Hessberger

Satz: Herausgeber

Herstellung und Verlag: BoD – Books on Demand,
Norderstedt

ISBN: 978-3-00-074860-8

Zum Geleit

JOSEF ENGEL, drittes von vier Kindern des Johann Anton Engel und der Luise Weisbecker. Die Mutter stirbt, als er 2 ½ Jahre alt ist. Zunächst versorgt die Großmutter, schon 72 Jahre alt, die Familie. Sie stirbt nach einem Hundebiss 1917. Der Vater fällt 1917 bei Verdun. Eine Tante kümmert sich um die Familie, bis 1918 Onkel Heinrich mit seiner 2. Frau Karoline und 6 Kindern zu den vier Vollwaisen in die Haselstraße zieht. 1922 kommt noch eine Cousine hinzu, sodass Josef zusammen mit 7 Cousinen und Cousins aufwächst. 1928 bezieht Onkel Heinrich mit Familie ein eigenes Haus: Josef und seine Geschwister wohnen jetzt allein in der Haselstraße.

Nach der Mittleren Reife (Realschulabschluss) – 5 Jahre Orber Lateinschule und 1 Jahr in der Kreisrealschule Gelnhausen – macht Josef eine Lehre im Büro der Orber Zigarrenfabrik Limpert. Ab Sommer 1928 Anstellungen bei Rechtsanwalt Mannhardt, im Orber Konsum und bei der Firma Adt in Wächtersbach. Ab 1938 arbeitet er im Sanatorium Küppelsmühle. Von dort geht er 1974 in den Ruhestand.

1928 gründet Josef, sportlich aktiv wie Vater Johann Anton u. Onkel Heinrich, im Turnverein einen »Spielmannszug« und ist als Flötist aktiv. Dieser Spielmannszug hat allerdings nur 4 Jahre Bestand und löst sich 1932 wieder auf.

Weihnachten 1932 verlobt sich Josef mit Anna Rübsam. Es ist politisch eine sehr unruhige Zeit, denn kurz vor der Machtergreifung Hitlers gibt es auch Straßenschlachten in Bad Orb und Anna sorgt sich um ihren Josef, wenn er von der »Hööch« spätabends nachhause in die Haselstraße geht. 1934 heiraten die beiden. 1938 wird Tochter Irmtraud geboren, in Bad Orb mit dem Namen Scheler bekannt. Anna und Josef erleben in ihrem Haus in der Hindenburgstraße [heute »Martin-Luther-Straße«] drei Enkelkinder: Judith, Magnus und Lucia.

Im Januar 1940 wird Josef Engel in die Stabskompanie der Luftflotte III eingezogen, die zu dieser Zeit in Bad Orb stationiert ist. Das Kurhaus ist Kommandantur. Kommandant ist Generalfeldmarschall Sperrle. Nach Wehrmachtszeiten an verschiedenen Abschnitten der Westfront, u.a. in Paris – Josef Engel ist inzwischen Unteroffizier – kommt er in den letzten Kriegswochen in Frontstellungen in Schlüchtern und Bad Brückenau zum Einsatz. Dort gerät er Anfang April 1945 in amerikanische Gefangenschaft und wird in ein Kriegsgefangenenlager bei Marseille/Südfrankreich gebracht.

Nach der Entlassung aus der Gefangenschaft nimmt er seine Tätigkeit in der Küppelsmühle wieder auf. Neben seiner beruflichen Tätigkeit engagiert sich Josef Engel im Orber Turnverein, in den er 1926 eingetreten ist. Er ist aktiver Turner und Leichtathlet. Im Turnvereinsvorstand ist er als Schriftführer, Kassenwart, Vereinsdiener, Geschäftsführer und zuletzt Ehrenbeisitzer mit Sitz und Stimme tätig.

1952 initiiert Josef Engel erneut die Gründung eines »Spielmannszugs« aus dem sich über die Jahre – es kommen immer mehr und verschiedene Blasinstrumente hinzu – das Blasorchester des Turnvereins entwickelt. Auf Veranlassung des damaligen 1. Vorsitzenden Helmut Holzmann gibt Josef Engel ab 1952 alle fünf bis sechs Wochen Vereinsmitteilungen in Form von Rundbriefen heraus. Als 1979 Winfried Herold die Redaktion übernimmt, findet Josef Engel – altersgerecht – eine neue Aufgabe. Der Turnverein gründet eine Abteilung für die »alten« Mitglieder, den »Seniorenkreis«. Josef Engel wird Obmann und übernimmt diese Aufgabe bis zu seinem achtzigsten Lebensjahr.

Aber nicht nur der Turnverein Bad Orb liegt Josef Engel am Herzen. Als Pfarrer Lins 1949 den »Katholischen Männerverein«

gründet, engagiert sich Josef Engel. Dieses Mal aber, man mag es kaum glauben, ist er »nur« Mitglied.

Keine Aufgabe ist Josef Engel zu viel. 1954 übernimmt er die Position des Rechnungsführers der »Quanz`schen Familienstiftung« und übt diese Tätigkeit 35 Jahre, bis 1986, aus.

1958 übernimmt Josef Engel weitere Ehrenämter. Er wird in den »Pfarrgemeinderat« gewählt und verantwortet 25 Jahre mit die Belange der Katholischen Pfarrgemeinde Bad Orb. Im selben Jahr beruft man ihn, neben Bürgermeister Anton Drisch, in das fünfköpfige »Organisationsgremium 900 Jahre Bad Orb«.

1977: Josef Engel wird im Rahmen einer Jahreshauptversammlung des Turnvereins von Landrat Rüger das »Bundesverdienstkreuz« überreicht.

1979: Josef Engel ist Gründungsmitglied des »Bad Orber Geschichts- und Heimatvereins e. V.«.

Man könnte fast meinen, es hätte des Bundespräsidenten Walter Scheel bedurft, Josef Engel zu überzeugen, neben all diesen Ehrenämtern, die er bereits bewältigt hat, nochmals mit etwas Neuem zu beginnen. 1980 beginnt er damit, regelmäßig »Beiträge aus Orber Vergangenheit« zu verfassen und veröffentlicht sie im »Bad Orber Anzeiger« und in der »Stadtschelle«. 11 Jahre dauert diese Schaffensphase. Das Ergebnis dieses Wirkens habt ihr, haben Sie, liebe Leser, jetzt in der Hand.

Für diese besondere Leistung und für alles das, was Josef Engel noch für die Stadt Bad Orb und ihre Bürger getan hat, wird ihm am 25. Februar 1989, seinem 80. Geburtstag, die »*EHRENBÜRGERSCHAFT*« verliehen.

Zur bleibenden Erinnerung erhält der Platz vor dem Haus der Vereine ab 1993 den Namen »JOSEF-ENGEL-ANLAGE« (Beschluss der Stadtverordnetenversammlung am 19.01.1993).

An Josef Engels Wirken hat seine Ehefrau Anna ganz sicher ihren Anteil. Außergewöhnliche Leistungen aus einer Familie heraus sind nur durch Verzicht, Toleranz und aktive Unterstützung des Ehepartners möglich.

***

Das Buch »*Beiträge zur Orber Historie veröffentlicht in Bad Orber Zeitungen 1980 bis 1990*« soll dazu beitragen, das unermüdliche Engagement Josef Engels vor dem Vergessen zu bewahren. Neben seinem fast lebenslangen Bemühen um den Bestand und die Fortentwicklung des Turnvereins Bad Orb hat Josef Engel elf Jahre lang nicht nur eigene Berichte und Erzählungen verfasst, sondern auch Orber Archivalien aus der Versenkung geholt und seinen Mitbürgern zugänglich gemacht.

Allen, die die Orber Mundart schätzen und bewahren wollen, hat Josef Engel in seinen Aufsätzen lautschriftliche Hilfen an die Hand gegeben und damit eine Art »OPA – **O**RBER **P**HONETISCHES **A**LPHABET« zur Verfügung gestellt.

Ich habe Josef Engels »BEITRÄGE ZUR ORBER HISTORIE« um ein ausführliches Sachregister erweitert, was die Handhabung des umfangreichen Buches erleichtert und es zu einem Nachschlagewerk macht.

Wolfgang Hessberger, 2023

Inhalt

Die Orber Turnerfahnen

05. Juli 1980

12.. Juli 1980

1. Die Orber Turnerfahnen

Unter diesem Titel hat Josef Engel im VEREINS-ECHO, dem Mitteilungsblatt des Turnvereins Bad Orb, eine Niederschrift veröffentlicht, die sich im I. Teil mit der historischen Turnerfahne befasst. Dabei hat er sich auf Berichte von Wilhelm Pungs, auf Studienarbeiten von Bernd Trageser, über die politischen und nationalen Auseinandersetzungen der Turnbewegung von 1848/49, sowie auf eigene Kenntnisse und Feststellungen gestützt. Des allgemeinen Interesses wegen und im Einverständnis mit dem Artikelschreiber, sei der Bericht auch an dieser Stelle wiedergegeben. – Artikel über die anderen Orber Turnerfahnen, sowie über weitere Punkte der Vereinsgeschichte, sollen zu gegebener Zeit folgen. [Eine Anmerkung der Redaktion des »Bad Orber Anzeigers«.]

Die älteste Orber Turnerfahne ist die historische Turnerfahne aus den Jahren vor 1848, die heute im Bad Orber Heimatmuseum einen Ehrenplatz hat. Wie diese Fahne nach dem 2. Weltkrieg „wiedergefunden" wurde, darüber hat unser Ehrenmitglied Wilhelm Pungs geschrieben. Es kann in der Festschrift zum 100-jährigen Bestehen unseres Vereins im Jahre 1968 auf Seiten 55-57 nachgelesen werden. Diese Orber Fahne, die der Gelnhäuser Turnerfahne ähnlich ist, wurde am 23. Oktober 1955 im Beisein des Gelnhäuser Heimatforschers und Altbürgermeisters Julius Frey, unseres damaligen, inzwischen verstorbenen 1. Vorsitzenden Helmut Holzmann und mir im Gelnhäuser Rathaus der dortigen Fahne gegenübergestellt und genau verglichen. Beide Fahnen, die leider keine Jahreszahlen aufweisen, sind **auf der Vorderseite,** bis auf wenige unbedeutende Unterschiede in den Stickornamenten, identisch. Sie sind aus dem gleichen Seidenstoff hergestellt, auch die Symbole sind gleich, und zwar stehen

der Eichenkranz und der Turnerspruch für die körperlichen Ziele,
das Schwert für den damaligen politischen Kampf mit der Waffe,
die Fackel für die geistig-seelische Bereitschaft,
die Eule nach alter Sitte als Sinnbild der Weisheit,
das Eiserne Kreuz als ein Traditionszeichen; es erinnert an die Freiheitskämpfe in den Jahren 1813-1815.

Die Rückseite beider Fahnen ist verschieden und lokal gehalten. Auf der Gelnhäuser Fahne ist das Stadtwappen und die Aufschrift „Turngemeinde Gelnhausen", während die Orber Fahne einen Eichenlaubkranz trägt mit der Inschrift: „Verein Einigkeit Orb". Früher stand an dieser Stelle „Turngemeinde Orb". Das ist noch deutlich an den Sticklöchern zu erkennen.

Obwohl Gelnhausen und Bad Orb zwei verschiedenen Kleinstaaten angehörten, Gelnhausen zu Kurhessen und Orb zu Bayern, waren sich die Turner einig, nämlich in ihrem Streben nach Demokratie und Vereinigung aller deutschen Länder, wozu sie zum Kampf mit der Waffe bereit waren.

Es lag vor 1848 im Wesen der damaligen Zeit, dass die Turner sich mit Politik beschäftigten, denn es war die Zeit der Kleinstaaterei, bei der die deutschen Landesfürsten die Bürger in ihrem Tun und Handeln immer mehr einschränkten und nur ihre selbstsüchtigen, engstirnigen Ziele verfolgten, ohne Rücksicht auf die Belange des gesamten deutschen Volkes. Hiergegen anzugehen war auch das Ziel der Turner.

Turnvater Jahn hat am 1. Deutschen Turntag am 2. und 3. April 1848 in Hanau teilgenommen, als er in Frankfurt/M in der Paulskirche Mitglied des Vorparlaments war. In dieses Parlament war er als Vertrauensmann eines Wahlbezirks der preußischen Provinz Sachsen gewählt worden. Bei der Rückreise nach Sachsen, die ihn durch das Kinzigtal führte, hat er – wie schon Tage vorher in Langenselbold – in Gelnhausen, Schlüchtern und Fulda Halt gemacht. In Gelnhausen hat er am 15. April 1848 auf dem Obermarkt zu den Turnern gesprochen und die Fahne der Turngemeinde geweiht. Eine Gedenktafel am Gelnhäuser Rathaus erinnert daran. (Dass auch die Orber Fahne dabei war, ist nicht wahrscheinlich, jedenfalls fehlen darüber hier jegliche Anhaltspunkte.)

Leider fehlen in Bad Orb auch jegliche Aufzeichnungen und Unterlagen über diese alte Turnerfahne, aber die Identität mit der Gelnhäuser Fahne ist Beweis genug dafür, dass sie ebenfalls vor 1848 entstanden sein muss. Denn die Gegenüberstellung der beiden Fahnen hat deutlich ergeben, dass sie im gleichen Zeitraum entstanden sind und dass ihnen ein gemeinsamer Entwurf zugrunde liegt. Die Gelnhäuser Fahne stammt nachweislich (Urkunden befinden sich dort bei den Stadtakten) aus der Zeit vor 1848, der Entwurf von Bautechniker Andreas Stock (1824 – 1897) aus Gelnhausen, einem Großonkel des Altbürgermeisters Julius Frey.

Als im Jahre 1842 die Turnsperre aufgehoben wurde, bildeten sich in Deutschland ganz spontan viele Turngemeinden, so auch in Frankfurt/M., Offenbach, Hanau, Gelnhausen, Wächtersbach, Orb, Schlüchtern und Fulda. Statt der neutralen, wenig aussagenden Bezeichnung VEREIN nahm man überall den Namen TURNGEMEINDE an, der auf ein enges Zusammengehörigkeitsgefühl hindeutete.

Die Turngemeinden waren aus einem politischen Bedürfnis heraus entstanden und waren vielmals Zufluchtsstätten politischer Bestrebungen. Ihr ganzes Zielen und Streben waren auf **Einigkeit, Einheit und Freiheit** gerichtet, sie wollten ein geeintes Deutschland. Ihre Aufgabe sahen sie nicht allein in der körperlichen Ertüchtigung; sie wollten vielmehr dem Gemeinwohl dienen, vom Untertanengeist wollten sie loskommen. Man suchte sich auf vielen Gebieten – so auch geistig – zu bilden. Deshalb gründete man in den Turngemeinden Gesangsabteilungen, Büchereien, technische Hilfsdienste und – wie auch hier in Orb – freiwillige Feuerwehren.

So betrachtet kann es als geschichtlich erwiesen angesehen werden, dass aus der zwangsweise aufgelösten Turngemeinde die erste freiwillige Feuerwehr in Orb entstand und diese Feuerwehr mit der gleichen, nur in der Inschrift geänderten Fahne als „Verein Einigkeit Orb" **weiterlebte**.

Als solche hat die EINIGKEIT dann auch Jahrzehnte das Orber Vereinsleben bereichert und mitgestaltet. Ältere Orber Bürger sprechen noch heute von der EINIGKEIT als der „alten Feuerwehr".

Im Jahre 1933 wurde der Verein „Einigkeit" (wie andere Orber Vereine auch) von den Nationalsozialisten aufgelöst. Die Mitglieder teilten das Inventar unter sich auf; die Fahne fiel dem Bauunternehmer Anton Engel [Bauunternehmen ehemals in Bad Orb, Hubertusstraße, heute Sitz in Hanau] zu, der sie viele Jahre zuhause aufbewahrte.

Im Einverständnis mit dem inzwischen verstorbenen, damaligen Museumsleiter, Johann Hessberger, hat die Fahne dann im Jahre 1955, als Leihgabe der Familie Engel, einen Ehrenplatz im Bad Orber Heimatmuseum bekommen.

Die alte Orber Turnerfahne wie sie früher war.

Die alte Orber Turnerfahne wie sie heute aussieht.

Im VEREINS-ECHO, dem Mitteilungsblatt des Turnvereins Bad Orb, hat sich Josef Engel mit den Bad Orber Turnerfahnen befasst, und zwar im I. Teil mit der historischen Orber Turnerfahne, die im Heimatmuseum einen Ehrenplatz hat, und jetzt im II. Teil mit den drei eigentlichen Vereinsfahnen. Die Niederschrift ist nicht nur von allgemeinem Interesse, sondern auch von heimatgeschichtlicher und turnhistorischer Bedeutung. Deshalb soll sie – im Einverständnis mit dem Artikelschreiber – auch an dieser Stelle wiedergegeben werden. [Eine Anmerkung der Redaktion des »Bad Orber Anzeigers«.]

1. Die im Jahre 1869 geweihte Fahne des Turnvereins.

Älteste der drei eigentlichen Turnvereins-Fahnen ist diejenige, welche im Jahre 1869, also schon ein Jahr nach der Vereinsgründung, angeschafft wurde. Darüber kann man in dem noch vorhandenen, sorgfältig aufbewahrten Protokollbuch nachlesen, wo es heißt: „Im Jahre 1869 gelangte der Verein in den Besitz einer Fahne. Die Bezahlung derselben geschah durch Beiträge der Mitglieder und Spenden von Privatpersonen, ein Rest von circa 28 fl. (Gulden) fiel der Vereinskasse zur Last. Der Lieferant der Fahne war Fahnenstickerei Lieber zu Hanau und der Preis derselben 137 fl. Der erste Fähnrich war Ferdinand Schneider. Die Fahnenweihe fand am 1. August 1869 statt. Der Festplatz war im Bleichgarten.“ [Das ist das Gelände der »Josef-Engel-Anlage«.] Die nachstehende Abbildung zeigt die Kopie einer Eintrittskarte zum Fest der Fahnenweihe, die zusammen mit dem 25-jährigen Bestehen der Liedertafel begangen wurde. Die Eintrittskarte ist uns im Original erhalten, ich habe sie in alten Akten gefunden.

Eintritts-Karte
zum
25jährigen Stiftungs-Feste der Liedertafel
und
Fahnenweihe der Turner,
in
ORB
am 1. August 1869.

Die Fahne zeigt auf der einen Seite über einem Eichenlaubkranz die Schrift: „Turnverein Orb“ auf der anderen Seite „Gut Heil“ über dem Turnerkreuz (4-F), darunter wieder den nach beiden Seiten durchgestickten Eichenlaub-Halbkranz, auf beiden Seiten in den vier Ecken kleiner, ebenfalls durchgestickte Eichenlaub-Halbkränze. Die Fahne selbst ist aus leichter beiger Seide hergestellt und inzwischen, nach 11 Jahren, arg verschlissen. Das war ja auch der Grund dafür, dass im Jahre 1897 vom Verein eine zweite Fahne angeschafft wurde, denn es heißt schon im Protokoll von 1896: „Schon langjähriger Wunsch der Mitglieder war, die sehr defekt gewordene Vereinsfahne durch eine neue zu ersetzen....“ Diese (1869er) Fahne befindet sich im Vereinsbesitz und ist in ihrer ursprünglichen Form unverändert erhalten. Sie wurde in den letzten Jahrzehnten nur bei besonderen Anlässen gezeigt; sie wird in einem Fahnenschrank verwahrt.

2. Die Fahne der TG.

Im Mai 1890 kam es in Orb zur Gründung der Turngemeinde, nicht zu verwechseln mit der Turngemeinde, die um das-Jahr 1849 in Orb bestanden hat. Vermutlich waren es Mitglieder des Turnvereins, die sich (aus uns nicht mehr bekannten Gründen) vom Verein lossagten und diesen neuen Verein gründeten. Die Anschaffung einer Fahne dieser Turngemeinde wurde im Jahre 1895 beschlossen; für die Finanzierung wurde ab Januar 1895 zusätzlich zum Monatsbeitrag noch ein Sonderbeitrag „Fahnenfond" von 5 Pfg. erhoben. Als Kassierer für diesen Fahnenfond wurde in einer Versammlung Heinrich Acker gewählt. Hersteller der Fahne war die Fahnenfabrik Wilhelm Rupp in Frankfurt/M. Der Anschaffungspreis betrug 430,00 M. Die Weihe der Fahne erfolgte am 27. und 28. Juni 1896.

Festplatz war ebenfalls der Bleichgarten [heute »Josef-Engel-Anlage«], auf dem ein etwa 1000 Personen fassendes Zelt aufgebaut war. Der Festverlauf ist im Protokollbuch der Turngemeinde ausführlich geschildert.

Von 1880 bis zum 1. Weltkrieg bestanden in Bad Orb also zwei Turngemeinschaften, der **Turnverein** und die **Turngemeinde**. Während des Krieges ruhte in beiden Vereinen der Turnbetrieb nahezu vollständig. Nach Ende des Krieges, und zwar nach einer am 6. April 1919 abgehaltenen Versammlung der Turngemeinde, hat diese die Verschmelzung mit dem Turnverein beschlossen, sie wurde nach der Wiedervereinigung auch durchgeführt. Die Änderung der Stickerei an der Fahne (...verein wo ...gemeinde stand), ist heute noch deutlich zu erkennen. Wenn auch beide Seiten der Fahne stark beschädigt waren, so haben wir bei der Hundertjahrfeier unseres Vereins im Jahr 1968 nur die Rückseite der Fahne von der Karlsruher Fahnenfabrik erneuern lassen, aber die Vorderseite, die den Namen trägt, wohlweislich als Beweis in ihrer ursprünglichen Form belassen. Die von uns nicht erneuerte Seite der Fahne ist aus leichter blauer Seide hergestellt und trägt heute in die Inschrift „Turnverein gegründet 1868 Orb".

Diese Fahne ist seit 1919 als auch im Besitz des Turnvereins und wird zusammen mit den übrigen Fahnen in einem Schrank verwahrt.

3. Die dritte vereinseigene Fahne ist die, deren Anschaffung vom Turnverein im Jahre 1896 beschlossen und die am 18. und 19. Sept. 1897 eingeweiht wurde. Fest Ort bei der Weihe dieser Fahne war der Bierjakob Garten am Burgring (gegenüber der Burg). Diese Fahne ist gelegentlich unseres 100-jährigen Bestehens beiderseits von der Karlsruher Fahnenfabrik erneuert worden. Dort steht auf der Vorderseite „Turnverein 1868 Bad Orb", darin in der Mitte ein großes 4-F., dieses wiederum umgeben von einem Eichenlaubkranz, in den vier Ecken jeweils auf Eichenlaubzweigen die Worte: „Frisch-Fromm-Fröhlich-Frei". Auf der Rückseite steht der Text: Ein freies Volk von Einigkeit und Kraft – Sei das Panier der deutschen Turnerschaft". In den vier Ecken: Einig-Kräftig-Mutig-Treu, in der Mitte verschiedene Embleme, darunter der Turnergruß „Gut Heil!". Diese Fahne wurde (wiederum lt. Protokoll) von der Oisanderschen Kunststickerei in Ravensburg geliefert und kostete 462,00 Mark. Die Bezahlung erfolgte teils durch einen. Fahnenfond, teils durch freiwillige Spenden und durch einen Zuschuss von 150 Mark aus der Vereinskasse. Die Anschaffung der Fahne war – wie gesagt – notwendig geworden, weil die erste 1869 angeschaffte Fahne, sehr „defekt" geworden war. Bei dieser 1897-er Fahne handelt es sich also um diejenige, welche heute bei den verschiedenen Anlässen (Umzügen, Beerdigungen o.ä.) mitgetragen oder gezeigt wird. Vielleicht wird sich der eine oder andere Leser fragen, was diese Niederschrift über die drei Orber Turnerfahnen bezwecken soll, da jeder, der sich dafür interessiert, die Fahnen ja betrachten könne. Es geht bei diesem Bericht jedoch nicht ums Betrachten, sondern, viel mehr um die Geschichte der Fahnen, die kaum jemanden bekannt ist. Andererseits werden viele Leute; oder selbst Mitglieder fragen, wieso und warum der Verein drei Fahnen besitzt. All diese Gedanken und Fragen sind mit dieser Schilderung beantwortet, und ich meine, dass es wert ist, dies einmal niederzuschreiben und festzuhalten, zumal spätere Generationen die Schrift in den Protokollbüchern kaum werden lesen können. Die Fahnen sind auch nicht nur ein Stück Vereinsgeschichte, sie bedeuten auch ein Stück Heimatgeschichte, wofür sich jeder, der die Heimat liebt, interessieren wird. Denn sowohl Gemeinden (Städte und Dörfer) wie auch Vereine sind; nicht plötzlich einmal dagewesen, sie sind dagegen im Laufe der Jahrzehnte und Jahrhunderte geworden und gewachsen und unsere Vorfahren sind es wert, dass man ihre Arbeit, Mühe und Opfer ehrt und achtet. Wir Turner jedenfalls sind auf unsere-Fahnen mit geschichtlicher Bedeutung stolz. Wir treiben mit ihnen keine Reliquienverehrung, sondern sehen in ihnen lediglich das Symbol unserer Gemeinschaft.

Die ehemalige vereinseigne Turnhalle an der Frankfurter Straße

10. Oktober 1980

2. Die ehemalige vereinseigene Turnhalle an der Frankfurter Straße

In den letzten beiden Ausgaben dieser Rundbriefe habe ich mich mit den Orber Turnerfahnen befasst. Auch mit dieser Niederschrift will ich näher in die Vereinsgeschichte hineinschauen und meine Berichte heute mit der Geschichte der ehemaligen Vereinsturnhalle an der Frankfurter Straße fortsetzen. Als Glied der Turnerfamilie Engel fühle ich mich dazu verpflichtet, leben wir doch nicht nur in der flüchtigen Gegenwart, sondern wurzeln mit all unserem Sein auch tief in der Vergangenheit.

Wer weiß es noch, dass der Orber Turnverein einmal eine vereinseigene Turnhalle besaß, und zwar an der Frankfurter Straße, Ecke Martinusstraße, dort wo heute das Haus Nr. 38, das Anwesen der Familie Acker steht. Sicherlich wissen das nur wenige, vielleicht noch die Älteren, die über 70, der eine oder andere evtl. noch vom Hörensagen. Wie es zu dieser Turnhalle kam und die Umstände, unter denen der Verein sie wieder verlor, will ich im Nachstehenden zu schildern versuchen.

Dabei stütze ich mich auf die noch vorhandenen Protokollbücher, auf das, was ich durch Befragen und Erkunden erfahren habe und das wenige, was ich selbst aus meiner Kindheit noch weiß. Seit der Vereinsgründung im Jahre 1868 bis zum Bau (zur Fertigstellung) der Halle im Jahre 1907 waren es immerhin nahezu vier Jahrzehnte. In alle diesen Jahren war der Verein auf fremde Räume angewiesen, auf Gasthaus-Säle, Höfe und Scheunen. Aber man hatte auch damals schon das Bestreben, einmal eine eigene Halle zu besitzen, um von anderen unabhängig zu sein. Zum Fehlen eigenen Geländes kam noch das Fehlen der notwendigen finanziellen Mittel.

Grundstückskauf im Jahre 1900:

Erste Grundlage für den geplanten Bau der Halle war der Ankauf eines entsprechenden Geländes um die Jahrhundertwende. Es waren drei Parzellen von zusammen 4,26 ar von Bäckermeister August Metzler zum Preis von 1000 Goldmark, später noch (nach dem Protokollbuch) eines weiteren Stückchen Landes von Silberthau (jüdischer Händler) für 161 Mark. (Welchem heutigen Wert diese Beträge entsprechen, mag sich jeder selbst errechnen.) Die 1000 Goldmark für das Stück Land von August Metzler wurden von der Darlehnskasse Orb geliehen und in den nächsten Jahren in 4 Raten zurückgezahlt.

Zu diesem Zeitpunkt, man schrieb das Jahr 1900, war der Turnverein Orb kein gerichtlich eingetragener Verein (e.V.) wie heute. Die Mitglieder widersetzten sich der Eintragung in das Vereinsregister, vermutlich weil sie befürchteten, einmal für Schulden des Vereins haften zu müssen. (Ihnen war nicht bekannt, dass in einem Ernstfall genau das Gegenteil der Fall gewesen wäre). Deshalb wurden die beiden Vorstandsmitglieder Adam Hessberger, Werkmeister und s. Zt. 1. Vorsitzender, sowie Joh. Anton Engel (mein Vater und der Großvater des derzeitigen Oberturnwartes Hubert Engel), Landwirt und Waldarbeiter und s. Zt. II. Turnwart, mit dem Ankauf und der Überschreibung des Landes auf ihren Namen als Gesellschafter bürgerlichen Rechts (BGB-Gesellschaft) beauftragt, wozu sie sich nach Zögern dann auch bereiterklärten, denn es war – wenn auch ein Vertrauensbeweis – für beide Teile ja auch ein gewisses Risiko.

Erst nach mehreren Jahren, als ein Kenner der Rechtsverhältnisse den Mitgliedern in einer Versammlung das Vereinsrecht auf Grund des im Jahre 1900 in Kraft getretenen Bürgerlichen Gesetzbuchs (BGB) erklärte, war man bereit, die Eintragung ins Vereinsregister beim Amtsgericht Orb zu beantragen. Bis zum Baubeginn im Jahre 1906 wurde das Gelände an einzelne Leute verpachtet.

Der Bau der Halle

In den einzelnen Sitzungen des Vorstandes und in Mitgliederversammlungen wurde jahrelang über den geplanten Bau der Halle diskutiert, ehe man Kommissionen bildete und die Größe der Halle beschloss. Im September 1905 wurden dann die Größenmaße auf 12 x 18 m festgelegt.

Die Mitglieder des Vorstandes und des Bauausschusses sind uns durch ein Foto vom Jahre 1907 aufgenommen vor der Halle, namentlich erhalten geblieben. Es sind dies: auf dem Bilde von links nach rechts, sitzend: Philipp Metzler, Adam Geis, Adam Hessberger, Karl Döppenschmidt; stehend: Heinrich Engel, Anton Engel, Gottfried Dickert, Albin Wolf, Philipp Schneider, August Ehmer, Heinrich Acker, Anton Schweitzer (oben), Max Huth, Josef Schneeweis, Anton Metzler und Viktor Desch.

Bauunternehmer beim Bau der Halle war Maurermeister August Wolf, der Vater von Heinrich Wolf, Stadtbaumeister i.R. und Ehrenmitglied unseres Vereins. Heinrich Wolf erzählte mir auch, dass er als Maurerlehrling beim Bau der Halle mitgeholfen habe. Die Zimmererarbeiten wurden von Adolf Reinhard, die

Spengler Arbeiten von Anton Pfeifer ausgeführt. Die gesamten Baukosten beliefen sich auf 5.419,91 Mark.

Einweihung der Turnhalle

Die Einweihungsfeierlichkeiten fanden am 19. Mai 1907, dem 1. Pfingstfeiertag, statt. Verbunden damit war ein Festzug durch die Straßen unserer Stadt. Vorausgegangen war am Abend zuvor ein Zapfenstreich, gespielt von der Kapelle Desch. Sämtliche Vereine der Stadt beteiligten sich am Festzug und den Feierlichkeiten. Erster Vorsitzender des Turnvereins zu dieser Zeit war der schon vorher genannte Adam Hessberger.

Interessant ist es und soll in diesem Zusammenhang auch vermerkt werden, **dass der Magistrat der Stadt den Verein zur Gewerbesteuer veranlagte** und außerdem **einem** Antrag **des Vereins nicht entsprach**, von den 32 Fahnen, die zur Ausschmückung in der Stadt aufgehängt waren, zwei davon dem Verein zum Aufhängen vor der Turnhalle leihweise zu überlassen. Was den Magistrat zu dieser wenig freundlichen Geste bewogen haben mag, ist uns nicht überliefert und auch aus dem Protokollbuch nicht zu ersehen. Dagegen ist im Letzteren festgehalten, dass das Basaltwerk Wächtersbach dem Verein zum Auffüllen in der Halle einen Waggon Basaltmaterial kostenlos überlassen hat.

Erst am 22. Oktober 1907. also 5 Monate nach der Fertigstellung der Halle, ging der betreffende Grundbesitz von Hessberger/Engel auf den Turnverein Bad in Orb über. Die Wirtschaftsart der Grundstücke wurde im Grundbuch in

Turnhalle Haus Nr. 841 mit Aborten und Hofraum Wächtersbacher Straße

geändert.

Verlust der Halle

Aus dem Protokollbuch ist im Einzelnen nicht zu ersehen, wie der Bau der Halle finanziert wurde. Spenden erfolgten nur in geringem Umfang. Jedenfalls bestand zur Zeit der Einweihung ein ungedeckter Betrag von 2.800 Mark. Zur Begleichung dieser Restbaukosten wurde wieder ein Darlehn bei der Darlehnskasse in Orb aufgenommen und dafür zu Gunsten dieser Kasse eine Hypothek bestellt und ins Grundbuch eingetragen.

Von 1908 bis zum Beginn des 1. Weltkrieges (August 1914) sind Darlehnsrückzahlungen nur in geringem Umfange erfolgt, denn nach dem Kassenbuch sind die jährlichen Zahlungen für Zinsen an die Darlehnskasse gleichbleibend, ebenso die Zinsen an eine Privatperson für ein zu Baubeginn gewährtes Darlehen von 1.000,00 Mark. Während des Krieges (1914/18) sind im Kassenbuch keine Eintragungen über Einnahmen und Ausgaben verzeichnet, solche Eintragungen beginnen erst wieder im Jahre 1919.

Da alle wehrfähigen Männer des Vereins zum Militärdienst eingezogen waren, jeglicher Turnbetrieb ruhte und die wenigen daheimgebliebenen Mitglieder keine Einnahmen erzielen konnten, mit denen sie Zinsen und Abtrag hätten bezahlen können, wuchs die Schuldenlast. Es blieb daher nichts anderes übrig, als die Halle, einziges Vermögensstück, zu veräußern. Die näheren Umstände. die zum Verkauf führten. sind uns nicht genau bekannt. jedenfalls wurde die Halle im März 1916 an den Gastwirt Philipp Pfeil in Orb zum Preis von 6.250,00 Mark verkauft. Ein Kaufvertrag, aus dem evtl. einzelne Verkaufsbedingungen ersichtlich wären, liegt und lag nicht vor. Damals konnte Eigentum an Grundbesitz auch ohne Abschluss eines schriftlichen Kaufvertrages übertragen werden.

Es lässt sich heute nicht mehr feststellen, ob sich der Käufer evtl. an mündliche Absprache gehalten hat oder nicht. Im Juni

1919 hat Philipp Pfeil die Halle an den Schlosser Ludwig Acker veräußert, der sie zu einem Wohnhaus umgebaut hat: das Anwesen befindet sich heute noch im Besitz der Familie Acker. Diese Verkaufsbedingungen sind uns nicht überliefert worden. Bekannt ist uns lediglich noch, dass die Halle während des Krieges für militärische Zwecke genutzt wurde, und zwar als Lagerraum für Materialien und Lebensmittel für die hiesigen Lazarette.

Ich finde die Geschichte dieser ehemaligen Turnhalle wichtig und interessant genug, um festgehalten zu werden, wenn die Schilderung auch nüchtern und ohne wesentlich spannende Momente, aber in sachlicher Form erfolgt ist. Vielleicht sind spätere Generationen froh darüber, dass sie auf diese Art und Weise einmal etwas von der Existenz einer vereinseigenen Turnhalle erfahren durften. Es ist in diesem Zusammenhang meines Erachtens nicht wichtig zu wissen, wie die Halle aussah, wie dürftig sie mit Turngeräten und sonstigem Mobiliar ausgestattet war. Das eine darf vielleicht noch gesagt werden, dass die Westseite des Hauses Nr. 38 bis vor Jahren. bevor sie geschindelt wurde, als Brandmauer deutlich zu erkennen war; sie war also auf die Grenze gebaut.

Ich erinnere mich, auch das darf ich noch sagen, dass ich als kleines Kind zusehen konnte. wie die Turner sonntagnachmittags turnten und neben der Halle Stabhoch sprangen, und dass wir Kinder im Gasthaus „Zur Fröhlichkeit“ nebenan Würstchen und Weck und „Quatsch“ (Limonade) kaufen konnten.

Die Umstände und die Schwierigkeiten, mit denen die Erbauer der Turnhalle damals zu kämpfen hatten, lassen sich nicht vergleichen mit den fortschrittlichen Verhältnissen, unter denen spätere Generationen bauten. zumal früher auch die Unterstützung fehlte, die den Vereinen heute gewährt wird. So gesehen muss man den Opfergeist, die Zeit und die Mühen. insbesondere den Idealismus bewundern, den die Orber Turner mit dem Bau ihrer Turnhalle bewiesen haben. Man muss ihnen dafür heute noch dankbar sein, auch wenn die Halle – nicht durch ihr Verschulden – verloren ging. Sie haben getan, was zu ihrer Zeit menschenmöglich war!

Die ehemalige Theaterriege

19. Dezember 1980

3. Die ehemalige Theaterriege

In Fortsetzung seiner Berichte aus der Geschichte des Turnvereins Bad Orb hat Josef Engel eine weitere Niederschrift gefertigt. Sie behandelt die ehemalige Theaterriege und ist im Vereins-Echo, dem Mitteilungsblatt des Turnvereins, abgedruckt. Sie ist weniger von geschichtlicher Bedeutung, aber turnhistorisch und heimatgeschichtlich interessant. Im Einverständnis mit dem Artikelschreiber soll sie deshalb auch an dieser Stelle wiedergegeben werden. Der Artikel sowie das hier gezeigte Gruppenbild der Theaterriege, das kurz vor der Auswanderung von Karl Büttner in die USA gemacht wurde, wird trotzdem manchen Gesprächsstoff liefern. [Eine Anmerkung der Redaktion des »Bad Orber Anzeigers«.]

Nicht erst heute, sondern schon seit Jahren und Jahrzehnten pflegt der Turnverein neben Turnen und Sport, Spiel und Musik noch ein weiteres kulturelles Gut, nämlich das Laien- oder Theaterspiel. Das ist eigentlich auch nicht neu, denn soweit wir zurückdenken, hat es z.B. nur selten einmal eine Weihnachtsfeier gegeben, in der nicht auch ein Theaterspiel weihnachtlichen oder heiteren Charakters aufgeführt worden wäre. Es gab aber einmal eine Zeit, da wurden vom Turnverein auch abendfüllende Theaterstücke gespielt; im TV hat es nie an talentierten Theaterspielern gefehlt, früher und auch heute nicht. Es war mir bekannt, dass es nach dem I. Weltkrieg im Turnverein einmal eine reine Theaterspielgruppe gegeben hat. Ich habe mich bei Älteren danach erkundigt, auf die Suche nach Unterlagen gemacht und auch entsprechende Aufzeichnungen gefunden. Demgemäß wurden nach einem Gründungsprotokoll vom 8. September 1922 eine Kommission gebildet, die dann in einer

Sitzung vom 14. September zu einer Theatervereinigung führte. Es war kein Verein im üblichen Sinn, sondern eine lose Vereinigung; Stammlokal war das Café Metzler. In einer folgenden Versammlung vom 16. September wurde Philipp Eck zum I. Vorsitzenden gewählt. Bald darauf wurden auch schon auf reinen Theaterabenden aufgeführt, nämlich im November für den Kriegerverein und im Dezember für die Freiwillige Feuerwehr Bad Orb.

Kurz darauf (im Januar 1923) wurde dann in einer Versammlung beschlossen, sich dem Turnvereinarbeitskreis Theaterspielriege anzuschließen. Als Spielleiter und zugleich als Vertreter der Abteilung im Turnrat (Vorstand) wurde Hans Hegner gewählt.

Als erstes bekanntes Stück wurde das Drama „Um Judaslohn“ eingeübt und für die ehemaligen Kriegsgefangenen aufgeführt. Dem folgte „Der Fremdenlegionär" für den Kriegerverein. Die Anschaffung der Rollen dieses Stückes kostete 10.770 Mark: es war Inflation!

Im Frühjahr 1923 trat Philipp Eck als Vorsitzender zurück. Spielleiter Hans Hegner wurde auch Vorsitzender dieser Gruppe. Es folgte dann die Einstudierung und Aufführung vieler weiterer Stücke, so u.a. „Der falsche Hundertmarkschein", „Der Glockenguss zu Breslau“, „Die Post im Walde“, zusammen mit dem Orber Kurtheater das Heimatspiel „Der Madstein“ von Oskar Haseneier und dann ein Singspiel „Als ich Abschied nahm, als ich wiederkam“.

Die Aufführung dieser Stücke erfolgte nicht nur für den Turnverein, sondern auch für andere Orber Vereine. Die Gruppe erwarb sich im Lauf der Zeit einen so guten Ruf, dass sie auch nach auswärts gerufen wurde und dort spielte.

Die Kulissen für die Stücke wurden jeweils selbst gefertigt.

Im Dezember 1923 kam es zu Meinungsverschiedenheiten mit dem Stammverein (Turnverein), die aber bald beigelegt wurden. Auch innerhalb der Gruppe war man sich nicht immer einig, denn die Vorsitzenden wechselten mehrmals. Nach Philipp Eck und Hans Hegner kamen Johann Stock, zuletzt Engelbert Prehler. Beständig demgegenüber war Weigand Prasch als Schriftführer; er versah dieses Amt von 1922 bis 1924.

In den Aufzeichnungen wird vom Theater-Spielbetrieb in dieser Gruppe bis Mitte des Jahres 1925 berichtet, dann hört es auf einmal auf. Wie ich durch Erkundigungen erfuhr, ist die Gruppe um diese Zeit auseinandergefallen, vermutlich deshalb, weil einzelne aktive Spieler der Theaterriege, sich auf die Musik verlegten und das „Salon-Orchester" gründeten, das als solches dann auch bekannt wurde und viele Jahre in Bad Orb bestanden hat. Das war dann, wie gesagt, das Ende der Theaterspielgruppe.

Das Theaterspielen hat deshalb im Verein nicht aufgehört, es wurde aber nur noch zu Weihnachten ausgeübt. Auch nach dem 2. Weltkrieg wurden von Laienspielern des Vereins mehrmals abendfüllende Theaterstücke aufgeführt, in den letzten zwei Jahrzehnten dagegen nur noch bei weihnachtlichen Feiern. Obleute, d.h. Vertreter der laienspielschar im Vorstand, waren in den 50er und 60er Jahren Emil Döppenschmidt, Philipp Eck, August Eck und Alfred Prasch. Übrigens: Theater wurde im Turnverein schon immer gespielt, auch schon vor dem I. Weltkrieg, nur nicht von einer organisierten Gruppe, wie es die Theaterspielriege 1922 - 1925 war.

Quanz und seine Stiftungen

16. Januar 1981

4. Quanz und seine Stiftungen

Wer war eigentliche Quanz?

Johann Baptist Quanz, der gleiche Quanz, nach dem die Quanzstraße in Bad Orb genannt ist, war Priester. Er wurde am 11. September 1741 in Orb als Sohn von Johannes Quanz und Frau Susanne geb. Fries geboren und starb, 81 Jahre alt, am 4. Dezember 1822 in Wirtheim. Dort hat er zuletzt im Pfarrhaus bei seinem Neffen Johann Eck – Sohn einer seiner Schwestern – gewohnt, der zu dieser Zeit Pfarrer in Wirtheim war. Beerdigt wurde Quanz am 6. Dezember 1822 in Orb. Er ist hier auf dem Friedhof in einem Ehrengrab beigesetzt, das Grab darf also nicht weiterbelegt werden. Es liegt unmittelbar am Weg, linker Hand, wenn man von der Friedhofstreppe Richtung Kreuzigungsgruppe geht, kurz vor den Orber Pfarrer-Gräbern. Das Denkmal ist aus hellem Sandstein gefertigt und ist beiderseitig beschriftet. Auf der Wegseite stehen die Worte:

RUHESTÄTTE

DES JUBILARPRIESTERS

JOHANN BAPTISTA QUANZ

1741 – 1822

ER RUHE IN FRIEDEN.

HIER

RUHT IN DEM HERREN DER

HOCHWÜRDIGE WOHLGE-

BORENE HERR JOHANNES

BAPTISTA QUANZ,

DER GOTTESGELEHRTHEIT

BACCALAURIUS,

JUBILARPRIESTER

WURDE GEBOREN DEN 11ten

SEPTEMBER 1741

UND STARB DEN 4/DCB 1822.

ZUM ANDENKEN

VON DEN DANKBAREN ERBEN GEWIDMET.

R.I.S.P.

Es gibt hier in Bad Orb aber noch ein weiteres Denkmal, das an Pfarrer Quanz erinnert, nämlich ein in die Wand des Glockenturms von St. Martin eingemauertes Ehrenmal mit lateinischem Text. Von Prof. Dr. Leinweber (Fulda) neuerdings ins Deutsche übersetzt, unterscheidet er sich etwas von der bisher bekannten Übersetzung von Rektor Zentgraf (in „Alt Orb und seine Kirche“ S. 79). Prof. Leinwebers Übersetzung lautet:

„Dem frommem Gedächtnis des Hochwürdigen Herrn Johann Baptist Quanz, Jubilarpriesters im achten Jahr, Bacalaureus der Hl. Theologie, Assessors des Erzbischöflichen Vikariates in Regensburg (vorher in Mainz) und der Kongregation der Hl. Riten, Sekretärs des Geistlichen Gerichts und des

Siegelamtes, Präbendaten des Kollegiatstiftes St. Viktor in Mainz, Archidiakons von vier einander folgenden Weihbischöfen. Wohltäter dieser Kirche und der Armen, Stifters eines Familienstipendiums. Geboren zu Orb am 11. September 1741, gestorben zu Wirtheim am 4. Dezember 1822. Er ruhe in Frieden.

Johann Eck, Pfarrer zu Wirtheim, Sohn seiner Schwester, hat diesen Stein im Jahre 1823 setzen lassen."

**

Ins Totenbuch von Wirtheim hat Pfarrer Johann Eck, sein Neffe, unter dem 4. Dezember 1822 eine lateinische Eintragung vollzogen, die dem Text und dem Sinne nach mit der Inschrift auf dem Ehrenmal im Glockenturm ungefähr übereinstimmt. Nur das Datum der Beisetzung in Orb (6. Dezember 1822) geht darüber hinaus.

(Johann Eck, auch ein gebürtiger Orber, war Pfarrer in Wirtheim seit 25.4.1814. Er starb nach langwieriger Krankheit am 27.8.1844 in Wertheim/ Main.)

**

Nach Zentgraf (S. 79) soll Quanz um die Wende des 18, Jahrhunderts in Orb als Pfarrer gewirkt haben. Hier muss sich Zentgraf aber geirrt haben, denn nach der von der Katholischen Kirchengemeinde Bad Orb herausgegebenen Schrift „SANKT MARTIN BAD ORB" S. 44 ist vom 17.6.1788 bis 2.3.1820 Franz Anton Ruska Pfarrer in Orb gewesen. Sicherlich hat Quanz öfter in Orb zu Besuch geweilt, wo er (laut Büttel - 1901 - in „Geschichte der Stadt und Saline Orb" S. 93) am 17. April 1815 auch sein goldenes Priesterjubiläum gefeiert hat, aber offiziell ist Quanz nicht Pfarrer von Orb gewesen.

Neben Rektor Zentgraf haben auch Franz Nikolaus Wolf (1824 in „Das Landgericht Orb") und – wie schon gesagt – Johann Büttel Dokumentationen über Quanz und seine Stiftungen verfasst, alle haben aber mehr zu Sache, nämlich über das Testament und die Stiftungen geschrieben, weniger zur Person. Es wäre aber interessant, Genaueres zu wissen nämlich, wann und wo Quanz studiert hat, wo er zum Priester geweiht wurde, ferner wann und wo er zeit seines Lebens in den vielen Ämtern tätig war.

Quanz hat nicht nur als Priester gewirkt, aus seinen Titeln geht vielmehr hervor, dass er ein Geistlicher war, der mit hohen Verwaltungsaufgaben beim Erzbischöflichen Amt betraut war. Koadjutor (Verwalter) dieses Amtes war damals Carl von Dalberg, der spätere Landesherr von Orb, der um 1800 mit seiner Behörde von Mainz nach Aschaffenburg gehen musste, weil das linke Rheinufer von Frankreich besetzt worden war.

**

Wolf und Büttel sprechen bei der Aufzählung seiner Hinterlassenschaften von 8 Morgen Land (Äcker und Wiesen), das wären umgerechnet 2 Hektar. Nach den grundbuchamtlichen Ermittlungen wurden aus den Hypothekenbüchern, die Vorgänger der heutigen Grundbücher waren, für den Quanz'schen Familienfonds aber 3 ha 12 ar und 4 qm Grundbesitz als Eigentum eingetragen. Es ist jedoch nicht auszuschließen, dass die Stiftung zwischenzeitlich, also nach dem Tod des Stifters, Grundbesitz aus dem Vermögen hinzuerworben hat.

Einig sind sich alle drei Historiker in der Auslegung des Testaments über das Auslaufen der Familienstiftung. Darüber später mehr.

Was hat nun Quanz getan?

Quanz wird als Orber Bub die Armut und das Elend in seiner Geburtsstadt gekannt haben und wusste, wo Hilfe nottat. Er hat deshalb nach seinen Kräften helfen wollen und tat dies mittels zweier Stiftungen. Quanz hat am 8. Oktober 1819 in Aschaffenburg ein sehr umfangreiches Testament verfasst und diesem noch mehrere Zusätze angehängt, den letzten am 19. September 1822 in Wirtheim, also kurz vor seinem Tod am 4. Dezember. Unterschrieben hat Quanz dieses Schriftstück mit seinen Titeln:

„Der Erzbischöfliche Regensburg. General-Vicariats-Assessor und geistlicher Gerichts- und Siegelamts-Secretarius."

In diesem Testament, das als die Stiftungsurkunde anzusehen ist, hat Quanz zwei Stiftungen verfügt, (oder wie er schreibt „disponiert"), und zwar:

1. eine Stiftung für Kranke, Arme und Elende, kurz „Armenfond" genannt, und
2. die Quanz`sche Familienstiftung.

Im Volksmund sprach man früher von beiden Stiftungen immer nur vom „Quanz'schen Fond", da man die Unterschiede der beiden nicht kannte.

Quanz war nicht nur ein kluger Kopf, er muss auch ein vermögender Mann gewesen sein und in seinen mehr als 50 Berufsjahren als hoher kirchlicher Verwaltungsmann viel erspart und zusammengetragen haben, als er in seinem Testament den Armenfonds mit 8.150 Gulden versieht, des Weiteren der Familienstiftung größere Liegenschaften (Äcker und Wiesen) sowie 14.000 Gulden vermacht.

Wie Quanz zu diesem Vermögen gekommen ist, das sagt er selbst, indem er in seinem Testament zum Ausdruck bringt,

„dass ich 34 Jahre die Kost bei Hofgerichtsrätin Engel(in) für billiges Kostgeld genossen und dadurch einer kostspieligen Haushaltung »überhoben« wurde, wodurch mein Vermögen anwachsen konnte."

Ihr – der Hofgerichtsrätin – gegenüber hat er sich in seinem Testament auch erkenntlich gezeigt. Des Weiteren kann angenommen werden, dass er Darlehn hergab und bei Nichteinlösung sich den verpfändeten Grundbesitz übertragen ließ. Dadurch kam er wohl in den Besitz des an sich umfangreichen Grundbesitzes. Dies ist nur eine Vermutung, war aber in der damaligen Zeit, als Orb in großer wirtschaftlicher Not war, sicherlich so üblich.

**

Zum Armenfond

Aus dem Armenfond, also der „Stiftung für Kranke, Arme und Elende“, wurden arme und hilfsbedürftige Personen mit Geldmitteln versehen, Jungvermählte bekamen Barmittel zur Gründung ihres Hausstandes, Studierende haben aus diesem Fond Bar- und Unterhaltsmittel erhalten, Kommunionkinder wurden eingekleidet und insbesondere mit Schuhwerk versorgt. (Interessant ist, in diesem Zusammenhang zu vernehmen, dass die Schuhe von hiesigen Schuhmachern nach Maß gefertigt wurden und dass diese am Dienstag nach dem Weißen Sonntag wieder zurück zum Schuster kamen zum Benageln, damit sich die Sohle nicht so schnell durchliefe.) Mir ist dabei auch ein Fall erzählt worden, dass ein Junge die für ihn gemachten Schuhe nicht behalten durfte, weil die Eltern es nicht wollten, dass ihr Bub ein Paar Schuhe aus dem Armenfond bekam.

Außerdem gab es zu jener Zeit alljährlich, und dies vermutlich jahrzehntelang, bis etwa zu Beginn des I. Weltkrieges, den sogenannten „Petersweck“, im Volksmund „Petersnumbel“ genannt. Das war ein Weck oder ein Stück (oder Keil) Weißbrot. Weil es nur ein Stück war, nannte man es „Numbel“. Dies bekamen alle Schulkinder nach dem morgendlichen Gottesdienst beim Verlassen der Kirche. Dafür wurden jeweils mehrere Körbe voll von hiesigen Bäckern geliefert. (Zur fraglichen Zeit ging fast jedes

Schulkind morgens vor der Schule erst zur Kirche!) Bei der gleichen Gelegenheit soll eine Anzahl armer, älterer Frauen (ebenfalls aus Mitteln des „Armenfonds“) je einen Laib Brot bekommen haben.

Über den Zeitpunkt der Ausgabe dieser „Petersnumbel“ ist man unterschiedlicher Meinung. Ich habe mich bemüht, dies festzustellen, habe aber voneinander abweichende Antworten bekommen. Einige meinten, es sei im Februar gewesen, andere glaubten, sich auf „Peter und Paul“ zu erinnern und gaben auch stichhaltige Gründe dafür an, wieder andere meinten, es sei zweimal im Jahr gewesen.

Vielleicht haben alle recht. Jedenfalls scheint festzustehen, dass der Gedenktag „Petri Stuhlfeier“ am 22. Februar als der fragliche Tag gelten kann. Vielleicht ergibt sich einmal durch Zufall, etwas Genaueres über den Zeitpunkt zu erfahren.

Darüber hinaus enthält die Stiftungsurkunde auch Bestimmungen über Legate an einzelne, bestimmte Verwandte und Personen, die aus dem Armenfonds Bargeld oder Wertstücke wie Bilder, Leuchter, Tafelgeschirr u.a. bekommen sollten.

**

Zur Familienstiftung

Bei dem zweiten Fond handelt es sich – wie gesagt – und die F a m i l i e n s t i f t u n g. Der Ertrag aus diesem Stiftungsvermögen, das war also der Grundbesitz und 14.000 Gulden (später erhöht auf 18.000 Gulden), sollte den Nachkommen von Blutsverwandten des Stifters bis zur 4. Generation zugutekommen. Bei diesen Blutsverwandten handelt es sich um im einzelnen benannte Stämme, nämlich um die Nachkommen der vier verheirateten Schwestern.

Anfangs waren es sieben Stämme, die sich aus der Anzahl der Kinder dieser vier Schwestern zusammensetzten, nämlich den

Eck'schen mit drei und den Freund'schen mit zwei Kindern, sowie den Dickert'schen und den Schreiber'schen mit je einem Kind. Der später erscheinende Koch'sche Stamm ist aus dem Schreiber'schen Stamm hervorgegangen.

In seinem Testament hat Quanz in weiser Voraussicht geschrieben und festgelegt, „blos und nicht weiter als zur 4. Generation, um Zänkereien und Feindschaft zu vermeiden, falls sich die Blutsverwandtschaft dieser Linien zu sehr aus dehnen sollte".

Auch aus dem Vermögen der Familienstiftung hat Quanz besondere Zuwendungen an seine Blutsverwandten verfügt. Demgemäß wurden nach den noch vorhandenen Unterlagen bezahlt: Kleidung für Erstkommunionkinder, Heiratsmitgift für Jungvermählte, Solbäder für Kinder, Wein für Kranke und Genesende, wiederkehrende Arzneimittelrechnungen (der Apotheke Siebert) sowie Ausbildungsbeihilfen für Gymnasiasten und Studierende. Außerdem wurden an Jungen und Mädchen aus den einzelnen Stämmen, die einen Beruf erlernten, regelmäßig Lehrgeld gezahlt. Hier sind im Einzelnen-folgende Berufe vorgekommen und genannt: Bei den Jungen: Bäcker, Schlosser, Schreiner und Buchdrucker. Bei den Mädchen: Kleidermacherin, Köchin, Büglerin und Putzmacherin. Das von der Stiftung in jedem einzelnen Fall gezahlte Lehrgeld betrug monatlich 20 Mark. (Seinerzeit haben Lehrlinge nichts verdient, im Gegenteil, sie mussten noch Lehrgeld mitbringet!!)

Von den Nachkommen bis zur vierten Generation lebt heute nur noch ein Erbe aus dem Koch'schen Stamm; dieser ist jetzt 78 Jahre alt und wohnt auswärts. Letzte Erbin aus dem Eck'schen Stamm war Frau Kunigunde Östreich geb. Eck, letzte aus dem Freund`schen Stamm Frau Auguste Graulich geb.

Freund, und letzte aus dem Dickert`schen Stamm Frau Lina Pfeiffer geb. Hessberger.

Die an die einzelnen Erbberechtigten gezahlten Überschüsse aus dem Grundvermögen errechneten sich aus Pachtgeldern und aus Zinsen von ausgegebenen Darlehn. So konnten Darlehn gewährt werden aus dem anfangs vorhandenen erheblichen Barbestand, später aus Grundstücksverkäufen. Die Überschüsse waren angesichts der Vielzahl von Erbberechtigten für den einzelnen gering, trotzdem reichte es meist für ein außergewöhnliches Geschenk oder alle Jahre für ein Paar neue Schuhe. Erst in den letzten Jahren hat sich die Summe gegenüber früher wesentlich erhöht, eben weil die Zahl der Berechtigten durch Tod nach und nach immer kleiner wurde.

Wenn im A r m e n f o n d heute und schon seit Jahrzehnten keine Mittel mehr vorhanden sind, so deshalb, weil diese durch Krieg und Inflation verlorengegangen sind oder vorher verbraucht waren. Auch aus der Familienstiftung sind die noch vorhanden gewesenen Barmittel durch Kriegsanleihe, Krieg und Inflation verlorengegangen, aber das Grundvermögen, teils wertvolle Äcker und Wiesen, ist erhalten geblieben, weil es Krieg und Inflation überstanden hat.

Nach dem Tod des einzigen, jetzt noch lebenden Erben, wird sich nach dem Testament eine Vereinigung mit dem „Armenfond“ ergeben, anders gesagt, dann ist die Familienstiftung erloschen und die Armenstiftung wird aus dem Vermögen der Familienstiftung wieder aufleben.

Provisoren, (d. i. Vorstand) der Familienstiftung waren und sind jeweils „der zeitliche Herr Stadtpfarrer von Orb“, in den letzten Jahren also Pfarrer Lins, Pfarrer Kapp und jetzt Pfarrer Hofmann, sowie der „Königl. Bayr. Herr Landrichter“ womit nach späterem Recht ein Verwaltungsbeamter gemeint ist. Von

1907 bis zu seinem Tod war dies Oberpostmeister Funke, nach ihm sein Sohn Rudolf.

Rechnungsführer soll nach dem Testament eine Person aus der Blutsverwandtschaft sein. Das war bis zu seinem Tod (1955) Schreinermeister Anton Metzler. Nach ihm wurde ich von Pfarrer Alfons Lins in dieses Amt berufen, weil es keinen Blutsverwandten mehr gab, der dieses Amt hätte ausüben können.

Etwas darf in diesem Zusammenhang noch gesagt werden, dass nämlich nach dem Testament der „Orber Stadtmagistrat von jeder Mitbestimmung und Einmischung ausgeschlossen sein soll".

**

Zum Schluss noch einige Anmerkungen:

1. Mit diesem Aufsatz habe ich das priesterliche Wirken von Pfarrer Quanz kaum zu schildern vermocht, da hierüber jegliche urkundlichen Unterlagen hier bei uns fehlen; soweit sie vorhanden waren, sind sie später aus Unwissenheit vernichtet oder verbrannt worden. Bei den Ermittlungen ist man auf die Aufzeichnungen anderer angewiesen, so auf das Grabmal auf dem Friedhof, das Ehrenmal im Glockenturm von St. Martin und die Eintragungen im Wirtheimer Totenbuch, die eingangs dieses Aufsatzes schon genannt sind. Ich will ggf. aber weiterermitteln.
2. Es war ferner meine Absicht, in dieser Niederschrift Quanz als Menschen und Wohltäter zu schildern und hatte dabei im Auge, ein Stück Heimatgeschichte festzuhalten. Ich habe mich dazu nicht nur als Orber Bürger berufen gefühlt, sondern auch als einer, der – aufgrund jahrelanger Tätigkeit als Rechnungsführer der Familienstiftung – mit der Sache vertraut ist. Die Person und die Lebensgeschichte Quanz` ist besonders der jüngeren Generation kaum bekannt. Selbst

vielen älteren Orber Bürgern fehlt hierüber die Erinnerung. Deshalb muss das Lebenswerk Quanz` einmal dargestellt werden, sonst ist Quanz in unserer schnelllebigen Zeit bald vergessen. Das wäre schade, denn Quanz verdient für seine unzähligen Wohltaten für die Bedürftigen auch heute Dank. Dass meine Schilderungen über das hinausgehen, was die drei Historiker Wolf, Büttel und Zentgraf in ihren Dokumentationen über Quanz gesagt haben, möge man verstehen, denn sie haben zu ihrer Zeit wenig oder nichts über die Praxis der Stiftungsanwendungen wissen können.

3. Nicht alles, was ich im Vorstehenden gesagt habe, habe ich vorher selbst gewusst. Ich habe herumgefragt, gehört, geforscht und gesucht, mich mit älteren Orber Bürgern unterhalten und dabei viel Neues und Interessantes erfahren. Allen, die mich bei den einzelnen Ermittlungen unterstützt oder mir sonst irgendwie geholfen haben, danke ich auch an dieser Stelle recht herzlich.
4. Ich habe in diesem Zusammenhang auch zu ermitteln versucht, seit wann die Quanzstraße diesen Namen führt. In einem alten Stadtplan vom Jahre 1904 – so habe ich gesehen – ist ein Teil der heutigen Quanzstraße wohl eingezeichnet, aber ohne Namensbezeichnung. Straßenanlieger sagten mir, dass man die Straße um die Jahre 1905 -1907 bereits so nannte.
5. Das Porträt von Quanz stammt von einer fotografischen Kopie eines Ölgemäldes, das sich im Besitz der Familie Freund, Küppelsmühle, befindet.
6. Die Orber sind es gewohnt, das „a“ im Namen Quanz lang auszusprechen.

[Die Stiftung ist im amtlichen Stiftungsverzeichnis nicht mehr aufgeführt. Die Stiftung wurde aufgelöst.]

Frühe Turn- und Sportstätten in Bad Orb

20. März 1981

5. Frühe Turn- und Sportstätten in Bad Orb

Schon nach Ende des 1. Weltkrieges, aus dem 31 zum Militär eingezogene Mitglieder nicht heimkehrten, bestand für Turnen und Sport reges Interesse. Der Verein hatte um diese Zeit wohl einen Vorstand, aber kein Zuhause. Man suchte und fand zuerst Übungsmöglichkeiten im **Keller der der Volksschule am Burgring**. Zu gleicher Zeit turnten ältere Aktive im Garten des Hotels „Weißes Roß". Danach, aber noch im Jahre 1919, wurde im Saal des sogenannten „Spessartlüftchens" [offiziell „Spessart-Lüftle"] geturnt.

Es ist dies das Anwesen der Familie Acker am Schwimmbad, das s.Zt. städtisches Eigentum geworden war. (Das Schwimmbad war damals noch nicht gebaut). Auch das umliegende Gelände konnte der Verein benutzen. Dazu gehörte auch der an der Villbacher Straße gelegene Sportplatz, der an der Stelle gebaut worden war, wo vorher das Sägewerk Eckert (die sogenannte „Schneidmühle") stand. Diese war im Jahre 1922 über Nacht abgebrannt.

Heute stehen dort die Pensionshäuser Villbacher Straße Nr. 24, 26, 28, 30 und 32. Auf diesem Sportplatz trug der FSV 21 Bad Orb bis zum Jahre 1925, ehe der (alte) Sportplatz an der Aumühle im Bau fertig war, seine Fußballspiele aus. Eingetragener Eigentümer dieses Sportplatzes AUMÜHLE war Eduard Röder.

Der Saal des Gebäudes „Spessartlüftchen" diente als Turnraum, das Gelände um das Haus für die leichtathletischen Disziplinen Hoch-, Weit- und Stabhochsprung sowie für Faustballspiele. Auf dem Sportplatz wurden u. a. Ball- und Speerwerfen geübt. Gelaufen wurde auf der mit Schottersteinen befestigten

Villbacher Straße. Wer Spikes hatte, lief auf dem weicheren Bankett. Viele Jahre lang wurden auf diesem Gelände die bei An- und Abturnen üblichen Turnwettkämpfe ausgetragen.

Hier am „Spessartlüftchen“, den damals angrenzenden Wiesen, (das ist das Gelände des heutigen Parkplatzes vor dem Schwimmbad) sowie auf dem Gebiet der heutigen Tennisplätze, fand 1919 auch das erste große Gauturnfest des Turngaues KINZIG nach dem Krieg statt. Mit mehr als 600 auswärtigen Wettkämpfern und sonstigen Besuchern war das Fest gut beschickt. Laufstrecke für den 100m-Lauf war die heutige Spessartstraße, und zwar der Teil vor den Pensionen „Philomena" und „Teutonia". Bei anderen oder späteren vereinsinternen Wettkämpfen wurde ebenfalls auf dieser Strecke gelaufen; einmal auch auf dem Weg hinter dem Gradierwerk, als in der benachbarten Schreiber`schen (Engelwirt'schen) Kegelbahn geturnt wurde.

Auch andere Bad Orber Vereine, so der MGV „Sängerlust“ und der Radfahrerverein „Germania“, haben hier am „Spessartlüftchen“ in den folgenden Jahren Jubiläumsfeste oder ähnliche Volksfeste mit Zelten und Vergnügungspark abgehalten.

Der Saal des Gebäudes diente aber nicht nur als Turnraum, sondern des Öfteren auch als Raum für Tanz und kulturelle Veranstaltungen. Samstags und sonntags waren hier jahrelang regelmäßig Kinovorführungen, zeitweise wurden hier auch Proben des in Bad Orb ständigen Kurtheaters abgehalten.

Im Jahre 1934, also bald nach der Machtergreifung Hitlers, wurde das Anwesen „Spessartlüftchen“ von seinem früheren Besitzer, der Familie Acker, zurückerworben. Der Turnverein musste **das Haus und das Gelände räumen**. Er zog daraufhin in die ehemalige **Grau'schen Zigarrenfabrik der Haselstraße,** wo in verschiedenen Sälen geturnt wurde. Dort konnte der Verein aber auch nicht lange bleiben, weil der Reichsarbeitsdienst die Fabrik belegte. Der Turnverein musste also abermals räumen, und zwar zog er wieder in die Schule am Burgring. Hier konnte in den Gängen und Fluren geturnt und gespielt werden. In dieser Schule blieb man dann bis zum Jahre 1938, also, bis die jetzige von der Stadt erbaute Turnhalle bei der Schule fertig war und die einzelnen Abteilungen des Vereins dort Unterkunft fanden.

Mit den Anlagen für leichtathletische Disziplinen war es nach 1934 auch nicht zum Besten bestellt. Der Sportplatz an der Villbacher Straße hatte weder Sprunggruben noch sonstige notwendige Vorrichtungen, und war auch sonst verwahrlost. Wettkämpfe konnten darauf nicht durchgeführt werden. Laufwettbewerbe wurden deshalb um den kleinen Kurpark und Gehwettbewerbe auf der Kurparkstraße durchgeführt. Besser wurde es erst mit der Fertigstellung des Sportplatzes oberhalb der Volksschule, für einen 100-m-Lauf reichte es hier aber auch nicht; dieser wurde auf dem Gehweg neben der Burgringstraße (unterhalb des Friedhofs) gestartet. In den 20er Jahren wurden manchmal auch Langlaufwettbewerbe des Vereins mit Start und Ziel auf der Salinenstraße veranstaltet. Die Laufstrecke führte um den Kurpark zuerst zur Küppelsmühle, weiter zur Villbacher Straße und Jahnstraße, dann noch durch den Quellenring und die Hauptstraße oder den Burgring. Waldläufe wurden auch am Wintersberg und ein Gauwaldlauf im Gebiete Haberstal-Küppelsberg-Bremergrund ausgerichtet.

***

Neben **Gerätturnen und Gymnastik, Leichtathletik und Faustball**, pflegte der Verein seit etwa 1930 das **Handballspiel**. An den Rundenspielen beteiligte sich der TV seit 1931. Die Wettspiele wurden zuerst auf dem Sportplatz an der AUMÜHLE ausgetragen, der vom FSV 1921 erbaut worden war und sonst auch nur von diesem Verein benutzt wurde. Später spielten wir auf der von uns von Philipp Lindenmayer gepachteten großen Wiese vor dem Kaiserborn an der Villbacher Straße. Damals kannte man nur Feldhandball. Schöne Spiele gab es wegen des hohen Grases und des unebenen Bodens nicht oder nur selten. Der TV spielte zu dieser Zeit in der untersten Klasse des Turngaues. Trainiert haben wir meist werktags auf dem Gelände des jetzigen Festplatzes in der Wemmstraße. Nach dem 2. Weltkrieg, als das Handballspiel bei uns wieder aufgenommen wurde, wurde wieder auf dem Sportplatz an der Aumühle gespielt.

Im Jahre 1935 kam Schwimmen dazu. Bis zur Eröffnung des im Bau befindlichen städtischen Schwimmbades am Orbgrund war es dem Verein gestattet, **das kleine Schwimmbecken der Kinderheilanstalt** zum Erlernen zu Bau dann fertig war, wurde Schwimmen als weitere Sportart im TV gepflegt und gefördert. Die Eröffnung des Schwimmbades erfolgte in einem größeren feierlichen Rahmen. Dazu waren Turner-Schwimmer aus Hanau und Gelnhausen unter der Leitung des damaligen Kreis-Oberturnwartes W. Pungs hierhergekommen und trugen durch Wettkampf und sonstige Vorführungen zur Bereicherung des Festprogramms bei.

Neue Bemühungen um eine eigene Turnhalle

Die im Jahre 1938 von der Stadt erbaute Turnhalle bei der Schule am Burgring mit einem 12 x 25 m großen Turnsaal stand nach dem 2. Weltkrieg sowohl dem Turnverein als auch anderen Vereinen und Gruppen zur Verfügung. Der Saal diente außerdem vielen kulturellen Zwecken, so für Theater, Versammlungen, Tanz und sonstige Veranstaltungen; er konnte überhaupt vielseitig genutzt werden. Der Turn- und Sportbetrieb musste sehr darunter leiden, weil Übungsstunden des Vereins oft ausfallen mussten. Deshalb hatten die Verantwortlichen des Vereins den Plan einer eigenen Halle niemals aus den Augen verloren, und der Ruf vieler Mitglieder nach einem eigenen Haus wurde besonders jetzt wieder laut. So sind mir Pläne für den Bau oder Erwerb einer eigenen Halle oder den Kauf eines dafür geeigneten Grundstücks noch gut in Erinnerung, zum Teil sind sie auch in den Protokollbüchern festgehalten. Ich will sie hier einmal aufführen:

In 20er Jahren bestand einmal die Absicht, das dem Fiskus gehörige Gelände in der Wemmstraße, wo damals eine Maschinenhalle (zum Betreiben der Drahtseilbahn zur Wegscheide) stand, zu kaufen. Als Kaufpreis waren 10.000 Mark im Gespräch. Der Ankauf wurde aber in einer TV-Mitgliederversammlung (im Café Konetzny) vereitelt, als eine knappe Mehrheit der anwesenden Mitglieder sich gegen den Kauf entschied. Dabei stimmten besonders die jüngeren Jahrgänge für den Kauf, die Älteren, die in der Mehrheit waren, dagegen. (Diese dachten vermutlich ebenso wie die Mitglieder im Jahre 1900 beim Kauf des Geländes für die ehemalige Turnhalle an der Frankfurter Straße, als es um die gerichtliche Eintragung ging, wo sie ebenfalls befürchteten, evtl. einmal für Schulden des Vereins haften zu müssen).

Im Jahre 1930 war der Vorstand in Unterhandlung mit der Stadt **wegen des Ankaufs des „Spessartlüftchens"**. Der Kauf scheiterte jedoch vermutlich an der Kostenfrage. Es gab später auch Verhandlungen über beabsichtigte Grundstückskäufe an der **Seboldswiese**, ferner in der **vorderen Hasel**, des Weiteren heutigen **Salzkärrnerweg** sowie über das Gelände des heutigen **KONTRA-Marktes** [Der Kontra-Markt befand sich dort wo heute Penny Markt und NKD sind.] in der Oberen Au. Von einigen Grundstücken habe ich Skizzen von Heinrich Schneeweis in den Akten gefunden. Man machte sich damals auch Gedanken um das Gelände bei der sogenannten „Äppelhalle", das ist etwa dort, wo heute der Parkplatz an der Molkenbergstraße liegt. Die Kaufverhandlungen haben sich aber meist deshalb zerschlagen, weil jeweils zu viele Anlieger mitreden mussten.

In den **50er/60er Jahren** war das Gelände des heutigen Festplatzes in der Wemmstraße wiederum als Platz für eine Turnhalle vom Vorstand in Erwägung gezogen worden. Eigentümer dieses Grundstücks war inzwischen die Stadt Bad Orb geworden, die es von der Kinderheilanstalt erworben hatte. Das Vorstandsmitglied Heinrich Schneeweis, selbständiger Bauunternehmer, hatte für den Bau einer Halle auf diesen Platz, genau dort, wo heute das Sängerheim steht, bereits fertige Pläne. Der Vorstand dachte an Erwerb, bzw. Überlassung des Platzes in **Erbpacht** stellte einen entsprechenden Antrag an den Magistrat. Unterschrieben war der Antrag vom seinerzeitigen, inzwischen verstorbenen 1. Vorsitzenden Helmut Holzmann und mir. Der Magistrat ist dem TV bis heute jedoch eine Antwort schuldig geblieben.

Als sich also all diese Pläne zerschlugen, dachte er Vorstand einmal daran, ein Grundstück neben Turnhalle bzw. dem oben angrenzenden Sportplatz bei der Volksschule käuflich zu erwerben, die Wiese des später verstorbenen Karl Huth, **oberhalb des jetzigen Kinderspielplatzes**. [Heute dort die Kindertagesstätte Martin.] Dabei war ein Haus gedacht, das auch als Vereinsheim hätte dienen sollen. Bei dem damaligen „Für“ und „Wider“ sprach der inzwischen ebenfalls verstorbene Walter Dieringer, s. Z. Leiter des Kreisbauamtes Gelnhausen, ein entscheidendes Wort, als er gelegentlich einer Ortsbesichtigung die Verantwortlichen des TV von dem Vorhaben abriet mit dem Argument: „Das kann nicht eure Aufgabe sein, das ist Sache des Staates“ (gemeint hat er „die öffentliche Hand“). Daraufhin hat der Vorstand auch Plan fallen lassen.

Damit war die Not, nämlich das Fehlen Übungsräume, aber nicht behoben. Ein konnte nur dadurch gefunden werden, dass die Stadt oder der Kreis als Schulträger eine zweite Turnhalle, die auch von den Vereinen genutzt werden konnte, erstellten.

Wer wollte es uns angesichts der wirklich fehlenden Räumlichkeiten - übelnehmen, der Ruf unsererseits immer lauter wurde und wir diese Forderung an die Stadt und den Kreis in Resolutionen herantrugen? Wir taten dies auf unseres Ehrenmitgliedes W. Pungs mehrmals, und zwar:

In einer 1. Resolution, beschlossen in der Jahreshauptversammlung vom Februar 1967, in einer Resolution, beschlossen in der Jahreshauptversammlung vom März 1968, und in einer weiteren, schlossen auf dem Herbstturntag des Turngaues KINZIG im Jahre 1968 in Bad Orb, als dieser aus Anlass des 100jährigen Bestehens unseres Vereins tagte. Der Verein nahm damals in Kauf, dass er sich durch die Wiederholungen der diesbezüglichen Bitten und Eingaben unbeliebt machte. Die Bad Orber Vereine verhielten sich in dieser ziemlich passiv.

Die Entwicklung ist nun gelaufen. **Im Jahre 1973** wurde hier an der Steinhöhle für die Realschule vom Schulträger, der Kreisverwaltung Gelnhausen, **eine 27 x 60 m große Turnhalle** gebaut, die viermal so groß ist wie die neben der Schule am Burgring, und die von den Schulen sowie allen Bad Orber Sporttreibenden Vereinen genutzt werden kann. Neben der gleichgroßen Halle in Gelnhausen ist sie die größte im Altkreis Gelnhausen, unterscheidet sich aber von allen übrigen Hallen durch, dass sie eine Sprunggrube für Weitsprung eine Anlage für den Stabhochsprung besitzt. Wir betrachten dies auch als einen Erfolg unserer gen Bemühungen, müssen in diesem Zusammenhang aber auch erwähnen und zugestehen, dass die Halle in dieser Größe nicht gebaut worden wäre, wenn nicht die Stadt Bad Orb auch einen wesentlichen finanziellen Beitrag geleistet hätte. Niemand kann sich heute einen geordneten Übungsbetrieb in Turnen und Sport in Bad Orb ohne das Vorhandensein dieser Großturnhalle vorstellen.

Blick auf das Orbtal und das „Spessart-Lüftle“, im Volksmund „Spessartlüftchen“ genannt. Im Hintergrund der i. J. 1907 erbaute „Annenhof“. Links am Bildrand eine Halle des i. J. 1922 abgebrannten Sägewerks Eckert. Auf dem Gelände des „Spessartlüftchen" fand 1919 das erste Gauturnfest nach dem 1. Weltkrieg statt.

Ein Blick auf das Festgelände des Gauturnfestes 1928 im Haselgrund, das der TV Bad Orb aus Anlass seines 60jährigen Bestehens i. J. 1928 zur Ausrichtung übernommen hatte.

Diese Aufnahme stammt auch aus dem Jahre 1919. Es zeigt Turner sozusagen im Sonntagsstaat beim Einüben einer Stabübung für das Gauturnfest, und zwar im hinteren Schulhof der Volksschule am Burgring.

Das Bild, auch vom Gauturnfest 1919 am Spessartlüftchen, zeigt, mit welch primitiven Mitteln s. Z. geturnt wurde: keine Turnmatte, sondern nur etwas Sägemehl am Boden für den Abgang vom Gerät. Der Turner beim Angang mit einem Saldo vom Reck hieß Anton Dehmer.

70 Jahre Orber Knabenschule

24. April 1981

6. 70 Jahre Orber Knabenschule

Vor 70 Jahren

„Nacherleben, was früher einmal war, heißt selbst erleben“

(Aus einem „Wort zum Sonntag“)

Auf dem Bild (sitzend) von links nach rechts: 1. Hippolyt Kress Lehrer — 2. Frl. Rosa Frei, Lehrerin — 3. Richard Schneeweis, Hotelier, — 4. Frl. Frieda Giesel, Lehrerin, später verheiratet mit Lehrer Schmank — 5. Frl. Ritz, Lehrerin, später verheiratet mit Lehrer Mohr — 6. Joh. Walter, Fulda, Architekt — 7. Dr. jur. Graf von Wartensleben, Landrat — 8. Sanitätsrat Dr. Hufnagel, Stadtverordneter — Heinrich Auerbach, Kaufmann und Gastwirt, Magistrats-Schöffe — 10. Fidelis Gäb, Lehrer — 11. Josef Müller, Rektor — 12. Hermann Blockhaus, Ev. Pfarrer, Aufenau — stehend von links nach rechts: 13. Fr. Wolfeiler, Kaufmann, Jude, Stadtverordneter — 14. Eduard Schreiber, Magistrats-Schöffe, ab 1.10.16 Bürgermeister — 15. Heinrich Nolte, Lehrer — 16. Ludwig Schmank, Lehrer, später Konrektor — 17. Heinrich Freund, Kuranstaltsbesitzer, Stadtverordneter — 18. Adam Reuter, Lehrer, später Rektor — 19. (etwas hochstehend) August Heim, Stadtdiener — 20. Heinrich Schlitt, Leiter der Stadtwerke — 21. Heinrich Weimer, Kaufmann, Stadtverordnetenvorsteher — 22. (dahinter) Dr. Johannes Braun, Tierarzt — 23. Seelig, jüdischer Religionslehrer — 24. (mit hellem Bart) noch unbekannt—25 dahinter: Georg Bachmann —26. wieder vorne: Bernhard Dickert, Metzgermeister und Gastwirt, Stadtverordneter — 27. darüber mit halb. Kopf: unbekannt — 28. ganz hinten mit halb. Gesicht: Straßenmeister Phil. Nix — 29. Heinrich Grau, Magistrats-Schöffe — 30. dahinter. Frau Bachmann — 31. ganz oben: Adolf Althans, Stadtinspektor — 32. Bernhard Acker, Schreinermeister, Stadtverordneter — 33. darüber. Carl Funke, Postmeister — 34. vorne: (mit Vorbehalt) Frl. Molitor, Lehrerin — 35. Darüber: Werner Röhre, Stadtpfarrer — 36. Darüber: Polizeiwachtmeister Hofmann — 37. wieder vorne: Max Lichtenstädter; Kaufmann, Jude, Stadtverordneter —38. darüber: Eduard Röder, Gastwirt, Stadtverordneter — 39. daneben: August Engel, Stadtbaumeister, Stadtverordneter — 40. ganz oben: August Schneeweis, Bauunternehmer und Baumeister — 41. Ludwig Hessberger (gen. Hessebecker), Gastwirt, Stadtverordneter — 42. Daneben: halb verdeckt: August Malkmus, Lehrer — 43. Dame ganz vorne: unbekannt — 44. daneben: Frl. von Keitz, Lehrerin — 45. darüber: Frl. Wilhelmine Börner, Lehrerin — 46. Behrmann (Gendarm).

Vor 70 Jahren, am 26. April 1911, wurde die Bad Orber Volksschule, die jetzige Grund- und Hauptschule am Burgring, als „neue Knabenschule" eingeweiht und ihrer Bestimmung übergeben. Bis dahin wurden die Schüler in der alten „Knabenschule" am Untertor unterrichtet, die dann wegen Raummangel und Baufälligkeit abgerissen wurde. Die neue war von 1908—1910 auf Kosten der Stadt Bad Orb erbaut worden; die Baukosten beliefen sich auf ca. 1/4 Mill. Mark. ist im „Bezirks-Boten" vorn April 1911 zu lesen. Bauunternehmer war Baumeister August Schneeweis.

Die Einweihung der erfolgte in einem größeren, feierlichen Rahmen vor dem Hauptportal der Vorausgegangen war am gleichen Vormittag ein Festgottesdienst in der Pfarrkirche, in der Stadtpfarrer Werner Röhre die Festpredigt hielt. Einige Tage zuvor, und zwar mit Wirkung vom 1. April, war Pfarrer Röhre als Königlicher Ortsschulinspektor und Josef Müller als erster Direktor der neuen in sein Amt eingeführt worden.

Bei der Feierlichkeit vor der Schule sprachen in Anwesenheit des Lehrerkollegiums sowie von Behördenvertretern und Mandatsträgern zuerst Pfarrer Röhre, der auch die Weiherede hielt, dann Beigeordneter Grahner, stellvertretend für den wegen Krankheit beurlaubten Bürgermeister Albert Toermer, des weiteren Landrat Dr. jur. Graf von Wartensleben, schließlich noch Rektor Müller. Die Schüler und Schülerinnen trugen Lieder und Gedichte vor.

Bürgermeister Dr. Schmidt, Gelnhausen beglückwünschte namens der Stadt Gelnhausen die Stadt Bad Orb zu diesem schmucken Schulhaus, um das sie zu beneiden sei. Sein Gruß galt auch der Stadt Bad Orb als „künftige Militärstadt". (Zu dieser Zeit begannen die Verhandlungen mit dem Fiskus wegen der Errichtung eines und Übungsplatzes in den benachbarten Gemeinden Villbach und Lettgenbrunn sowie auf der Wegscheide, was in der Bad Orber Bevölkerung aber mehr Missmut als Freude hervorrief.)

> *Zu der Feier hatte sich eine größere Festversammlung eingefunden, „galt es doch einem Werk die Weihe zu geben, welches nach jahrzehntelangen Bestrebungen endlich seiner Vollendung entgegenging und seiner Bestimmung übergeben werden konnte. Als ein prächtiger Bau stellt sich die neue dar und der Platz oberhalb der Kirche, an dem sie zu stehen gekommen ist, ist in Wirklichkeit als ein idealer zu bezeichnen." (*So stand es in der Zeitung.*)*

Im Anschluss an die Feierlichkeit wurden an die Schulkinder Würstchen und Weck verteilt.

Am gleichen Abend fand dann noch eine Feier im „Goldenen Engel“ statt und im „Dickert`schen Saal“ ein Bierkommers mit musikalischen und gesanglichen Darbietungen.

Die **Ehrengäste** der Feier vor der Schule sind auf einem Foto festgehalten, aber nirgendwo namentlich genannt. Ich war gebeten worden und habe es als eine ehrenvolle Aufgabe empfunden, die Namen der Personen auf dem Bild zu ermitteln, um sie für die Zukunft festzuhalten. Bis auf wenige Ausnahmen ist mir dies bis jetzt gelungen, wobei ich allerdings Irrtümer nicht ausschließe. Es war nicht leicht und nur durch Befragen vieler älterer Bürger und Verwandten möglich, denen ich für die Hilfe auch an dieser Stelle herzlich danke. Ich habe die einzelnen Namen, soweit sie mir nicht selbst bekannt waren, auch erst dann als richtig gelten lassen, wenn sie mir mehrmals als die gleiche Person bestätigt wurden.

Die Mitglieder des Magistrats und der Stadtverordnetenversammlung dieser Zeit sind mir jetzt bekannt, d.h., ich habe sie auch erst nach langem Suchen im „Bezirks-Boten“ feststellen können; sie sind aber auf dem Bild nicht alle dabei oder als solche nicht alle zu identifizieren. Selbst der Bürgermeister-Stellvertreter Grahner, der Feier eine Ansprache hielt, ist auf dem Bild bis jetzt von niemandem erkannt worden. Vom Magistrat fehlt außerdem Schöffe Schenk.

Von den 18 Stadtverordneten der fraglichen Zeit sind 11 auf dem Bild zu finden; es fehlen Pfeifer, Walter, Goldschmidt, Philipp Eck, Georg Metzler, Gregor Weisbecker und San.-Rat. Dr. Scherf. Von den drei Erstgenannten sind die Vornamen nicht bekannt, denn in den Zeitungsberichten sind immer nur die Familiennamen wiedergegeben. Andere Unterlagen, in denen ich hätte suchen können, standen mir leider nicht zur Verfügung.

(An einem Bildnis von San-Rat Dr. Scherf würde man allerdings nicht zweifeln.)

Es ist nicht auszuschließen, dass sich bei den zwei auf dem Bild nicht identifizierten Personen um den Beigeordneten Grahner, evtl. auch dem s. Z. amtierenden Amtsrichter handeln könnte. Schöffe Schenk wäre von älteren Mitbürgern erkannt worden, wenn er auf dem Bild dabei wäre.

Bei der mit Namen nicht bekannten Dame mit dem hellen Kleid könnte es sich, wenn nicht um eine Lehrerin, um die Gattin einer der Ehrengäste handeln. Vielleicht findet sich unter den Lesern jemand, der die drei Unbekannten erkennt.

In diesem Zusammenhang darf noch erwähnt werden, dass der ursprüngliche, 1911 vollendete Bau im Jahre 1951 – während der Amtszeit von Bürgermeister Anton Drisch – um einen Anbau mit 6 Klassen erweitert wurde, dass ferner der Turmaufbau auf der Schule um 5 cm niedriger gehalten ist als die Spitze des Kirchturms, weil es nicht üblich war. dass man ein Gebäude errichtete, das höher als der Kirchturm des Ortes ist. Das weiß man von einem Zimmermann, der dies damals beim Bau genau beobachtet und ausnivelliert hat.

Zur Geschichte des Turnvereins. Die bisherigen 1. Vorsitzenden

15. Mai 1981

7. Zur Geschichte des Turnvereins. Die bisherigen 1. Vorsitzenden

1.	Theodor Kreuzer	von 15.August 1868	bis 26. Jan. 1871
2.	Georg Hemmel	von Januar 1871	bis März 1871
3.	Anton Johann Rieger	von März 1871	bis März 1875
4.	Franz Pfeifer	von März 1875	bis Sept. 1875
5.	Karl Schopp	von September 1875	bis Januar 1876
6.	Franz Pfeifer	von Januar 1876	bis Januar 1877
7.	Bernhard Rieger	von Januar 1877	bis Juli 1877
8.	Arnold Reinhard	von Juli 1877	bis Januar 1880
9.	Heinrich Acker	von Januar 1880	bis August 1880
10.	Heinrich Metzler	von August 1880	bis Januar 1883
11.	Jakob Pfeifer	von Januar 1883	bis Januar 1884
12.	Kaspar Henkel	von Januar 1884	bis März 1885
13.	Eduard Röder	von März 1885	bis Januar 1887
14.	Anton Pfeifer	von Januar 1887	bis Juli 1887
15.	Karl Mack	von Juli 1887	bis Januar 1888
16.	Adam Reinhard	von Januar 1888	bis Januar 1890
17.	Anton Dickert	von Januar 1890	bis Januar 1892
18.	Josef Metzler	von Januar 1892	bis Dez. 1893
19.	Anton Dickert	von Dezember 1893	bis Januar 1896
20.	Adam Hessberger	von Januar 1896	bis Februar 1908
21.	Ludwig Noll	von Februar 1908	bis Januar 1909
22.	Ludwig Kempf	von Januar 1909	Januar 1913
23.	Josef Pfeifer	von Januar 1913	bis Januar 1920
24.	Arnold Hessberger	von Januar 1920	bis Januar 1922

25. Ludwig Dickert von Januar 1922 bis Januar 1925
26. Hermann Pfeifer von Januar 1925 bis Januar 1929
27. Adam Reuter von Januar 1929 bis Juni 1931
28. Hans Karl Wolf von Januar 1931 bis Januar 1932 (als Stellvertreter)
29. Hans Hegner von Januar 1932 bis Sept. 1933
30. Heinr. Schneeweis von Oktober 1933 bis Februar 1934
31. Adalbert Hessberger von Februar 1934 bis 19. Jan. 1952

    Derselbe von 1940 bis 1945 Leiter der Turn- und anderer Abteilungen in der TSG, und von 1946 bis 1949 Leiter der Turnabteilung im Turn- und Sportverein.
32. Hans Weiler von 1940 bis 1945 (als Bürgermeister des TSG)
33. Anton Drisch von 1946 bis 1949 (als Bürgermeister des TSV)
34. Helmut Holzmann vom 19. Januar 1952 bis 1966
35. Jakob Metzler vom 25. Feb. 1967 bis Januar 1986

17. Anton Dickert, Werkmeister,
* 23.12.1857 † 12.2.1939

20. Adam Hessberger, Geschäftsführer, * 7.12.1853 † 2.9.1934

21. Ludwig Noll, Schneidermeister,* 11.12.1871 † 5.9.1918

23. Josef Pfeifer, Schneidermeister, * 11.1.1877 † 16.12.1965

24. Arnold Hessberger, Gerichtsschreiber, * 07.02.1865 † 19.08.1943

25. Ludwig Dickert, Kaufmann, * 22.3.1889 † 2.12.1945

26. Hermann Pfeifer, Lehrer, * 1.10.1886 † 31.12.1964

27. Adam Reuter, Rektor, * 2.6.1876 † 26.12.1934

28. Karl Wolf, Schreinermeister, * 1.1.1873 † 27.12.1956

30. Heinrich Schneeweis, Bauunternehmer, * 25.10.1896 † 7.1.1961

29. Hans Hegner, Pflasterer, * 3.2.1895 † 17.9.1933

31. Adalbert Hessberger, Schuhmachermeister, * 26.2.1889 † 1.2.1975

32. Hans Weiler, Bürgermeister,
* 29.1.1898 † 27.12.1970

33. Anton Drisch, Bürgermeister,
* 21.7.1891 † 19.3.1968

34. Helmut Holzmann, Konrektor,
* 9.4.1924 † 8.5.1968

35. Jakob Metzler, Architekt,
* 8.4.1923 † 24.11.2015

Turnen und Gesang

17. Juli 1981

8. Turnen und Gesang

Über die ehemalige Gesangsriege des Turnvereins und was aus ihr geworden ist.

„Der Gesang ist der Odem des Lebens und der Liebe." (Friedrich Ludwig Jahn)

Turnen und Singen gehörten von Anbeginn zusammen. Schon Turnvater Jahn hat 1811 auf der Berliner Hasenheide mit seinen Schülern nicht nur geturnt, sondern in den Pausen auch geplaudert, diskutiert und gesungen. Das erste Turnerlied stammt aus dem Gründungsjahr der Turnbewegung, 1811. Allerdings sind die vielen Turnerlieder der Anfangszeit mehr Vaterlandslieder gewesen, als dass sie das Turnen selbst verherrlicht hätten. Die vaterländische Richtung ergab sich aus dem Kampf gegen Napoleon und dem Wunsch nach Freiheit, der dann zu den Freiheitskriegen (1813) führte. Das Singen war also von Anfang an Bestandteil des Lebens auf dem Turnplatz wie auch bei Turnfahrten.

Auch in unserem Orber Turnverein wurde das Lied seit jeher gepflegt. Früher gab es kaum eine Versammlung, die nicht mit einem Turnerlied eröffnet worden wäre. Heute ist dies leider nicht mehr der Fall. Dagegen wird bei unseren Senioren sowohl auf Fahrt als auch bei den abendlichen Zusammenkünften eifrig gesungen.

Wegen der Liebe zum Gesang blieb es bei den Turnern nicht aus, dass sich in den Turnvereinen vielerorts Gesangsriegen oder Gesangsabteilungen bildeten, die das mehrstimmige Lied pflegten. Das war auch hier in Orb so. Im Jahre 1919, also gleich nach Ende des 1. Weltkrieges, bildete sich auch in unserem Orber Turnverein eine Gesangsriege. Es war eine Abteilung im Turnverein wie andere auch, z.B. die früher sogenannte Damenriege (das waren die Turnerinnen), die spätere Theaterriege oder das heutige Blasorchester. Singstunden waren damals regelmäßig samstagsabends im „Herrenzimmer" des Gasthauses „Bierjakob"; sie wurden meist von 40 bis 50 Sängern besucht. An öffentlichen Auftritten, Ständchen o. ä., soll es nicht gefehlt haben. Erster Dirigent der Gesangsriege war Lehrer Georg Henkel, der auch als Komponist von heute noch gern gesungenen Heimatliedern bekannt ist. Nach ihm dirigierte Philipp Schmitt. Über Nachwuchs, auch aus dem Kreis der Turner, wurde nicht geklagt. Einer der Initiatoren oder Mitbegründer der Gesangsriege war Schneidermeister Pfeifer, der zu dieser Zeit auch 1. Vorsitzender des Turnvereins war.

Einige Jahre ging alles gut. Im Vorstand, unter den Sängern und den übrigen Mitgliedern war man zufrieden, sowohl mit dem Besuch der Singstunden, mit dem Chorgesang als auch mit den Erfolgen. Dieses Verhältnis wurde getrübt durch Bestrebungen der Sänger sich selbständig zu machen und vom Turnverein zu lösen. Diese Gedanken und Überlegungen einer Loslösung wurden begünstigt durch Meinungsverschiedenheiten und daraus resultierenden Zerwürfnissen zwischen den Sängern einerseits und dem Vorstand des Turnvereins andererseits. Dabei ging es im Wesentlichen eigentlich nur um gewisse Zuständigkeiten sowie um die Beitragszahlungen. Vielleicht fehlte dem damaligen Vorstand des TV ein gewisses Maß an Fingerspitzengefühl, um die Sänger zu beschwichtigen und sie bei der Stange zu halten. so blieb es nicht aus, dass die Sänger dem Stammverein den Rücken kehrten und im Jahre 1923 den

Gesangverein „Sängergruß“ Bad Orb

gründeten. Das bisherige gute Verhältnis des Vereins „Sängergruß“ zum Turnverein blieb im Wesentlichen aber bestehen, denn viele der Sänger waren ja auch aktive Turner.

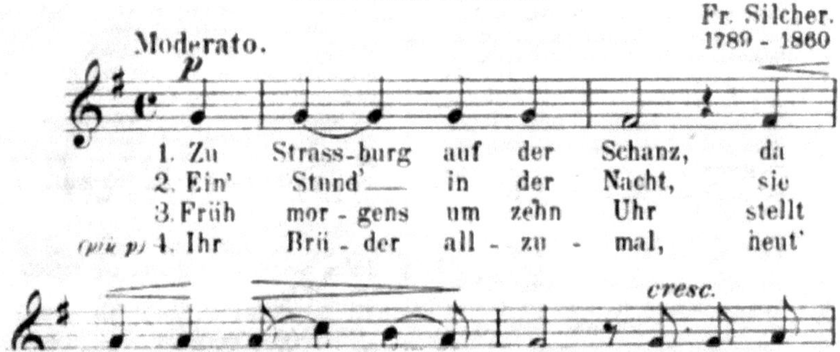

Kopf eines Notenblattes aus der Zeit der „Gesangsriege“ des Turnvereins.

Vereinsausflug des späteren Gesangsvereins „Sängergruß“ zum National-Denkmal bei Rüdesheim im Juni -1933.

Im Sommer des Jahres 1928, als der Turnverein in der Hasel zugleich mit dem Gauturnfest sein 60jähriges Bestehen feierte, beging der Gesangverein „Sängergruß“ sein

Fahnenweihfest

und zwar 2 Wochen nach dem Turnfest auf derselben Festwiese. Beides waren gutbesuchte Volksfeste mit Zelten und Vergnügungspark und beide waren von schönstem Sommerwetter begünstigt.

Die Machtübernahme durch den Nationalsozialismus in Deutschland im Januar 1933 brachte eine Wende im Vereinsleben. Nicht, dass der Gesangverein „Sängergruß" sogleich aufgelöst worden wäre, wie dies bei vielen anderen Vereinen hier und anderswo der Fall war; die Machthaber versuchten aber (und zwar geschah dies durch einige junge Leute, die in SA-Uniform in die Singstunde kamen), die Sänger einzuschüchtern, sich ihrer Bücher und ihres Liedgutes zu bemächtigen und einen Druck dahingehend auszuüben, sich einem anderen Gesangverein anzuschließen. Der Vorstand versuchte daraufhin alles, vermochte schließlich aber nicht, sich dem Druck zu widersetzen und verbündete sich mit der „Liedertafel"; alles andere wäre einer Zwangsauflösung gleichgekommen, das wollte man aber unter allen Umständen verhindern. Die „Liedertafel", schon 1844 gegründet, somit der älteste Verein in Orb überhaupt, war dem Druck der NS-Machthaber nicht in dem Maß ausgesetzt, vielleicht deshalb, weil es sich bei deren Mitgliedern vorwiegend um ältere, wohlsituierte Geschäfts- und Bürgersleute handelte.

Der verlorene 2. Weltkrieg hat auch von der „Liedertafel" Blut und Opfer gefordert. Viele der oft noch jüngeren Mitglieder (besonders aus dem Kreis der früheren „Sängergruß" kehrten aus dem Krieg nicht zurück, so dass der Chor trotz des vorherigen Zusammenschlusses nicht stark genug war, mit anderen Vereinen zu konkurrieren, wobei noch zu berücksichtigen ist, dass einige der früheren „Sängergruß"-Sänger zur „Sängerlust" gegangen, und andere noch nicht aus Kriegsgefangenschaft zurückgekehrt waren. Hinzu kamen die öfteren Wechsel der Dirigenten.

Nach August Brill, der nach dem 2. Weltkrieg viele Jahre Dirigent war, folgte Friedrich Neuhauser, darauf Philipp Schmitt, dann Hans Siebert und nach ihm Weigand Prasch. Seit dessen Tod ruht der Singbetrieb, da sich kein anderer Dirigent mehr gefunden hat. Wenn die „Liedertafel" heute auf dem Papier auch noch besteht, so kann von einem aktiven Vereinsleben nicht mehr gesprochen werden. Dies sei am Ende dieser Niederschrift mit Bedauern vermerkt.

Zum Schluss sei außerdem festgehalten, dass es unter dem jetzt noch vorhandenen Notenmaterial noch Notenblätter gibt, die den Stempel des Turnvereins tragen (siehe Seite 76).

Das „Deutsche Lied“ und der Chorgesang allgemein werden hier in Bad Orb aber durch den MGV „Sängerlust“, den Chor der St. Martins-Kirche, die „Männer Schola von St. Michael“ sowie den Singekreis der evangelischen Kirchengemeinde hochgehalten. Der Turnverein hat keineswegs die Absicht, den „Singbetrieb“ wieder aufzunehmen und mit irgendeinem Gesangverein in Konkurrenz zu treten, täte aber gut daran, die früher gesungenen Turner- und Wanderlieder – entsprechend der alten Gepflogenheit – noch zu pflegen.

Über die ehemalige Turngemeinde in Orb (1890-1919)

18. September 1981

9. Über die ehemalige Turngemeinde in Orb (1890-1919)

Die Aufnahme zeigt Mitglieder der Turngemeinde Orb im Jahre 1896, und zwar beim Frühschoppen (so kann man auf dem Bierfass lesen) gelegentlich der Fahnenweihe im Juni 1896 auf dem Festplatz, damals am Bleichgarten [»Josef-Engel-Anlage«]. Im Hintergrund links ist das Dach der Haselmühle (Lauzenmühle) noch gut zu erkennen. Von Personen auf dem Bild sind nur noch einzelne zu erkennen, u.a.: (von links) Adam Beisler, Adam Pfeifer, Karl August Eck, Bernhard Reinhard, Albert Schreiber (der Junge), Georg Pfeifer, Eduard Schreiber, seine Frau Margarethe geb. Huller, Paul Kettel, Karl Pfeifer, Arnold Hessberger, Johann Göb, Jakob Heim, Adam Heim, Anton Pfeifer (Spengler), Franz Fries. Wer noch weitere Personen erkennt, möge mich das wissen lassen, um die Chronik zu ergänzen.

Niemand hat uns Menschen befohlen, Vereine oder Vereinigungen oder Gesellschaften zu gründen, und wenn wir es trotzdem getan haben, dann aus einem gewissen Bedürfnis heraus. Dieses zur Gründung einer Gemeinschaft mit bestimmten Aufgaben und Zielen mag vor mehr als 100 Jahren dazu geführt haben, dass sechzehn junge Leute am 15. August 1868 den Orber Turnverein gründeten, nachdem die um 1845/48 bestandene Turngemeinde auf Grund des seinerzeitigen Turnverbotes aufgelöst worden war. Vielerorts bestanden zu dieser Zeit bereits Turnvereine an größeren Orten der näheren oder weiteren Umgebung, so in Hanau, Gelnhausen, Schlüchtern und Fulda. Offenbar glaubte man, nach dem Übergang Orbs von Bayern an Preußen im Jahre 1867, jetzt freie Hand zu haben, denn in Bayern war das Verbot besonders streng.

Natürlich lebt heute niemand mehr, den man über das Vereinsleben der Anfangsjahre des Turnvereins befragen könnte, aus vorliegenden Aufzeichnungen und Bildern kann man aber schließen, dass im Orber Turnverein schon in den ersten Jahrzehnten reges Leben herrschte, dass eifrig geturnt wurde und auch Wettkämpfe und festliche Veranstaltungen durchgeführt wurden.

Man ist daher heute geneigt zu fragen, warum es im Jahre 1890 zu einem weiteren Turnverein, der „Turngemeinde", kommen konnte. Darüber, also über die Gründe dieser Neubildung, ist in keinem Protokollbuch oder auch anderswo etwas zu lesen. Ihn Vorbericht im 1. Protokollbuch der Turngemeinde ist lediglich zu entnehmen, dass mit der Gründung der Turngemeinde am 10. Mai 1890 „einem langgehegten Wunsch Ausdruck gegeben worden ist." Auch im „Bezirksboten", dem damaligen Heimatblatt und „Anzeigeblatt für den vormaligen Verwaltungsbezirk Orb", ist über die Neugründung nichts zu finden. Obwohl im Jahre 1890 mehrmals über den Turnverein geschrieben wurde, wird von der Turngemeinde in dieser Zeitung lediglich über eine „Weihnachtsbescherung" berichtet. Was mögen also die Beweggründe für die Neubildung gewesen sein?

Im Protokollbuch des Turnvereins habe ich zur fraglichen Zeit nach Äußerungen oder Stellungnahmen über diese Vereinsgründung gesucht, keine gefunden. Im Protokoll einer Versammlung Ende April 1890 ist allerdings niedergeschrieben, dass Philipp Jakob Ehmer in der Versammlung sein Amt als Turnwart niederlegte. Da er auf Befragen keine Gründe dafür angeben konnte, wurde er auf Grund der Statuten aus dem Verein ausgeschlossen. Philipp Jakob Dehmer zählte dann aber zu den Gründern der Turngemeinde, und wurde dort in der Gründungsversammlung vom 10. Mai 1890, also nur 2 Wochen später, zum Turnwart gewählt. Wahrscheinlich hatte man im Turnverein das Kommende, nämlich die Gründung der TG, geahnt und daraufhin den Ausschluss von Dehmer beschlossen. Derselbe Philipp Jakob Dehmer wurde nach etwa zweijähriger Amtszeit als Turnwart der TG auch aus dieser wegen Verstoßes gegen die Satzungen ausgeschlossen. Sein Nachfolger als Turnwart der TG wurde Georg Pfeifer.

Es lässt sich heute nicht mehr feststellen, ob und welche weiteren Orber Bürger, die zur fraglichen Zeit oder schon vorher Mitglieder des Turnvereins wurden, den Verein wechselten und welche Gründe – wenn überhaupt – für einen Vereinswechsel sprachen. Ob es geschäftliche Gründe waren, die zum Abfall bzw. zur Vereinsgründung führten? Sehr oft spielen in solchen Fällen auch verwandtschaftliche Beziehungen eine Rolle, vielleicht auch Neid, Missgunst oder was auch immer.

Eins aber gilt immer und galt sicher auch damals schon: Konkurrenz eifert zu größeren Leistungen an. So ist jedenfalls bekannt, dass die 1890 gegründete Turngemeinde im Jahre 1896 das Fest ihrer Fahnenweihe feierte, und der Turnverein ein Jahr später, 1897, ebenfalls, wobei jedoch zu beachten ist, dass der Turnverein seine zweite Fahne weihte, da die erste, schon 1869 angeschaffte Fahne, nach 28 Jahren doch arg zerschlissen war. (Vergl. hierzu meinen Aufsatz über die Orber Turnfahnen).

Festplatz bei der Fahnenweihe der Turngemeinde am 28. Juni 1896 war der städtische Bleichgarten, das ist dort, wo heute das „Haus der Vereine“ steht und der davorliegende Parkplatz. Am 16. Juni des gleichen Jahres beteiligte sich die Turngemeinde an einem Fackelzug, der zu Ehren des zu dieser Zeit hier weilenden Bischofs von Fulda abgehalten wurde. Zum Kaiserempfang anlässlich der Hochzeitsfeier im Hause des Grafen von Meerholz im Oktober 1906 waren auch die Turnvereine des Kinzigturngaues, darunter die Turngemeinde Orb, zum Spalier abgetreten.

In der Gründungssammlung der Turngemeinde, (in welcher Arnold Hessberger zum I. Vorsitzenden, Paul Kertel zum Schriftführer, Philipp Jakob Dehmer zum Turnwart, Bernhard Reinhard zum Zeugwart und Emil Kaufholz zum Kassierer gewählt worden waren, wurde außerdem bestimmt, dass die Schmittische Gastwirtschaft als „vorläufiges Vereinslokal gelten soll und nach Herrichtung. des Gasthauses zum Goldenen Engel dasselbe noch dort zu verlegen sei.“ Gleichzeitig wurde ein Teil des Engelwirtschen Gartens hinter dem Sauerborn [zwischenzeitlich Haus Regena; heute Seniorendomizil Heel] als Turnplatz bestimmt. Turnstunde sollte jeden Sonntag stattfinden, „Zu der jedes Mitglied pünktlich erscheinen müsse.“ Als Eintrittsgeld in den Vereinen wurde 1 Mark erhoben.

Erste Vorsitzende in der Zeit des Bestehens der Turngemeinde waren laut der Aufzeichnungen in den Protokollbüchern von 1890 bis 1903 Arnold Hessberger, von 1906 bis 1908 Johann Kesselring, von 1909 bis Juni 1914 Heinrich Reger und von Juni 1914 bis 1919 Philipp Acker. Über die Vorsitzenden in der Zeit von 1903 bis 1906 gibt es keine Aufzeichnungen, d.h. keine Protokolle, das Protokollbuch hat hier Lücken. In einer Versammlung vom Jahre 1906, so ist im „Bezirksboten“ zu lesen, wurde

Arnold Hessberger zum Ehrenvorsitzenden gewählt: daraus kann man schließen, dass Hessberger doch bis 1906 1. Vorsitzender gewesen ist. Seit Anfang des 1. Weltkrieges (1914) wurden keine Versammlungen durchgeführt, da der allgemeine Turnbetrieb sowieso ruhte.

Das Vereinsleben in der Zeit des Bestehens der TG muss, so kann man beim Lesen der Protokollbücher feststellen, als positiv angesehen werden. Es wurden jährlich An- und Abturnen durchgeführt mit anschließenden Tanzveranstaltungen, man beteiligte sich an den Gauwettkämpfen und veranstaltete jährlich zu Weihnachten die üblichen Weihnachtsbescherungen mit Christbaumverlosung. Über den Mitgliederstand und die Mitgliederbewegung lassen sich aus den Protokollbüchern, die als einzige Unterlagen zur Verfügung stehen, keine Rückschlüsse ziehen oder Feststellungen treffen.

Nach Ende des 1. Weltkriegs, so ist im Protokollbuch der Turngemeinde zu lesen, kam es dann im Jahr 1919 zu Verhandlungen über eine Verschmelzung mit dem Turnverein. Sicherlich hatte man zu diesem Zeitpunkt eingesehen, dass man die anstehenden Probleme mit vereinter Kraft lösen könne, denn beide Vereine hatten kein Zuhause, hatten die gleichen finanziellen und materiellen Sorgen und hatten durch die große Zahl von im Krieg gefallenen Mitgliedern Mangel an Kräften für Vorstandsämter. Vorstand des Gesamtvereins sollte bei Zusammenschluss neu gewählt werden und die Turngemeinde im Verhältnis der Mitgliederzahl im neuen Vorstand vertreten sein. Die von der Turngemeinde eingebrachte Vereinsfahne sollte umgestickt werden. Das ist dann alles auch geschehen. Die Änderung der Stickerei an der Fahne, also des Wortes „Turngemeinde“ in „Turnverein“, ist heute an den Sticklöchern noch deutlich zu erkennen. Die Verschmelzung ist dann jedenfalls ohne weiteres vonstattengegangen.

Letzter Vorsitzender der Turngemeinde zu dieser Zeit war Philipp Acker, im Turnverein Josef Pfeifer; er wurde bei der Vorstandswahl im Januar 1920 von Arnold Hessberger abgelöst, der auch der I. Vorsitzende bei Neugründung der TG im Jahre 1890 gewesen war.

Über die Verhandlungen einer Verschmelzung der Turngemein- de mit dem Turnverein liegen beim Turnverein keine Unterlagen vor. Obwohl hier Protokollbücher aus der Gründerzeit nahezu lückenlos vorliegen, fehlen solche aus der fraglichen Zeit. Entweder schlummert das Protokollbuch noch irgendwo in einer Turnerfamilie, oder es ist zusammen mit weiteren Unterlagen von der Frau eines Vorstandsmitgliedes im Jahre 1945 aus Angst vor den einrückenden Amerikanern verbrannt worden.

Mit dem Jahre 1919 ist die Geschichte der „Turngemeinde Orb“ als beendet zu betrachten.

Anmerkung: Die Turngemeinde, über die hier berichtet wurde, ist nicht identisch mit der Turngemeinde aus den Revolutionsjahren 1845/48.

Es gibt in Bad Orb einen Turnerweg

11. Dezember 1981

10. Es gibt in Bad Orb einen Turnerweg

Im Rahmen von Notstandsarbeiten, die zur Milderung der großen Arbeitslosigkeit in den Jahren 1931-1933 beitragen sollten, ließ die Stadt Bad Orb verschiedene Wegebau - und sonstige Aktionen durchführen, womit mehrere Ziele erreicht werden sollten:

Beschäftigung von arbeitslosen, aber arbeitswilligen jungen Leuten, Herrichtung und Instandsetzung von Wegen und Feldwegen, und Rodung von ödem und nutzlosem Gelände in der Orber Gemarkung.

Das heute vielleicht noch bekannteste Unternehmen dieser Art war der Bau des sogenannten Kolpingweges am Wintersberg durch Mitglieder der Orber Kolpingsfamilie. Es ist dies der Weg von der verlängerten Hochstraße, Wolfsgrube genannt, bis zur heutigen Lohrer Straße. Des Weiteren hatte das damalige „Reichsbanner“ die Rodung eines brachliegenden Geländes am Hühnerberg übernommen, aus dem Ackerland gewonnen wurde. Eine weitere Gruppe von Reichsbannerleuten baute einen Weg im Frauengrund. Und noch eine Gruppe von Arbeitslosen, einer anderen politischen Partei zugehörig, baute einen Weg oberhalb des Friedhofes, und zwar den von der Molkenbergstraße bis zur Hubertusstraße.

Dem seit Januar 1932 amtierenden 1. Vorsitzenden des Turnvereins, Hans Hegner, war daran gelegen, auch arbeitslosen Mitgliedern des Turnvereins für gewisse Zeit Beschäftigung zu verschaffen, damit sich diese ein Mark verdienen konnten und außerdem „weg von der Straße“ waren. Hegner bekam von der Stadt die Genehmigung und den Auftrag, den damaligen Hohlweg an der „Kniebreche“ zu einem geh- und fahrbaren Weg auszubauen. Das ist der Weg, der heute zwischen den Anwesen

Metzler (Philosophenweg 2) und Wald (Sälzerstraße 78) beginnt und hochführt zum Waldweg, der vom Bocksberg zum Letzerntälchen führt. Der zu bauende Weg war nur ein schwer begehbarer Hohlweg und hatte den Namen „Kniebreche" wohl zu Recht, wenn man bedenkt, dass man sich dort (und dem umliegenden Gelände überhaupt) die Beine brechen konnte. Er musste um etwa 2 m hoch aufgefüllt werden, wozu Steine aus Steinmauern gebraucht wurden, die beiderseits des Hohlwegs aufgehäuft waren. Rechts des Weges war es eine längere Steinmauer oberhalb des Grundstücks der Familie Karl Mack. Die linker Hand gelegenen Steinmauern wurden mittels Schanzkarren abgefahren, die Steine rechter Hand mit Rollwagen, die auf einem Schmalspurgleis fuhren und den Inhalt dann in den Hohlweg kippten. Eigentlich war dies ein gewagtes und sogar gefährliches Unternehmen, denn die vielen jungen Leute waren ja nicht vom Fach, sondern mussten sich den Umgang mit dem Rollwagen erst aneignen; von Beruf waren die meisten jungen Männer ja andere Arbeiten gewohnt als mit Hacke, Pickel und Schippe. Vorarbeiter der Turnergruppe war unser jetzt noch lebendes Mitglied Heinrich Metzler, damals 27 Jahre alt. Als Lohn bekamen die jungen Arbeiter bei 48 Stunden Arbeitszeit wöchentlich 9,60 Mark, also pro Stunde 20 Pfennig, womit alle zufrieden waren, denn sie waren auch unter sich noch eine frohe Gesellschaft.

Insgesamt waren etwa 20 Turner bei diesem Unternehmen tätig; es dauerte ungefähr von Herbst 1932 bis Frühjahr 1933. Im Anschluss an den Wegebau an der Kniebreche waren einige Turner dann noch kurze Zeit an der Haberstalstraße beschäftigt; dort wurde nämlich die Gabelung zur Bieberhütte etwas verlegt. Anschließend waren noch einige beim Zuschütten der Eisweiher (am Ende des kleinen Kurparks) dabei.

Die jetzt noch lebenden Mitglieder der damaligen Turnergruppe denken heute noch gerne an das Unternehmen und den von ihnen gebauten „Turnerweg“ zurück, wenn er den Namen „Turnerweg“ heute offiziell auch nicht trägt.

Das Bild zeigt 14 der insgesamt etwa 20 Turner, die an dem Wegebau beteiligt waren. Einige davon sind bereits tot. Wer erkennt wen?

Turnen und Sport in Bad Orb im und nach dem 2. Weltkrieg

30. Januar 1982

05. Februar 1982

11. Turnen und Sport in Bad Orb im und nach dem 2. Weltkrieg

Über die Turnabteilung. In der „Turn- und Sportgemeinschaft“ während des Krieges und in der „Sportgemeinschaft, dem „Turn- und Sportverein“ sowie in der „Turn- und Sportvereinigung“. Nach dem Krieg.

Der Turnverein Bad Orb ist heute der mitgliederstärkste und – abgesehen von der im Jahre 1844 gegründeten „Liedertafel“, die praktisch aber nur noch auf dem Papier besteht – der älteste Verein in Bad Orb. Im Jahre 1869 gegründet, wird der Turnverein im Jahre 1982 hundertvierzehn Jahre alt. Er wurde am 10. November 1906 in das Vereinsregister beim Amtsgericht Bad Orb eingetragen und hat als solcher und unter dieser Bezeichnung bis zum Jahre 1940 unverändert bestanden.

1940/45 Die „Turn- und Sportgemeinschaft" (TSG)

Im Mai 1940, also während des 2. Weltkrieges, erfolgte unter dem seinerzeitigen Bürgermeister und NS-Ortsgruppenleiter Hans Heiler die Verschmelzung des Turnvereins mit dem Fußballsportverein zur „Turn- und Sportgemeinschaft“. Der Fusion der beiden Vereine lag wohl ein gemeinsamer formeller Beschluss der Mitgliederversammlung zugrunde, trotzdem ging die Anregung dazu von keinem der beiden Vereine aus. Die Verschmelzung erfolgte vielmehr im Rahmen der s.Z. so genannten „Gleichschaltung“. Die neuen politischen Machthaber erstrebten damit eine Zentralisierung und mehr Einfluss auf das Geschehen und Einsicht in das Vereinsleben.

Vertretungsberechtigt war nach der Satzung der „Turn- und Sportgemeinschaft“ der jeweilige „Gemeinschaftsführer“, zu dieser Zeit also Bürgermeister Hans Weiler, oder sein Stellvertreter. Der Gemeinschaftsführer – dem Sinne nach der 1. Vorsitzende – wurde nach der Satzung von dem örtlich zuständigen Kreisführer des Nationalsozialistischen Reichsbundes für Leibesübungen (NSRL) im Einvernehmen mit dem zuständigen Kreisleiter der Nationalsozialistischen Deutschen Arbeiter-Partei (NSDAP) bestellt oder abberufen. (Der NSRL war eine von den NS-Machthabern geschaffene Dachorganisation, der alle Sportfachverbände unterstellt waren, soweit sie nicht von ihm selbst zwangsweise aufgelöst worden waren.) Eine Wahl des Gemeinschaftsführers durch die Mitgliederversammlung war nicht statthaft.

Neben der „Turn- und Sportgemeinschaft" bestand – allerdings schon seit 1934 – eine Ortsgruppe des Reichsbundes für Leibesübungen; diese ist jedoch am 30. März 1941 infolge Organisationsänderung des NSRL aufgelöst worden.

Im Gegensatz zum 1. Weltkrieg, in dem jeglicher Turnbetrieb notgedrungen ruhte, wurde während des 2. Weltkrieges der Turn- und Sportbetrieb in der Turnabteilung weitergeführt, soweit es die Verhältnisse zuließen, und zwar unter dem damaligen Oberturnwart Anton Weisbecker und dem Turnwart Heinrich Metzler, die beide keine Parteimitglieder waren, aber ihre Ämter im Turnverein beibehalten durften. Es wurden regelmäßig dienstags und freitags Turnstunden für Schüler und Schülerinnen sowie Jugendliche abgehalten, solange nämlich, bis diese zum Reichsarbeitsdienst oder zum Militär eingezogen wurden.

Die Übungsstunden wurden seit 1942 in der dann fertiggestellten neuen Turnhalle bei der Volksschule am Burgring abgehalten. Bis dahin ist im Flur der Schule geturnt worden. In der Fußballabteilung war mit Beginn des 2. Weltkrieges der Sportbetrieb vollkommen lahmgelegt. (Auch in den übrigen Sportarten hat jeglicher Übungsbetrieb geruht.)

Die Turnhalle bei der Volksschule war in den Jahren 1937/38, also noch vor Kriegsbeginn, unter Bürgermeister Hans Weiler im Bau begonnen worden. Bauunternehmer war Philipp Hessberger. Bis zu ihrer Fertigstellung (1942) bestand sowohl im schulischen als auch im turn- und sportlichen Bereich Mangel an Räumlichkeiten, so dass mit ihrer Inbetriebnahme ein großer Übelstand beseitigt wurde. Nach Kriegsende wurde die Halle vorübergehend von den amerikanischen Besatzungstruppen belegt.

Der „Turn- und Sportgemeinschaft" ist erst nach dem Krieg durch Beschluss des Amtsgerichts Bad Orb vom 2. Oktober 1951 wegen Mitgliedermangels die Rechtsfähigkeit entzogen worden, obwohl sie seit Ende des Krieges praktisch nicht mehr bestanden hat.

1945/46 Die „Sportgemeinschaft" (SG)

Nach dem verlorenen Krieg und dem Zusammenbruch des 3. Reiches, als die Amerikaner unser Land besetzten, durfte auf Weisung der US-Militärregierung in Orten unter 10.000 Einwohnern nur ein Turn- und/oder Sportverein zugelassen werden. Fechten, Boxen, Radrennen, Schießen und Gerätturnen waren verboten. Trotzdem kam es am 6. Oktober 1945 auf Anregung turn- und sportbegeisterter Orber Bürger unter dem Vorsitz von Bürgermeister Anton Drisch, dem selbst an einem regen und ersprießlichen Vereinsleben gelegen war, zur Bildung einer „Sportgemeinschaft", die vorerst nur 4 Abteilungen umfasste: Turnen (Leiter Adalbert Hessberger), Fußball (Leiter Helmut Holzmann), Leichtathletik (Leiter Theo Schreiber), und Radfahren (Leiter für kurze Zeit Johann Noll, dann Ferdinand Geipel.) Traditionsjahreszahlen durften nicht geführt werden.

In dieser Zeit begannen die Fußballer mit dem Spielen auf dem Sportplatz, Anton Weisbecker übte mit Turnerinnen und

Turnern, und Wilhelm Pungs hielt das erste Hallentraining für Spieler und Leichtathleten ab.

1946/48 Der „Turn- und Sportverein" (TSV)

Am 4. Februar 1946 kam es – praktisch in Weiterführung der „Sportgemeinschaft" und wiederum unter dem Vorsitz von Bürgermeister Anton Drisch – zur Bildung des „Turn- und Sportvereins", der außer den Sportarten der SG noch weitere umfasste. Die Jahreszahl „1868", wie mit der Namensbezeichnung beschlossen worden war, wurde allerdings in den an den Kreisjugendausschuss eingereichten Satzungen auf Anordnung der Militärregierung wiederum gestrichen. Kurz nach Gründung dieses TSV konnte der gesamte Turn- und Sportbetrieb aber wieder aufgenommen werden, nachdem die Militärregierung das nach dem Krieg ausgesprochene Verbot gelockert hatte.

Die Vorstandschaft des TSV, in der die einzelnen hier betriebenen Sportarten durch Abteilungsleiter vertreten waren, setzte sich wie folgt zusammen:

1. Vorsitzender:	Bürgermeister Anton Drisch
Stellvertreter:	Albert Schreiber
Geschäftsführer:	Heinrich Schneeweis
Kassenwart:	Ludwig Scheckenbach, Josef Engel
Schriftführer und Pressewart:	Rudolf Roeder
Stellvertreter:	Hans Schüßler
Vorsitzender des Technischen Ausschusses:	Wilhelm Pungs
Vertreter der Abteilung Turnen:	Adalbert Hessberger
Vertreter für Leichtathletik:	Wilhelm Pungs, ab Januar Alfred Möckel

Vertreter für Fußball:	Helmut Holzmann, später Albert Pfeifer
Vertreter für Radfahren:	Arnold Betz
Vertreter für Schwimmen:	Karl Weisbecker
Später kamen noch dazu:	
Vertreter für Boxen	Magnus Manz
Vertreter für Tischtennis:	Albert Metzler
Vertreter für Ski:	Wilhelm Pungs

1948/1950 Die „Turn- und Sportvereinigung (TSVg)“

Gemäß Beschluss der Jahreshauptversammlung vom 30. Januar 1948 wird die Vereinsbezeichnung (Turn- und Sportverein) in „Turn- und Sportvereinigung Bad Orb e.V.“ umgeändert. (Unterlagen darüber, wann und wo sich Änderungen in der Vorstandschaft ergeben haben, sind mir nicht bekannt.)

Nach Meinung der optimistischen Gründer sollte diese Vereinigung keine Dachorganisation, sondern ein lebensfähiger Verein werden. Der erfreuliche Aufschwung des Turn- und Sportbetriebes in den ersten Jahren des Bestehens berechtigte auch zu guten Hoffnungen, denn auf vielen Gebieten wurden - große Leistungen und schöne Erfolge erzielt. (Im Einzelnen mögen die Erfolge einer späteren Schilderung vorbehalten bleiben.) Erwähnt zu werden verdienen auch einige Ereignisse und Veranstaltungen besonderer und kultureller Art,

> so eine große Turnschau in der Turnhalle im September 1946, die hier zur Erinnerung an die Revolution der Jahre 1948/49 mit Jupp Sütter aus Hanau als Festredner und dem inzwischen verstorbenen Helmut Holzmann am 9. Mai 1948 in der Turnhalle, ferner die 80-Jahrfeier am 20.

März 1949 in der Turnhalle, in der Wilhelm Pungs die Festrede hielt, und ein Heimatfest am 22. Mai 1949 mit Festzug und großen turnerischen und sportlichen Programm auf. dem Sportplatz an der Aumühle.

Durch die Einführung getrennter Kassen in der TSVg wurde dem Selbständigkeitsdrang einzelner Abteilungen dann aber Vorschub geleistet. Die weniger finanzkräftigen Abteilungen wurden von dieser Entscheidung am härtesten betroffen. Ihre Haupteinnahmen, die Mitgliederbeiträge, flossen in die Hauptkasse, die Abteilungskassen waren ständig leer. Erfahrene und weitsichtige Vereinspolitiker prophezeiten der TSVg deshalb damals schon keine lange Lebensdauer.

Es sei hier auch vermerkt, dass der Verein, gleich unter welcher Namensbezeichnung (SG, TSV oder TSVg), zu keiner Zeit in das Vereinsregister beim Amtsgericht Bad Orb eingetragen war, wenn er auch, wie aus den gezeigten Fotos von vorhandenen Mitgliederausweisen des TSV und der TSVg ersichtlich, das „e.V." (d.h. „eingetragener Verein") im Vereinsnamen führte. Er ist daher auch zu keiner Zeit ein rechtsfähiger Verein gewesen

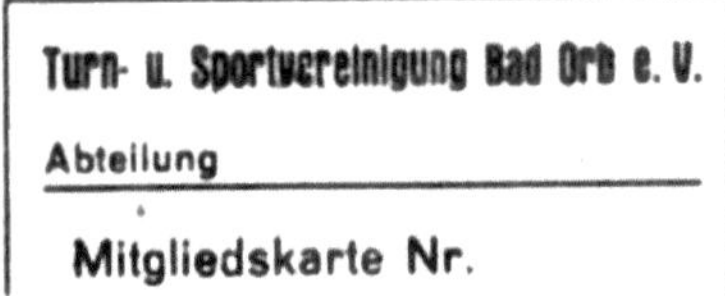
Turn- u. Sportvereinigung Bad Orb e. V.
Abteilung
Mitgliedskarte Nr.

Turn- und Sportverein
Bad Orb
e. V.
Abteilung
Mitgliedskarte Nr.

Das Ausscheiden der Turner aus der TSVg

Ende der vierziger Jahre war man sowohl hier in Bad Orb als auch von Seiten befreundeter Turner außerhalb Orbs mit der

Bitte an mich herangetreten, mich um eine Wiederselbständigmachung des Turnvereins zu bemühen.

Die Gelegenheit dazu ergab sich im November 1949, als ich zum Amtsgericht bestellt worden war und vom seinerzeitigen Gerichtsassessor Walter Strauch, der meinen Namen in den Vereinsakten gelesen hatte; über die Angelegenheit befragt wurde. Zu damaliger Zeit waren Adalbert Hessberger als 1. Vorsitzender und ich, sein Stellvertreter, als Vertretungsberechtigte des Turnvereins beim Amtsgericht noch eingetragen.

Herr Strauch eröffnete mir, dass – wie er im Zuge der Bereinigung des Vereinsregisters festgestellt hatte – schon jahrelang keine Eintragungen, auch keine Änderungen in den Vereinsakten beim Amtsgericht erfolgt sein und dass die augenblicklichen Eintragungen durch die veränderten Verhältnisse längst überholt seien, also Ordnung gemacht werden müsse. Da aber der Verein durch Militärregierungsgesetz als aufgelöst zu betrachten sei, müsse durch einen Antrag beim Kreisjugendausschuss Gelnhausen die Wiederzulassung des Vereins erst beantragt werden. Wenn dies alles erfolgt sei, stehe der Weiterführung beim Amtsgericht nichts im Wege. Herr Strauch hatte mich also gebeten, die Sache ins Reine zu bringen.

Ich habe daraufhin den sogenannten internen Ausschuss der Turn-Abteilung von dieser Sachlage unterrichtet, und auf mein Bestreben hin hat der Ausschuss die Loslösung von der Turn- und Sportvereinigung und die Wiederselbständigmachung des Turnvereins in die Wege geleitet. Am 11. Dezember 1949 wurde in einer Turn-Abteilungs-Mitgliederversammlung dann das Ausscheiden aus der TSVg beschlossen.

Bürgermeister Anton Drisch als 1. Vorsitzender der TSVg wurde schon vorher mündlich und auch schriftlich von unseren Bestrebungen, ebenso auch nachher von der beschlossenen Trennung unterrichtet.

Das finanzielle Selbständigkeits- und das traditionelle Erhaltungsbedürfnis war nicht der einzige Anlass zum Austritt aus der TSVg, sondern die ideellen Beweggründe waren nicht minder ausschlaggebend. Ein Verein, der damals schon 80 Jahre lang einen machtvollen Faktor im Bad Orber Vereinsleben dargestellt hat, ist über die Vorwürfe erhaben. Schließlich ist es gerade das Verdienst des Turnvereins gewesen, in den dreißiger Jahren das Handballspiel und später auch den Schwimmsport trotz großer finanzieller Opfer in unserer Stadt eingeführt zu haben.

Der Einspruch der TSVg

Seitens des Vorstandes der verbliebenen TSVg wurde die Loslösung der Turnabteilung von der Vereinigung nicht so ohne weiteres hingenommen, vielmehr hat dieser beim Landessportbund Hessen gegen die Wiederzulassung des TV Bad Orb als selbständiger Verein Einspruch erhoben. Da der Turnverein zwischenzeitlich aber vom Kreisausschuss Gelnhausen, Abteilung für Sport und Kultur, einen Genehmigungsbescheid (vom 2. März 1950) erwirkt hatte und beim Amtsgericht Bad Orb in das Vereinsregister schon eingetragen, also ein rechtsfähiger Verein geworden war, konnte auch der Landessportbund Hessen nicht umhin, unseren Verein wieder zuzulassen.

Damit war das leidige Thema abgeschlossen, und die Turner konnten ihre gewohnte erfolgreiche Tätigkeit zum Wohle der Jugend als selbständiger Verein fortsetzen. Mit den Turnern gingen auch die Leichtathleten, die seit jeher zum Turnverein zählten. Bald danach, im Juli 1950, zog auch die Handballabteilung nach. Der Fußballsportverein machte sich ebenfalls wieder selbständig, ebenso die Radfahrer; die Schwimmer bildeten einen eigenen Club. Die Tischtennisspieler verblieben vorübergehend beim FSV, später (1963) schlossen sie sich dem Turnverein an und bilden seitdem eine beachtliche Abteilung im TV. Boxen hat zu keiner Zeit eine wesentliche Rolle in Bad Orb gespielt. Die wenigen Skifahrer blieben beim TV, sie bilden heute ebenfalls eine starke Gruppe im Bereich des Turnvereins.

Trotz vieler Anfeindungen wegen des Ausscheidens aus der Vereinigung und vieler Vorwürfe, insbesondere gegen einzelne Vorstandsmitglieder, hat sich der Turnverein bald behauptet, sich einen guten Namen gemacht und viele Sympathien erworben. Die Mitgliederzahl wuchs schnell und ständig und hatte schon nach kurzer Zeit, die der früheren Vereinigung überschritten.

Heute, nach mehr als 30 Jahren, kann man mit Genugtuung sagen, dass der damals unternommene Schritt der Selbständigmachung der einzig richtige war, was auch durch die Erfolge auf vielen Gebieten beweisen wird. Die Selbständigkeit hat dem Vereinsleben auf alle Fälle neuen Aufschwung gegeben.

Nachwort des Verfassers:

Nicht alles; was ich im Vorstehenden niedergeschrieben habe, habe ich vorher gewusst oder noch in Erinnerung gehabt. Ich habe deshalb herumgefragt und Erkundigungen eingeholt, insbesondere bei Herrn Josef Dickert, (Rechtspfleger beim Amtsgericht Gelnhausen) und bei Wilhelm Pungs. Außerdem habe ich mir Aufzeichnungen von Helmut Holzmann zunutze gemacht. Allen, auch denen, die mir sonst irgendwie bei der Erstellung der Niederschrift nützlich waren, danke ich auch an dieser Stelle recht herzlich. Wenn ich auch bemüht. war, die Geschehnisse wirklichkeitsgetreu darzustellen, ist es nicht ausgeschlossen, dass ich mich in dem einen oder anderen Fall geirrt habe. Vielleicht können die Akten und Protokolle der ehemaligen TSVg, die s.Z. dem hiesigen Heimatmuseum (Rektor Hardt) anvertraut wurden, näheren Aufschluss geben, wenn sie einmal zum Vorschein kommen sollten.

Turnen früher und heute

02. April 1982

12. Turnen früher und heute

Ein Bild aus dem Jahre 1895. Die sechs strammen Burschen – in einer damals üblichen Turnkleidung – sind von links: Anton Geipel, Heinrich Ehmer, Adam Schreiber, Georg Pfeifer und Karl Wolf.

Die Geburtsstunde des deutschen Turnens war unter Friedrich Ludwig Jahn im Jahre 1811 auf der Hasenheide bei Berlin. Jahn verstand darunter aber nicht nur Turnen an den Geräten, vielmehr auch volkstümliche Übungen wie Laufen, Springen und Werfen, ebenso Spiele, Wandern und Schwimmen; alles in allem Leibesübungen, die zur Ertüchtigung der Jugend dienen sollten. Mit der Eröffnung dieses ersten öffentlichen Turnplatzes hatte Jahn auch pädagogische, soziale und politische, auf Einheit und Freiheit gerichtete Ziele, die sich insbesondere gegen den Erzfeind Napoleon richteten.

Das Turnen verbreitete sich mit den Jahren schnell, wurde bekannt und beliebt in allen deutschen Landen, und überall bildeten sich Turngemeinschaften, aber erst nach dem 1. Deutschen Turn- und Jugendfest 1860 in Coburg kam es 1868 in Weimar zur Gründung der parteipolitisch neutralen Deutschen Turnerschaft.

Über die ersten Jahre des Bestehens des im gleichen Jahr (1868) gegründeten Orber Turnvereins ist uns nur wenig bekannt, und zwar nur das, was in den uns erhalten gebliebenen Protokollbüchern zu lesen ist. Aufzeichnungen und Bilder, aus denen zu ersehen ist, wie man anfangs den Turnbetrieb gestaltet hat, gibt es nur wenige. Aus vorgefundenen Preistafeln von Wettkämpfen der 80er und 90er Jahre ist allerdings zu erkennen, dass Freiweitspringen, Steinstoßen, Stabhochspringen, Klimmen, ferner Turnen am Reck, Barren und Schwingel (Pferd) zu den damaligen Wettkampfübungen zählten. Schon 1884 wurden Wettkämpfe in diesen und ähnlichen Disziplinen durchgeführt. Hochleistungssport im heutigen Sinn hat man damals noch nicht gekannt. Die Turner haben trotzdem viel Spaß an der Sache gehabt und Freude empfunden über das, was sie persönlich erreichten. Gut ausgestattete Turnhallen – wie wir sie heute kennen – standen ihnen damals nicht zur Verfügung, sondern nur notdürftige Räume wie Schuppen und Scheunen und primitive Plätze.

Nach dem 1. Weltkrieg wurde das Übungsangebot vielseitiger und das Wettkampfangebot reichhaltiger. Zum Turnen an den Geräten gesellte sich Volksturnen, das ist die heutige Leichtathletik, ferner Handball, Faustball und Schwimmen. Daneben pflegte man hier in Bad Orb noch das Theaterspiel, die Musik und den Gesang. Besondere Fachverbände wie für Handball, Schwimmen u. ä. rührten sich erst nach dem 2. Weltkrieg; bis dahin lag alles in der Zuständigkeit der Deutschen Turnerschaft.

Frauenturnen begann hier in Bad Orb erst 1919, nach dem I. Weltkrieg. Die Teilnehmerinnen dieser Gruppe nannte man „Damenriege“. Wettkämpfe dieser Riege wurden aber erstmals im Jahre 1920 durchgeführt. Die erste Leiterin der Damenriege war Lehrerin Fräulein Schönbrodt. Später hat sich Anton Weisbecker der Riege angenommen.

Zu meiner Zeit, als ich 1926 in den Turnverein eintrat, wurde im und beim „Spessartlüftchen“ [Spessart-Lüftle] geturnt, Gerätturnen im Saal betrieben, Leichtathletik und Spiele auf dem Gelände drumherum und oberhalb auf dem Sportplatz. Gelaufen wurde auf der Villbacher Straße.

Zu dieser Zeit kannte man nur straffes Riegenturnen, und zwar wurden die Riegen eingeteilt nach Alter und Können, also Oberstufe und Unterstufe, Zöglinge und Schüler.

Dieses Foto, etwa 55 Jahre alt, zeigt 16 hübsche Turnerinnen in einer allerdings eigenartigen Stellung auf dem Gelände des „Spessartlüftchens“. Die Leute dahinter stehen auf dem damaligen Sportplatz unterhalb der Villbacher Straße.

Riegenwechsel erfolgte nach einem Pfiff des Turnwarts mit der Trillerpfeife. Eigentlich hat damals jeder mit Gerätturnen als Grundlage angefangen, um den Körper gewandt und hart zu machen. Ich erinnere mich an eine Zeit in den 20er Jahren, als der Frankfurter Turnlehrer Friede während 4 Wochen wöchentlich mehrmals hierher kam, um einen Lehrgang zu leiten, und dass zu diesen Turnstunden 80 und mehr Turner ins Spessartlüftchen kamen.

Im Einzelnen habe ich bereits vor Jahresfrist – auch an dieser Stelle – über frühere Turn- und Sportstätten geschrieben. Wenn ich trotzdem heute nochmals auf das Spessartlüftchen zurückkomme, so deshalb, weil mir dieser Ort unvergesslich geblieben ist. Nicht, dass wir damals nur kahle und schlecht ausgestattete Turnstätten hatten, darüber hinaus hatten wir im Winter auch kalte Räume und haben deshalb von daheim das notwendige Brennmaterial (Holz und Briketts) mitgebracht. Wenn es arg kalt war, haben wir eben einmal mit dem Turnen aufgehört und uns um den Ofen gestellt, dabei auch lokalpolitische und wirtschaftliche Probleme diskutiert. Auf dem gemeinsamen Heimweg haben wir oft auch Lieder gesungen und sind manchmal von den Nachtwächtern, die uns auf der Kurparkstraße begegneten, wenn sie ihren Kontrollgang machen mussten, zur Ruhe ermahnt worden. Wir waren damals noch jung und manchmal auch etwas ausgelassen.

Das alles liegt nun schon Jahrzehnte zurück, und vieles hat sich zwischenzeitlich geändert. Wir müssen uns heute damit abfinden, dass es den damals üblichen Betrieb und den Turnverein von 1920 oder 1930, ja selbst den von 1950 nicht mehr gibt. Aber Turnen ist auch heute nicht nur als Turnen an den Geräten zu verstehen. Zum Turnen als fachliches Angebot gehören heute auch Spitzensportarten; neben Kunstturnen sind dies die Rhythmische Sportgymnastik, das Trampolinturnen, der Orientierungslauf, Faustball, Prellball und eine Vielzahl von Arten im Sinne des Breiten- und Freizeitsports. Schwimmen als Wettkampfsport wird zurzeit im TV nicht betrieben, weil es an einem geeigneten und Übungsleiter fehlt.

Von den Aktivitäten im Gesamtbereich des Deutschen Turner-Bundes beziehen sich mehr als drei Viertel auf den Breiten- und Freizeitsport. Hierunter fallen auch die Jedermann-Gruppen – „Er und Sie“ – Abteilungen, Mädchen- und Jungenturnen, Tanz- und verschiedene Arten von Ball- und Spielgruppen und Wandern. Große Bedeutung hat in vielen Vereinen (wie auch bei uns in Bad Orb) das gesellige, festliche und kulturelle Angebot (Musik), ohne das das Turnen nicht vollständig wäre.

Ein Turnverein wäre aber schlecht beraten, wenn er seinen Aktiven nicht noch weitere Sportarten anböte, die sich ebenfalls großer Beliebtheit erfreuen, so Tischtennis, Skilauf, Handball und Volleyball.

Bei der Vielzahl neuer Sportarten und neuer Vereine ist es natürlich nicht ausgeblieben, dass das Gerätturnen darunter gelitten hat, und dass dieses heute oft nur noch von wenigen als Leistungsturnen betrieben wird. Doch ist die Mitgliederzahl bei uns wie auch anderswo nicht zurückgegangen, eher noch gestiegen, weil bei den zahlreichen Gruppen im Kinderturnen sowie bei den verschiedenen Jedermann-Gruppen neue Interessenten hinzugekommen sind. So gesehen braucht es dem Turnverein um seine Zukunft nicht bange zu sein.

Das Foto zeigt eines der wenigen Bilder von der im Jahre 1919 gegründeten „Damenriege“ bei einer zeitgemäßen Schau oder Darstellung. Am Bildrand links die Leiterin der Riege Frl. Schönbrodt. In der Bildmitte ist noch Kunigunde Schüßler, verheiratete Mack zu erkennen.

Weitere interessante Bilder:

Das Foto, etwa aus dem Jahr 1890, zeigt eine Riege von Turnern beim Stabhochsprung. Das Bild ist aufgenommen „Hinterm Born", d. i. das Gelände des heutigen Thermalbades [seit 2010 Toskana Therme], und zeigt im Hintergrund eines der 9 Gradierwerke, die um 1899 abgerissen wurden. Das alte Gebäude links auf dem Bild ist die Stirnseite des stehengebliebenen Gradierwerks Nr. X. Dort steht jetzt der später erneuerte, heute noch vorhandene Anbau des Gradierwerkes.

Vor 50 Jahren! Anturnen im Mai 1932, aufgenommen vor dem Saaleingang des „Spessartlüftchen“ [Spessart-Lüftle] im Orbtal, neben dem heutigen Schwimmbad. Die Schrift auf der Tafel besagt: „Turn-V. 1868 Anturnen Mai 1932“. Viele der hier abgebildeten Turner/innen sind heute nicht mehr am Leben.

Gut Heil!

PREIS-TURNEN DES TURN-VEREINS

ORB.

Abgehalten am 13 Juli 1884

Dem Turner Chr. Edel

wurde unter 30 Mitbewerbern

der VII Preis

Das Bild zeigt die Abbildung der ältesten bisher aufgefundenen Siegerurkunde von einem Preisturnen des Turnverein Orb am 15 Juli 1884. Auffallend ist dabei sowohl die kunstvolle Aufmachung der Urkunde als auch die schöne flüssige Handschrift. Die Urkunde wurde dem TV von Albert Noll, Haselstraße geschenkt. Seine Großmutter Luise Noll, geb. Edel ist die Schwester des Chr. Edel.

Preisgerichts-Tafel des Turn-Vereins-Orb für das am 19 Sept 1897 stattgefundene Preisturnen

Rang Nr.	Namen der [illegible] Mitglieder	Reck			Zusammen	Barren			Zusammen	Schwengel			Zusammen	Hochsprung	[illegible]	Klettern	Gesamte Punktzahl	
		[illegible]	[illegible]	[illegible]		[illegible]	[illegible]	[illegible]		[illegible]	[illegible]	[illegible]						
1	Heinrich Engel	5	5	5	15	5	5	5	15	5	3	4	12	4½	7	10	42	21½
2	Theodor Metzler	5	5	5	15	5	5	5	15	5	5	5	15	8	8½	10	45	26½
3	Arnold Pichler	4	4	4	12	5	4	4	13	4	3	4	11	0	6½	8	36	14½
4	Johann Engel	3	3	2	8	3	4	3	10	3	3	3	9	7½	5½	4	27	17
5	Joseph Pfeifer																	
6	Karl Hofacker	2	3	3	8	3	3	5	11	3	2	2	7	0	7	5½	26	12½
7	Anton Engel	4	4	5	13	4	4	4	12	2	2	2	6	5½	7	8½	31	21
8	Philipp Müller	[illegible]																

Diese Abbildung zeigt den Kopf einer Preistafel aus dem Jahr 1897. An diesem Wettbewerb hatten sich 17 Turner beteiligt. Auf dieser Tafel kann man wieder die schön und deutlich geschriebenen Namen der Wettkampfteilnehmer bewundern. (Die Preistafel hängt im Vereinsheim.) Die Preistafel wurde dem Verein von Frl. Antonia Döppenschmidt, Frankfurter Straße vermacht.

Turnen und Musik. Das Spielmanns- und Musikwesen im TV Bad Orb

21. Mai 1982

13. Turnen und Musik. Das Spielmanns- und Musikwesen im TV Bad Orb

Symbol der Verbundenheit von Turnen und Musik.

Trommlerkorps des TV Bad Orb i.J. 1896 (von links nach rechts: Müller, Noll, A. Prähler, Döppenschmidt, Hessberger, Metzler, A. Metzler; die genauen Vornamen sind nicht bekannt).

Die Turner der ersten Stunde haben sich stets mit dem Turnen, also den Leibesübungen allein, nicht begnügt und sahen ihre Aufgaben und Ziele nicht allein in der körperlichen Ertüchtigung; sie wollten vielmehr auch auf anderen Gebieten dem Gemeinwohl dienen. So bildeten sie in ihren Turngemeinschaften Bibliotheken, technische Hilfsdienste, freiwillige Feuerwehren und auch Gesangsabteilungen; zur Instrumental-Musik fanden sie aber erst später. Während nämlich Friedrich Ludwig Jahn schon 1811 mit seinen Zöglingen dem gemeinsamen Lied huldigte, gehen die Anfänge der Spielmannsmusik in der Turnbewegung erst in die späteren 40er Jahre des 19. Jahrhunderts zurück. Dabei ging es den Turnern aber weniger um die Pflege der Musik, vielmehr um die Bildung von Trommler- und Pfeiferkorps als Taktgeber im Rahmen revolutionärer Bestrebungen und als Marschmusik für Aufmärsche und bei Festzügen. Mehr noch als in der Deutschen Turnerschaft, wo die Spielmannsmusik im Wesentlichen erst nach dem 1. Weltkrieg größeren Zuspruch bei den einzelnen Vereinen fand, wurde die Musik schon lange vor der Jahrhundertwende im ATUS (dem Arbeiter Turn- und Sportbund) gepflegt und gefördert.

Im Orber Turnverein fand die Knüppelmusik (wie man sie früher im Volksmund nannte) schon bald nach der Vereinsgründung Einzug, wenn man von „Pflege der Musik“ auch noch nicht sprechen kann. Denn bereits im Jahre 1869, also nur ein Jahr nach der Vereinsgründung, wurde dem Turnverein vom Königlichen Verwaltungsamt erlaubt, „bei jeder Gelegenheit durch die Stadt zu trommeln“. Auf einem Bild unserer Chronik, das auch Spielleute mit Trommeln und Pfeifen zeigt, ist die Jahreszahl 1877 deutlich zu lesen. Auch auf vielen weiteren Bildern der nächsten Jahre und Jahrzehnte sind Trommeln und Pfeifen zu sehen, was wiederum beweist, dass diese einfache Art von Musik in all den Jahren betrieben wurde.

Wer die Leiter oder Ausbilder der Trommler und Pfeifer zu jener Zeit gewesen sind, ist uns nicht überliefert und nirgends niedergeschrieben. Es muss aber angenommen werden, dass es Turner waren, die nach Ableistung ihrer Militärpflicht, wo sie vielleicht als Trommler oder Pfeifer ausgebildet worden waren, dann auch daheim zu den Instrumenten griffen und andere junge Leute unterrichteten. Es war stets nur ein primitives Musizieren, denn Hilfe von anderer Seite, Lehrgänge oder Notenmaterial gab es damals noch nicht.

Dies wurde bei uns anders als Hans Hegner, ein nach Bad Orb verheirateter Soldat und Turner aus Weiden/Opf., im Jahre 1919 aus Anlass des bevorstehenden Gauturnfestes in Bad Orb eine kleine Gruppe von jugendlichen Turnern zusammenbrachte und diese mit der einfachen Art von Musik vertraut machte. Hegner verstand beides, Trommeln und Pfeifen. Ich selbst kann mich an diese Gruppe noch gut erinnern, weil ich als Zehnjähriger manchmal zugesehen und zugehört habe. Weitere Instrumente wie große Trommel (Pauke) und Marschbecken hatte man damals noch nicht. Diese kleine Gruppe hat aber nicht lange bestanden, höchstens zwei Jahre. — Im Jahre 1926, ich selbst war erst kurz vorher in den Turnverein eingetreten, sammelte Hans Hegner wiederum eine Anzahl junger Turner um sich und brachte ihnen die einfachen Begriffe des Trommelns und Pfeifens bei. Dieser Gruppe gehörte ich als Pfeifer an. Einen Stabführer hatten wir s.Z. noch nicht. Als linker Flügelmann im vorderen Glied gab ich durch lautes Zählen das Zeichen zum Beginn. Unser erstes öffentliches Auftreten erfolgte 1927 beim Gauturnfest in Lieblos. Manchmal haben wir bei festlichen Gelegenheiten auch für andere Orber Vereine gespielt.

Ein Foto dieser etwa 10 Mann starken Gruppe gibt es leider nicht. Dass dieser Spielmannszug aufhören musste, war eigentlich meine Schuld. Ich hatte mich damals von Josef Schmidt verleiten lassen, der von ihm gegründeten Blaskapelle, der späteren Feuerwehrkapelle, als Pikkoloflötenspieler beizutreten. Dadurch hatte unsere Musik ihren taktgebenden Flügelmann verloren und löste sich auf. — Ein danach im Jahre 1931 im Turnverein gebildeter Schülerspielmannszug ging nach der Machtergreifung Hitlers 1933 oder 1934 zur HJ über (siehe Bild).

Fünf Spielleute aus der Gründerzeit (1952) des Spielmannszuges, die aber seit einigen Jahren nicht mehr dabei sind: Alfons Geipel, Philipp Bauer, Heinz Noll, Hermann Heim und Josef Engel.

Der Schüler-Spielmannszug des TV i.J. 1931 stehend (v.l.n.r.): Philipp Döppenschmidt (†), Heinz Huth, Karl Geipel (†) und Willi Huth; kniend: Philipp Prähler, Hermann Ditzinger (†), Rudi Wolf (†) und Alfred Hesse. Die mit einem † bezeichneten Spielleute sind im 2. Weltkrieg gefallen.

Männer von damals

29. Juli 1982

14. Männer von damals

Vorbemerkung

Das Schicksal zahlreicher Völker, Länder, Städte und Gemeinden wird oft vom Engagement, Können und Einsatz einzelner Personen und Persönlichkeiten geprägt. Nicht anders ist es den politischen Parteien, bei Wirtschaftsunternehmungen und sonstigen Gruppen und Gemeinschaften, so auch bei den Vereinen. Wo sich Menschen finden, die mit Verstand und Sachkenntnis ein Unternehmen zu leiten verstehen, muss es um diese gut bestellt sein. Es müssen aber nicht immer und unbedingt Menschen sein, die im Vordergrund stehen, es genügt, wenn diese mit Interesse, Liebe und Opfergeist sich einer Sache widmen und für diese eintreten. Bezogen auf das Vereinsleben will ich hier versuchen, einige Männer und Familien herauszustellen, die sich – im vorliegenden Fall um den Turnverein – verdient gemacht haben, immer bescheiden blieben, oft im Hintergrund für den Verein gewirkt, zu Lebzeiten aber selten Dank und Anerkennung gefunden haben. Diese Männer zählen zu denen, die einst das Fundament des Vereins schufen, auf denen spätere Generationen weiterbauen konnten.

Anton Dickert

*** 23.12.1857 † 12.2.1939**

Werkmeister, im TV 1. Vorsitzender von Januar 1890-1892 und von Dezember 1893-Januar 1896.

Anton Dickert wurde 1. Vorsitzender zu einer Zeit,-als hier in Orb neben dem bestehenden Turnverein die Turngemeinde gegründet wurde. Die beiden Vereine haben, soweit man weiß – wohl friedlich nebeneinander gewirkt, über Rivalitäten ist jedenfalls nirgends etwas Besonderes vermerkt. Trotzdem ist es nicht ausgeschlossen, dass es Reibungspunkte gegeben hat. Dass die Familie des Anton Dickert hinter ihrem Vater und 1. Vorsitzenden gestanden haben muss, beweist die Tatsache, dass die beiden Söhne Gottfried und Ludwig auch Mitglieder des Turnvereins wurden und später wichtige Ämter im Vorstand bekleideten. In den 41 Jahren seit der Gründung bis zum Jahre 1909 hat das Amt des 1. Vorsitzende 21mal gewechselt, durchschnittlich also 2 Jahre gedauert, Dickert aber war 4 Jahre im Amt, was doch für ein besonderes Geschick zu sprechen schien.

Gottfried Dickert

*** 9.12.1886 † 25.12.1953**

Justiz-Obersekretär, im TV-Schriftführer von 1906-1908

Die Liebe und das Interesse für den TV hat Gottfried Dickert sicherlich von seinem Vater übernommen. Nach den noch vorhandenen Protokollbüchern war Gottfried zuerst drei Jahre Mitglied des Vorstandes, und zwar als Schriftführer, bzw. Protokollführer. Es ist bewundernswert, mit welcher Sorgfalt, Ausführlichkeit und Interesse er die Protokollbücher während seiner Amtszeit geführt hat. Bemerkenswert ist dabei aber nicht nur die Sorgfalt, sondern auch die Feinheit seiner Schriftzüge, gestochen fein und leserlich, wie kaum jemand vor oder nach ihm die Protokolle geschrieben hat. Darüber hinaus hat er in seinen späteren Lebensjahren und Jahren seiner Zugehörigkeit zum Vorstand sein großes Interesse für den Verein bekundet.

Ludwig Dickert

*** 22.3.1889 † 2.11.1945,**

Kaufmann, im TV-Schriftführer seit 1908, nach dem 2. Weltkrieg 1. Vorsitzender von Januar 1922 bis Januar 1925, daneben Schriftführer im Turngau KINZIG.

Ludwig Dickert hat das Amt des Schriftführers im Jahr 1908 von seinem Bruder Gottfried übernommen, vermutlich, weil dieser zum Militär einrücken musste. Wie lange Ludwig dieses Amt ausgeübt hat, ist nicht mehr festzustellen, da entsprechende Aufzeichnungen fehlen. Die Zeit seines Vorsitzenden-Amtes fiel in die Inflation; ein ersprießliches Vereinsleben war deshalb zu dieser Zeit nicht zu erwarten. Wenn die finanziellen Mittel fehlen, kann man von einem gesunden Vereinsleben nicht sprechen. Er hat ein schweres Amt in einer schweren Zeit wahrnehmen müssen. Darüber hinaus war Ludwig Dickert mindestens 12 Jahre lang als Schriftführer im Vorstand des Turngaues KINZIG tätig und hat – wie das vorliegende Protokollbuch beweist – sehr ausführliche und sachliche Protokolle niedergeschrieben.

Drei Turner, auf die sich der TV verlassen konnte. (v.l.n.r.) Heinrich Acker, Josef Wolf, Anton Weisbecker

Heinrich Acker

* 5.6.1896 † 8.7.1975, Heizer im TV-Fähnrich und Beisitzer im Vorstand

Heinrich Acker war in seinen jungen Jahren aktiver Turner. Nach seiner Rückkehr von einem auswärtigen Arbeitsplatz hat sich Acker überall im Verein nützlich gemacht. Er war viele Jahre stolzer Fähnrich, redlich und zuverlässig und wegen seines offenen Charakters als Beisitzer in den Vorstand gewählt, dem er dann auch viele Jahre angehörte. Heinrich Acker hat keine Arbeit gescheut und war immer da, wenn er gebraucht wurde.

Josef Wolf

*** 13.2.1889 † 25.2.1969, Landwirt und Bahnarbeiter im TV jahrzehntelang als Zeugwart im Vorstand**

Kein Turner der zwanziger Jahre konnte sich je eine Turnstunde denken, in der Josef Wolf gefehlt hatte. Er war der Geräteverwalter und als solcher immer darauf bedacht, dass nach den Turnstunden im „Spessartlüftchen" alle Turngeräte wieder an Ort und Stelle kamen. Die Geräte müssten deshalb immer wieder aus dem Turnsaal entfernt werden, weil der Saal noch anderen Zwecken diente. Josef Wolf war ein schlichter und einfacher Mensch, oft zu Witzen aufgelegt, aber stets gewissenhaft, ordentlich und zuverlässig und immer ein gerngesehener Freund und Turner.

Anton Weisbecker

***28.9.1892 † 9.2.1969, Hausmeister jahrzehntelang Männer-, Frauen- und Oberturnwart**

Anton Weisbecker, oft nur „es Andonsche" genannt, galt während seiner langen Amtszeit (1920-1933) als die Seele des Vereins. Er hat den internen Turnbetrieb organisiert und geleitet, war seit 1920 Oberturnwart und hat, als die erste Leiterin der sogenannten „Damenriege" – Frl. Schönbrodt – von hier wegging, auch diese Riege übernommen. Er hat auch in der NS-Zeit, als er offiziell nicht mehr Oberturnwart in der 1940 gebildeten Turn- und Sportgemeinschaft war, sich um den Turnbetrieb gekümmert, dabei sich besonders der Jugend angenommen, dies zu einer Zeit, als der Turn- und Sportbetrieb von den NS-Machthabern wesentlich beeinträchtigt war. Weisbecker hat zu dieser Zeit außerdem Turnstunden für Altersturner eingeführt, die im

Korridor der Volksschule stattfanden. Nach dem 2. Weltkrieg hat, er im Vorstand des TSV und der TSVg sich besonders für die Turnabteilung eingesetzt.

Anton Weisbecker war schon in seinen jungen Jahren ein vorzüglicher Gerätturner und wurde beim ersten Vereins-Preisturnen nach dem 1. Weltkrieg auch 1. Sieger. Er wurde in all den Jahren von jedermann respektiert, von allen verehrt, geliebt und geachtet.

Die alte Orber „Turnerfamilie“ Engel

09. September 1982

16. September 1982

15. Die alte Orber „Turnerfamilie“ Engel

Die Geschichte einer Großfamilie

Diese Niederschrift widme ich dem Andenken meines im I. Weltkrieg gefallenen Vaters Anton und seines im Jahre 1944 verstorbenen Bruders Heinrich. Der Bericht stützt sich auf meine Erlebnisse und Erinnerungen und möge vom Leser aus dieser Sicht betrachtet und verstanden werden.

„Wir danken den Vätern, die alles gaben,
und ehrfurchtsvoll wir sinnen und sagen,
dass wir nicht wären, wenn sie nicht gegeben
uns Turnerblut und Sitte und Leben.“

Die Stammväter der „Turnerfamilie" Engel, die Brüder Heinrich (li) und Anton (re) als Vorstandsmitglieder nach der Einweihung der vereinseigenen Turnhalle bei der „Fröhlichkeit" an der Frankfurter Straße. Ausschnitt aus einem Gruppenbild vom Jahre 1907.

Unter „Turnerfamilie“ soll hier nicht meine engere Familie, nicht die meines Bruders Heinrich und auch nicht die seines Sohnes Hubert verstanden werden, sondern die Großfamilie Engel, so wie sie – insbesondere nach dem 1. Weltkrieg – 10 Jahre lang „in der Hasel“ mit 13 Personen am Tisch saß. Um dies verständlich zu machen, muss ich allerdings weit zurückgreifen.

Die Turnerfamilie Engel ist ein Glied der in Orb weit verbreiteten Familien dieses Namens, die zu den ältesten in Orb gehört und bereits in der Türkensteuerliste aus dem Jahre 1542 und dem Schwörbuch, d.h. dem Vermögenssteuerverzeichnis von 1607, aufgeführt wird.

Unser Großvater Konrad Engel (* 12.02.1832, † 24.12.1892), Maurer und Steinmetz sowie ehrenamtlicher Ratsverwandter (was dem heutigen Stadtrat entspricht) und seine Frau Maria Eva geb. Dehmer (* 24.11.1842, †29.11.1917) hatten 4 Kinder:

1. **Margarethe**, (* 1869) ⚭ Ob.Leit.Aufs. Franz Dehmer (* 1867), meist in Frankfurt/M. wohnhaft. Sie hatten ebenfalls 4 Kinder, darunter der hier in Orb bekannte Heimatforscher Dr. Heinz Dehmer (* 1899).
2. **Heinrich**, (* 1871), ⚭ in 1. Ehe mit Maria geb. Stock (* 1873), stets in Bad Orb wohnhaft. 5 Kinder: Bernhard Jakob (* 1899) ⚭ Anna geb. Weisbecker (* 1904); Anton (* 1901) ⚭ Anna geb. Beisler; Johann (* 1906) ⚭ Maria geb. Rieger; Maria (* 1907) ⚭ Heinrich Röder; Barbara Katharina (* 1911) ⚭ Philipp Döppenschmidt.
3. **Catharina**, (* 1874) ⚭ Johann Schneider, sie wohnten in Frankfurt/M. und hatten 2 Söhne, Heinrich (* 1904) und Bernhard (* 1907).
4. **Johann Anton** (* 1877) ⚭ Luise geb. Weisbecker (* 1877).

   Wir, Antons Kinder, waren wiederum 4: Heinrich (* 1905) ⚭ Paula geb. Schüßler (* 1908; 1953 tödlich verunglückt), in zweiter Ehe verh. mit Mathilde geb. Prasch; Josefine (* 1907) ⚭ Karl Jöckel; Josef (* 1909) ⚭ Anna geb. Rübsam (* 1912) und Anna (* 1911) ⚭ Karl Hillenbrand.

Unsere Mutter war –wie damals in Orb allgemein üblich – nebenbei noch Zigarrenmacherin. Sie verstarb im September 1911, noch nicht 34jährig, an einer Darmverschlingung, von der sie auf dem Kartoffelacker in der Altenburg überrascht wurde. Die beiden daheim sogleich zugezogenen Orber Ärzte Dr. Scherf und Dr. Weinberg waren machtlos. Sonntags zuvor war sie mit ihren vier Kindern beim Abturnen des Turnvereins an der „Fröhlichkeit" noch dabei gewesen, am Sonntag danach wurde sie unter großer Anteilnahme –insbesondere auch aus Turnerkreisen beerdigt. Unser Vater, Landwirt und Waldarbeiter, zuletzt Oberholzhauer, hatte seine Mutter bei sich, die Witwe war und uns den Haushalt führte. Am 1. Mobilmachungstag im August 1914 musste unser Vater zu einem Landsturm-Btl. einrücken und überließ uns vier kleine Kinder seiner Mutter, eben unserer Großmutter, Maria Eva, genannt Traude Ebsche. Sie hat uns vier Kinder versorgt und behütet, wie es eine Mutter nicht besser hätte tun können. Wir wohnten in der Haselstraße in einem Haus, das unsere Eltern in den Jahren 1907/08 gebaut hatten und in dem ich (drittes der vier Kinder) als erstes geboren worden war. Das Haus gehört jetzt meinem Neffen Hubert Engel, der es von seinem Vater, meinem Bruder Heinrich, übernommen hat.

Links: Unsere Großmutter Maria Eva Engel geb. Dehmer (* 1842 † 1917). Von ihren 18 Enkelkindern leben heute noch 7; außerdem leben noch 32 Urenkel, 54 Ur-Ur-Enkel und 6 Ur-Ur-Ur-Enkel.

Rechts: Karoline Engel geb. Abersfelder (* 1882 † 1955). Sie hat der 13-köpfigen Großfamilie 10 Jahre lang in der Hasel den Haushalt geführt.

An meine Mutter kann ich mich nicht erinnern, ich war ja erst zweieinhalb Jahre alt, als sie starb. Als unser Vater am 3. Juli 1917 bei Verdun/Frankreich fiel, war ich 8 Jahre alt. An ihn kann ich mich noch gut erinnern, sowohl im Haus als auch bei Stall- und Feldarbeiten. Er war ein herzensguter Mensch und um uns vier Kinder sehr besorgt. Ansonsten war unser Vater auch ein großer Naturfreund, was bei Landwirten doch seltener ist; auch hat er gelegentlich Gedichte verfasst. In der Heimatzeitung war unter dem 10. Juli 1917 zu lesen:

> „Den Heldentot fürs Vaterland starb nach 33-monatiger Pflichterfüllung der Unteroffizier Anton Engel von hier. Es ist dies bis jetzt der bedauernswerteste Fall unserer Stadt, den der Weltkrieg als Opfer gefordert. Engel ist seit 1911 Witmann und hinterlässt vier unmündige Kinder von 12, 10, 8 und 6 Jahren sowie eine gramgebeugte 74jährige Mutter."

Während der Abwesenheit unseres Vaters wegen Kriegsdienstes wurden wir 4 Kinder wie schon gesagt - von unserer Großmutter erzogen, wobei unser Cousin Anton Engel bei den Stall- und Feldarbeiten half, so gut er konnte. Oft halfen auch die Frankfurter Verwandten, insbesondere während der Schulferien. Wir hatten Vieh im Stall und Hühner. Geld war nicht im Hause, höchstens ein paar Milchpfennige. Wir mussten im Wesentlichen von der Landwirtschaft leben. Einmal wurde unsere Großmutter morgens beim Melken von einem Rind getreten, so dass sie samt Melkstuhl und Melkeimer zu Boden fiel und verletzt wurde. Ein anderes Mal, das bald darauf, wurde sie (laut Zeugen, die noch leben) am Untertor von einem großen Hund angefallen, der sie zu Boden warf und am Körper verletzte, so dass sie ins Hospital eingeliefert werden musste. Verschafft und verbraucht ist sie dann kurz danach, im November 1917, also nur 4 Monate nach dem Tod unseres Vaters, an den Verletzungen des Unfalls und aus Gram über dessen Tod 75jährig verstorben.

***

Unser Vater war in seinen jüngeren Jahren, ebenso wie sein Bruder Heinrich, aktiver Turner und erfolgreicher Wettkämpfer. Von Dezember 1899 an war er 2. Turnwart, während sein Bruder Heinrich 1. Turnwart war. Als Onkel Heinrich 1906 zum stellvertretenden Vorsitzenden gewählt wurde, (die Wahl zum 1. Vorsitzenden hat er stets abgelehnt, weil er noch in anderen Vereinen, insbesondere bei der Feuerwehr, aktiv war) wurde mein Vater 1. Turnwart. Zusammen mit dem seinerzeitigen 1. Vorsitzenden Adam Hessberger hatte er im Jahre 1900 den Grund und Boden für den späteren Bau der Turnhalle an der „Fröhlichkeit“ formhalber als Gesellschafter bürgerlichen Rechts in Namen genommen.

Die Mitglieder hatten nämlich in einer Versammlung, aus Unwissenheit über die Rechtsverhältnisse, sich der Eintragung des Vereins in das Vereinsregister beim Amtsgericht widersetzt, weil sie befürchteten, mit ihrem Vermögen für Schulden des Vereins evtl. einmal haften zu müssen. Erst nach mehreren Jahren, als ein Kenner des Gesetzes den Mitgliedern in einer Versammlung das Vereinsrecht auf Grund des im Jahre 1900 in Kraft getretenen Bürgerlichen Gesetzbuches (BGB) erklärt hatte, waren die Mitglieder mit der Eintragung des Vereins in das Vereinsregister einverstanden, so dass die beiden Gesellschafter (Hessberger und Engel) den Grund und Boden an den Turnverein überschreiben lassen konnten. (Vergl. hierzu meine diesbezüglichen Ausführungen im BAD ORBER vom 10. Oktober 1980).

***

Onkel Heinrich wohnte mit seiner Familie in der Fischbornstraße, d.i. die heutige Passage zwischen dem „Bierjakob" und den Anwesen Schopp und Engel. Dort standen früher fünf Wohnhäuser. Seine Frau (Maria geb. Stock) verstarb kurz nach unserer Mutter, nämlich im Dezember 1911. Die beiden Brüder waren also binnen kurzer Zeit Witwer geworden und hatten zusammen neun kleine Kinder. Nachdem seine Frau tot war, musste Onkel Heinrich sich eine Kraft nehmen, die den Haushalt in Ordnung hielt, denn er war als Maurer ja berufstätig und hatte eine kleine Landwirtschaft. Die beiden Brüder waren sich einig, dass wieder eine Frau ins Haus gehöre, dass also wenigstens einer wieder heiraten müsse. So soll denn mein Vater zu seinem Bruder Heinrich gesagt haben: „Heirate Du wieder, ich komme aus dem Krieg nicht zurück." So ist es dann ja auch gekommen. Die beiden machten sich deshalb einmal (während des Urlaubs meines Vaters) auf Freiersfüßen auf in den Joßgrund, um eine Frau für den Onkel und eine Mutter für seine fünf Kinder zu suchen. In einer vielköpfigen Familie Abersfelder in Pfaffenhausen (mit ursprünglich 18 Kindern) fanden sie die noch ledige Karoline, die sich bereiterklärte, die Ehe mit Onkel Heinrich einzugehen. Sie war sich damals sicherlich nicht dessen bewusst, was einmal auf sie zukommen würde. Die Ehe wurde im März 1916 geschlossen und im Januar 1917 kam Karl, das erste Kind, in der Fischbornstraße zur Welt. Zur gleichen Zeit wurde Onkel Heinrich, der ebenfalls Soldat war, als Ordonanz an ein hiesiges Kriegslazarett versetzt.

Nach dem Tod unserer Großmutter wohnten wir vier verwaiste Kinder (Heinrich, Josefine, ich und Anna) zunächst weiter allein in der Hasel. Wir bekamen aber sehr oft Besuch von Frankfurter Verwandten, insbesondere von Kätchen, einer Schwester von Dr. Heinz Dehmer, die im Haus und auf dem Feld mithalfen. Marie und Kätchen, unsere Engels-Cousinen, waren derweil oft zu Besuch in Frankfurt bei „Bäs Käth“, der Tante Schneider. Am Hl. Abend 1917 waren wir vier Geschwister zuerst ganz allein und saßen mit Tränen in den Augen unter dem Christbaum, an dem nur ein paar Kugeln hingen und Kerzenreste brannten. An irgendwelche Geschenke war natürlich nicht zu denken.

Gegen Ende des Krieges (1918) zog dann Onkel Heinrich mit seiner bis dahin 8-köpfigen Familie zu uns in die Haselstraße; das Haus in der Fischbornstraße wurde vermietet. 1920 bekam Karl noch ein Schwesterchen, Anna, das aber bald danach starb. Im Jahre 1922 kam dann wieder eine Anna zur Welt, die jetzige Frau Keil in der Eduard-Gräf-Straße, so dass wir dann 13 Personen im Haus waren, jeweils mindestens zwei Kinder in einem Bett. Am Tisch hatten nicht alle Plätze, nicht einmal alle 11 Kinder. Es kam aber auch nicht oft vor, gewöhnlich nur an Sonn- und Feiertagen, dass alle Kinder beisammen waren. Das Essen am Tisch wurde meist zugeteilt, man konnte nicht immer nehmen, was oder wieviel man gerne wollte. Nur Kartoffeln und Brot waren genügend da. Das notwendige Brot wurde beim Desche-Bäcker (in der Vorstadt) gebacken. Das Mehl dazu aus eigenem Erzeugnis dorthin gebracht. Wir brauchten täglich 3 Laibe Brot und es war Aufgabe jedes einzelnen Kindes, darauf zu achten, dass rechtzeitig Mehl zum Bäcker kam. Um 13 hungrige Mäuler satt zu bekommen, musste immer reichlich aufgetischt werden. Wenn es Bohnen-, Erbsen-, oder Linsensuppe gab, musste Tante zwei große Kochtöpfe voll zubereiten. Bei Waffeln oder Pfannkuchen war stets ein riesiger Teller voll nötig.

Zum Mittagstisch wurde immer gebetet; wenn keins der Mädchen da war, sprach der Petter selbst das Tischgebet. Zur Winterszeit, wenn die meisten Familienmitglieder abends daheim waren und die Küche dafür zu klein war, wurde im Wohnzimmer Feuer gemacht. Dazu wurde glühende Kohle aus dem Küchenherd zum Ofen in die Wohnstube getragen. Zum Feuern wurde viel Holz gebraucht, es war aber immer genügend Holzvorrat da.

Zusammen mit Onkel Heinrichs Feld und dem Pachtland der Frankfurter Verwandten (den Dehmers und den Schneiders) hatten wir etwa 5 ha Feld – Acker und Wiesen – zu bewirtschaften, ein Großteil davon für den Kartoffelanbau und für Getreide. In der Hasel standen 2 Kühe im Stall sowie Kleinvieh, in der Fischbornstraße zuvor 1 Kuh und Ziegen. Von den vielen Kindern aus den beiden Familien musste Anton am meisten zupacken. Erst nachdem er schon lange aus der Schule entlassen war, konnte er noch ein Handwerk erlernen; er wurde Maurer wie sein Vater und Großvater.

Ab und zu bestand die Möglichkeit, mit dem Vieh ein paar Mark zu verdienen, so z.B., wenn das Gepäck der auf dem Bahnhof von Bad Orb ankommenden Wegscheidekinder aus Frankfurt/M. mit 3 Stück Vieh vor einem großen Leiterwagen zur Wegscheide gefahren werden musste, was jährlich mehrmals vorkam, oder aber, wenn wir die sogen. Schroole, d.i. die dicke Rinde von gefällten Kiefernbäumen, die beim Kahlschlag (s. Zt. am Küppel) haufenweise angefallen war, mit dem Fuhrwerk aus dem Wald zum Bahnhof fuhren, wo sie dann in Waggons verladen wurde.

Zur Sommerzeit musste schon früh aufgestanden werden, wenn die männlichen Familienmitglieder vor ihrer Berufsarbeit in der Heuernte oder zum Grummetschnitt erst noch die Wiesen mähen mussten. Onkel Heinrich und Anton waren wie schon erwähnt Maurer, Johann war Schuhmacher, mein Bruder Heinrich Wagner; Bernhard arbeitete meist auswärts, und zwar bei den Telegraphen in Hanau. Ich selbst ging bis zu meinem 16. Lebensjahr in die Schule, kam aber bei den Feldarbeiten nicht zu kurz, im Gegenteil: wenn ich mittags von der Schule heimkam, musste ich meist mit der Tante gleich aufs Feld, Kartoffeln oder Ruben hacken, Heumachen oder bei der Getreideernte, der Kartoffel- und Rübenernte helfen. Mir oblag außerdem oft noch das Füttern von Kleinvieh, so der Schweine, Hühner, Gänse und Schafe, letztere trieb ich auch öfters auf die Weide. In den Sommerferien, wenn es am Tage heiß war und das Vieh für Feldarbeiten nicht gebraucht wurde, trieb ich es früh morgens in den Wald, stets in die Schindskaute. Dort habe ich währenddessen auch Heidelbeeren „gebrockelt". Überhaupt habe ich in den Sommerferien viele Heidelbeeren gesammelt, nicht nur für den häuslichen Bedarf, sondern auch zum Verkauf. Von dem Erlös habe ich mir Schuhe gekauft. Dabei erinnere ich mich, dass ich noch während des 1. Weltkrieges mit meiner Schulklasse zum Sammeln von frischem Eichenlaub, das für die Pferde an der Front bestimmt war, (zuvor aber auf dem Schuldachboden erst noch getrocknet wurde) mit in den Wald gehen musste, und dies barfuß, weil ich keine Schuhe anzuziehen hatte. Die Fußsohlen waren zu dieser Zeit so abgehärtet, dass mir das Barfußgehen keine

Mühe machte, ich hatte nur Angst vor den Kreuzottern. Meine Schulaufgaben musste ich dann abends verrichten, wenn alle anderen schon zu Bett gegangen waren.

Nachzutragen wäre in diesem Zusammenhang noch, dass ich als einziges der 11 Kinder zur damaligen Lateinschule, der späteren Realschule, gehen konnte. Weil ich Vollwaise war, hatte ich dort eine Freistelle. (S. Zt. mussten die Schüler noch Schulgeld zahlen). Auch auf der Realschule Gelnhausen, wo ich die Mittlere Reife erwarb, habe ich auf Antrag von Rektor Zentgraf eine Freistelle bekommen. Zentgraf, dem ich viel Dank schuldig bin, hat mir auch während meiner ganzen Schulzeit Bücher und Schreibpapier kostenlos besorgt.

Nach meiner Schulzeit ging ich in die kaufmännische Lehre, davon die ersten zwei Jahre bei der Zigarrenfabrik Limpert & Co. in der Ludwigstraße, dem heutigen Druckhaus Göb.

Noch einmal zur „Turnerfamilie“:

Aktive Turner waren die meisten aus der Familie Engel, jedenfalls alle männlichen Mitglieder. Anton und Karl waren aber keine Wettkampfturner. Als ich bei einer Preisverteilung 1919 im Spessartlüftchen als 10jähriger dabei war und hörte, dass Bernhard einen Preis errungen hatte, bin ich freudestrahlend nach Hause gerannt, um es daheim zu erzählen. Johann und mein Bruder Heinrich, beide in etwa gleichaltrig, zählten in ihrer Aktivzeit zu den besten Gerätturnern im Verein. Dadurch, dass Onkel Heinrich früher selbst aktiver Gerätturner, erfolgreicher Wettkämpfer und auch nach dem Krieg lange Zeit Vorstandsmitglied war, wurde das Turnen bei uns in der Familie stark gefördert. Turnen war oft auch das Gespräch beim Mittagstisch; manchmal wurden dabei sogar einzelne Übungen an Turngeräten durchgesprochen und beraten. Das alles erklärt auch, dass ich zur Turnerei gestoßen und ihr bis heute verbunden geblieben bin.

Die Musterriege des Turnvereins im Jahre 1931. Unter den 11 Turnern sind drei ENGEL. Von l.n.r: Anton Weisbecker (†), Heinrich Bauer (†), Johann Engel (†), Franz Wolf (†), Josef Engel, Ludwig Noll, Heinrich Engel (†), Heinrich Metzler, Heinrich Kunkel (†), Ludwig Koch und August Eck.

Der Turnbetrieb brachte unserer Tante übrigens eine Menge zusätzliche Arbeit, denn dauernd waren weiße Hosen und Trikots zu waschen und zu bügeln. Ich selbst war kein so guter Gerätturner wie Heinrich und Johann, mir lagen mehr die Leichtathletik, das Handball- und das Faustballspiel. Von Onkel Heinrichs Söhnen hat später keiner ein Vorstandsamt übernommen, mein Bruder Heinrich dagegen war mehrere Jahre Männerturnwart. (Sein Sohn Hubert ist heute übrigens Turnwart in der 3. Generation!) Ich selbst wurde mit knapp 20 Jahren erstmals in den Vorstand gewählt. Das machte damals etwas Schwierigkeiten, da ich Vollwaise und noch nicht volljährig war. Heinrich und

Johann haben ihre Aktivzeit früher beendet, weil sie beruflich stark in Anspruch genommen waren.

Onkel Heinrich hat natürlich, bedingt durch Alter und Beruf, später nicht mehr zum Turnen gehen können. Trotzdem hat er sich um die Jugend und den Nachwuchs sehr bemüht. In Gedanken sehe ich ihn heute noch, wie er als 55jähriger bei einem Anturnen des Vereins an der Aumühle nach dem Schauturnen der Aktiven seine Jacke auszog, in ziviler Kleidung an das Reck ging und eine Übung turnte, die mancher junge Turner nicht geschafft hat. Das hat den Jungen damals noch einen gewissen Anreiz gegeben.

***

Das Haus in der Haselstraße, Wohnhaus mit Stall und Scheune, heute Haus Nr. 20. Die Aufnahme stammt etwa aus dem Jahre 1927. Auf dem Bild v.l.n.r.: Karl (†), Heinrich (†) und Onkel Heinrich (†). Charakteristisch auf dem Bild sind noch die Leiterwagen und die damaligen Straßenverhältnisse.

Im Sommer 1928, kurz nach dem Gauturnfest, das der TV im Haselgrund ausrichtete, zog Petter Heinrich mit seiner neunköpfigen Familie in das neue Haus in der Eduard-Gräf-Straße. Die älteren Kinder des Onkels waren inzwischen heiratsfähig und konnten unmöglich mit so vielen Köpfen bei uns in der Hasel verbleiben. Uns vier - Antons Kindern – tat dies sehr leid, obwohl wir Verständnis dafür hatten, dass die inzwischen größer gewordenen Söhne und Töchter nicht bei uns bleiben konnten. Wir müssten eben sehen, wie wir allein fertig wurden, denn unsere Lage war in jeder Beziehung bedauernswert. Wir waren nur unzulänglich mit Möbeln ausgestattet, hatten kein Geld im Haus und kein Vieh im Stall. Niemand von uns vier Geschwistern hatte einen nennenswerten Verdienst. Unsere Schwester Josefine, die bis dahin bei der Familie Staedtler in Stellung war, gab ihre Stelle auf und führte uns den Haushalt. Sie hatte zuvor, wie später auch Schwester Anna, ein Jahr lang eine von Ordensschwestern geführte Haushaltsschule in Wiesen besucht und sich dort schon notwendige Kenntnisse in der Haushaltsführung angeeignet. Bruder Heinrich, der bei Sachs das Wagnerhandwerk erlernt hatte und sich selbständig machte, richtete sich in einer Stube im Haus eine provisorische Werkstatt ein und musste sich erst nach und nach Kundschaft suchen. Schwester Anna nähte, wobei sie nicht viel verdiente. Ich selbst hatte nach meiner kaufmännischen Lehre eine Stelle als Schreibkraft bei Rechtsanwalt und Notar Dr. Mannhart gefunden, wo ich – den damaligen Verhältnissen entsprechend – auch nur geringe Bezahlung erhielt. Es war also Not im Hause, und nur dank unserer kleinen Landwirtschaft hatten wir so viel, dass wir das Notdürftigste zum Leben hatten. Wir konnten nämlich bald nach Onkel Heinrichs Wegzug durch unseren Onkel und Vormund Philipp Müller eine Kuh kaufen, so dass wir wenigstens etwas Milch im Haus hatten. Die zweite Kuh zum Anspannen hat uns Onkel Müller aus seinem

Stall geliehen. Erst nach und nach hat sich unser Viehbestand dann vergrößert. Zu dieser Zeit ließ Onkel Müller von unseren Rentenpfennigen auf dem Gartengrundstück, dem Wohnhaus gegenüber, für Bruder Heinrich eine Werkstatt bauen, die ihm dann eine Existenz schaffte.

Bis zu meiner Verheiratung im Jahre 1934 blieb ich im Haushalt meines inzwischen verheirateten Bruders. Unsere Schwester Josefine hatte nach Heinrichs Verheiratung in Frankfurt/M. eine Stelle gefunden, und Schwester Anna blieb bis zu ihrer Verehelichung im Haus in der Hasel wohnen.

Mit der Nachbarschaft hatten wir in all den Jahren ein wirklich gutes Verhältnis, das gegenseitige Hilfe einschloss.

Das Verhältnis der 11 Kinder –in der Hasel – untereinander war in all den Jahren gut, es hätte eigentlich gar nicht besser sein können. Wir lebten untereinander wie leibliche Geschwister, und man spürte nicht, dass es Kinder von drei verschiedenen Müttern waren. Am Tisch wurde niemand bevorzugt oder benachteiligt, es gab keinen Missmut und kaum mal einen Streit, so dass wir unserem Onkel Heinrich, der Tante Karoline und all deren Kindern dafür danken müssen, dass sie nach Ende des Krieges zu uns in die Hasel gezogen waren. Sie haben dadurch verhindert, dass wir vier Waisenkinder auseinandergerissen und auf verschiedene Familien verteilt wurden. Wenn uns das Schicksal auch hart getroffen hat, so sind wir dank der Liebe von Onkel und Tante in einer Großfamilie geblieben, sind groß geworden und haben die zehn Jahre in geordneten Verhältnissen und in Frieden miteinander leben können. Ich hoffe, dass der Herrgott unseren beiden lieben Verwandten ihre elterliche Fürsorge und ihre gute Tat im Himmel belohnt

Anmerkung: Wenn ich im Rahmen dieses Berichts mehrfach „in der Hasel“ geschrieben habe, so ist stets die Haselstraße oder auch das Haus in der Haselstraße gemeint in dem wir gewohnt haben, im Unterschied zu der früheren Wohnung in der Fischbornstraße. Dagegen sind unter „Onkel“ und „Petter“ jeweils die gleiche Person zu verstehen, denn Onkel Heinrich war der Pate meines Bruders Heinrich. Wir vier Geschwister haben ihn stets mit PETTER angesprochen, was ihn geehrt und gefreut hat.

Über das Hospital und die Einführung der Barmherzigen Schwestern aus München

02. Dezember 1982

16. Über das Hospital und die Einführung der Barmherzigen Schwestern aus München

Im Namen
Seiner Majestät des Königs

Vorbemerkung:

Ich hatte die Möglichkeit, die Akten des ehemaligen Landgerichts Orb über die Einführung der „barmherzigen Schwestern" in Hospital Orb einzusehen und habe die Gelegenheit gerne wahrgenommen, mich damit zu beschäftigen. Es war allerdings schwierig, die Geschehnisse der damaligen Zeit genau darzustellen, denn viele Stellen der nahezu 150 Jahre alten Akten sind schlecht zu entziffern Ich habe trotzdem versucht, den Inhalt so kurz wie möglich, aber so ausführlich wie nötig wiederzugeben.

IM NAMEN SEINER MAJESTÄT
DES KÖNIGS

steht auf dem Kopf des Titelblattes in den
„Acten des Koenigl. Bayer. Landgerichts Orb“ betreffend.
„Die Einführung der barmherzigen Schwestern in Orb 1839“

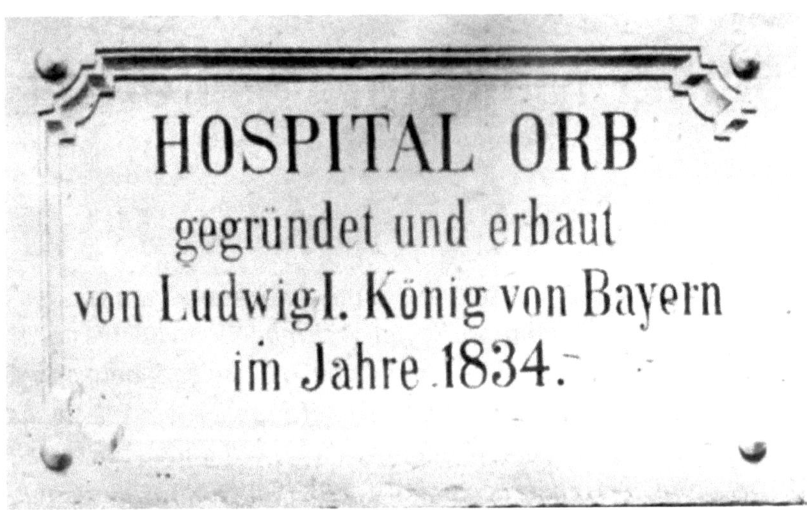

Der interessierte Leser wird sich nun fragen, wieso das Spital erst in den Jahren 1836/37 errichtet worden sein soll, wo doch in Stein gehauen das Jahr 1834 geschrieben steht.

Die Antwort darauf ist nicht präzise zu geben, man kann aber vermuten, dass das königliche Dekret auf das Jahr 1834 zurückgeht, oder dass man im Jahre 1834 wirklich schon mit dem Bau begonnen hatte, der Weiterbau und die Fertigstellung sich aber verzögerte. Auch nach den mir vorliegenden Akten des Landgerichts Orb kann man davon ausgehen, dass das Spital erst später gebaut und erst 1839/40 seiner Bestimmung übergeben wurde, erst im März 1840 von den des Hl. Vinzenz vom Mutterhaus in

München in Obhut genommen worden ist. Grundlage für die Einführung der barmherzigen Schwestern war der Vertrag vom 2. Februar 1840, der im Einzelnen lautet:

Vertrag

von Seiten der Stadtgemeinde Orb mit dem Orden der barmherzigen Schwestern rücksichtlich der Übernahme des neuen Spitals zu Orb betreffend.

Dem Vertrag war allerdings die Verfügung Seiner Majestät des Königs und - wegen einiger Meinungsverschiedenheiten - ein längerer Schriftwechsel vorausgegangen. Den Vertrag in seiner Gesamtheit wiederzugeben, würde zu weit führen, deshalb sollen nur die Paragrafen von besonderer Wichtigkeit hier angeführt werden.

§ 1

Die barmherzigen Schwestern übernehmen das Spital zu Orb in der ersten Hälfte des Monats März 1840.

§ 2

Dieselben empfangen die Renten von dem Vermögen dieser Anstalt nach Abzug der Verwaltungskosten, wohin die Kosten der baulichen Unterhaltung des Spitalgebäudes, Steuern, Brandassekuranzbeiträgen, Kaminfegerlöhne zu rechnen sind in vierteljährlichen Raten von dem aufgestellten Fondsverwalter und verwenden dieselben zur Erfüllung der Zwecke des Hospitals, soweit diese mit obigen Renten zu erzielen sind und zu ihrer eignen Unterhaltung. Sie sind daher nicht gebunden an eine bestimmte Anzahl aufzunehmender Waisen, Pfründnern und Kranken, sondern haben mehr nicht aufzunehmen, als die Mittel zu deren Unterhaltung zureichen. Die hierzu berechtigte Behörde nimmt in die Anstalt auf, muß sich jedoch zuvor mit der jeweiligen Oberin über die Thunlichkeit und Zulässigkeit mündlich benehmen, und die Aufnahme kann nur dann stattfinden, wenn die noch zu verwendenden Fonds es erlauben.

Wenn aber einer oder mehrere Kranken, z.B. Fremde kommen, die man unmöglich abweisen könnte und die Anzahl der im Spital zu verpflegenden Individuen schon vollzählig ist, muß für jeden derselben täglich 24 Kr an die Oberin gezahlt werden. Die Zahlung hat die einschlägige Behörde auszumitteln und zu leisten.

§ 3

Den barmherzigen Schwestern sind die dem Spital gehörigen 14 Morgen Ackerland und der beim Spital befindliche Garten zur Benutzung zu überlassen, auch bleibt es ihnen unbenommen, die arbeitsfähigen Individuen der Anstalt zum Besten dieser zu verwenden.

§ 9

Die Hauspolizei über sämtliche Individuen des Spitals ist der Oberin der Anstalt übergeben.

§ 10

Sämtliche Pfleglinge haben sich pünktlich in allen Stücken an die Hausordnung zu halten. Die Ortsbehörde und das königliche Landgericht werden zur Aufrechterhaltung derselben kräftig mitwirken. Ungehorsam und Unbeachtung der Hausgesetze ziehen scharfe Ahndung und nach Umständen auch die festgesetzten Strafen nach sich.

Der Vertrag ist unterzeichnet:

für die Stadtgemeinde Verwaltung von Schneider, Vorsteher, Schneeweis, G. Pfleger, Krug, Hospitalverwalter und den G. Bevollmächtigten Stock, Wolf, Geiger, Kertel und Schopp,

für den Orden von M. Hauber, Ord. Superior, Schwester Ignatia Jorth, Generaloberin.

Der Vertrag ist vom Landrichter als „gesehen gehalten“ bestätigt. (Der Buchstabe G. vor „Bevollmächtigter" ist als die Abkürzung für „Gemeinde" zu betrachten).

***

In Vollzug des hohen Auftrags der kgl. Regierung war unter dem 18. März 1840 verfügt, wie das Eintreffen und der Empfang der Ordensschwestern einzuhalten sei, und zwar war man über die Art und Weise der Einführung wie folgt übereingekommen:

1. Mit dem Eintreffen der Schwestern werden in Wirtheim von dem Herrn Stadtpfarrer, dem Gemeindevorsteher und einigen Mitgliedern des Armenpflegschaftsrates empfangen.
2. In dem Hause selbst werden sie der k. Comissär, der kgl. Landrichter und der kgl. Gerichtsarzt erwarten.
3. Von der Schuljugend wird eine kurze Anrede vorgetragen und nach gepflogener Ruhe der Schwestern zur der Anstalt übergegangen werden.
4. Morgen Vormittag findet ein feierlicher Gottesdienst statt, nach welchem die barmherzigen Schwestern in das Spital begleitet und dortselbst den Gemeindebehörden unter passender Feierlichkeit vorgestellt werden.
5. Hiernächst legt man die von dem Ordenssuperior Hauber mitgeteilte Hausordnung zur Beratung vor.

Geschehen am 19. März 1840 (auch gekürzt wiedergegeben)

Nach dem feierlichen Gottesdienst, an dessen Schluss von Seiten des Stadtpfarrers Fuchs eine passende Rede vor der versammelten Volksmenge gehalten wurde, begleitete der kgl. Regierungscomissär mit dem kgl. Landrichter, dem Herrn Stadtpfarrer, dem kgl. Gerichtsarzt und den übrigen Beamten dahier die barmherzigen Schwestern in das Spitalgebäude. Dortselbst angekommen, wurden von Seiten des kgl. Regierungscomissärs die feierliche Einführung und Einweisung der Ordensschwestern vollzogen. Nach dieser förmlichen Einweisung und passender Anrede über die Bedeutung der Feier und einer Aufforderung an die Behörden zur bereitwilligen und kräftigen Unterstützung wurde die Anstalt (Gebäude und Einrichtung) dem Orden übergeben.

Seitdem steht das Hospital unter der Aufsicht und Leitung der Ordensschwestern des Hl. Vinzenz aus dem Mutterhaus von München.

***

Um den Vertrag mit den Ordensschwestern in seiner Gesamtheit wie im Einzelnen hat es schon vorher einen längeren Schriftwechsel gegeben. So ist das kgl. bayer. Landgericht Orb in einem Brief vom 2. Februar 1840, unterschrieben von Schwester Augustina, Vorsteherin der Schwestern in Aschaffenburg, beauftragt, dafür Sorge zu tragen,

„daß fünf Betten nebst den sonst noch nöthigsten Gegenständen für die barmherzigen Schwestern ... bis den halben März fertigen zu lassen, bis dorthin sei die Ankunft der Schwestern bestimmt. Was nicht unumgänglich nothwendig für den ersten Augenblick erscheint, werden dann die Schwestern selbst anschaffen, so wie auch das was ferner für die Einrichtung des Hauses nöthig ist.“

*

In einem anderen längeren Schreiben der kgl. Regierung von Unterfranken und Aschaffenburg war der Wunsch ausgedrückt worden, „daß der Spitalgarten durch einen Sachverständigen mit Bäumen aus den kgl. Gärten zu Aschaffenburg oder Würzburg oder einem anderswo gelegenen Ort bepflanzt werde.“

*

Gemäß einer in den gleichen Akten befindlichen Regelung, überschrieben „Kost Regulativ“, ist die Verköstigung der Insassen schriftlich niedergelegt. Ich will die Vorschrift nachstehend wörtlich wiedergeben, woraus man erkennen möge, wie arm und notdürftig die seinerzeitigen Verhältnisse wirklich gewesen sind.

Kost Regulativ

1. Für die Pfründner und Waisen werden zubereitet:
   Morgens: Wasser- oder Cremsuppe
   Mittags: 1 St. Roggenbrod, Suppe, Gemüse statt des letzteren Mehl, Milch oder Erdäpfel-Speise.
   Abends: Um 1 St Brod, eingekochte Suppe oder wie es üblich ist.

   An Sonn- und Feiertagen:

   Mittags: Suppe, Rindfleisch, Gemüse, oder statt des Rindfleisch Schweinefleisch und um 1 St Brod. Aus 1 Pfd. in rohem Zustand werden 3 Portionen gemacht.

2. Für die Kranken werden nach Anordnung des Arztes die Speisen bereitet, soweit es die beschränkten Mittel der Anstalt erlauben.

***

Der Schriftwechsel in den Akten befasst sich ansonsten noch mit der Beschaffung von Kleidungsstücken für die Insassen bzw. deren Bezahlung, mit den Kosten für den hohen Brennholzverbrauch, ferner mit den Baukosten und den Kosten der Ausbesserung des Spitalgebäudes. Auch ist später über Beanstandungen über einzelne Jahresrechnungen zu lesen, aus denen man aber schließen kann, dass die Revisoren der „Stadtgemeinde Verwaltung resp. des Armenpflegschaftsrates" oft mehr als kleinlich waren und die Schwestern sich jeweils rechtfertigten.

Die Schwestern erhielten zur fraglichen Zeit Von der Hospitalverwaltung vierteljährliche Zahlungen von 400 bzw. 500 Gulden, wovon sie den Holzbedarf, die Kosten für die Beleuchtung, für Wäsche, Brandversicherung und Kaminfegerlöhne bezahlen die Verköstigung der Insassen bestreiten mussten. Für die Verpflegung der Insassen durften sie pro Kopf und Tag nur 7 kr. (Kreuzer) der Verwaltung gegenüber in Rechnung stellen. So gesehen kann man verstehen, dass sich die Schwestern gegen jede Kürzung wehrten, zumal sie gelegentlich einzelne Pfründner und Waisen noch unentgeltlich verpflegten.

Die Namen der vier ersten Schwestern des Hospitals sind in den Akten nicht vermerkt. Aus dem Briefwechsel und den Abrechnungen ist jedoch zu ersehen, dass Schwester Bonaventura die erste Vorsteherin war, und zwar seit März 1840, und im August 1842 noch gewesen ist. Im Oktober 1844 legte Schwester Bruno als Oberin dem Landgericht Orb die Spitalrechnung für 1843/44 vor. Erste Insassen – außer den vier Schwestern – waren 16 Pfründner und 4 Waisenkinder, später noch 1 weiblicher

Dienstbote. Die Zahl der Pfründner und Waisen hat sich jedoch laufend geändert.

Die Akten des königl. Landgerichts Orb schließen mit Vermerken, denen man entnehmen kann, daß die Aufsicht über das Hospital Orb im Juli 1851 dem kgl. Landgericht Rothenbuch unterstellt wurde.

***

Es ist also aktenkundig, dass die Vinzentinerinnen aus München seit März 1840 im Orber Hospital wirkten. Weil die Entfernung von ihrem Mutterhaus in München aber zu groß war, außerdem Orb im Jahre 1866 an Preußen abgetreten werden musste und im Jahre 1871 die ehemals bayerischen Gebiete der Diözese Fulda zugeteilt wurden, kündigte (lt. Prof. Dr. Thielemann) das Superiorat der Barmherzigen Schwestern in München den Vertrag zum l. April 1875. Die Stadtverwaltung bat nun nach einer Entschließung des Stadtmagistrats die Fuldaer Kongregation unter den im Vertrag vom 17. August 1860 stipulierten Bedingungen, die Besorgung des Haushaltes zu übernehmen. Fulda gab durch Vermittlung des damaligen Dechanten Kleespies seine Zustimmung. Den Viehbestand übernahmen die neuen Schwestern von der Münchener Genossenschaft gegen Zahlung von 500 Gulden.

Nach einem **Vertrag späteren Datums** oblag den Hospitalschwestern die Pflege der Pfründner, die Unterhaltung einer Handarbeitsschule, ambulante Krankenpflege und das Kurhaus St. Elisabeth.

Die **Kinderbewahranstalt** wurde von den Schwestern erst im Jahre 1882 gegen eine mit der Stadtverwaltung getroffene Vereinbarung eröffnet. Sie wurde – getrennt vom Hospital im Erdgeschoß eines städtischen Schulhauses eingerichtet und – zuerst von 2, dann von 3 Schwestern bedient.

***

Der Bericht soll nicht abgeschlossen werden, ohne ein Wort des Dankes an den Orden der Vinzentinerinnen und ihren seinen Schwestern selbst, die in den mehr als 140 Jahren ihres Wirkens im Orber Hospital sowohl der Stadt als auch ihren Bewohnern, den vielen Gästen und Patienten – oft unter persönlichem Einsatz – so unermesslich viel Gutes getan haben.

Anmerkungen

1. Ludwig I. König von Bayern lebte von 1786-1868. Seine Regentschaft währte von 1825-1848, als er abdanken musste.
2. Das Landgericht war die s. Z. örtlich zuständige Verwaltungsbehörde.
3. Pfründner waren in der Regel ältere, alleinstehende Leute; die im Hospital Aufnahme fanden, oder gegen Hergabe von Vermögen sich in das Spital „einkaufen“ konnten.
4. Aus den Akten ist nicht zu entnehmen, wie und wann das Hospital in den Besitz von Ackerland gekommen ist (s. § 3 des Vertrages).

Fotos von Ordensschwestern sind selten, deshalb hat diese Aufnahme von 12 Vinzentinerinnen aus dem Jahre 1963 einen besonderen Wert. Das Bild wurde zum Patronatsfest, am 19. Juli aufgenommen, als die alte Schwesterntracht letztmalig getragen wurde. Bis zum Jahre 1946 zählten - einschließlich der Schwestern von St. Elisabeth I in der Kurparkstraße – 16 Schwestern zum Orber Konvent, heute sind im Krankenhaus Bad Orb nur noch 4 Schwestern tätig. Die Namen der 12 Schwestern auf dem Bild können wohl nur noch ältere Orber Bürger erraten.

Das Bild zeigt das Hospital Bad Orb ohne das um die Jahrhundertwende angebaute Kurheim St. Elisabeth.

Das Bild zeigt die Wirtschaftsgebäude, Scheune und Stallungen der Hospitalstiftung, die dem Bau des in den Jahren 1976 -1978 errichteten neuen Krankenhauses Platz machen mussten. Zuvor war die dazugehörige 15 ha große Landwirtschaft aufgegeben worden.

Von der Wegscheide
Wie ich sie als Bub gesehen und erlebt habe

10. März 1983

17. Von der Wegscheide. Wie ich sie als Bub gesehen habe

Stadtrat August Jaspert, der „Wegscheidevater“

Vorbemerkung:

Während meines mehrwöchigen Krankenhausaufenthaltes hatte ich unerwartet Gelegenheit, am 19. November 1982 im Hörfunk des Hessischen Rundfunks einen Bericht Ober das Lager Wegscheide zu hören. In dieser Sendung wurde ausführlich über die Wegscheide berichtet, so dass eine Wiederholung oder auch nur eine ähnliche Wiedergabe an dieser Stelle nicht angebracht erscheint. Angeregt von dieser Radiosendung will ich aber nachstehend meine eigenen Erlebnisse und meine Erinnerungen an die Wegscheide wiedergeben.

Ich gehe bei meiner Betrachtung davon aus, dass der Leser weiß, um was es sich bei dem Lager Wegscheide handelt, nämlich um ein Gelände auf dem Wegscheideküppel bei Bad Orb, das im Jahre 1912 von der Militärverwaltung als Truppenübungsplatz gebaut wurde. Das Lager diente aber mehr als Unterkunft für viele tausend Soldaten, die in den zahlreichen Baracken wohnten. Die benachbarten, vorher zwangsgeräumten Dörfer Villbach und Lettgenbrunn und das umliegende Terrain wurden dabei gleich. zeitig als Schieß- und Übungsplatz benutzt. Der Truppenübungsplatz war einer der größten im deutschen Kaiserreich und wurde im Volksmund, d.h. unter den Soldaten, oft mit „Deutsche-Sibirien" bezeichnet. Während des 1. Weltkrieges war die Wegscheide aber nicht nur Militär-, sondern auch Gefangenenlager[1]. Nach dem Krieg wurde es Kinderdorf der Stadt Frankfurt/Main, und im 2. Weltkrieg wieder Gefangenenlager. Nach Ende des Krieges wurde es Flüchtlingslager, später – wie auch heute noch – wieder Kinderdorf für Frankfurter Schulen. So hat sich die Geschichte wiederholt.

Das Lager war zu Anfang mit der Stadt Bad Orb mit einer zweispurigen Seilzugbahn-Schmalspurbahn verbunden, die von der Haselstraße, und zwar dem Gelände des späteren Sägewerks Eugen Weisbecker und des heutigen Festplatzes, über den Altenberg zur Wegscheide führte. Dabei wurden kippbare Loren (Wagen) benutzt. Die eine Spur der Bahn führte nach oben, die andere (linke) in umgekehrter Richtung zurück. Diese Bahn wurde aus einer Maschinenhalle betrieben, die etwa an der Stelle stand, wo heute das Sängerheim steht. Für den Betrieb dieser Bahn mussten mehrere Brücken gebaut werden. So

1 Nach aktuellem Forschungsstand waren Gefangene während des 1. Weltkrieges nur in Villbach und Lettgenbrunn untergebracht.

wurde auch Ober die Haselstraße eine Brücke aus Beton errichtet, die im Jahre 1939 von Pionieren gesprengt wurde. Vom Bahnhof Bad Orb aus war zu Beginn des 1. Weltkrieges eine normale einspurige Gleisanlage gebaut worden, die – zuerst – durch Lengdoblers Garten, dann auf der rechten Seite der Haselstraße zum Umschlagplatz bei der Maschinenhalle führte. Mit dieser Bahn wurden die notwendigen Materialien zum Umschlagplatz in der Hasel gefahren, wo sie auf Loren umgeladen und mittels der Seilzugbahn um Wegscheidelager transportiert wurden.

Um den Bau dieser Bahn ist es auch zu Einsprüchen gekommen, weil die Anwohner der Haselstraße Erschütterungen und naturgemäß Schäden an den Häusern befürchteten. Das Gleis musste deshalb ebenerdig verlegt werden, damit die Straße weiterhin mit Fuhrwerken befahren werden konnte. Das Gleis wurde nach dem Krieg, im Jahre 1921, wieder abgebaut. Der Bau der Bahn hat zwei Menschen durch Unfall das Leben gekostet. Ich habe in meiner Jugend in der Haselstraße gewohnt und dies alles miterlebt.

Wir Buben in der Hasel haben in der fraglichen Zeit jeden Baum und jeden Stein am Altenberg gekannt, da wir als Hütejungen beim „Ausfahren“ mit unseren Kühen uns ständig dort herumtrieben. Ich erinnere mich, dass wir Haselbuben auch das Lager Wegscheide besuchten und dessen Sauberkeit, die Straßen und Anlagen, die Baracken und die mit Sträuchern bepflanzten Vorgärten und Steingärten bewundert haben. Ich vergesse nicht und habe heute noch vor Augen, wie auch die Baracken, in denen mehrere tausend Mann Unterkunft fanden, geschmückt, mit Bildnissen des Kaisers verziert und mit patriotischen Sprüchen beschriftet waren, so u.a. mit „Heil Dir im Siegerkranz, Herrscher des Vaterlands, Heil Kaiser Dir!“

Eine Kapelle (Kirche) gehörte s. Z. noch nicht zum Lager, dagegen war im Wald, unweit des heutigen Restaurants, rechts der Hindenburgstraße, ein Altar aus Holz errichtet. Dort wurden Gottesdienste abgehalten, insbesondere den Soldaten, bevor sie zur Front geschickt wurden, der Segen erteilt.

Wenn die Truppen auf dem Weg zur Front, von der Wegscheide kommend, nach Bad Orb hereinmarschierten, wurde bei dem ehemaligen Germania Denkmal (vor der heutigen Polizeistation [das Denkmal wurde 1964 entfernt]), der Gedenkstätte für die Orber Gefallenen des Krieges 1870/71, Halt gemacht. Dort wurden die Soldaten mit vaterländischen Reden und mit Ermahnungen, mit Gott für Kaiser und Reich zu kämpfen, verabschiedet und mit Musik zum Bahnhof geleitet. Ich kann mich noch gut erinnern, wie die Soldaten dann in die mit Blumen geschmückten Wagen eines Sonderzuges stiegen und dass auch diese Wagen mit patriotischen Sprüchen versehen waren, z.B. „Siegreich wollen wir Frankreich schlagen. Die Soldaten wurden am Bahnhof von Frauen und Mädchen mit Blumen, Kuchen, Zigarren und Zigaretten reich beschenkt.

Als das Lager Wegscheide nach dem 1. Weltkrieg von der Stadt Frankfurt übernommen und als Kinderdorf eingerichtet worden war, haben wir mit unserem Fuhrwerk, einem großen Leiterwagen mit einem Gespann von drei Kühen des Öfteren das Gepäck der auf dem Bahnhof Bad Orb angekommenen Frankfurter Schulkinder zur Wegscheide hochgefahren. Außerdem haben wir von der Wegscheide Küchen- und sonstige Abfälle geholt. Ich bin damals mit einem Fuhrwerk, zwei Kühen vor dem Wagen, nachmittags auf die Wegscheide gefahren, und zwar so rechtzeitig, dass ich in der Zeit auf der Wegscheide war, wenn unser Petter, Onkel Heinrich, Feierabend hatte. Er war nämlich zu dieser Zeit bei der Baufirma Hochheim & Rieger als Maurer beschäftigt und als solcher täglich dort oben.

Die Wegscheide habe ich aber auch später noch oft aufgesucht. So habe ich dort mit anderen Buben Kühe und Schafe auf die Weide und dort oben in den Wald getrieben und dabei die Gegend gut kennengelernt. Ich habe sie auch später bei Spaziergängen und Wanderungen oder sonstigen Gelegenheiten gerne aufgesucht.

Holzaltar auf Waldkirchplatz bei der Wegscheide.

Bild einer größeren Festlichkeit, (rechts) vermutlich der Übergabe des Lagers als Kinderdorf an die Stadt Frankfurt. Vertreter der Stadt Frankfurt (Bildmitte mit Amtskette) ist Bürgermeister Eduard Gräf. Ihm zu Ehren ist die „Eduard-Gräf-Straße“ in Bad Orb benannt. Der junge Mann, der das Mikrofon hochhält, ist mein Vetter Bernhard Engel.

Männer von damals

19. Mai 1983

18. Männer von damals

Vorbemerkung

Unter diesem Titel hatte ich in der Ausgabe Nr. 30 dieser Zeitung vom 29. Juli 1982 mehrere Turner genannt und gewürdigt, die sich zu ihrer Zeit um den Turnverein verdient gemacht haben. Heute will ich nun vier Vorsitzende nennen, die sich einmal um den TV große Verdienste erworben haben, die der heutigen Generation kaum noch bekannt, selbst von älteren Turnern und Bürgern unserer Stadt schon beinahe vergessen sind. Ihr Wirken und Tun ist aber wert, dass es einmal niedergeschrieben und festgehalten wird, auch das ist ein Stück Heimatgeschichte.

Hans Hegner

***3.2.1895 † 17.9.1933 in Weiden**

Pflasterer, verh., 1 Tochter

Hans Hegner war während des 1. Weltkrieges Soldat auf der Wegscheide, und zwar war er als Trompeter bei der Musik.

Während des Krieges lernte er seine spätere Frau Helene geb. Ihl kennen. Nach der Heirat wohnten sie in der Haselstraße bei Prehler (der heutigen Gaststätte „Zum Faß"). Wir waren also Nachbarn.

Hans Hegner blieb in Bad Orb wohnhaft und schloss sich sehr früh dem Turnverein an. Schon 1919, also kurz nach Kriegsende, sammelte er eine Gruppe junger Turner, eine Spielmannsgruppe bestehend nur aus Trommlern und Pfeifern. Dies geschah aus Anlass des bevorstehenden Gauturnfestes 1919 in Bad Orb, um das Fest und die Umzüge zu beleben. Außer dem Blasinstrument beherrschte Hegner auch das Trommeln und Pfeifen. Die kleine Gruppe hatte aber nicht lange Bestand.

1922 bildete sich in Bad Orb eine Theatergruppe, die sich dem Turnverein anschloss. Hegner vertrat diese Riege im Vorstand des TV. Wegen Meinungsverschiedenheiten hat sich die Riege im Jahre 1925 wieder aufgelöst. Ein von Hans Hegner 1926/27 neu gebildeter Spielmannszug, dem auch ich angehörte, bestand nur bis 1932. In der Zwischenzeit hatte Hegner aber noch andere Vorstandsfunktionen übernommen, so war er mehrere

Jahre Kassenwart. Nach dem Rücktritt des seinerzeitigen 1. Vors. Rektor Adam Reuter wurde Hegner im Jahre 1932 zum 1. Vorsitzenden gewählt. Dieses Amt hat er aber auch nur knapp zwei Jahre wahrnehmen können, denn am 17. September 1933 kam er bei einem Besuch seiner Heimatstadt (Weiden/Opf.) durch einen Motorradunfall ums Leben. In Weiden ist er auch beerdigt. Hans Hegner hat während seiner Amtszeit viel für den Turnverein getan.

Heinrich Schneeweis

*** 15.10.1896 † 07.01.1961**

Bauunternehmer, verh., 1 Tochter

Heinrich Schneeweis war in seinen jungen Jahren aktiver Turner, sein ganzes Leben lang hat er sich der Turnerei verschrieben. Er war schreib- und redegewandt und darüber hinaus auch schriftstellerisch sehr begabt. Man hat sich oft gefragt, wie er neben seiner Familie, seinem Beruf und seiner turnerischen und Vorstandstätigkeit so viel Zeit aufwenden konnte, noch Gedichte zu verfassen und Vorträge für Kappenabende u.a. zu erarbeiten. Soweit ich zurückdenken kann, hatte Heinrich Schneeweis ein Vorstandsamt. Lange Zeit war er Kulturwart, mehrere Jahre Schriftführer, später stellvertretender Vorsitzender. Nach dem Tod von Hans Hegner 1933 wurde Heinrich Schneeweis in einer Hauptversammlung des Turnvereins zum 1. Vorsitzenden gewählt. Von den NS-Machthabern wurde er als solcher aber nicht bestätigt, weil er politisch anderen Sinnes war.

Nach dem 2. Weltkrieg war er zur Stelle, als die Turn- und Sportvereinigung gegründet wurde, die alle Orber Sportvereine umfasste. In dieser Vereinigung war er von 1945 bis 1949 Geschäftsführer. 1. Vorsitzender war damals Bürgermeister Anton Drisch. Mit ihm, Wilhelm Pungs als Technischer Leiter und Albert Schreiber als stellvertretender Vorsitzender arbeitete er gut zusammen. Immer hatte Heinrich Schneeweis Vorschläge und Pläne für Veranstaltungen. Er hielt den turnerischen Gedanken, die Uneigennützigkeit und die Selbstverwaltung hoch und versuchte, die Vereinigung in diesem Sinne zu führen. Nach Wiedererstehen des Turnvereins wurde er 1949 Beisitzer im Vorstand, dann von 1952 bis 1959 stellvertretender Vorsitzender unter Helmut Holzmann. Er ist (1961) leider zu früh verstorben, sonst wären seine Pläne, eine vereinseigene Turnhalle (an der Stelle, wo heute das Sängerheim steht) zu bauen, vielleicht wahr geworden. Fertige Zeichnungen dafür hatte er schon in seiner Schublade. Schneeweis war, wie schon angedeutet, ein Turner im wahrsten Sinne des Wortes, allzeit offen und ehrlich und dem Verein von großem Nutzen. Es ist notwendig, dies einmal zu sagen, denn er ist schon lange in Vergessenheit geraten, weil die heutige Generation wenig von ihm weiß.

Adalbert Hessberger

*** 26.2.1889 † 1.2.1975**

Schuhmachermeister, verh., 5 Kinder

Adalbert Hessberger war ein vielseitig orientierter, allseits geachteter Orber Bürger, Kriegsteilnehmer im 1. Weltkrieg.

In seinen jungen Jahren war er aktiver Turner und erfolgreicher Wettkämpfer. Später war er kommunalpolitisch tätig; er war Stadtverordneter und viele Jahre Mitglied des Magistrats für die Partei „Handwerk und Gewerbe". Außerdem war er Kreisobermeister des Schuhmacherhandwerks.

Als Zeugwart in seiner Jugend war er der erste und der letzte an allen Turnabenden. Schmerzhaft hat er erleben müssen, dass die vereinseigene Turnhalle an der Frankfurter Straße während des Krieges wegen drückender Zinslast verkauft werden musste. In den späteren Jahren – bis zu seiner Wahl als 1. Vorsitzender im Jahre 1934 – war er eifriger Besucher der Versammlungen und – ebenso wie sein Bruder Heinrich – als gewandter Redner geschätzt und geachtet.

Große Verdienste erwarb sich Adalbert Hessberger durch sein späteres Wirken im Turnverein, dessen Entwicklung er bis zuletzt mit großem Interesse verfolgte. Er hat ein langes Stück Vereinsgeschichte mitgestaltet und war seit 1952 Ehrenvorsitzender. Beim Bau der im Jahre 1907 eingeweihten Turnhalle hat er schon mitgeholfen. Von 1934 bis 1940 war er Vorsitzender des Turnvereins, und von 1945 bis 1949 in der Turn- und Sportvereinigung Vertreter der Turner; das war in der Zeit, in der auf Grund Militärregierungsgesetzes hier nur ein Sportverein bestehen durfte. Er wurde dann 1. Vorsitzender des Turnvereins, als dieser 1949 wieder selbständig wurde. Kein Vorsitzender des Turnvereins vor ihm hat das Amt so lange ausgeübt wie er, und dies in einer schweren Zeit.

Helmut Holzmann

***9.4.1924 † 8.5.1968**

Konrektor, verh., 3 Kinder

Helmut Holzmann war ein echter Sohn unserer Stadt und nicht nur durch seine Abstammung aus einer achtbaren Familie, sondern auch durch sein Wissen um die Geschichte unserer Heimatstadt ein angesehener Bürger. Helmut Holzmann wurde schon in jungen Jahren Soldat und Kriegsteilnehmer, hat den Krieg aber glücklich überstanden. Nach seiner Heimkehr wurde er Lehrer an der Grund- und Hauptschule in Bad Orb, später (1958) wurde er Konrektor. Neben seinen geistigen und erzieherischen Fähigkeiten hat er sich schon in der Schule durch Turnen und Spiel hervorgetan. Diese Erkenntnisse und Sinn für ein gesundes Gemeinschaftsleben bewogen ihn, sich den Turn- und Sportvereinen anzuschließen. Er half 1946-1949 beim Wiederaufbau der Leibesübungen in Bad Orb und schloss sich nach Auflösung der Turn- und Sportvereinigung dem Turnverein an. Hier war er zuerst Jugend- und Pressewart, auch hatte er ein Amt im Vorstand des Kinzig-Turngaues.

Seine Allgemeinkenntnisse und sein organisatorisches Geschick waren auch die Voraussetzungen, dass er 1959 bei der 900-Jahrfeier der Stadt Bad Orb zum Geschäftsführer gewählt wurde, ein Amt, das er mit viel Umsicht und Geschick bekleidet hat. Er bewährte sich damals als Initiator, Organisator und Redner und hat im Verlauf der Feierlichkeiten sehr zum Ansehen unserer Heimatstadt Bad Orb beigetragen.

Der Turnverein wählte ihn 1952 zu seinem 1. Vorsitzenden. Mit jugendlichem Schwung führte er den Verein viele Jahre, wobei er allen Neuerungen gegenüber aufgeschlossen war. Er war nicht nur ein gewandter Redner bei turnerischen Anlässen, sondern verstand es auch, in Festschriften und Zeitungsartikeln seine Ansichten darzulegen. Sein Wirken und Tun wurde nicht nur im Verein, sondern auch im Turngau und im Hess. Turnverband anerkannt und gewürdigt. Noch wenige Tage vor seinem leider zu frühen Tod wurde ihm vom damaligen Vorsitzenden des Hess. Turnverbandes, Franz Wilhelm Beck, die Ehrennadel des Deutschen Turner-Bundes an seinem Krankenbett überreicht. – Der Herrgott hat ihn uns leider zu früh weggenommen.

115 Jahre Turnverein Bad Orb

25. August 1983

01. September 1983

19. 115 Jahre Turnverein Bad Orb

„Wer die Zukunft gestalten will, kann nicht genug wissen über die Vergangenheit".

(H.J. Rauschenbach in einer Fernsehsendung)

Die Vereine spielen im gesellschaftlichen, kulturellen, wirtschaftlichen und nicht zuletzt im sportlichen Geschehen eine wichtige Rolle, sowohl in den Gemeinden wie auch in den Ländern und im Bund. Immer und überall ist man stolz darauf, wenn ein Verein Erfolge erzielt, die zu seinem und dem Ansehen der Gemeinden beitragen. Unsere Heimatstadt Bad Orb ist reich an Vereinen, die Turnen und Sport betreiben, anderen, die durch Pflege des Chorgesangs, der Musik und der Geselligkeit dem kulturellen Leben förderlich sind. Außerdem gibt es Vereine, die dem Schutz menschlichen Lebens dienen. Einerlei, wie ein Verein der Gemeinschaft von Nutzen ist, soll man ihn fördern und unterstützen.

Stolz darf ein Verein sein, wenn er durch jahrzehntelange Tätigkeit zu einer traditionsreichen Gemeinschaft herangewachsen ist und durch sein Tun nebenbei auch zur **Festlegung der Heimatverbundenheit** beigetragen hat. Es gibt hier in Orb zahlreiche Vereine, die sich durch ihre Arbeit solche Verdienste erworben haben und dies schon 10, 25, 50, 75 oder mehr Jahre. Dies muss man unbedingt anerkennen.

Zu diesen Vereinen in Bad Orb zählt auch der Turnverein, der am 15. August 1868 von 10 jungen Leuten gegründet worden ist und heute somit 115 Jahre besteht. Dies ist an sich keine Zahl, die zum Feiern oder zu Festlichkeiten Anlass gibt, es wäre aber **eine grobe Unterlassung wollte man still darüber hinwegge-**

hen. Der Turnverein ist mit 115 Jahren (von der ruhenden Liedertafel abgesehen) nicht nur der älteste Verein in Bad Orb, sondern mit mehr als 1600 Mitgliedern auch der weitaus größte.

Wenn man sich mit der Chronik des Vereins beschäftigt, muss man feststellen, dass der heutige Verein nicht verglichen werden kann mit dem der Gründerjahre. Der seinerzeitige Vorstand bestand nur aus dem 1. Vorsitzenden, einem Stellvertreter, dem Kassenwart, dem Schriftführer und dem 1. und 2. Turnwart. Die Vorstandschaft von heute ist so groß wie der Gesamtverein um die Gründerzeit. Es gab damals auch selten eine Vorstandssitzung, sondern meist nur Monatsversammlungen, in denen neben der Behandlung der üblichen Tagesordnungspunkte noch die Monatsbeiträge kassiert wurden.

Der heutige 1. Vorsitzende ist der 35. in der langen Reihe dieser Amtsträger. Bis zum Jahre 1934 haben die Vorsitzenden sehr oft gewechselt. Erst seit der Amtszeit von Adalbert Hessberger (1934—1951) ist eine gewisse Beständigkeit eingetreten, denn auch Helmut Holzmann nach ihm war 15 Jahre im Amt und der jetzige Vorsitzende Jakob Metzler jetzt gar schon 16 Jahre. Die Gründe, warum in den ersten Jahrzehnten der Vorsitz so oft wechselte, sind nicht genau bekannt, es mögen da örtliche Umstände mitgespielt haben.

Außer den Protokollbüchern sind keine Unterlagen vorhanden, aus denen zu ersehen wäre, wie sich der Verein in den ersten Jahrzehnten entwickelt hat. Fest steht, dass bereits im Jahre 1869, also im 2. Jahre seines Bestehens, eine Fahne angeschafft wurde und 1896 eine zweite, weil die erste zu diesem Zeitpunkt bereits arg zerschlissen war.

Über die Wettkampftätigkeit des Vereins in den ersten Jahrzehnten ist in der Chronik erst in den 90er Jahren zu lesen. Aus einer vorhandenen Preisgerichtstafel (Wettkampfkarte) ist zu ersehen, dass Turnen am Reck, Barren und Schwingel (Pferd),

Stabhochsprung, Freiweitsprung und Klimmen auf dem Wettkampfprogramm standen. Der Wettlauf fehlte, vermutlich deshalb, weil keine Laufbahn vorhanden war, oder auch die sonstigen Voraussetzungen für den Wettlauf, wie z.B. eine Stoppuhr, fehlten. Wettkämpfe in der heutigen Art und Form, so z.B. Mehrkämpfe an den Geräten und in den leichtathletischen Disziplinen wurden im Wesentlichen erst **nach dem 1. Weltkrieg** durchgeführt, insbesondere beim 1. Gauturnfest 1919 in Bad Orb am „Spessartlüftchen". Dort waren auch Anlagen für leichtathletische Disziplinen wie Weitsprung, Hochsprung und Kugelstoßen geschaffen worden. Gelaufen wurde dort auf der Straße, anfangs auf der Spessartstraße, später auf der Villbacher Straße.

Der 1. Weltkrieg brachte eine Unterbrechung des Turnbetriebs. 31 Mitglieder kehrten aus dem Krieg nicht zurück. Im 2. Weltkrieg konnte der Turnbetrieb zum geringen Teil mit Kindern und Jugendlichen aufrechterhalten werden. Die Zahl der Gefallenen im 2. Weltkrieg betrug 49.

Die Mitgliederzahl begann nach dem 1. Weltkrieg zu wachsen. In den 20er Jahren habe ich (so entsinne ich mich noch) als Beitragskassierer bei rd. 200 Personen den Beitrag erhoben, und zwar ging ich zu den Mitgliedern ins Haus.

Außer der Mitgliederzahl nahm Ende der 20er Jahre auch die **Zahl der im Verein betriebenen Turn- und Sportarten zu**. Kannte man anfangs nur das Gerätturnen und die Leichtathletik, seinerzeit „volkstümliche Übungen" genannt, so kam dann Ende der 20er Jahre Feldhandball hinzu, später noch Faustball. Mitte der 30er Jahre mit dem Bau des Schwimmbades am Orbgrund auch Schwimmen, das als Wettkampf- und Übungsbetrieb z.Zt. wegen des Fehlens eines geeigneten Übungsleiters nicht gepflegt wird. Prellball wurde 1959, Tischtennis 1963 und Volleyball 1974/75 in das sportliche Programm aufgenommen. Neben Volleyball mit der Fertigstellung der Großturnhalle (1973) dann auch Hallenhandball. 1971/72 ist auch der Wintersport, und zwar das Skifahren, in das sportliche Programm eingeführt worden. Das **Frauenturnen** war schon 1919, also gleich nach dem 1. Weltkrieg, übernommen worden; man nannte die Abteilung „Damenriege". Erste Übungsleiterin war eine Lehrerin.

Leichtathletik wurde bis zum Jahre 1934 auf dem Gelände um das „Spessartlüftchen" [Spessart-Lüftle] und auf dem nahegelegenen Sportplatz unterhalb der Villbacher Straße betrieben, seitdem dann auf dem Sportplatz an der Aumühle. Im Winterhalbjahr wird jetzt der Übungsbetrieb in die Großturnhalle verlegt.

Geturnt wurde von 1919 bis 1934 im Saal des „Spessartlüftchens". Als dieser Saal von uns geräumt werden musste, in der Grau`schen Fabrik in der Haselstraße, dann im Flur der Volksschule am Burgring, solange, bis die jetzige Turnhalle 1938 bei der Schule am Burgring erbaut worden war.

Die Zahl der oben genannten Turn- und Sportarten ist damit noch nicht erschöpft, denn neben dem Kinderturnen (für Buben und Mädchen) pflegt der Verein seit Jahren das „Jedermann-Turnen" (je eine Abteilung für Männer und Frauen), das Turnen für „Mutter und Kind" (Kleinkinder), sowie eine Gymnastik-Abteilung für „Er und Sie". Die Übungsgruppen verteilen sich heute auf beide Turnhallen.

Ein Bild, und zwar das älteste Foto in der Chronik des Turnvereins, aus dem Jahre 1892. Nicht alle Turner auf Gruppenbild sind bekannt bzw. namentlich genannt. Die Namen sind erst nach vielen Jahren ermittelt worden, Irrtürmer sind dabei nicht ausgeschlossen. Es sind dies unter anderen, je von links nach rechts:

In der ob. Reihe: Philipp Drisch, Heinrich Engel, Heinrich Metzler, Georg Heinrich Pfeifer, Ferdinand Müller.

In der mittleren Reihe: August Büttel, Aug. Röder, Aug. Heim, Friedrich Rieger, Anton Dickert.

Untere Reihe: Adolf Mack, Karl Wolf, Philipp Wolf, Max Huth, Adolf Huth.

Liegend: Ferdinand Dehmer, Anton Geipel.

Es ist also nur ein Teil der Namen und – wie gesagt – Irrtümer sind nicht ausgeschlossen.

Anton Dickert war zu jener Zeit 1. Vorsitzender.

Zählt man die heute im Verein betriebenen Turn- und Sportarten zusammen, getrennt nach Alter und Geschlecht, so ergeben sich 30 Gruppen mit zusammen wöchentlich rd. 600 Teilnehmern, die von 26 Übungsleitern und Ausbildern betreut werden. Die Abteilungen, die sich mehr der kulturellen Arbeit widmen, wie die Jugendgruppe, die Laienspielschar, der Seniorenkreis und besonders das Blasorchester sind dabei noch nicht mitgezählt.

Organisiertes Wandern wurde erstmals 1970 mit einem Volkswandertag begonnen. Gewandert wurde im TV aber schon Jahrzehnte früher, nämlich schon seit 1927 mit dem Wandertag der Deutschen Turnerschaft, der „Götzwanderung“ am Himmelfahrtstag. Seit 1970 wird jetzt alljährlich ein Wandertag durchgeführt, der sich großer Beteiligung erfreut. Gestartet wurde in den ersten Jahren auf dem Salinenplatz, heute auf unserer Festwiese bei den „Drei Birken“.

Neben der turnerischen und sportlichen Arbeit wird schon seit jeher **die Musik, der Gesang und das Laienspiel** gepflegt. Hierüber habe ich zwar an anderer Stelle schon geschrieben, doch wegen des Zusammenhangs soll es auch hier erwähnt werden. Theater wurde schon vor dem 1. Weltkrieg gespielt, jeweils bei den Weihnachtsfeiern. Von 1923 bis 1925 gab es im Verein aber offiziell eine Theaterriege. Gesungen wurde nach Angaben älterer Turner ebenfalls schon vor dem Krieg, aber erst nach Ende des 1. Weltkrieges gab es eine Gesangsabteilung. Dirigent war Lehrer Henkel. Aus dieser Gesangsabteilung ist im Jahre 1923 der Gesangverein „Sängergruß“ hervorgegangen, der sich nach dem 2. Weltkrieg mit der „Liedertafel“ vereinte.

Nach dem 2. Weltkrieg ging einige Jahre die Selbständigkeit verloren, weil auf Grund eines Militärregierungs-Gesetzes in Orten unter 10.000 Einwohnern nur ein Sportverein zugelassen wurde. Turnen wurde also 1945 eine Abteilung des TSV bzw. der TSVg, bis der Verein 1949 seine Selbständigkeit wiedererlangte.

Die Musik hat im Turnverein durch das heutige Blasorchester, das sich aus dem im Jahr 1952 gebildeten Spielmannszug entwickelt hat, eine gute Pflegestätte gefunden. Musiziert wurde im TV aber schon seit den Gründerjahren, denn es gibt in der Chronik des Vereins kaum ein Bild, auf dem nicht auch Spielleute mit Trommeln und Pfeifen zu erkennen wären. Bekannt sind auch kleine Spielmannszüge in den Jahren 1919/20 und 1927 bis 1932.

Wichtige Aufgabe im Leben des Orber Turnvereins ist und bleibt die **Breitenarbeit**. In den vielen Sparten und Abteilungen unseres Vereins werden Hunderte von Teilnehmern in den einzelnen Übungsstunden gezählt, vom Kleinkind bis zu den Senioren. Selbstverständlich wird dabei auch der **Leistungssport** gefördert. Erfolge und Meisterschaften sind dabei nicht ausgeblieben. Ansonsten sind aus dem Verein auch Sportler hervorgegangen, die es später in anderen Orten und anderen Sportarten zu Meisterehren gebracht haben. Bei all der Wettkampftätigkeit bleibt es aber nicht aus, dass Erfolge auch einmal weniger groß ausfallen. Entscheidend bleiben aber die Absicht und die Freude an der Sache. Jedenfalls hat sich die turnerische, sportliche und kulturelle Arbeit des Vereins erfolgreich durch Jahrzehnte hingezogen und bewährt.

Daneben gab und gibt es im Jahresgeschehen auch gesellige und gesellschaftliche Höhepunkte. so die traditionellen Bratfeste, die vorweihnachtlichen Familienfeiern und die seit 1975 alljährlich durchgeführten Sommerfeste mit Wandertagen auf unserer im Jahr 1978 käuflich erworbenen Festwiese an den „Drei Birken". Außerdem die Mehrtages-Ausflugsfahrten jeweils im Herbst, die wir seit 1972 alljährlich in Reisebussen durchführen. Diese Fahrten lassen uns nicht nur ein Stück Deutschland und darüber hinaus kennenlernen, sie bieten uns auch viele schöne und gesellige Stunden in abendlicher froher Runde. Die Pflege des Heimatgedankens und die Zusammenarbeit mit den anderen Bad Orber Vereinen kommen dabei nicht zu kurz, wie wir überhaupt bei festlichen Veranstaltungen in unserer Stadt gerne mitarbeiten.

Es dabei hier aber auch nicht vergessen werden zu erwähnen, dass sich im Jahre 1890 in Orb eine Turngemeinde bildete, die sich jedoch 1919, also nach dem 1. Weltkrieg mit dem Turnverein vereinte, ferner, dass die im Jahre 1906 erbaute und 1907 eingeweihte vereinseigene Turnhalle an der Frankfurter Straße (heute Haus Nr. 38) während des 1. Weltkrieges verkauft werden musste, weil nahezu alle Mitglieder zum Kriegsdienst eingezogen waren und niemand daheim war, der für die aufgelaufenen Zinsen aufkommen konnte.

Bei dieser Zusammenfassung darf ich auch nicht die größeren Festlichkeiten und Veranstaltungen unerwähnt lassen. Es sind dies das große Gauturnfest, das der Verein 1928 im Haselgrund ausrichtete, die Gauspielmannstreffen 1965 und 1972 auf dem Festplatz in der Wemmstraße, die Fahrten des Spielmannszuges 1966 und 1969 nach Auray/ Bretagne und der Gegenbesuch der dortigen Folkloregruppe im Jahre 1967, die im Rahmen des deutsch-französischen Jugendwerkes zustande gekommen waren. Besonders genannt werden müssen die **Festlichkeiten zum 100jährigen Bestehen unseres Vereins im Jahre 1968**, außerdem das große Landestreffen der hessischen Turnermusiker 1977 in Bad Orb. Letzteres hatte unser Verein aus Anlass des 25-jährigen Bestehens des 1952 gegründeten Spielmannszuges, des heutigen Blasorchesters, zur Ausrichtung übernommen. Ich darf auch nicht vergessen anzuführen, dass unser Verein alle Veranstaltungen und Wettkämpfe des Turngaues KINZIG besucht und seit jeher besucht hat, und dass er seit dem Deutschen Turnfest 1938 in Breslau an allen Deutschen Turnfesten nach dem 2. Weltkrieg teilgenommen hat, so in Hamburg, München, Essen, Berlin, Stuttgart und Hannover und jetzt zuletzt am Deutschen Turnfest 1983 in Frankfurt/ Main, jeweils mit gutem Erfolg.

Anfügen möchte ich auch, dass unser Verein seit 1951, jetzt also im 32. Jahr, Rundbriefe im DIN-A4-Format, sozusagen als Vereinszeitung an seine Mitglieder verschickt. Seit 1972 tragen sie den Titel „Vereins-Echo". Sie sind sowohl als Chronik wie auch für sonstige Mitteilungen von großer Wichtigkeit und erfreuen sich bei den Lesern großer Beliebtheit. In dieser gerafften Chronik habe ich absichtlich wenig Namen genannt, nicht aus der Gründerzeit und auch nicht aus der Zeit vor und nach den beiden Kriegen. Wen soll man aus der Vielzahl von Turnerinnen und Turnern, die sich um den Verein verdient gemacht haben, besonders erwähnen? Ich meine, dass der Turnverein in den vielen Jahren seines Bestehens wichtige gemeinschaftspolitische Arbeit geleistet hat, und dass er damit nicht nur zu seinem Ansehen, sondern auch dem unserer Heimatstadt beigetragen hat. Und so soll es auch künftig bleiben.

Die jetzige Vorstandschaft des Turnvereins, aufgenommen im August sind dies, jeweils von links nach rechts: Engel, Ehrenbeisitzer und Vertreter der Senioren; Renate Przybilla, Beisitzerin; Ursula Herold, Beisitzerin; Helga Koch, Pressewartin; Hildegard Metzler, Protokollführerin; Ursula Sonnabend, Leiterin der Gymnastik- und Tanzgruppe; Elfriede Dannenberg, Frauenwartin; Wilfried Herold, stellvertretender Vorsitzender.

1. Reihe stehend: Klaus Metzler, Vertreter der Laienspielgruppe; Rudolf Stelzner, Kassenwart; Rainer Breitenberger, stellvertretender Jugendwart; Heinz Noll, Chronist; Gottfried Lindenmayer, Beisitzer; Jakob Metzler, 1. Vorsitzender; Edmund Heim, stellvertretender Vorsitzender; Geschäftsführer und Wanderwart; Hubert Engel, Oberturnwart und Technischer Leiter; Elmar Egold, Obmann und Dirigent des Blasorchesters; Ewald Schnarr, Leichtathletikwart.

Hintere Reihe: Hubert Schneeweis, Platzwart; Arnold Richter, Heimwart; Heiner Elmer, Gerätewart; Claus Jünger, stellvertretender Kinderturnwart; Albert Koch, Männerturnwart: Walter Barth, Beisitzer; Peter Hartig, Obmann der Skiabteilung; Alfons Geipel, Mitgliederwart.

Auf dem Bild fehlen: Dieter Engel, Jugendwart; Marianne Koch, Kinderturnwartin; Paul Ceming, 2. Kassenwart; Bernhard Klatt, Beisitzer sowie die 3 Vertreter der Ballspielabteilungen: Stefan Acker und Werner Röder für Handball, Günther Lindenmayer für Volleyball und Bernhard Sieverding für Tischtennis.

Vom Hofgut Altenburg, von seinen Schafhüterechten und der Geschichte der Familie Scheidemantel

17. November 1983

24. November 1983

20. Vom Hofgut Altenburg von seinen Schafhüterechten und der Geschichte der Familie Scheidemantel

Vorbemerkung

Ich hatte die Möglichkeit, die Akten des Königl. Grundbuchamtes Orb über das Hofgut Altenburg einzusehen und habe die Gelegenheit, mich mit ihnen zu beschäftigen, gerne wahrgenommen. Die Grundakten beginnen erst mit dem Jahre 1877, als Johann Adam Eigentümer dieses Hofguts war. Vorher gab es keine Grundbücher beim Amtsgericht, sondern Hypothekenbücher.

Über das, was ich aus diesen Grundakten und anderswo, insbesondere durch Erkundungen bei Herrn Josef König und den Kindern der letzten in Erfahrung bringen konnte, will ich im Nachstehenden in kurzer Zusammenfassung berichten.

I. Zur Geschichte Hofguts Altenburg

Franz Nikolaus Wolf hat in seiner 1824 herausgegebenen Schrift „Das Landgericht Orb, eine Saline und Umgebungen" über das Hofgut Altenburg (S. 53) wie folgt geschrieben:

„Gegen Westen zu in einer Entfernung von ½ Stunde von der Stadt Orb machten in den vorderen Zeiten die Ritter von Fischborn einen öden Distrikt urbar und gründeten den Hof Altenburg. Schon in den Jahren 1584 und 1590 ist dieser Hof den Lagerbüchern der Stadt Orb eingeverleibet und als Eigentum der Ritter von Fischborn eingetragen. Diesen Hof überkamen nach Aussterben der von Fischbornschen Familie die Ritter von Buchenau, von diesen die adelige Familie von Boineburg und von jenen wieder im Jahre 1708 der Fuldaische Oberjägermeister von Schleifroß zugleich mit dem Fischbornschen Lehngut zu Orb, welcher diesen Hof seiner Tochter, einer verehelichten von Forstmeister, schenkte. Dieselbe besaß den Hof bis zum Jahre

1745, denn in diesem Jahre wurden wegen Schuldforderung die verwittibte Rheingräfin von Daun, und hierauf auch die verwittibte Freyfrau von Meyerhofen in denselben eingewiesen. Von diesen brachte das Hofgut der Oberförster von Straus zu Wirtheim käuflich an sich und am Schlusse des Jahres 1823 erwarb dieses durch einen Kaufstitel eigentümlich ein Bürger von Orb."

Soweit der Auszug aus Franz Nikolaus Wolf „Das Landgericht Orb." Ähnlich wie Wolf schreibt später Johann Büttel in seiner „Geschichte der Stadt und Saline Orb" S. 124/25.

Nach anderen wir noch vorliegenden Unterlagen war Heinrich Scheidemantel (* 1777, † 1843), Sohn des 1818 auf dem Hof Altenburg verstorbenen Jakob Scheidemantel, der fragliche Käufer des Hofguts. Seit Heinrich befand sich das Gut Altenburg ununterbrochen im Besitz der Scheidemantels bis 1911. Nach dem Hypothekenbuch, Vorgänger des Grundbuches, kam es durch Abtretungsvertrag vom 16. Januar 1846 an **Johann Adam** Scheidemantel, und – beerbt von dessen Witwe Margarethe geb. Hock – nach deren Tod durch Erbauseinandersetzungsvertrag an den ältesten Sohn und Hoferben Johann Philipp Julius Scheidemantel.

Nach dem Tod von Julius Scheidemantel am 8. Januar 1909 ging der Besitz im Wege der Erbfolge an dessen 4 Kinder über, nämlich:

1. Paula, s. Zt. schon verheiratet mit Post-Ass. Theodor Brähler,
2. Michael Scheidemantel,
3. Hedwig Scheidemantel,
4. Elisabeth Scheidemantel,

letztere drei noch auf der Altenburg wohnhaft.

Am 11. März 1911 erfolgte der Verkauf des Hofguts Altenburg an den Gutsbesitzer Hans Ludwig Vetter aus Frankfurt/Main.

Am 2. August 1917 verkaufte Vetter an den Kaufmann Simson **Flegenheimer** und Ehefrau Friedericke geb. Heumann, ebenfalls aus Frankfurt/Main, und am 29. März 1919 erfolgte der Weiterverkauf an den Landwirt und Rittmeister a. D. Daniel Ernst **Schäfer**.

Am 30. Juni 1925 verkaufte Schäfer für 85.000 R-Mark an die Eheleute Landwirt Franz König und Maria geb. Kaste, vorher in Diez/Lahn wohnhaft und am 19. Mai verkaufte König an die Eheleute Landwirt Hans Koyro und Nancy geb. Hardt aus Bad Vilbel.

Im Mai 1971 erfolgte ein teilweiser Verkauf von Grundstücken an die **Hess. Landgesellschaft** und an Orber Landwirte, und am 1. Januar 1974 an die **Stadt Bad Orb**. Nach einer anschließenden 5-jährigen Pachtzeit gingen die Baulichkeiten mit Wirkung vom 1. Januar 1979 in das **Eigentum der Stadt Bad Orb** über, wo sie von der Schäfereigemeinschaft und dem Reit- und Fahrverein Bad Orb genutzt werden.

Damit hat der Hof Altenburg, der in seiner langen Geschichte – wie gesehen – oft den Besitzer wechselte, einen Eigentümer gefunden, bei dem er in guten Händen ist.

*

Der Reit- und Fahrverein Bad Orb hat inzwischen Scheune und Stallungen teilweise überholt und neu hergerichtet, mit zahlreichen Pferdeboxen versehen, einen Reitplatz angelegt und begonnen, das Wohnhaus der früheren Besitzer, das übrigens unter Denkmalschutz steht, nutzbringend auszubauen. Der Verein ist dabei, alles zu einer ständigen Bleibe einzurichten.

*

Der Wert des Hofguts betrug nach einer Schätzung vom Mai 1851 25.300 Gulden. Versichert waren (nach einem bei den Grundakten befindlichen Brandversicherungsschein vom Jahre 1884) das Wohnhaus, eine große Scheuer, eine kleine Scheuer, ein Schafstall, ein Brennhaus, der Stall, Backhaus, ein Keller und Streuhalle.

*

Das Hofgut Altenburg versorgt sich seit jeher mit Wasser aus eigenen Quellen. Im Jahre 1936 hat König mit 110-Volt-Gleichstrom (unter Zuziehung von Betriebsleiter Schlitt von den hiesigen Stadtwerken) eine Lichtanlage montiert. Die Anlage war 20 Jahre lang in Betrieb. Dann wurde von den Kreiswerken Gelnhausen, von Bad Orb aus, eine 20 kV-(20.000 Volt)-Freileitung zum Hof Altenburg gebaut. Im Jahre 1981 wurde die 20 kV-Zuleitung direkt an das Kabelnetz der Stadtwerke Bad Orb angeschlossen. Bis dahin, also bis 1936, wurden in Haus und Hof Petroleumlampen benutzt.

Der Hof Altenburg, aufgenommen etwa um die Jahrhundertwende.

II. Vom Weiderecht des Hofguts Altenburg

Den jeweiligen Besitzern des Hofes Altenburg stand das Recht zu, „in der Gemarkung »Colonie Friedrichstal« – mit Ausnahme der eingefriedeten Hausgärten – die Hecken, Ödungen und Anraine bis zu 600 Schafen das ganze Jahr hindurch, die Felder und Wiesen, wenn sie abgeerntet waren, zu behüten."

Dieses Recht war im Grundbuch des Königl. Grundbuchamtes Blatt 445, welches das Hofgut Altenburg betraf, als „Schafhüteberechtigung" eingetragen. Dieses Weiderecht betraf auch einen Teil der Orber Gemarkung. Das Recht war verpfändet, die Belastung im Grundbuch eingetragen. Seit wann, wie lange und wieso dieses Recht bestand, war in den Akten, auch in den Büchern des Hofguts, nicht zu ermitteln. Auch nach Auflagen des Gerichts konnte dieses Recht nicht mehr bewiesen werden, es bestand eben lind war wohl auf Grund jahrzehntelanger Nutzung Gewohnheitsrecht, daher auch verpfändbar. Das Recht war mit 7.500 Mark bewertet.

In zwei Verträgen, jeweils überschrieben

kam es dann zur Ablösung der Schafhüteberechtigung.

Der erste Vertrag datiert vom 10. Februar 1877 und ist abgeschlossen zwischen Margarethe Scheidemantel geb. Hock, der

Witwe des 1869 verstorbenen **Johann Adam** Scheidemantel einerseits, und Besitzern schafhütebelasteter Grundstücke in der „Colonie Friedrichstal“ andererseits, nämlich 1. Johann Philipp Drisch, 2. Adam Pfeifer, 3. Peter Geiger, alle zu „Friedrichstal" wohnhaft. Weitere Beteiligte, deren Zuziehung erforderlich gewesen wäre, haben sich der vorschriftsmäßig erfolgten öffentlichen Bekanntmachung der Auseinandersetzung nicht gemeldet. Das Weiderecht wurde in dem genannten Vertrag abgelöst und aufgehoben. Als Entschädigung dafür war der Witwe Margarethe Scheidemantel ein Abfindungskapital von 1.312 Mark zugesagt. Da sie dort selbst einige hütebelastete Grundstücke besaß, reduzierte sich die Ablösung auf 1.200,32 Mark. Dieser Betrag war entsprechend dem Verhältnis der Größe von den Besitzern hütebelasteter Grundstücke aufzubringen und ist am Tage des Vertragsabschlusses in bar an die Witwe Scheidemantel gezahlt worden.

Es ist in dem Vertrag ferner vermerkt, dass ihr, der Witwe Scheidemantel, von Vertragsabschluss an keine Schafhüterechte im Gemarkungsteil Friedrichstal mehr zustehen und diese Hüteberechtigung im Grundbuch des Königl. Grundbuchamtes zu löschen sei. Die Kosten des Vertragsabschlusses wurden von den Vertragsparteien je zur Hälfte getragen. Der Vertrag wurde von der „Königl. Generalkommission zu Cassel“ unter dem 15. März 1877 genehmigt.

In einem 2. Vertrag, verhandelt zu Orb am 13. Dezember 1894, geht es um die Ablösung der dem Hofgut Altenburg auf Grundstücken der Gemarkung Orb zustehenden Schafhüteberechtigung für 600 Stck. Schafe. Vertragsparteien waren der Gutsbesitzer Johann Philipp Julius Scheidemantel, der älteste Sohn der Margarethe Scheidemantel, der inzwischen auf Grund

Erbauseinandersetzung Eigentümer von Hof Altenburg geworden war, einerseits, und den Besitzern hütebelasteter Grundstücke der Gemarkung Orb andererseits, nämlich:

1. der Stadt Orb, 2. dem Hospital, beide vertreten durch Bürgermeister Hugo Wenzel, 3. Bäcker Adam Geis, 4. Landwirt Franz Schreiber, 5. Friedrich Rieger, 6. Wilhelm Reinhard, 7. Heinrich Auerbach, 8. Salinenpächter Ludwig Krug, alle zu Orb, 9. Richard Schecke aus Kinzighausen, 10. Heinrich Schumm aus Wirtheim, 11. Heinrich Ditzenberger aus Neudorf. Außer der Hüteberechtigung für 600 Schafe (meist wurden aber nur 200 bis 300 Schafe gehalten) stand dem jeweiligen Eigentümer des Hofguts „das gemeinschaftliche Hüterecht für Rindvieh, Ziegen und Gänsen" zu.

Mit der Ablösung dieser Hüteberechtigung verpflichtete sich Julius Scheidemantel, für alle Zukunft, keine Schafe - weder im Einzelnen noch in Herden - zu halten. Davon wurde das Hüterecht für Rindvieh, Ziegen und Gänsen auf Ländereien des Hofguts nicht berührt.

Als Entschädigung für die Aufhebung des Schafhüterechts wurde eine einmalige Kapitalabfindung von 7500 Mark vereinbart, und an den Besitzer des Hofguts, Julius Scheidemantel, gezahlt. Das Weiderecht für die genannte Zahl von 600 Schafen ist daraufhin im Grundbuch gelöscht worden. Die Kosten des Vertrages wurden zwischen den Vertragsparteien geteilt. Der Vertrag wurde von der „Königl. Generalkommission zu Cassel" unter dem 7. Februar 1895 genehmigt und war damit in Kraft getreten.

*

Über Meinungsverschiedenheiten über die Auslegung der Verträge ist später nichts verlautet. - Es ist aus den Grundakten nicht zu ersehen, warum die Familie Scheidemantel dieses Weiderecht veräußert hat. Vermutlich war ihr die erzielte Ablösungssumme mehr wert als das Weiderecht. Außerdem ist anzunehmen, dass sich die Schafhaltung zu jeder Zeit aus mancherlei Gründen nicht mehr rentierte.

*

III. Die Geschichte der Familie Scheidemantel

Der Stammvater der Scheidemantels war **Nikolaus** Scheidemantel, der im August 1779 **auf Hof Altenburg starb**. Woher er kam, war unbekannt. Sein Sohn **Jakob** (* 1745), verheiratet mit Elisabeth Koch, starb im Jahre 1818. Deren Sohn **Heinrich** Scheidemantel, geboren 1777 auf der Altenburg, war verheiratet mit Anna Maria geb. Geiger. Dieser Heinrich Scheidemantel erwarb im Jahre 1823 das Gut Altenburg käuflich und war somit Eigentümer. Bis zu diesem Zeitpunkt (1823) waren die Scheidemantels schon mehr als 4 Jahrzehnte auf dem Hof Altenburg beschäftigt, vermutlich als Verwalter tätig und dort sesshaft, wenn man nur die Zeit vom Tod des Nikolaus († 1779) bis zum Kauf durch Heinrich berücksichtigt. Heinrich Scheidemantel starb am 4.4.1843 durch Sturz von der Scheune. Er war mit Anna Maria geb. Geiger verheiratet und hatte 9 Kinder. Hoferbe wurde **Johann Adam** Scheidemantel (* 8.5.1808). Eine Elisabeth(* 15.10.1811), war mit Heinrich Freund (dem Großvater von Hubert Freund) von der Küppelsmühle verheiratet, eine andere Schwester des Johann Adam, Maria Anna, mit Stadtvorsteher Philipp Jakob Schopp verehelicht.

Johann Adam Scheidemantel, verheiratet mit Margarethe geb. Hock aus Aschaffenburg, starb am 24.4.1869. Alleinige Erbin war nach dem Testament seine Witwe. Ältester Sohn und Hoferbe wurde nach dem bei den Akten befindlichen Erbauseinandersetzungsvertrag Johann Philipp **Julius** Scheidemantel (* 21.6.1852). Er ist am 8. Januar hier verstorben und auf dem

Orber Friedhof beigesetzt. Weitere Geschwister des Julius waren Adalbert Nicolaus (* 20.11.1855), Katharina Wilhelmine (* 16.3.1860), Anna Sophie Eleonore (* 21.2.1862) und Josef Wilhelm (* 18.8.1865). Beim Tode des Vaters Johann Adam († 24.4.1869) waren alle 5 Kinder noch minderjährig. Vormund (in den Akten „Vormündin" genannt) wurde ihre Mutter, Gegenvormund Dechant Kleespies.

Seinem Bruder Nicolaus kaufte Julius für sein Erbteil die Gaststätte „Zur Fröhlichkeit" an der Frankfurter Straße. Die übrigen drei Geschwister Wilhelmine, Anna und Josef sollten (unter Berücksichtigung der auf dem Anwesen lastenden Hypotheken, die das Vermögen minderten) eine Abfindung von je 3040,- Mark erhalten, für die zur Sicherung je eine Hypothek im Grundbuch eingetragen werden musste. Außerdem hatten alle drei bis zur Standesveränderung Wohnungs- und Nutzungsrechte im Haus. Die Beträge wurden später auch ausgezahlt und die Hypotheken im Grundbuch gelöscht.

Wilhelmine blieb ledig, Anna und Josef sind später nach Amerika ausgewandert. Anna, die einen Cousin (Hock aus Aschaffenburg) geheiratet hatte, kehrte nach einem tödlichen Unfall ihres Mannes mit ihren drei Kindern nach Deutschland zurück, und wohnte dann in Aschaffenburg. Josef ist in Amerika jung verstorben.

Julius selbst mit Maria geb. Appel aus Wirtheim verheiratet, hatte vier Kinder: **Paula** (* 1886), später verheiratet mit Theodor Brähler († 8.10.1964); **Michael** (* 17,10.1889, † 3.9.1956 in Lörzweiler); **Hedwig** (* 26.5.1892, später verheiratet mit Josef Wagner, † 2.7.1973); **Elisabeth** (* 9.7.1894, ledig, † 10.2.1961); Michael, der in Lörzweiler in einen landwirtschaftlichen Betrieb mit Weinbau als Haupterwerb eingeheiratet hatte, hatte aus 2 Ehen 6 Kinder, wovon Jakob (aus 1. Ehe) als Hoferbe den Betrieb übernahm und zu einem heute sehr beachtlichen Weingut ausbaute.

Michael hatte nach Vaters Tod bis zum Verkauf des Hofes (1911) noch auf der Altenburg gearbeitet. Von 1911 bis 1913 musste er seinen Wehrdienst (in Mainz-Gonsenheim) ableisten. Danach bis zum Ausbruch des I. Weltkrieges, an dem er aktiv teilnahm, und nach Ende des Krieges bis zu seiner Verheiratung (1920), arbeitete er als landwirtschaftlicher Verwalter auf mehreren Gütern. Dabei hat er sich gute Kenntnisse in der Landwirtschaft aneignen können.

Seine Familie, d.h. seine Mutter und die beiden noch ledigen Schwestern Hedwig und Elisabeth, waren nach dem Verkauf des Hofes nach Bad Orb gezogen, wo sie zur Miete wohnten. Hedwig, die ältere, heiratete nach Ende des Krieges den Lehrer Josef Wagner aus Kassel (Kreis Gelnhausen). Mit den Eheleuten Wagner und der noch ledigen Elisabeth zog die Mutter später in das von Wagner neu erbaute Wohnhaus in der Lindenallee. Dort ist sie 1944 verstorben. Einen Namensträger der Familie Scheidemantel gibt es in Bad Orb heute nicht mehr.

Anmerkung:

I.) Nach Vorliegen entsprechender Unterlagen (Grundbuchakten u.a.) habe ich mich aus heimatgeschichtlichen Erwägungen zu diesem Bericht entschlossen, weil ich meine, dass die Niederschriften von Franz Nikolaus Wolf (1824) und von Johann Büttel (1901) zeitlich doch weit zurückliegen und einer Ergänzung bedürfen.

2.) Allen, die mich bei den einzelnen Ermittlungen unterstützt haben, danke ich auch an dieser Stelle recht herzlich.

Ein Foto aus dem Jahre Es zeigt die Eheleute Julius Scheidemantel und Maria geb. Appel mit ihren 4 Kindern: links Hedwig, hinten Paula, rechts vorne Michael. Im Hintergrund Rentmeister Otto, ein Freund der Familie.

Lehrer und Komponist Georg Henkel starb vor 50 Jahren, am 11. Januar 1934

05. Januar 1984

21. Lehrer und Komponist Georg Henkel starb vor 50 Jahren, am 11. Januar 1934

Georg Henkel, Lehrer an der Volkschule Bad Orb, Dirigent und Komponist. ist am 11. Januar 1934 plötzlich, ohne vorher krank gewesen zu sein verstorben. Er wurde am darauffolgenden Sonntag unter großer Anteilnahme der Bad Orber Bevölkerung auf dem hiesigen Friedhof zur letzten Ruhe gebettet. Bei der Trauerfeier wirkten die vereinigten Orber Sänger sowie die Orber Musikkapellen mit. Dem Andenken dieses durch seine Komposi-

tionen unvergessenen Orber Bürgers sei diese Niederschrift gewidmet. Dazu muss ich bemerken, dass ich mich dabei teilweise des seinerzeitigen Nachrufs von Rektor Adam Reuter im Bad Orber Anzeiger vom Januar 1934, außerdem weiterer Informationen von Dr. Alfons Engel als Quelle bedient habe.

Georg Henkel, am 13. Dezember 1861 in Breitenworbis/Eichsfeld als Sohn des Landwirts Johannes Henkel und seiner Ehefrau Maria Anna geb. Petri als 5. von 12 Kindern geboren, demnach Spross einer gesunden Familie, war eine Persönlichkeit von besonderer Tatkraft und Willensstärke. Seine berufliche Ausbildung begann er auf dem Königlichen Lehrerseminar zu Heiligenstadt, wo er schon als Schüler durch seine vorzüglichen Kenntnisse und musikalischen Anlagen und Leistungen auffiel. Nachdem er seine Prüfungen als Lehrer bestanden hatte, besuchte er auf Anregung seines Seminar-Musiklehrers die Kirchenmusikschule zu Regensburg. Unter Leitung von Direktor Monsignore Haberl studierte er dort Kirchenmusik und Kompositionslehre und erhielt eine und gründliche Schulung, deren strenger musikalischer Richtung er bis zu seinem Tode treu blieb. Mit erstklassigen Zeugnissen und edler Begeisterung für die Schönheit der Kirchenmusik verließ er Regensburg, um als Lehrer und Erzieher den Reichtum seiner Erfahrungen und seines Wissens seinen späteren Schülern zu vermitteln und dadurch zur Ehre Gottes zu wirken.

Nach vorübergehender Tätigkeit an der katholischen Volksschule in Eschwege wurde Georg Henkel im Dezember 1888 (27jährig) – zunächst vertretungsweise für den erkrankten Lehrer Beck – eine Lehrerstelle an der katholischen Volksschule zu Orb übertragen. Und Orb sollte seine 2. Heimat werden. Hier wirkte er dann bis zu seinem Tod im Jahre 1934. Lehrer an der Volksschule in Orb war er von Dezember 1888 bis etwa 1919.

Georg Henkel gelang es in ausgezeichneter Weise, die Herzen der Kinder zu gewinnen, sie zu führen und zu unterrichten.

Sein Spezialgebiet aber waren Gesang und Musik. Er hat es damals verstanden, sich schnell in das bürgerlich-musikalische Leben der Stadt einzufügen und die kulturelle Entwicklung günstig zu beeinflussen. Ihm war auch daran gelegen, seine Kenntnisse der Ausbildung instrumentaler Kräfte zu widmen. So war es ihm schon nach wenigen Jahren möglich, die von ihm ausgebildeten Musiker zu einer Kurkapelle zu formieren, die sowohl Kurgäste als auch Orber Bürger durch ihre Musik erfreute. Die Leistungen des Blasorchesters erlangten schon bald einen guten Ruf.

Neben dem im Vorstehenden geschilderten uneigennützigen Wirken Georg Henkels ist auch seine Tätigkeit in der Leitung von Männerchören zu erwähnen. Insbesondere die „Harmonie", die er selbst gegründet hatte, war weit über die Grenzen der Heimatstadt bekannt. Die Erfolge dieses kleinen Chores waren groß. In den Jahren vor und nach dem 1. Weltkrieg hat Georg Henkel mit Lust und Liebe auch die Gesangsabteilung des Turnvereins geleitet. Nach der Festschrift zum 75-jährigen Bestehen des MGV „Sängerlust" Bad Orb war er von August 1928 bis Juni 1930 auch deren Dirigent. Der von ihm während seiner aktiven Lehrerzeit gegründete Kinderchor, bestehend aus 80 bis 90 Buben und Mädchen, erreichte in den Jahren unter seiner Leitung ebenfalls unerwartete Leistungen.

Viele Jahre seines Lebens widmete er aber insbesondere der „Liedertafel", deren Dirigent er bis zu seinem Tode war.

Georg Henkel hat außerdem (etwa 1919) hier einen Kirchenchor gegründet und geleitet und diesen „Cäcilia" genannt. Er hat ihn bis zu seinem Tod geleitet. In der anschließenden NS-Zeit und während des 2. Weltkrieges hat ein Kirchenchor nicht bestanden, erst 1945 gründete Kaplan Schmalbauch einen neuen, der heute noch besteht.

Zusammenfassend kann gesagt werden, dass Georg Henkel sein großes Können in der Führung von Chören gezeigt hat und er war glücklich, wenn die Sänger bei der Sache waren und die Lieder klangschön zu Gehör brachten. Einen anderen Lohn begehrte er nicht.

Es ist schwer, all die herrlichen Lieder und Kompositionen aufzuzeichnen, welche Henkels Musikalität der Nachwelt geschenkt hat. Sie lassen sich im Einzelnen in 3 Abschnitte einteilen:

Während der ersten 10 bis 15 Jahre veröffentlichte er vorwiegend Klavierstücke, Solo-Gesänge und kleinere Werke für Männerchöre, so „Mein Vater steht am Steuer" und „Der Sänger" nach einem Gedicht von Goethe. In einer 2. Phase entstanden hauptsächlich Männerchöre, die zum Teil bis in die 60er-Jahre gesungen wurden. Als Beispiel seien angeführt: „Mein Deutsches Lied", „Möchte wandern", „O Spessart, edler Forst". Vom Musikalischen her stellten seine Kirchenmusikkompositionen, die etwa ab 1920 aus seiner Feder flossen, den Hauptteil seines musikalischen Nachlasses dar. Hier entstanden die St.-Georg-Messe, St.-Bonifatius-Messe und 3 weitere Ordinariums-Messen sowie eine große Zahl von Proprien-Gesängen zu den verschiedensten Festtagen. Erinnerungswert sind auch viele seiner Hymnen und geistlichen Lieder, wobei das Weihnachtslied „Kommet ihr Menschen, o kommet doch all", oder das Osterlied „Die Lerche stieg am Ostermorgen" den alten Sängern in Erinnerung geblieben sein werden. Georg Henkel hat in vielen seiner Lieder und Chöre den Spessart und unsere Heimatstadt Bad Orb besungen, wovon insbesondere das Lied „Mein grüner Spessartwald" zu nennen ist. Uns Orber schenkte er vor allem das unsterbliche Heimatlied „All Heil Bad Orb im Spessartwald", das überall gesungen wird, wo und wann Orber sich treffen. (Von beiden Liedern stammt der Text von Julius Türk, s. Z. Amtsrichter in Bad Orb).

Viele Kompositionen lagen nach seinem Tod noch unveröffentlicht in seinem Schreibtisch, besonders auf dem Gebiet der Kirchenmusik: Motetten, Messen, Segens- und Festtagslieder. Bis zur letzten Stunde hat Henkel gearbeitet, als Dirigent, als Musiklehrer und als Komponist.

In den letzten Jahren ist der Sinn für die Bedeutung der Vergangenheit der Geschichte erfreulich gewachsen. Es genügt aber nicht, nur historische Bauten zu erhalten und zu pflegen. Genauso wichtig ist es, die Erinnerung an jene Menschen wachzuhalten, die durch ihr Leben und Schaffen der Gemeinschaft unserer Heimatstadt etwas gegeben haben. Das für uns alle unfassbare Geschehen am Weihnachtsfeiertag 1983 hat uns erschreckend die Vergänglichkeit irdischer Werte bewusst gemacht. Es wäre deshalb zu wünschen, dass das Wirken Georg Henkels in Bad Orb von den dazu Berufenen, besonders den für die Jugend Verantwortlichen, als Teil unseres kulturellen Erbes wieder mehr in Erinnerung gerufen würde.

Georg Henkel war verheiratet mit Elisabeth geb. Kohl. Ihre kirchliche Trauung erfolgte am 29. September 1883 in Vierzehnheiligen. Sie hatten 6 Kinder, die inzwischen alle verstorben sind. Der Älteste, Johannes, war Lehrer und hatte 2 Kinder. Ein Zwillingspaar (Heinrich und Josef) verstarb bald nach der Geburt. Antonius war Schriftsteller und hatte 1 Kind. Sohn Josef fiel 1917 in Frankreich. Tochter Magdalena, verheiratet mit Karl Engel, hatte 3 Kinder, von denen Lydia jung verstarb. Drei der 6 Enkelkinder leben hier in Bad Orb: Arzt und Organist Dr. Alfons Engel, Frau Maria Meny geb. Engel und Zahnarzt Dr. Georg Henkel. Von den verbliebenen Enkelkindern stammen 8 Urenkel.

Nach dem Tode seiner Frau († 1919) hat Georg Henkel bei seiner Tochter Magdalena Engel in der Quanzstraße gewohnt, dort ist er auch verstorben.

Georg Henkel ist nun 50 Jahre tot, aber unvergessen, denn er lebt weiter in seinen Werken. Er zählt zu den bedeutenden Persönlichkeiten der Orber Geschichte.

Der ehemalige Weiler Friedrichsthal genannt Graue Ruh. Von seiner Geschichte und seinen Bewohnern

08. März 1984

15. März 1984

22. März 1984

29. März 1984

03. Mai 1984

22. Der ehemalige Weiler Friedrichsthal. Von seiner Geschichte und seinen Bewohnern

Vorbemerkung

Im Zusammenhang mit meinem im November 1983 im BAD ORBER Anzeiger veröffentlichten Bericht „Vom Hofgut Altenburg“ bin ich mehrfach zu einem ähnlichen Artikel über die „Graue Ruh“ angeregt worden. Ich habe mich dann auch dazu entschlossen, weil über den Weiler Friedrichsthal nicht besonders viel bekannt ist, im Wesentlichen nur das, was Franz Nikolaus Wolf und Johann Büttel darüber geschrieben haben. Johann Büttel hat in seinem 1901 erschienenen Buch „Geschichte der Stadt und Saline Orb" S. 125 ff berichtet und darin manches wiederholt, was Franz Nikolaus Wolf schon 77 Jahre früher, in seinem 1824 herausgegebenen Buch „Das Landgericht Orb, seine Saline und Umgebungen“ S. 46 ff niedergeschrieben hatte. Über das, was ich dort und anderswo gelesen habe, auch über das, was ich in dem mir freundlicherweise vom hiesigen Heimatmuseum zur Einsicht überlassenen Grund- und Hypothekenbuch des Königl. Amtsgerichts Orb feststellen konnte, will ich nachstehend in geraffter Zusammenfassung berichten. Ergänzend dazu, was ich selbst wusste und durch meine Erkundigungen bei Kindern und Kindeskindern der seinerzeitigen Bewohner, den sogenannten „Groae Rouern“, erfahren habe. Von diesen konnte ich allerdings nur mündliche Aussagen verwerten, weil niemand mehr schriftliche Unterlagen zur Hand hatte. Solche waren überall als „alter Kram“ weggeworfen worden. Ich bemühe mich bei meiner Wiedergabe um eine objektive, wahrheitsgetreue und verständliche Schilderung der geschichtlichen Begebenheiten.

***

Der Weiler **Friedrichsthal**, auch Graue Ruh genannt, liegt in westlicher Richtung, ungefähr I Stunde Fußweg von Orb entfernt, während man von Kassel aus nur eine ¾ Std. zu Fuß benötigt. Er ist in einem Talkessel idyllisch gelegen, umgeben von Waldungen und bewaldeten Höhen. Das Tal entwässert zum Hirschbach, der oberhalb Wirtheim in die Kinzig fließt.

Den Namen „Friedrichsthal" erhielt der Weiler, weil er unter der Regierung des Erzbischofs und Kurfürsten von Mainz, Friedrich Karl Josef von Erthal, Erzkanzler des Hl. Röm. Reiches Deutscher Nation, gegründet wurde. Friedrich Karl Josef von Erthal (* 3.1.1719 in Mainz, † 25.7.1802 in Aschaffenburg) wurde am 18.7.1774 zum Erzbischof von Mainz und am 26.7.1774 auch zum Bischof von Worms gewählt. Sein Nachfolger wurde im Jahre 1802 Carl von Dalberg, zu dessen Gedenken hier in Bad Orb ja auch eine Straße benannt ist.

Bis zur Besiedelung im Jahre 1787 hieß das Tal ausschließlich Grauruh und erst seit der Gründung des Weilers dann „Friedrichsthal". Die Bezeichnung Graue Ruh ist trotzdem erhalten geblieben und hat sich weiterhin so eingeprägt, zumal nach dem letzten Krieg von der Orber Pfarrei unter Pfarrer Alfons Lins eine Marienkapelle erstellt wurde und diese „Kapelle in der Grauen Ruh" des Öfteren als Ziel für Wallfahrten dient.

Veranlassung zur Aussiedlung bzw. Ansiedlung in Friedrichsthal war der Umstand, dass Orb stark übervölkert, die Armut gestiegen und die Not immer drückender geworden war. Die Einwohner fanden nicht genügend Nahrung, weil der Grund und Boden nicht mehr den Bedarf der Bevölkerung decken konnte. Man suchte deshalb neues Land zur Aussiedlung. Zur Feldgemarkung Orb zählten damals 2 Distrikte, die zur Besiedlung zur Wahl standen, die Graue Ruh und der Ascherkar (hier auch Äschekar genannt). Die Graue Ruh bekam dann den Vorzug, weil der Boden des Ascherkar auf Grund einer Untersuchung zur Kultivierung weniger gut geeignet erschien, und sicherlich auch aus dem Grunde, dass neben Orb auch die Gemeinde Kassel berechtigt war, ihr Vieh auf der Ascherkar weiden zu lassen.

Auf öffentliche Aufforderung zur Ansiedlung in der Grauen Ruh meldeten sich im Januar 1786 22 Orber Bürger, von denen aber vorerst nur 10 Bewerber die Aussiedlungsgenehmigung erhielten, weil nämlich die Größe der zur Verfügung stehenden Fläche nur für höchstens 10 Familien bemessen war. Ihre Namen waren:

Johann Adam Schopp, Michael Banner, Valentin Schneeweis, Peter Schneeweis, Johann Auerbach, Adam Heß, Johann Zink, Philipp Ihl, Johann Geiger und Johann Adam Prasch.

Keinem der 10 Baulustigen konnten mehr als 20 Morgen Ackerland zugewiesen werden, jedoch mit dem Vorbehalt, dass nach Urbarmachung des angewiesenen Geländes eine weitere Anzahl von 5, 10, 15 oder auch 20 Morgen zugeteilt werden sollte. An dieser Stelle sollen noch einige der weiteren Bedingungen angeführt werden, und zwar in dem Text, wie er bei Wolf und bei Büttel geschrieben steht:

Zu Wiesen sollen 48 Morgen Feldes sogleich vertheilt werden.

3. Die Ansiedler sollen sich die künstliche Fütterung und derselben Anbau angelegen sein lassen, und
4. die Felder nur in der Eigenschaft eines Erbzinsgutes besitzen, dann Jener, welcher davon 25 Morgen inne hat, dieselben nur an eine Hand zu begeben; wer aber 30 oder mehrere Morgen besitzt, solche in zwei Theile zu theilen befugt sein.
5. Die Stadt Orb hat sich mit dem ihr zugewiesenen Viehtrieb zu begnügen.
6. Die Ansiedler sind 10 Jahre lang frei von der Beet, Schatzung, Grundzins und Zehnten, müssen jedoch die Lasten, Frohnde-Holzfuhren, gegen Beibehalt des städtischen Bürgerrechtes, der Beholzigung und des Weideganges, gleich anderen Bürgern zu Orb leisten, sind jedoch von Thor- und Nachtwachen frei.
7. Wird ihnen, da sie mit der Stadt Orb einerlei Bürgerschaft ausmachen, der freie Ueberzug gewährt.
8. Nach verflossenen Freijahren hat jeder Ansiedler von einem ganzen Gute jährlich 1 fl. Erbzins, im Veräußerungsfalle aber 5 von Hundert, und bei Vererbung 1 fl. vom ganzen Gute an die Stadtkasse zu Orb zu entrichten.
9. Wenn die Feldarbeit nicht leidet, dürfen Ansiedler, welche Handwerker sind, ihr Handwerk in Orb und außer dem Orte fortsetzen.
10. Die Ansiedler gehören zur Pfarrei Orb und müssen im Winter für ihre Schuljugend einen Privatlehrer halten.
11. Die herrschaftlichen Waldungen dürfen sie bei Vermeidung einer Körperstrafe freventlich nicht begehen.

In Klarschrift:

Zu Wiesen sollen 48 Morgen Feldes sogleich vertheilt werden.

3. Die Ansiedler sollen sich die künstliche Fütterung und derselben Anbau angelegen sein lassen, und

4. die Felder nur in der Eigenschaft eines Erbzinsgutes besitzen, dann Jener, welcher davon 25 Morgen inne hat, dieselben nur an eine Hand zu geben; wer aber 30 oder mehrere Morgen besitzt, solche in zwei Theile zu theilen befugt sein.
5. Die Stadt Orb hat sich mit dem ihr zugewiesenen Viehtrieb zu begnügen.
6. Die Ansiedler sind 10 Jahre lang frei von der Beet. Schatzung, Grundzins und Zehnten, müssen jedoch die Lasten, Frohnde-Holzfahrten, gegen Beibehalt des städtischen Bürgerrechts, der Beholzigung und bei Weideganges, gleich anderen Bürgern zu Orb leisten, sind jedoch schon von Thor- und Nachtwachen frei.
7. Wird ihnen, da sie mit der Stadt Orb einerlei Bürgerschaft ausmachen, der freie Übergang gewährt.
8. Nach verflossenen Freijahren hat jeder Ansiedler von einem ganzen Gute jährlich 1 fl. Erbzins, im Veräußerungsfalle aber 5 von Hundert, und bei Vererbung 1 fl. vom ganzen Gute an die Stadtkasse zu Orb zu entrichten.
9. Wenn die Feldarbeit nicht leidet, dürfen Ansiedler, welche Handwerker sind, ihr Handwerk in Orb und außer dem Orte fortsetzen.
10. Die Ansiedler gehören zur Pfarrei Orb und müssen im Winter für ihre Schuljugend einen Privatlehrer halten.
11. Die herrschaftlichen Waldungen dürfen sie bei Vermeidung einer Körperstrafe freventlich nicht begehen.

Als eine weitere Vergünstigung darf hier genannt werden, dass die Ansiedler das Holz aus dem abgetriebenen Walddistrikt **unentgeltlich** entnehmen und zum Haus- und Scheuerbau verwenden durften.

*

Im Sommer 1787 begannen die Feldkultur und der Häuserbau. Aus dem hier gezeigten Grundriss (amtl. Lageplan) ist zu erkennen, wo und wie die Häuser nebeneinander auf der einen Wegseite gestanden haben. (Bekannt ist ja die witzige Rede, „dass in der Grauen Ruh die Pfannkuchen nur auf einer Seite gebacken wurden".

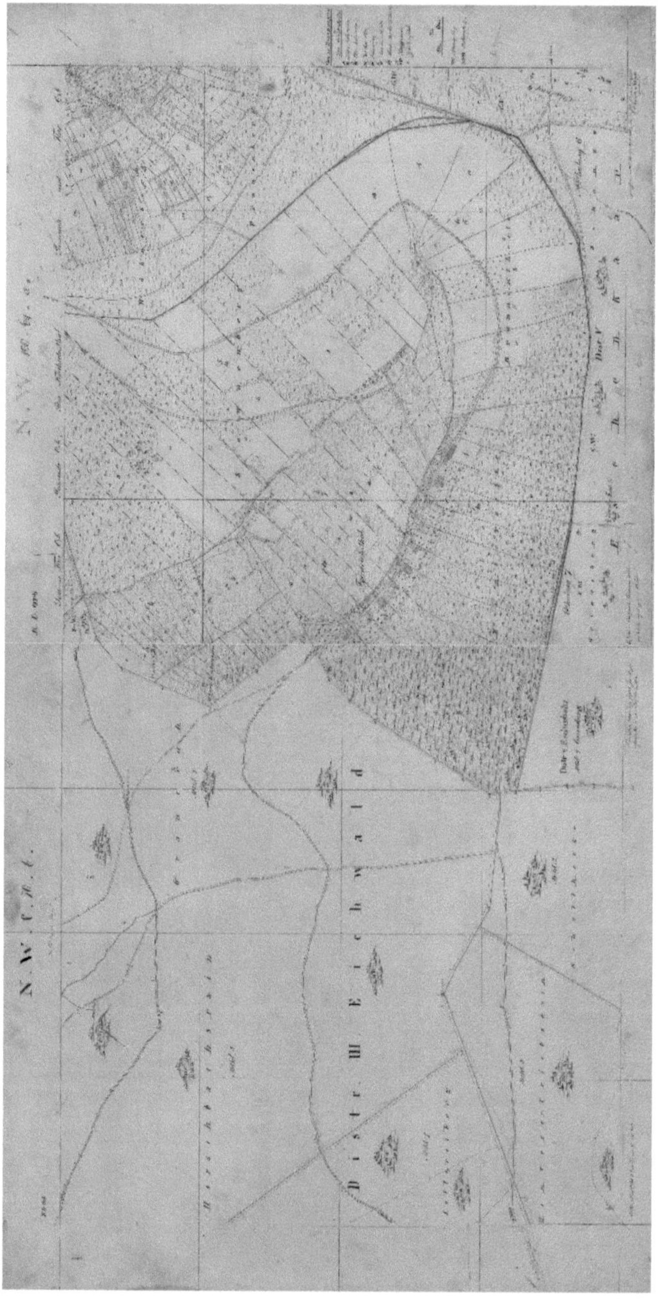

Der Weiler Friedrichsthal auf der Bayrischen Rahmenflurkarte von 1847

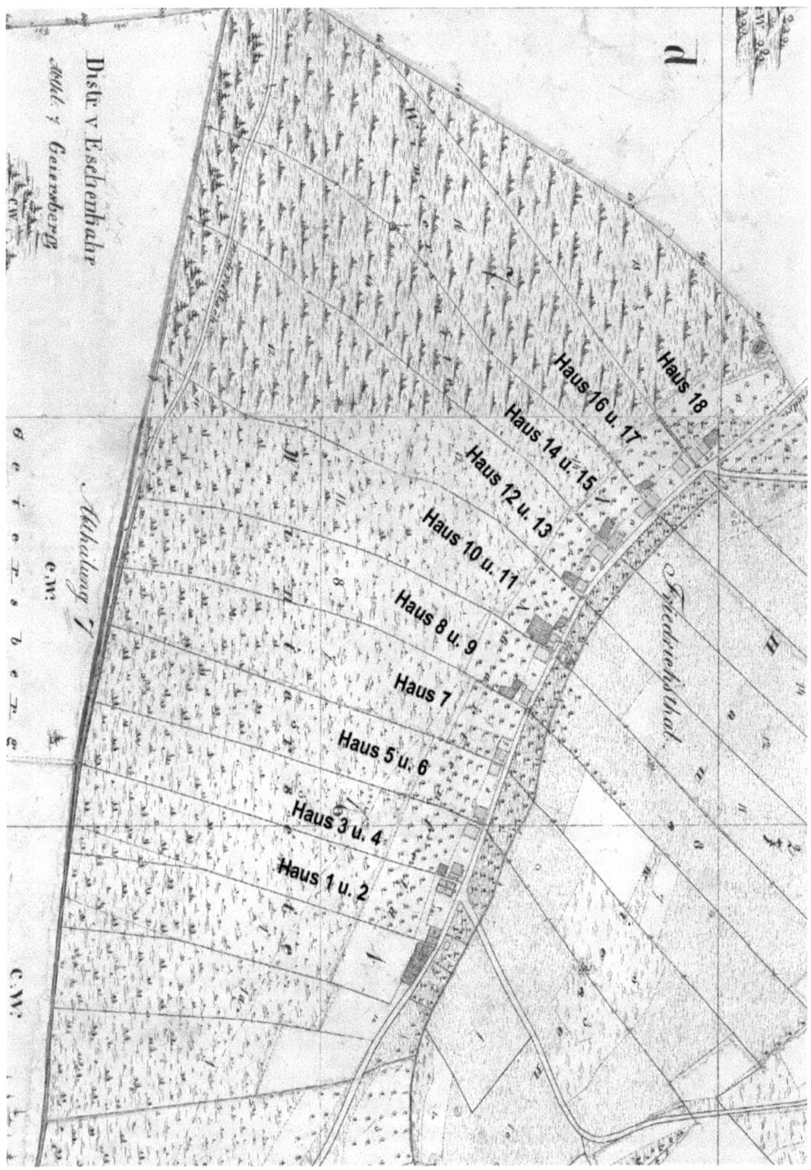
Haus 18
Haus 16 u. 17
Haus 14 u. 15
Haus 12 u. 13
Haus 10 u. 11
Haus 8 u. 9
Haus 7
Haus 5 u. 6
Haus 3 u. 4
Haus 1 u. 2

Eines der Häuser hatte einen Gastraum. Dort soll auch selbstgebrannter Obstschnaps verkauft worden sein. In dieser Wirtschaft hat später Lehrer Hippolyt Kress († 1933), wenn er zur Winterszeit zu Fuß über den Berg ging, die dortigen schulpflichtigen Kinder unterrichtet. Im April 1788 waren schon 8 Häuser und 2 Scheunen fertig. Die Ansiedler (so Wolf und Büttel) Adam Heß, Michael Banner, Johann Zink, Adam Prasch und Johann Geiger wohnten schon in ihren Häusern. Zu diesem Zeitpunkt waren bereits 44 Morgen Ackerland und 24 Morgen Wiesen urbar gemacht.

Bei der Kultivierung des ihm zugewiesenen Distrikts grub der Ansiedler Johann Auerbach einige Steine aus, die er für Eisensteine hielt. Er trug sie nach Bieber in die Eisenhütte, wo Sachverständige ihm das auch bestätigten. Man ließ an der Stelle, wo Auerbach die Steine gefunden hatte, amtlich nachgraben und kam auf ganze Nester solcher Steine. Man schickte, um sich von dem mineralogischen Wert zu überzeugen, auch einige Steine in das Eisenwerk Neuenschmidten, wo man sie ebenfalls als Eisensteine anerkannte. Es wurde dann aber von allem Weiteren abgesehen, weil die Eisenwerke zu Bieber, Neuenschmidten und auch der Eisenhammer in Oberndorf der neuen Ansiedlung zu nahe lagen und man wegen der unsicheren Ausbeute und Verwertung von weiteren Kosten absehen wollte. So überließ man alles der Erde Schoß.

*

Bei der Durchsicht der mir vorgelegten Grundakten des Amtsgerichts konnte ich mit Interesse feststellen, dass das landwirtschaftlich genutzte Gebiet auf alle Bauern verteilt war, dass also nicht ein Bauer seinen ganzen Besitz in einer einzigen Lage hatte, sondern jeder Bauer in jedem Distrikt einen gewissen Teil,

Somit hatte jeder ein Stück im „Gartenfeld“, in den „Hauswiesen“, den „Kuhwiesen“, der „Hinterseite“, im „Sonnenberg“, „Brunnenteile“, den „Unteren Wiesen“ usw.

*

Ich habe nirgends gelesen, aus welchem Material die Häuser s. Zt. gebaut wurden. Es ist aber erwiesen, dass das Kellergeschoß bzw. der Sockel aus Feldsteinen, die sich bei der Rodung des Landes fanden, errichtet wurden. Vom Kellergeschoß aufwärts wurde dann im Fachwerkbau Eichenholz verwendet. Auf die gleiche heute oft noch sichtbare Weise wurden auch die Scheunen mit Stallungen gebaut. Das Fachwerk selbst wurde mit Steckholz, einem Geflecht aus eichenen Stöcken und mit der mit gehacktem Stroh vermischt war, gefüllt.

Einwohner aus dem benachbarten Kassel haben später, als der Weiler von seinen Bewohnern längst verlassen war, viele Steine aus den verfallenen Kellern mit ihren Fuhrwerken geholt und sie, weil sie fest und schon behauen waren, daher zum Häuserbau gut geeignet, für ihre Neubauten verwendet. (So hat es mir ein älterer Kasseler Bürger selbst erzählt).

Nach eingangs gezeigtem Grundriss standen in Friedrichsthal 10 Wohnhäuser und 8 Scheunen. Nach F. N. Wolf, S. 51 zählte man in „9 Wohnhäusern 12 Familien und 65 Seelen". Es gab nämlich zweistöckige Häuser, in denen 2 Familien wohnen konnten. Es ist demnach anzunehmen, dass in dem einen oder anderen Haus verheiratete Kinder mitwohnten. Beruflich waren alle Bewohner Bauern, vielleicht auch Waldarbeiter. Nebenbei hatten alle aber noch andere **Beschäftigungen**, bestimmt zur Winterzeit, wenn es in der Landwirtschaft nichts oder nur wenig zu tun gab. Es ist aktenkundig, dass nahezu alle Bewohner auch Leinenweber waren, einige auch Siebmacher. Die Produkte boten sie auf der Frankfurt-Leipziger Straße oberhalb von Wirtheim den dort vorbeifahrenden Fuhrleuten, Händlern und sonstigen Passanten zum Kauf an. Ich kenne Familien, auf deren Dachboden heute noch Ballen von Leinenstoff liegen oder einst gelegen haben. Andere Familien haben den Stoff nach und nach irgendwie selbst verbraucht. Es ist in der Grauruh neben den hier allgemein bekannten Produkten wie Kartoffeln, Getreide und Rüben also auch Flachs angebaut worden, aus dem man den Leinenstoff webte. In diesem Zusammenhang will ich eine kurze Geschichte wiedergeben, die mir ein Orber Bürger erzählte und die ihm sein Großvater überlieferte: Ein junger Mann, der eine Hose aus dort gewebtem Leinen trug, soll beim Zwetschenpflücken auf einem Baum ausgerutscht und beim Fallen mit der Hose an einem Ast hängengeblieben sein und somit in der Luft baumelte. Der Leinenstoff war also so stark, dass die Hose nicht zerriss.

Ansonsten leisteten die Bauern in der Grauen Ruh mit ihren Ochsen- oder Kuhgespannen auch Fuhrdienste. So habe ich aus der Familie der Drischs erfahren, dass ein Vorfahr mit seinem Ochsengespann nach Orb unterwegs war, um hier Salz zu fahren. Er nahm den kürzeren Weg über den Hartmannsheiligen, nicht durch das Hirschbachtal.

Am Molkenberg wurde er von einem Gewitter überrascht und in der Nähe des Friedhofs wurden seine beiden Ochsen, sein einziger wertvoller Besitz, vom Blitz erschlagen. Ein solches Unglück konnte einen Bauern ruinieren. Seine Frau machte sich deshalb auf den Weg und ging zu Fuß nach Würzburg (hin und zurück), um beim Bischof um Hilfe und Unterstützung zu bitten. (Sie habe vor dem hohen Herrn eine tiefe Verbeugung gemacht!) Ihre Mission hatte auch Erfolg, denn sie bekam 30 Gulden. (Den Wert dieser 30 Gulden kann man heute nicht mehr ermessen, er muss aber sehr beträchtlich gewesen sein.)

Ich muss nun ein Stück zurückgreifen und eine andere Geschichte wiedergeben:

Im seinerzeitigen Amtsblatt, dem „Aschaffenburger Departements-Blatt", Ausgabe vom 9. Januar 1813 ist zu lesen, dass das Anwesen des Weigand Müller aus Friedrichsthal versteigert werden sollte, und dies schon 30 Jahre nach Gründung des Weilers. Im Urtext heißt es dort:

Versteigerungen.

Zur gerichtlichen Versteigerung des dem Weigand Müller zu Friederichsthal gehörigen Gutes bestehend in einem 2 stöckigten Wohnhause samt Stall, Scheuer, und Hofraithplatz, dann in ohngefähr 23 Morgen Ackerfeld theils noch unangebauet. 1 Morgen Gartenfeld;

6 bis 7 Morgen Wiesen sämtlich nach altem Landmaase, ist Terminus auf Mondtag den 11ten und 25ten Jänner 1813 als der 1te und 2te Termin, dann Mondtag den 8ten Februar als der 3te und letzte Termin Nachmittags um 2 Uhr dahier auf dem Gemeindehause angesezt, wozu die Liebhabern mit dem Anhange eingeladen werden, daß der Vorsteher Metzler zu Friederichsthal angewiesen ist, den allenfallsigen Liebhabern sowohl das Gut zu zeigen, als auch diesen die Versteigerungs - Begingnisse bekannt zu machen.

Decret. Orb am 30ten Dezemb. 1812.
Großherzogl. Frankfurt. Vogteiamt.
Leimbach.
In fidem Wagner,
Amtsvogteischreiber.

Es ist nicht schwer, daraus zu schließen, dass der betreffende Bewohner (bei einem Händler oder sonst jemandem) Schulden hatte, sie nicht bezahlen konnte und deshalb die Zwangsversteigerung betrieben wurde. Mir ist nicht bekannt geworden, ob und wie die Versteigerung des Anwesens vollzogen wurde und wie sie ausgegangen ist.

Dieser Veröffentlichung kann man aber auch entnehmen, was man zuvor nicht gehört oder gelesen hat, dass es in Friedrichsthal einen Vorsteher (Bürgermeister) gab. Im obigen Fall hieß er Metzler, gegen Ende der Friedrichsthal-Zeit war es - wie an anderer Stelle erwähnt - Johann Philipp Drisch. Derselbe Johann Philipp Drisch war es auch, der 1878 in die Stadt Cassel fuhr, um mit der zuständigen Behörde erste Verkaufsverhandlungen zu führen.

Die Kolonie Friedrichsthal hat aber ihren Gründungszweck niemals erreicht, denn die den einzelnen Siedlern zugewiesene Fläche war nicht groß genug, um eine Familie zu ernähren. Die Kartoffeln gerieten nur klein, die Getreideerträge waren gering. Handelsdünger gab es damals noch nicht und zur Düngung der Felder und Wiesen hatten die Bauern nur das, was die wenigen Ochsen oder Kühe, vielleicht noch Ziegen oder Schafe und Schweine im Stall an Dung (Mist) hergaben. Man versuchte es daher mit weiteren Rodungen. Aber auch die Neurodungen brachten nur Boden, der für den Getreide- und Futteranbau ungeeignet war. Waldfrevel und Wilddieberei blieben daher nicht aus, Die Kinder konnten den Schulunterricht nicht regelmäßig besuchen, denn der tägliche Weg war sehr beschwerlich, im Winter fast unmöglich, und das, was sie im Sommer erlernten, wurde im Winter oft wieder vergessen. Lehrer Kress, der in den siebziger Jahren des vorigen Jahrhunderts als junger Lehrer nach Orb gekommen war, ist in den Wintermonaten öfter zu Fuß über den Berg gegangen und hat (als Privatlehrer) die dortigen schulpflichtigen Kinder unterrichtet. Obwohl er den Weg besser verkraften konnte als die Kinder, soll er während des Unterrichts oft eingeschlafen sein, der weite Weg hatte ihn doch ermüdet.

Die Unterrichtung in Friedrichsthal war eben nur eine Notlösung. Von älteren Leuten wurde mir erzählt, dass betagte Orber Bürger, die aus der Grauruh stammten, bei Beurkundungen anstelle ihrer Unterschrift mit 3 Kreuzen signierten, weil sie das Lesen und Schreiben nicht richtig erlernt hatten.

Wenn ich davon ausgehe und nochmals betone, dass die Bewohner des Weilers Friedrichsthal arme Leute waren, so kann man sich darüber wundern, dass sie um 1877 noch nicht an eine Räumung des Weilers und an eine Rücksiedlung nach Orb dachten. Denn noch im Februar 1877 hat die Witwe des Johann Adam Scheidemantel vom Hofgut Altenburg das Schafhüterecht in der Grauen Ruh, das dem Hofgut rechtlich zustand, aufgegeben und für die Ablösung von den dortigen Bauern rund 1.200 Mark erhalten. Hätten die Bauern von Friedrichsthal damals gewusst, dass sie schon 2 Jahre später ihren Besitz mit Haus und Hof hergeben mussten, hätte sicherlich keiner daran gedacht, etwas für die Ablösung des Weiderechts zu zahlen, das wäre dann ja ohnehin hinfällig gewesen.

So wird es sich dann wohl von selbst ergeben haben, dass sich die Bewohner des Weilers Friedrichsthal darin einig wurden, ihren Besitz aufzugeben und wieder nach Orb zu übersiedeln. Die Bevölkerung war nach alldem von der Außenwelt vollkommen abgeschnitten, ohne Behörde, Kirche, Schule, Handwerker, Geschäfte und jegliche ärztliche Hilfe. Da sie kein Bargeld hatte, machte sie Schulden, um das Notwendigste zum Leben zu erhalten. Daher zog es sie nach Orb zurück, weil sich die

Männer außerdem in Orb bessere Verdienstmöglichkeiten versprachen, und die Frauen in den in Orb ansässigen Zigarrenfabriken, die sich seit 1865 nach und nach hier etabliert hatten, doch manchen Pfennig für die meist vielköpfige Familie mitzuverdienen erhofften. Dem Fiskus war ebenfalls daran gelegen, bessere Verhältnisse zu schaffen, das ganze Friedrichsthal zu erwerben und wieder aufzuforsten.

Die Verhandlungen mit dem Königl. Oberförster Diels aus Kassel als Vertreter des Forstfiskus ließen daher auch nicht lange auf sich warten, und die Verkaufsverhandlungen wurden perfekt, nachdem Johann Philipp Drisch, Vorsteher des Weilers Friedrichsthal, zuvor in Cassel bei der zuständigen Behörde für Landwirtschaft und Forsten in dieser Sache vorstellig geworden war. Ein Bauer, Philipp Jakob Müller, soll es allerdings später bereut haben, dass er den fraglichen Vertrag unterschrieben hatte, er wollte, wenn auch als einziger, noch bleiben. Seine Familie war dann auch die letzte, die den Weiler verließ.

***

Es ist von allgemeinem Interesse zu wissen, wer bzw. welche Familie s. Z. den Weiler Friedrichsthal verlassen hat und wer davon wieder nach Orb übersiedelte. Ich habe mich darum bemüht und in den Akten des Königl. Preußischen Amtsgerichts Orb die entsprechenden Unterlagen, nämlich den am 16. Juli 1879 abgeschlossenen Vertrag zwischen den letzten Bewohnern Friedrichsthals und dem Forstfiskus gefunden. Der Vertrag lautet im Kopf wie folgt:

Kaufvertrag

Zwischen der Königl. Regierung Abteilung für direkte Steuern, Domänen und Forsten in Vertretung des Forstfiskus als Käuferin einer- und den im § 1 unter I bis XI genannten Personen als Verkäufer andererseits, ist auf Grund der in auszugsweise beglaubigten Abschrift anliegenden Verfügung des Herrn

Ministers für Landwirtschaft, Domänen und Forsten vom 17. April d. J. II b 4770 - A - nachstehender Kaufvertrag abgeschlossen worden:

§ 1. Es verkaufen die nachbenannten Personen die ihnen eigentümlich zustehenden, bei jedem einzelnen aufgeführten Grundstücke ....

(Dort sind dann unter Bezeichnung von Namen, Zahl und Größe die einzelnen Grundstücke aufgeführt).

I. **Adam Pfeifer**, Bauer und Weber, Haus Nr. 1 und 2, zus. 12,7394 ha für 6369 Mark.

II. Die Witwe des **Heinrich Beisler**, Maria Anna geb. Pfeifer, verwitwete Georg Strauß, Haus Nr. 3 und 4, für sich und als Vormünderin ihres minderjährigen Sohnes l. Ehe, Philipp Strauß; 2. deren Tochter 1. Ehe, Margarethe Strauß, verehelichte Georg Drisch, zus. 8,7120 ha für 4356 Mark.

III. Der Bauer und Weber **Philipp Jakob Müller**, verheiratet mit Anna Maria geb. Wolf, Haus Nr. 5 und 6, zus. 9.2377 ha für 4618 Mark.

IV. Der Bauer und Weber **Johann Philipp Drisch**, verheiratet mit Margarethe geb. Schneeweis, Haus Nr. 7, zus. 9.0133 ha für 4506 Mark.

V. Die Witwe des **Johann Adam Scheidemantel**, Margarethe geb. Hock zu Hof Altenburg, die auf den Namen ihres Ehemannes eingetragenen Grundstücke (ohne Wohnhaus) von zus. 9.0277 ha für 4513 Mark.

VI. Die Witwe des **Heinrich Joseph Walter**, Katharina geb. Pfeifer und deren 2 volljährige Söhne Johann Joseph und Jakob Walter, Haus Nr. 11, zus. 9,4951 ha für 4747 Mark.

VII. Der Bauer **Peter Geiger**, Haus Nr. 12 und 13, in 2. Ehe mit Anna Maria geb. Harth verheiratet, 9.9785 ha für 4989 Mark.

VIII. Die Witwe des Webers **Georg Wolf**, Anna Maria geb. Pfeifer, verehelicht gewesen mit Carl Drisch, Haus Nr. 14 und 15, zus. 9.6526 ha für 4826 Mark.

IX. Der Bauer und Weber **Michael Müller** und Ehefrau Anna Maria geb. Schneeweis, Haus Nr. 16 und 17, zus. 12.3355 ha für 6167 Mark.

X. Der Bauer und Weber **Franz Müller**, verheiratet mit Barbara geb. Dehmer, Haus Nr. 18, zus. 10.9071 ha für 5453 Mark.

Im Einzelnen ist in dem Vertrag außerdem festgelegt:

Die in § 1 genannten Grundstücke werden mit allen Rechten und Zubehörungen, **jedoch ohne die darauf befindliche Gebäulichkeit** verkauft. Der Abbruch derselben und die Wegschaffung des Materials muß bis zum l. Juli 1880 vollständig bewirkt sein. Alles, was zu diesem Zeitpunkt auf den verkauften Grundstücken noch vorhanden ist, geht ohne weitere Entschädigung in das Eigentum des Fiskus über. Die auf den Grundstücken befindlichen Obstbäume müssen bis zum 1. November dieses Jahres, alles sonstige Gehölz bis zum l. Juli d. J. weggeschafft sein, widrigenfalls es dem Fiskus zufällt. Es ist ferner vermerkt, dass alle Nutzungen von den Grundstücken und alle darauf haftenden Steuern und Abgaben bis zum l. Juli zu entrichten sind, dass die Früchte der Feldbestellung auch nach dem I. Juli zu ernten sind, das Grummet jedoch dem Fiskus zufällt. Die Verkäufer verpflichten sich, die Grundstücke von allen Pfandrechten, Hypotheken und Eigentumsbeschränkungen zu befreien. Vor der Auflassung haben die Verkäufer durch Bescheinigung der Gemeinde-Steuerkasse von Orb nachzuweisen, dass sie mit Steuern nicht im Rückstand stand.

Hinsichtlich der Verpflichtung der Stadt Orb, den Verkäufern auf ihr Verlangen bis zum 1. Juli Bauplätze an der Ziegelhütte in der Größe von etwa 167 qm zum Preis von 22 Pfg. je qm zu überlassen, ist das Nötige in dem mit der Stadt Orb abgeschlossenen Kaufvertrag aufgenommen worden, desgleichen das zur Wahrung des Unterstützungswohnsitzes der Verkäufer in Orb Erforderliche.

Die Verkäufer erklären sich damit einverstanden, dass die verkauften Grundstücke aus dem Gemeindeverband der Stadt Orb ausscheiden und einem fiskalischen Gutsbezirk einverleibt werden. Eine Verzinsung des Kaufgeldes seitens des Forstfiskus findet nicht statt. Die Kosten der Versteinung der Außengrenze der Grundstücke der Colonie Friedrichsthal mit den übrigen Grundstücken der Gemarkung Orb werden zur Hälfte vom Fiskus, zu einem Viertel von der Stadt Orb und zu einem Viertel von den Verkäufern getragen.

Die übrigen Bedingungen des Vertrages sind von weniger großer Bedeutung. Der Vertrag ist unterzeichnet von:

> Adam Pfeifer, Philipp Jakob Müller, Johann Philipp Drisch, J. A. Scheidemantel, Wwe. geb. Hock, Katharina Walter, Johann Joseph Walter, Jakob Walter, Maria Anna Beisler, Peter Geiger, Anna Maria Wolf Witwe, Anton Drisch, Georg Drisch, Michael Müller, Anna Maria Müller, Franz Müller, Barbara Müller.

An den einzelnen Unterschriften der Verkäufer kann man erkennen, dass die betr. Personen im Schreiben nicht gut bewandert waren: es mag ihnen schwergefallen sein, ihren Namen zu schreiben.

Wohnhaus in der Sauerstraße Nr. 9. So stand es vorher in Friedrichsthal und gehörte dem Adam Pfeifer. Es soll dort das größte Haus gewesen sein, wurde – wie alle übrigen – abgerissen, die Steine und das Fachwerk-Gebälk aus Eichenholz mit Fuhrwerken hierhergefahren und in der Sauerstraße in gleicher Größe und Form wiederaufgebaut. Das Fachwerk wurde hier allerdings nicht mit Steckholz und Lehm ausgefüllt, sondern mit Backsteinen. Der Türeingang zeigt auf Stein die Jahreszahl des Wiederaufbaues, „1879“. Die Scheune nebenan wurde ebenfalls wieder errichtet, das heute gut sichtbare Fachwerk jedoch nicht nur mit Eichenholz aus der Grauen Ruh, sondern zum Teil mit Holz von Gradierwerken, die in dieser Zeit hier abgerissen wurden. Das Fachwerk des Wohnhauses ist – im Gegensatz zur Scheune – heute leider nicht mehr sichtbar, weil es verputzt wurde. Das Haus gehörte später den Brüdern Heinrich und Karl Schneider, die es von ihrer Mutter Magdalene Schneider geb. Pfeifer, einer Tochter des Adam Pfeifer, geerbt haben.

Auch aus den bei den Gerichtsakten befindlichen Hypothekenbriefen kann man entnehmen, dass viele Bewohner verschuldet waren und ihr Grundbesitz mit Hypotheken belastet war, sowohl zu Gunsten von „Creditkassen" und Kirchen als auch von Privatpersonen wie Händlern, Bäckern, Metzgern u.a. Bevor die Auflassung erfolgen konnte, wurde der Kaufpreis bei der Gerichtskasse Orb eingezahlt, durch Vermittlung des Königl. Oberförsters Diels aus Kassel die Gläubiger bezahlt und der Rest erst nach vollständiger Freilegung der Kaufobjekte von Pfandrechten, Hypotheken und Eigentumsbeschränkungen den Verkäufern ausgezahlt.

Nach einem ferner in Abschrift bei den Akten befindlichen Schreiben der Königl. Regierung zu Cassel war das Projekt des Ankaufs der Colonie Friedrichsthal sowie mehrerer der Stadt Orb gehörigen Flächen zur Oberförsterei Cassel definitiv genehmigt und der Königl. Oberförster Diels zu Kassel bevollmächtigt worden, die notwendigen „Kontracte“ abzuschließen. Das ist – wie oben – auch geschehen. Seit 1879 gehört das gesamte Gebiet Friedrichsthal zur Oberförsterei Kassel, also dem Preußischen Staat.

*

Die „Colonie Friedrichsthal“ zählte von 1787 bis 1879 zur Feldgemarkung Orb, auch kirchlich zur Pfarrei Orb. Die Kinder wurden daheim getauft, gingen hier zur Kommunion, Trauungen und Beerdigungen erfolgten ebenfalls hier in Orb. Ich konnte in mehreren Fällen ermitteln, dass Neugeborene, wie das früher auch hier so üblich war, gleich am nächsten Tag getauft wurden.

Die Letztgeborene in der Grauruh war Katharina Müller (* 13.9.1879) aus der Familie der „Mechels“. Sie war später mit Franz Prasch verheiratet und hat in der Wemmstraße gewohnt. Beim Umzug nach Orb hat man den Säugling in einem Wäschekorb über den Berg getragen. Die letzte Familie, die Friedrichsthal verließ, war die des Philipp Jakob Müller.

*

Außer dem in der letzten Ausgabe gezeigten Wohnhaus des Adam Pfeifer ist kein weiteres Haus aus der Grauen Ruh in Orb wiederaufgebaut worden.

Es ist außerdem interessant und muss festgehalten werden:

Die von Johann Büttel in seinem Buch „Geschichte der Stadt und Saline Orb" S. 129 genannten 9 Namen und Besitzer, die wieder nach Orb siedelten, nämlich

> Adam **Pfeifer**, Heinrich **Beisler**, Philipp **Müller**, Johann Philipp **Drisch**, Heinrich **Walter**, Peter Geiger, Karl **Drisch**, Johann Müller und Michael **Müller**

sind nur zum Teil identisch mit den Personen, die wirklich nach Orb zogen od. deren Unterschriften unter dem Vertrag des Verkaufs zu finden sind. Dort stehen: für **Heinrich Walter**, der bereits tot war, seine Witwe Katharina und deren 2 Söhne Johann Joseph und Jakob; Maria Anna **Beisler** für Heinrich **Beisler**, der ebenfalls schon verstorben war; die Witwe Anna Maria **Wolf**, ferner Georg und Anton **Drisch** für Karl **Drisch**, der ebenso längst tot war. Bei Johann Müller liegt sicher eine Namensverwechslung vor, stattdessen müsste es heißen **Franz Müller** (mit seiner Frau Barbara).

Um die Unterschiede und die verwandtschaftlichen Beziehungen zu erklären und die Nachkommenschaft der Rücksiedler nach Orb überschaubarer zu machen, habe ich mich bei den einzelnen Familien sowie beim Pfarr- und Standesamt umgesehen und feststellen können:

Zu I (§ 1) des Vertrages: **Adam Pfeifer** (* 1825, † 1898) war der Besitzer des Wohnhauses in der Grauruh, das an anderer Stelle dieser Niederschrift gezeigt wurde. Er war verheiratet in 1. Ehe mit Johanna geb. Freb, hatte 3 Kinder; Regine (* 1856), Johann, der ledig blieb, und Magdalene (* 1859). Regine war mit Adam Hessberger verheiratet und bekam 4 Kinder; Magdalene mit Josef Schneider und hatte 5 Kinder. In 2. Ehe war Adam Pfeifer verheiratet mit Johanna Rosine geb. Müller, sie bekam 2 Buben: Johann Josef (* 1863) und Adam (* 1872).

Adam war verheiratet mit Josefine geb. Acker, sie bekamen 4 Kinder. Über Johann Josef blieben meine Nachforschungen ergebnislos, niemand weiß etwas von ihm; er ist vermutlich in jungen Jahren ausgewandert. Von Hessbergers, Schneiders und Pfeifers Abstammung leben heute noch zahlreiche Nachkommen in Bad Orb.

Zu II.: Maria Anna **Beisler** geb. Pfeifer, in 1. Ehe verheiratet mit Georg Strauß, hatte aus dieser Ehe 2 Kinder, Margarethe und Philipp. Margarethe heiratete Georg Drisch, einen Sohn von Karl Drisch (siehe hierzu VIII.). Philipp war viermal verheiratet, in 1 Ehe mit Mathilde Freund, in 2. mit Maria Therese Metzler, in 3. mit Maria Müller und in 4. Ehe mit Gertraud Wiederspahn.

Aus der (2.) Ehe mit Heinrich Beisler hatte Maria Anna 2 Buben, darunter Adam (* 1864), der mit ihr dann in der Wendelinusstraße wohnte; der Bruder des Adam ist nach Amerika ausgewandert. Frau Maria Anna Beisler war es, die in Friedrichsthal die kleine Gastwirtschaft betrieb. An Sonntagen wurde die Wirtschaft oft von Orbern aufgesucht.

Zu III.: **Philipp Jakob Müller**, (* 1838, † 1896), verheiratet mit Anna Maria geb. Wolf aus Kassel, hatte 6 Kinder: Johann (* 1866), Anton (* 1868), Marie (* 1872), Philipp (* 1874), Anna (* 1877) und Therese (* 1880). Letztere kam nach dem Umzug schon in Orb zur Welt, Johann, der ledig war, fiel in Orb beim Tannäpfelpflücken vom Baum und verletzte sich tödlich; Anton verheiratet mit Apollonia geb. Lindenmayer, bekam 3 Kinder; Marie verheiratet mit Karl Ritter, hatte 5 Kinder; Philipp, mein Onkel und frühere Vormund verheiratet mit Maria geb. Weisbecker, hatte 4 Kinder; Anna verheiratet mit Philipp Weisbecker, hatten 4 Kinder, und Therese verheiratet mit Philipp Noll, hatten 10 Kinder.

Zu IV.: **Johann Philipp Drisch** († 1896) war verheiratet mit Margarethe geb. Schneeweis. Sie hatten 4 Kinder, wovon 2 Mädchen sehr früh verstarben. Von den 2 Buben ist Adam (* 1863) nach Amerika ausgewandert; Heinrich (* 1865), verheiratet mit Eva geb. Dehmer (später wohnhaft in der Pfarrgasse) hatte 12 Kinder. Davon sind mehrere früh verstorben. (Zur anderen Familie Drisch geht die Verwandtschaft weit zurück).

Zu V.: Die Witwe des Johann Adam **Scheidemantel** wohnte auf Hof Altenburg. (Über die Familie Scheidenmantel habe ich früher geschrieben.)

Zu VI.: Witwe Heinrich Joseph **Walter**, Katharina geb. Pfeifer und deren 2 Söhne **Johann Joseph** und **Jakob**. **Johann Joseph**, verheiratet mit Josefine geb. Acker, hatte 2 Kinder; Tochter Maria Magdalene, verheiratet mit Johann Schmitt, und Sohn August. (Nachkommen von ihm wohnen an der Heppenmauer). **Jakob**, verheiratet mit Josefa geb. Roßmann, hatte 3 Buben. Johann Josef, der älteste, ist im Krieg gefallen; August ist 1960 gestorben. (Von ihm konnte ich nichts Näheres erfahren, nur dass er 2 Kinder hatte). Adam, das dritte Kind von Jakob, hatte aus 2 Ehen 2 Töchter. (Die Walters sind in Orb besser bekannt unter der Namensbezeichnung „Sauerborns-Walter“).

Zu VII.: **Peter Geiger**. Von diesem habe ich keine Verwandte ermitteln können. Er habe nach seiner Übersiedlung nach Orb einige Zeit in der Pfarrgasse gewohnt, sei dann ins Hospital gegangen, wo er auch verstorben ist.

Zu VIII.: **Witwe Georg Wolf**, **Anna Maria geb. Pfeifer**. Aus dieser (2.) Ehe der Anna Maria stammen **Jakob** Wolf, verheiratet mit Franziska geb. Metzler, ferner **Margarethe** verheiratete Ibscher, und eine weitere Tochter, die Ordensschwester wurde.

Jakob hatte 8 Kinder, davon lebt noch ein Sohn in der Nähe von Hannover.

Aus der (1.) Ehe der Anna Maria geb. Pfeifer mit Karl Drisch (* 1814) stammen **Georg** und **Anton** (* 1850). Georg Drisch verheiratet mit Margarethe geb. Strauß (siehe II.). Sie hatten 5 Kinder, nämlich **Philipp** (* 1874), verheiratet mit Wilhelmine geb. Prehler, 4 Kinder; **Therese** verheiratet mit Philipp Hessberger, 3 Kinder; **August**, verheiratet mit Therese Holzmann, 2 Kinder; **Anton**, Maurermeister, 2-mal verheiratet, 3 Kinder und **Maria** verh. mit Anton Noll, 2 Kinder.

Anton (**Karls Sohn**) war verheiratet mit Therese geb. Auer (* 1856). Sie bekamen 4 Kinder: **Margarethe** (verh. Rieger), **Philipp** (Maurermeister), **Luise** (verh. Strauß), und **Anton** (Altbürgermeister). (Diese 4 Geschwister wurden alle in Orb geboren).

*

Zu IX.: **Michael Müller** (* 1816, † 1883), verheiratet mit Anna Maria geb. Schneeweis (* 1835). Sie hatten 6 Kinder: **Maria** verheiratet mit Philipp Strauß, sie bekamen 3 Kinder; **Jakob** (* 1864) verheiratet mit Maria Theresia geb. Eck, sie hatten 4 Kinder; **Lorenz** (* 1867) verheiratet mit Maria geb. Stock, 3 Kinder; **Anna** (* 1873), in 1. Ehe verh. Geiger, in 2. Verh. Acker, zus. 3 Kinder; **Philipp** (* 1877) verheiratet mit Maria geb. Eck, 6 Kinder; und **Katharina** (* 1879) verheiratet mit Franz Prasch, 4 Kinder.

Zu X.: **Franz Müller** (* 1845, † 1916) verheiratet mit **Barbara** geb. Dehmer (* 1842 † 1887). Sie hatten 6 Kinder nämlich: Otto, Margarethe, Marie, Karl, Therese und Gertrud. Otto (* 1868) verheiratet mit Anna Maria geb. Stock, sie hatten 7 Kinder; Margarethe (* 1873), war verheiratet ist aber weggezogen; Marie (* 1875), war ebenfalls verheiratet und ebenfalls verzogen; Karl (* 1877) verheiratet mit Anna Maria Gohr; Therese (* 1879), verh. und verzogen nach Altenstadt, sowie Getrud (* 1881), ebenfalls verheiratet und verzogen. Die Kinderzahl der Letztgenannten ist nicht bekannt.

*

Von den vorgenannten Personen- bzw. Familien-Gruppen sind nach Auflösung des Weilers Friedrichsthal nach meinen Feststellungen also nach Orb gezogen: Die Familie des **Adam Pfeifer** (zu I.); die Familie der **Maria Anna Beisler** (zu II.); die Familie des **Philipp Jakob Müller** (zu III.); die Familie des Johann Philipp Drisch (zu IV.); die Familie der **Katharina Walter** (zu VI.); Peter Geiger (zu VII.); die Familie der **Witwe Georg Wolf** (zu VIII.); die Familie des **Michael Müller** (zu IX.) und die Familie des **Franz Müller** (zu X.), insgesamt also 9 Familien.

*

Wenn ich nochmals auf die zu Anfang der Niederschrift genannten 10 Bürger zurückkomme, die 1787 nach Friedrichsthal aussiedelten, so fällt mir auf, dass von diesen ersten 10 Siedlern die Namen Schopp, Heß, Zink, Ihl und Prasch später nie mehr zu lesen waren. Ihr Verbleib ist auch schwer feststellbar, weil es vor 1874 beim Standesamt keine Personenstands-Beurkundungen gab. Man muss es daher dahingestellt sein lassen, dass diese Familien evtl. verstorben oder verzogen sind, oder durch Verheiratung unter anderen Familiennamen leben. Dagegen sind die Namen Pfeifer, Beisler, Drisch, Müller, Walter, Geiger und Wolf in Orb noch oft anzutreffen und als „Groae Rouer“ bekannt.

Wenn man bedenkt, dass die ersten Häuser im Jahre 1787 gebaut wurden und im Jahre 1880 die letzte Familie den Weiler Friedrichsthal verließ, kann man sagen, dass dieser rund 100 Jahre bestanden hat, eine Zeitspanne, die (ob rühmlich oder nicht), aus der Geschichte Orbs nicht wegzudenken ist und daher festgehalten werden muss: **„Friedrichsthal“ ist und bleibt ein Stück Ober Geschichte.**

Anmerkung:

1. Beim Lesen und bei der Beurteilung der Bücher von Franz Nikolaus Wolf und Johann Büttel wird man davon ausgehen müssen, dass diese beiden Heimatforscher sicherlich viele Jahre an ihrem Text gearbeitet haben, dass sie alles handschriftlich niederlegen mussten und bis zum Druck dann nochmals Jahre vergangen sind, so dass sich zwischenzeitlich manches ereignet oder verändert haben kann, was sie später nicht mehr erfassen und berücksichtigen konnten.
2. Wenn man den qm-Preis der im Vertrag mit dem Fiskus verkauften Fläche auf die Verkaufssumme umrechnet, ergibt sich ein Preis von 5 Pfg. je qm (!)
3. Zum Schluss ist es mir ein Bedürfnis, all denen zu danken, die mir bei meinen Erkundigungen und Fragen bereitwillig Auskunft gaben und mir dadurch geholfen haben, diese meine Betrachtung zu erstellen, wenn ich mir auch im Klaren darüber bin, dass manches und manche Fragen noch offengeblieben sind.

   Vielleicht meint auch mancher Leser, dass ich die 100jährige Geschichte des Weilers Friedrichsthal nicht erschöpfend genug geschildert habe; da hat er sogar Recht. Ich habe mich aber davor hüten müssen, von Vermutungen auszugehen oder aber etwas zu schreiben, was ich nicht beweisen kann. Ich bin jedoch gerne bereit, nachzutragen, wenn mir Tatsachen oder Geschichten bekannt werden, die ich übergangen habe, und die von Interesse sind.

Ich schließe auch nicht aus, dass ich mich in dem einen oder anderen Fall geirrt haben kann oder dass ich bei meinen Fragen hier oder dort versehentlich falsch unterrichtet worden bin. Auf alle Fälle habe ich mich über das große Interesse gefreut, das man mir über die Graue Ruh, deren Bewohner und ihre Nachkommenschaft gezeigt hat.

Aus vielen Gesprächen und der Resonanz zu meinem eingangs genannten Artikels in dieser Zeitung (Ausgaben Nr. 10, 11, 12 und 13) habe ich erkennen dürfen, dass sich sehr viele Leser für diese Veröffentlichung interessiert und mir gegenüber anerkennende Worte gefunden haben, was mich sehr gefreut hat. Am Schluss meiner Niederschrift hatte ich angemerkt:

„dass ich mich in dem einen oder anderen Fall auch geirrt haben kann oder dass ich bei Fragen und Erkundigungen hier oder dort vielleicht auch falsch unterrichtet worden bin“.

Ich habe damit zum Ausdruck bringen wollen, dass ich mit Einwendungen rechnen musste. Es ist dann auch nicht ausgeblieben, dass ich auf einige „Schönheitsfehler“ hingewiesen wurde, und dass ich in 2 der aufgeführten Familiengeschichten nicht richtig belehrt worden war. Deshalb habe ich mich zwischenzeitlich um Richtigstellung bemüht und werde in der heutigen Niederschrift einiges entsprechend berichtigen und ergänzen. All die zahlreichen Unterredungen mit den Lesern der Zeitung haben gleichzeitig aber auch meine Meinung bestätigt, dass die Schilderung einmal notwendig war, denn nach weiteren Jahren oder Jahrzehnten hätte kaum noch jemand die Geschichte von Friedrichsthal und seinen Bewohnern so im Detail ermitteln und wiedergeben können, zumal dann wichtige Informationsquellen fehlen dürften.

Zu den Bewohnern:

1.) Die in der 3. Fortsetzung der Zeitung bei der Aufzählung der Rücksiedler unter II genannte Witwe **Maria Anna Beisler** geb. Pfeifer, verwitwet gewesene Strauß, hatte außer den 2 Buben aus der Ehe mit Heinrich Beisler, Johann (der nach Amerika ausgewandert ist) und Adam (* 1864 † 1945) noch eine Tochter, Maria **Therese** (* 1872, † 1946). Sie wohnten nach dem Umzug nach Bad Orb in der Wendelinusstraße. **Therese** heiratete 1895 den Landwirt Johann Weisbecker (* 1870 † 1947) von hier, mit dem sie in der Kanalstraße wohnte, und zwar in dem Haus, das Johann von seinen Eltern übernommen hatte. Sie bekamen 7 Kinder. **Adam** war mit Maria Prehler verheiratet und hatte 3 Kinder.

2.) Bei dem unter VII genannten Peter Geiger, der in Orb im Hospital gestorben ist, handelt es sich nicht um **Peter Geiger** aus Friedrichsthal. Dieser war in 1. Ehe verheiratet mit Margarethe geb. Jackel aus Kassel (* 1821, † 1866). Sie hatten 1 Tochter, **Katharina** (* 1863, † 1936), die sich 1894 mit Ignaz Stock von hier (* 1863, † 1945) verheiratet. Sie bekamen 2 Kinder, Anna und Jakob. In der 2. Ehe war Peter Geiger verheiratet mit Anna Maria geb. Haarth aus Oberndorf († 1912). Sie hatten 4 Kinder: **Maria Susanne** (* 1867), **Sophie** (* 1869), **Jakob** (* 1870) und **Therese** (* 1875). Nach ihrem Umzug nach Orb hat die Familie in der Kapellenstraße gewohnt. **Maria Susanne** war dann verheiratet mit dem Witwer Johann Metzler, sie wohnten in der Bahnhofstraße (heute Metzgerei Fries) und hatten 3 Kinder. **Sophie**, im Jahre 1894 mit Jakob Koch verheiratet, wohnte in der Aufenauer Straße, sie bekamen 6 Kinder. **Jakob** Geiger, in 2. Ehe verheiratet mit Anna Müller (siehe hierzu IX.) hatte aus dieser Ehe 2 Kinder, Kätchen und Emil. **Therese** ist jung verstorben.

Es wird in Orb oft davon gesprochen, dass es in Friedrichsthal auch Leute gegeben haben soll, die nicht nach Orb, sondern nach Kassel oder Lanzingen übersiedelten. Ich habe dieser Sache auf den Grund gehen wollen und an den Gemeindevorstand von Biebergemünd geschrieben und dort um entsprechende Nachforschungen gebeten. Vom Gemeindezentrum Biebergemünd habe ich dann auch (allerdings erst nach meiner Veröffentlichung in der Zeitung) Nachricht erhalten. Die von dort angestellten Ermittlungen haben ergeben:

„dass der am 14. Mai 1851 in Friedrichsthal geborene Kilian Müller im Jahre 1864 nach Orb ging, um dort das Handwerk eines Leinenwebers zu erlernen. Er hat am 25. Oktober 1876 die Agnes geb. Wenzel aus Lanzingen geheiratet und dort Wohnung genommen. Seine Eltern waren Philipp Müller und Anna Maria Müller. Er hatte 5 Kinder, namens Josef, Anton, Maria, Magdalene und Therese; ein Sohn des Josef Müller, namens Anton Müller, wohnt in Biebergemünd-Lanzingen, Alte Hauptstraße 11.

Ein Sohn – der auch in Friedrichsthal lebenden Eheleute Johann Müller und Franziska geb. Zischolski – (ob mit dem o.g. Kilian verwandt, ist nicht bekannt), namens August Müller, hat am 31. Oktober 1875 in Kassel die Auguste geb. Köhler geheiratet und auch dort Wohnung genommen."

Soweit die Stellungnahme aus Kassel.

Es hat mich nun weiter interessiert, ob und wie die in den vorgenannten Brief benannten Müllers mit den drei nach Orb übergesiedelten Familien Müller **Philipp-Jakob**, **Michael** und **Franz**) verwandt sind oder verwandt sein können. Man konnte feststellen, dass es wohl verwandtschaftliche Beziehungen gibt, diese aber weit zurückliegen; eine nahe Verwandtschaft hat sich nicht finden Bei diesen meinen Erkundigungen habe ich aber erfahren, wie sich aus Pfarrbüchern von Orb und Herolz (Krs. Schlüchtern) ergeben hat, dass die ersten Müllers (bei den zehn ersten, die 1786 nach Friedrichsthal gingen, war ja kein Siedler namens Müller dabei), erst nach der Jahrhundertwende, und zwar im Jahre 1816, nach dort kamen, nämlich 2 Brüder aus Herolz. Im Einzelnen handelt es sich um Johann Petrus Müller, (* 1779), 1816 verheiratet mit Katharina geb. Seemann, die nach der Hochzeit nach Friedrichsthal zogen. Ihm folgte sein Bruder, ebenfalls ein Johann Petrus, (* 1801), der 1831 eine Margarethe geb. Pfahls aus Burgjoß in Orb heiratete. Vater dieser beiden Brüder war Johann Georg Adam Müller aus Herolz. Den beiden Brüdern Müller folgte später eine Schwester namens Kunigunde, die einen Geiger aus Friedrichsthal heiratete.

Zur **Geschichte** von Friedrichsthal wäre noch ergänzend nachzutragen, dass die von mir geäußerte Vermutung, die Sockel der in Friedrichsthal erbauten Häuser und Scheuern seien aus Feldsteinen erbaut worden, die sich beim Roden des Geländes ergaben, nur zum Teil zutreffen dürfte. Die zum Bau benötigten Steine sollen vielmehr vorwiegend aus einem Steinbruch geholt worden sein, der sich in Nähe, nur etwa 100 m entfernt vom letzten Haus (Nr. 18) am gleichen Weg befand. Ein Bürger aus Wirtheim, Herr Martin Weigand, hat mir den verfallenen Steinbruch gelegentlich einer Besichtigung an Ort und Stelle gezeigt. Derselbe Bürger hat mir auch erzählt, was ihm wiederum von seinem Großvater überliefert wurde, dass dieser in Friedrichsthal bei dortigen Bauern Kartoffeln kaufte. Trotz schlechter Ernte hätten die Bauern Kartoffeln hergegeben, weil sie dringend Geld brauchten. Auch habe er dort einen Apfelbaum (Goldparmäne) gekauft. Die Bewohner von Friedrichsthal haben ihre Grundstücke mit allem Gehölz und Sträuchern ja bis zum Herbst 1879 räumen müssen.

Im Gespräch mit Lesern meines Zeitungsartikels bin ich mehrfach auch über das Kapellchen und die Zusammenhänge mit dem Bildbaum und dem Bildstock in der Grauruh und die Sagen und Legenden darüber befragt worden. Hierüber besteht bereits eine Niederschrift, und zwar hat derselbe Wirtheimer Bürger (Martin Weigand) im Gelnhäuser Heimat-Jahrbuch von 1980, S. 62 ff. näher darüber berichtet, worauf ich verweisen darf. Ich selbst möchte dem nichts hinzufügen, vielmehr meine Schilderung der Grauen Ruh hiermit beschließen.

Straßen tragen ihre Namen. Eine Betrachtung von Straßen in Bad Orb, die nach historischen Personen benannt sind

23. August 1984

30. August 1984

06. September 1984

13. September 1984

20. September 1984

27. September 1984

06. Oktober 1984

23. Straßen tragen ihre Namen. Eine Betrachtung von Straßen in Bad Orb, die nach historischen Personen benannt sind

Vorbemerkung

Die Zusammenstellung der einzelnen Straßennamen war einfach, schwieriger jedoch der Versuch, deren historische Bedeutung aufzuzeigen, Es hat mir deshalb viel Mühe gemacht, weil ich mich dazu vieler Quellen bedienen musste. Ich habe diese Erklärungen aber für notwendig erachtet, weil viele Orber mit den Namen unserer Straßen wenig anzufangen wissen.

Bei der Einteilung der einzelnen Straßen habe ich versucht, diese in ein System einzuordnen, wobei ich mit den Adelsgeschlechtern begonnen habe, weil diese die Ältesten sind. Es sind dies die von Lauzen, von Faulhaber, von Schönborn und von Fischborn. Fortgefahren bin ich mit den Straßen nach Heiligen, so St. Martin, St. Wendelin, St. Hubertus und St. Michael, obwohl diese nur mittelbare Beziehungen zu Orb haben. Es folgen dann meine Betrachtungen zu den Personen, die mit Orb und seiner Geschichte in Verbindung zu bringen sind, wie Quanz, Koch, Büttel, Sauer, Dr. Hufnagel, Dr. Scherf, Gräf, Dr. Weinberg und Schmank, dann mit Personen der deutschen Geschichte, so Gutenberg, Luther, von Dalberg, Jahn, Ludwig I., Raiffeisen und Ebert. Beendet habe ich die Aufstellung und mit Straßen, die nach Dichtern benannt sind, nämlich Jos. von Eichendorff, Adalbert Stifter und Hermann Löns. Ausgeklammert habe ich den sogen. Kolpingweg am Wintersberg, weil dieser offiziell nicht so heißt.

Wegen der Vielzahl der Straßen habe ich mich in den meisten Erörterungen beschränkt.

Wappen der Ritter von Lauzen an der Außenwand der heute so genannten Lauzenburg in der Lauzenstraße. Zu erkennen ist ein Ritter mit Schwert, Wehtrauben und unten die Jahreszahl 1515.

I. Straßen nach Adelsgeschlechtern: von Lauzen, von Faulhaber, von Schönborn, von Fischborn

Die **Lauzenstraße** wurde benannt nach dem Adelsgeschlecht der Ritter von Lauzen. Seit wann die Straße diesen Namen führt, habe ich bei den Ämtern nicht ermitteln können. Die Flurbezeichnung heißt „Vordere Hasel". Der Weg, der durch die Flur führt, ist in einem amtlichen Lageplan vom Jahre 1904 ohne Namen verzeichnet. Im Volksmund sagte man „Hinter der Mühle" oder „Kleine Hasel". Diese Bezeichnung hört man auch heute noch. Nach Rücksprache mit Anliegern und älteren Bewohnern der Straße kann man davon ausgehen, dass der Name Lauzenstraße nach der Jahrhundertwende, und zwar mit dem Beginn der Bebauung, offiziell so gegeben wurde.

Die Ritter von Lauzen besaßen einstmals dort eine Burg. Diese Burg ist im 18. Jahrhundert verfallen. Auf deren Ruinen ist später eine Mühle mit Wohnhaus und Stallungen errichtet worden; die Hasel- oder Lauzenmühle; heute nennt man sie die „Lauzenburg". In die Außenwand dieses Hauses *ist* ein 70 x 85 cm großes steinernes Wappen eingemauert, das die Jahreszahl 1515 trägt und auf dem außerdem ein Ritter mit Schwert sowie Weintrauben zu erkennen sind. Das bestätigt, dass der Lauzenberg (rechts der Wemmstraße), der amtlich heute noch so heißt, ein Weinberg war, sicherlich im Besitz derer von Lauzen. Die Flur wird im Volksmund heute noch als „Wingert" (= Weingarten) bezeichnet.

Der Ursprung des Geschlechts der Lauzen liegt weit zurück. Nach dem Grabstein in der St.-Martins-Kirche scheint, dass die Familie der Lauzen vorher den Namen Stephan oder Stephani geführt hat. Schäfer hat festgestellt, dass bereits im 14. und 15. Jahrhundert Stephanis aus Orb in *Leipzig* studiert haben, so Nikolaus Stephani schon 1393 und Johann Stephani 1413. Um 1542 war Moritz Stephani, wohl der älteste Sohn des Bechthold

Stephani, dessen Grabinschrift in Latein zu lesen ist, der höchstbesteuerte Bewohner von Orb. Sein Einkommen belief sich nach der Türkensteuerliste auf 175 Goldgulden, sein Vermögen auf ca. 3.500 Goldgulden; die heutige Kaufkraft ist kaum zu berechnen.

Moritz Stephani war mit Margarethe Kottwitz von Aulenbach verheiratet, ihre Tochter Anna brachte 1594 das Orber Lehngut an ihren Mann Schutzbar, genannt Milchling. Die Milchlings wiederum waren ein alteingesessenes Adelsgeschlecht und hatten erhebliche Besitzungen in Orb, so die Burg bei der St.-Martins-Kirche.

Die **Faulhaberstraße** wurde benannt nach dem Adelsgeschlecht der Faulhaber. Die Flurbezeichnung, durch die diese Straße führt, hieß früher und heißt auch heute noch „Leimenkaute" im Volksmund „Loameskoude"). In einem amtlichen Lageplan von 1904 hat der Weg noch keine Bezeichnung. Erst mit dem Bau der ersten Wohnhäuser nach der Jahrhundertwende dürfte die Straße den Namen der Faulhaber bekommen haben. Die Faulhaber waren eine alte fränkische Adelsfamilie. Sie war auch in Orb ansässig, ihr Besitztum lag im Wesentlichen aber in Wächtersbach. In Orb besaßen sie ein beträchtliches Gut, Gärten, Weiher und eine Hutberechtigung für 800 Schafe. Das Hutrecht erstreckte sich auf die Gemarkungen Schafstrieb, Wolfsgruben und Frauenberg, wo im Wesentlichen die Faulhaber`schen Besitztümer lagen. Zu ihrem Eigentum zählte auch der sogen. Freihof. Der Freihof war, so Büttel, ein umfangreiches Burggelände innerhalb der Stadt, wozu ein größeres Burggut gehörte. Im Schwörbuch von 1606 wird der Burghof ausdrücklich als der Freihof bezeichnet. Nach Schäfer müssen die Faulhabers spätestens schon seit 1300 im Freihof ansässig gewesen sein.

Entgegen Büttel dem zufolge der letzte Sprössling der Familie i. J. 1609 von Schäferhunden zerrissen worden sein soll, schreibt Schäfer, dass ein Johann Engelbert Faulhaber in Orb noch 1613 erwähnt wird. Ein Grabmal der Faulhaber ist in der St.-Martins-Kirche noch zu sehen. Von den Vorfahren der Faulhaber waren im 14. Jahrhundert ein Gerlach Erzbischof von Mainz und später ein Konrad ebenfalls Erzbischof. Nach dem Aussterben der Familie Faulhaber übernahmen ihr Gut die Ritter von Fechenbach. Junker Adolf von Fechenbach zu Sommerau verkaufte jedoch dasselbe im Jahre 1651 um 1.500 Gulden an Kurmainz. Wegen des Verkaufs stritt Kurmainz lange mit dem Grafen von Ysenburg. 1861 verkaufte der bayerische Staat das ehemals Faulhabersche Schäfereirecht für 2.250 Gulden an die Stadt Orb.

Der **Schönbornweg**, benannt nach dem Adelsgeschlecht gleichen Namens, ist eine Verbindung zwischen der Fuldaer Straße und dem Geigershallenweg. Die Namensbezeichnung wurde am 21. Dezember 1953 von der Stadtverordneten-Versammlung beschlossen.

Es war nicht einfach, über dieses Geschlecht Näheres zu erfahren. Nach dem Duden waren die Schönborns ein rheinisches Adelsgeschlecht, das 1701 in den Reichsgrafenstand erhoben wurde und im Laufe der Geschichte bedeutende Bischöfe und Politiker hervorbrachte.

Lothar Franz Freiherr von Schönborn, * 1655, † 1729, war Bischof von Bamberg, Erzbischof und Kurfürst von Mainz und Reichserzkanzler seit 1695.

Friedrich Karl Graf von Schönborn, * 1674, † 1746, war Reichsvizekanzler in Wien von 1705 - 1734, Bischof von Würzburg und Bamberg seit 1729; er war der Vollender der Würzburger Residenz

Es ist verwunderlich, dass in den historischen Abhandlungen von Wolf, Büttel und Schäfer nichts über die Schönborns zu finden ist. Lediglich Zentgraf schreibt in *Alt-Orb und seine Kirche,* S. 31 u.a.

Wappen des Johann Philipp von Schönborn. Aus dem Privatarchiv Philipp Schüßler

„Noch vor einigen Jahrzehnten befand sich ein anderes Bild auf dem Altar. Es war eine Anbetung des Altarsakramentes. Das Allerheiligste wurde von schwebenden Engeln getragen und von zwei Gruppen kniender Gestalten angebetet, deren eine die geistlichen Herrscher (den Papst und die Geistlichkeit), die andere die weltlichen (den Kaiser und die Reichsfürsten) darstellte. Die zwei Vertreter der beiden Gewalten waren der Kurfürst von Mainz und Fürstbischof von Bamberg, Anselm Franz zu Schönborn, und der Ritter Melchior von Schönborn, sein Bruder, der damals Pfandherr von Orb war.“

Ergänzend zu diesem Ölgemälde schreibt Robert Eckert, dass Johann Phillip von Schönborn, der ab 1642 Bischof von Würzburg, ab 1647 Kurfürst und Erzbischof von Mainz, ab 1665 auch Bischof von Worms war. dieses Altarbild gestiftet hat. Derselbe Johann Philipp Schönborn war Pfandherr von Orb. Nach ihm ist auch die Philippsquelle benannt.

Auf Bitten der Orber Handwerker, so Eckert weiter, beschenkte er die erzbischöflichen Untertanen i. J. 1660 mit einer neuen Zunftordnung zur Wahrung ihrer Standes- und Berufsinteressen. Unter den kunstsinnigen Grafen von Schönborn hat die Pfarrkirche auch die barocke Ausstattung erhalten. Auf dem Hochaltar und der Kanzel prangten einst ihre Wappen.

Das fragliche Ölgemälde ist bei dem unheilvollen Brand der St.-Martins-Kirche in der Weihnachtsnacht 1983 ebenfalls vernichtet worden.

Fischbornstraße heißt neuerdings die Passage zwischen dem „Bierjakob" und den Anwesen Schopp und Engel, die früher, d. h. bis in die 20er Jahre, schon einmal **Fischborngasse** hieß. Das Anwesen Schopp zählte bisher zur Hauptstraße, das Anwesen Engel zur Jössertorstraße. Die Namensnennung erfolgte nach einem Beschluss der Stadtverordneten-Versammlung vom 23.10.1963. Die Beschilderung der Straße folgt noch.

Die Familie der Ritter von Fischborn war ein altes Adelsgeschlecht. Sie stammt wohl aus dem Ort Eschborn in der Nähe von Birstein. Der erste Fischborn, der in der Orber Geschichte auftaucht, war ein Ritter von Fischborn, der 1327 vom Erzbischof von Mainz zu seinem Burgmann in Orb bestellt wurde, nachdem der Kurfürst von Mainz ¾ der Stadt und Burg Orb von den 3 Erbfamilien, den Nachkommen des Stadtgründers Gerlach von Büdingen, zurückgekauft hatte.

Sie bewohnten in Orb den östlichen Teil der Burg, der hart an der Stadtmauer und nächst der Kirche gelegen war. Im 18. Jahrhundert erhob sich aus den Trümmern dieser Burg noch ein Turm, der zerfiel. Das gesamte Burgmauerwerk wurde zum Bau des Schiffershofes verwendet. Der letzte Burgherr war Lorenz von Fischborn, Oberamtmann zu Orb, der am 14. September 1554 hier verstarb. Die verfallene Burg, an deren Stelle nun ein Wohnhaus und ein Ökonomiegebäude stehen, ist unter dem Namen Schiffershof bekannt.

Zu der ehemaligen Burg gehörte ein Gut von vielen Tagwerken Ackerland, Wiesen, Gärten und Weihern, nämlich das Hofgut Altenburg sowie eine Hutberechtigung für Schafe auf Orber Gemarkung. Wie Franz Nikolaus Wolf in *Das Landgericht*

Orb schreibt und ich in meinem Artikel vom Hofgut Altenburg im November 1983 wiedergegeben habe,

> „übernahmen diesen Hof nach Aussterben der Fischbornschen Familie die Ritter von Buchenau, von diesen die adelige Familie von Boineburg und von jenen wieder im Jahre 1708 der Fuldaische Oberjägermeister von Schleifroß zugleich mit dem Fischbornschen Lehngut zu Orb, welcher diesen Hof seiner Tochter, einer verehelichten von Forstmeister schenkte. Dieselbe besaß den Hof bis zum Jahre 1745 …"

Das Fischbornsche Lehngut zu Orb hat später noch mehrfach seinen Besitzer gewechselt.

Benutzte Quellen zu I. Straßen nach Adelsgeschlechtern:

Büttel, Johann:	Geschichte der Stadt und Saline Orb, Würzburg, 1901.
Eckert, Robert:	Aus Kunst und Geschichte der Bad Orber St.-Martins-Kirche, Bad Orb 1984.
Schäfer, Karlheinrich	Forschungen zur Kulturgeschichte der Stadt Orb, Potsdam 1930.
Wolf, Franz Nikolaus:	Das Landgericht Orb, seine Saline und Umgebungen, Aschaffenburg, 1824.
Zentgraf, Richard:	Alt-Orb und seine Kirche, Bad Orb, 1928.

II. Straßen nach Heiligen: St. Martin, St. Wendelin, St. Hubertus, St. Michael

Die **Martinustraße**, benannt nach der Martinsquelle seitlich der Straße. Ihren Namen hat die Quelle von Orbs Schutzheiligem und Stadtpatron, dem hl. Martin, Bischof von Tours. Die Quelle ist vor allem zum Trinken geeignet und dient zur Linderung von Leiden, die Ursachen von Herzkrankheiten sind.

St. Martin wurde um 316/317 in Savaria, römische Provinz Pannonia prima, heute Szombathely, Ungarn als Sohn eines römischen Offiziers geboren, der dort als Veteran angesiedelt war. Er selbst wurde zuerst auch römischer Soldat, dann Mönch, 371 Bischof von Tours, Missionar in Gallien, Gründer des ersten gallischen und damit abendländischen Klosters (um 360).

Der heilige Bischof starb auf einer Visitationsreise in Candes um das Jahr 400. Die Kirche gedenkt seiner am 11. November. Bekannt ist die Darstellung als römischer Krieger auf einem Schimmel, wo er seinen Mantel durch sein Schwert mit einem halbnackten Bettler teilt. Außer seinem Patronat der Bettler hat er noch viele andere, vor allem der Soldaten, Schneider, Waffenschmiede und anderer Gewerbetreibenden. St. Martin war der Schutzpatron der Franken. Unsere Kirche erhielt bereits in fränkischer Zeit das Patronat St. Martin; später übernahm es die Stadt in ihre Siegel und Wappen. Eine Martinsgruppe stand auch auf dem Schalldeckel der Kanzel.

Die **Wendelinusstraße**, benannt nach dem hl. Wendelin. (Ihre Namensnennung muss weit zurückliegen).

Der hl. Wendelin soll – nach einer aus dem 14. Jahrhundert stammenden Legende – ein iroschottischer Königssohn gewesen sein, der zur Zeit des Trierer Bischofs Magnerisch gelebt haben und im Waldgebirge der Vogesen als Einsiedler oder Mönch um 617 gestorben sein. Er wird in mehreren Ländern als Volksheiliger verehrt und gilt neben dem hl. Leonhard als Patron der Landleute für Flur und Vieh. Sein Grab liegt in dem nach ihm benannten St. Wendel im Saarland. Es gibt viele Kirchen und Kapellen, die dem hl. Wendelin geweiht sind. Sogar in Nordamerika im Staate Indiana trägt eine Stadt seinen Namen.

Seitlich der Orber Wendelinusstraße steht der Wendelinusbrunnen. Auf dem Brunnen steht eine barocke Figur des hl.

Wendelin. In seiner Linken trägt er den Hirtenstab mit der goldenen Schippe, an der rechten Seite hängt die lederne Hirtentasche. Zu seinen Füßen ruht ein Rind und ein Lamm. Eine weitere sehr schöne Wendelinusfigur, und zwar in höfischer Hirtentracht, stand bisher noch links neben dem Antoniusaltar, die auch dem Brand in der Weihnachtsnacht zum Opfer gefallen ist.

St. Wendelin gilt auch bei uns als der Schutzpatron der Bauern und Hirten.

Die **Hubertusstraße** ist die Straße, die am Burgring (unweit der Martinskirche) beginnt und auf den Molkenberg führt, wo sie mit der Molkenbergstraße zusammentrifft. Die Straße trägt diesen Namen auf Grund eines Stadtverordneten-Beschlusses vom 23. Oktober 1963.

St. Hubertus wurde um 646 geboren. Er war der erstgeborene Sohn des Herzogs Bertrand von Toulouse. Hubertus war vermählt mit der Grafentochter Floribana von Löwen, die bei der Geburt ihres ersten Kindes starb. Hubertus suchte daraufhin in der Jagd Ablenkung von seinem Leid, wurde aber durch die bekannte Erscheinung des Hirsches (so die Legende) an das jenseitige Ziel des Menschendaseins gemahnt. Er entsagte der Welt, legte alle weltlichen Ämter nieder, vermachte sein Vermögen der Kirche und den Armen, verzichtete auf sein Herzogtum, wurde Bischof (von Tongern-Maastrich) und gründete die Abtei St. Hubertus in den Ardennen. Er starb am 30. Mai 737 im heutigen Tervueren. Sein Leichnam wurde zunächst in Lüttich bestattet, später in der von ihm gegründeten Abtei St. Hubertus in den Ardennen beigesetzt.

St. Hubertus ist seit dem 11. Jahrhundert der Patron der Jäger, Forstleute und der Schützengilden. Weitere Patronate von ihm sind die Drechsler, Gießer, Kürschner, Metallarbeiter, Optiker und Metzger. Seine Hilfe wird auch angerufen gegen Tollwut, Hunde- und Schlangenbiss. Hubertustag und Jagdtag ist der

3. November. Dargestellt wird St. Hubertus von den Künstlern stets kniend vor einem Hirsch, der zwischen dem Geweih ein strahlendes Kreuz trägt.

Die **Michaelstraße** wurde benannt nach der St.-Michaels-Kirche, an der die Straße vorbeiführt. Die Straße wurde so benannt auf Grund des gleichen Beschlusses der Stadtverordneten-Versammlung vom 23. Oktober 1963.

Der Weg, der früher an der Stelle hochführte, wo die St.-Michaels-Kirche heute steht, hieß die „Kuhhöhle". Die Kuhhöhle als amtliche Bezeichnung gibt es heute noch. Es soll s. Z. schon das Bestreben von Pfarrer Lins gewesen sein, die neue Straße Michaelstraße zu nennen, weil er am Michaelstag (29. September) 1931 nach Orb gekommen ist.

Der hl. Michael ist „der große Fürst" der himmlischen Heerscharen. Er bestand den Kampf gegen Luzifer und blieb als Schutzherr des Gottesvolkes der Führer und Streiter gegen die Mächte der Finsternis. Besonders Deutschland verehrt in ihm seinen himmlischen Schirmer, dessen Bild einst die deutsche Reichsfahne zierte. Der hl. Erzengel Michael ist der Patron der Kirche, ferner der Apotheker und Kaufleute sowie vieler anderer Berufe. Er wird meist dargestellt als ritterlicher Jüngling mit dem Flammenschwert, stehend auf dem besiegten Drachen.

Benutzte Quelle zu II. Straßen nach Heiligen:

Das große Buch der Heiligen von E und H. Melchers aus dem Verlag des Borromäusvereins Bonn.

III. Straßen nach Personen der Orber Geschichte: Johann Quanz, Franz Leopold Koch, Johann Büttel, Johann Sauer, Dr. Wilhelm Hufnagel, Dr. Franz Joseph Scherf, Eduard Gräf, Dr. Rudolf Weinberg, Ludwig Schmank

Die **Quanzstraße**, um 1905 benannt nach Johann Baptist Quanz, * 11.9.1741 in Orb. † 4.12.1822 in Wirtheim. Über ihn („Quanz und seine Stiftungen") hatte ich bereits unter dem 16. Januar 1981 an dieser Stelle ausführlich geschrieben, darf aber hier nochmals kurz zusammenfassen.

Er wurde in Orb als Sohn der Eheleute Johannes Quanz und Susanne geb. Fries geboren und wurde 81 Jahre alt. Er starb in Wirtheim, als sein Neffe Johann Eck, Sohn seiner Schwester, dort Pfarrer war, Quanz wurde am 6. Dez. 1822 auf dem Orber Friedhof beigesetzt, er ruht hier in einem Ehrengrab, Das Grab befindet sich unmittelbar am Weg, von der Friedhofstreppe in Richtung Kreuzigungsgruppe linker Hand. Es gibt hier aber noch ein weiteres Denkmal, das an ihn erinnert, nämlich ein in die Wand des Glockenturmes eingemauertes Ehrenmal. Der lateinische Text ins Deutsche übersetzt lautet:

„Dem frommen Gedächtnis des Hochwürdigen Herrn Johann Baptist Quanz, Jubilarpriester im achten Jahr, Bacalaureus der Hl. Theologie, Assessors des Erzbischöflichen Vikariats in Regensburg (vorher in Mainz) und der Kongregation der Hl. Riten, Sekretärs des Geistlichen Gerichts und des Siegelamtes, Präbendaten des Kollegiatstiftes St. Viktor in Mainz, Archidiakons von vier einander folgenden Weihbischöfen. Wohltäter dieser Kirche und der Armen, Stifters eines Familienstipendiums. Geboren zu Orb am 11. September 1741, gestorben zu Wirtheim am 4. Dezember 1822. Er ruhe in Frieden.

Johann Eck, Pfarrer zu Wirtheim, Sohn seiner Schwester, hat diesen Stein im Jahre 1823 setzen lassen."

Quanz hat in den 81 Jahren seines Lebens nicht nur als Priester gewirkt, er war nebenbei auch mit hohen Verwaltungsaufgaben beim Erzbischöflichen Amt betraut und war ein großer Wohltäter. Er hat während seiner 50 Berufsjahre ein erhebliches Vermögen zusammengetragen und dieses mittels zweier Stiftungen, nämlich einem Armenfonds (im Volksmund „Quanz`scher Fund" genannt) und der Familien-Stiftung, nutzbringend verteilt. Mittels des Armenfonds hat er Arme und Elende und sonstige hilfsbedürftige Personen mit Geldmitteln versehen, Kranke und Genesende mit Wein und Arzneimitteln versorgt, Jungverheirateten zur Gründung ihres Hausstandes geholfen, Kommunionkinder eingekleidet, Studierende mit Barmitteln ausgestattet und alljährlich zu einem bestimmten Termin den Petersweck verteilen lassen. In der Familienstiftung hat er den Ertrag aus seinem Stiftungsvermögen Blutsverwandten (bis zur 4. Generation, die jetzt ausläuft) zukommen lassen.

Die **Leopold-Koch-Straße** ist eine Abzweigung von der Sälzerstraße zur Lindenallee, die nach dem Gründer unseres Heilbades benannt wurde.

Franz Leopold Koch wurde am 21. Juli 1782 als Sohn eines Kurmainzischen Kammerdieners in Erfurt geboren. (Erfurt gehörte zu dieser Zeit ebenso wie Orb zum Kurfürstentum Mainz). Franz Leopold hatte noch 5 Geschwister; sie haben früh ihre Eltern verloren. Als Zwölfjähriger kam Koch nach Hammelburg, wo er eine glückliche Zeit erlebte. Er wurde dort Apotheker-Lehrling und ging nach 2-jähriger Lehre nach Mergentheim, wo er 5 Jahre als Gehilfe in einer Apotheke arbeitete. Weil er sein Wissen aber vervollkommnen wollte, fuhr er nach Mainz. Dort bekam er Gelegenheit, in der von den Franzosen besetzten Stadt französisch zu lernen, was ihm später von Nutzen war. Koch wechselte noch oft seine Stelle und kam 1807 nach Orb, wo er zuerst in der alten Burg in einer Filialapotheke arbeitete. Da es in Orb an Ärzten fehlte, versuchte sich Koch (auch ohne Medizinstudium) als Arzt. Als solcher hatte er Erfolge, wurde als „Wunderdoktor" bezeichnet und berühmt. Er durfte dann doch nicht weiter als Arzt tätig sein, woraufhin er zum Großherzog von Dalberg nach Frankfurt fuhr, von diesem wurde er aber abgewiesen. Koch widmete sich daraufhin nur seiner Apotheke. die er 1809 für 2800 Gulden erwarb. Das Geld hierfür hatte ihm ein Vetter geliehen. 1811 kaufte er am Neutor (am Ende der heutigen Hauptstraße) ein Grundstück, auf dem er eine Apotheke baute, (die heutige „Alte-Stadt-Apotheke“), die er 1812 beziehen konnte.

Bis zu diesem Zeitpunkt war er Junggeselle. Bei seinen Mahlzeiten im Gasthaus „Zum goldenen Rad“ lernte er dann Anna Maria Blummer aus Höchst/Main kennen, eine Schwester der Wirtsfrau, die er dann im August 1813 heiratete. Er war zu dieser Zeit 31, sie 21 Jahre alt. Von 1814 bis 1830 wurden ihm 7 Kinder geboren. Der unerwartete Tod seiner Frau im März 1834 hat ihn dann hart getroffen. Dennoch hatte er die Kraft, eine Solbadeanstalt einzurichten, wobei er die Entwicklung der benachbarten Bäder Brückenau, Bocklet und Kissingen beobachtete. Der Weg von der Planung bis zur Verwirklichung und Eröffnung war schwer und kostete Koch viel Kraft und Mühen, bis dann 1837 das Solebad mit 8 Badezellen eröffnet werden konnte. Neben der Apotheke galt seine Sorge nun auch noch dem Solebad. Seine Mühen aber lohnten sich und seine Heilerfolge wurden weit und breit bekannt, obwohl er nur mit einem schlichten Badehaus begonnen hatte. Doch finanzielle Sorgen blieben nicht aus und sie zehrten an seiner Kraft und Gesundheit, so dass er kränklich wurde und schließlich am 24.11.1850 verstarb. Sein Leben war geprägt von Arbeit und Mühe, aber er hat damit den Grundstein für ein aufstrebendes Heilbad gelegt.

Das Lebenswerk des Franz Leopold Koch ist außer der Straßenbenennung noch durch die Namensnennung des neuen Badehauses in „Leopold-Koch-Bad“ sowie durch einen Gedenkstein auf dem Orber Friedhof, auf dem er beigesetzt ist, geehrt.

Die **Johann-Büttel-Str**aße, eine Verbindungsstraße zwischen der Hubertusstraße und der Sachsenhäuser Straße, ist benannt nach dem Heimatforscher Johann Buttel.

Johann Büttel wurde am 30. Juni 1833 als 8. Kind der Eheleute Heinrich Büttel und Maria Anna geb. Weisbecker zu Orb geboren. Sein Vater war Maurermeister und Gemeindepfleger. Er selbst übte den Beruf eines Bezirks-Tierarztes aus, allerdings nicht in Orb. (Das Bezirks-Tierarztamt in Orb wurde 1867 beim Übergang an Preußen aufgelöst.) Sein Buch **Geschichte der Stadt und Saline Orb** erschien in Würzburg, wo auch seine Frau Katharina verstarb. Er selbst starb hier am 13. Oktober 1910.

Johann Büttel war 70 Jahre alt, als sein Buch herausgegeben wurde. In seinem Vorwort schildert er, wie schwer und mühevoll es war, das notwendige Quellenmaterial für sein Buch zu beschaffen, es zu ordnen und zu bearbeiten, behandelt er darin doch viele Themen, so die ältere Zeit, die Stadt Orb im Mittelalter bis zur bayrischen Zeit, die Stadt Orb unter bayrischer Herrschaft, die Stadt während der Zugehörigkeit zu Preußen, die Kirche- und Religionsereignisse, die Stiftungen in Orb, den Hof Altenburg, den ehemaligen Weiler Friedrichsthal, außerdem adelige Besitzungen und sagen.

Außer der Straße, die aus Dankbarkeit nach ihm benannt ist. wird sein Andenken durch die Pflege seiner Grabstätte geehrt, die auf einem roten Sandstein folgende Inschrift trägt:

> Johann Büttel. Königlich Bayerischer Bezirkstierarzt a.D., 1831-1910. Er war ein großer Freund der Jugend und Förderer ihrer Bildung. Ehre seinem Andenken.

Im gleichen Grab ruhen auch seine Eltern. Das Grab liegt in der 2. Reihe links vom Weg, der vom Eingang Molkenbergstraße Richtung Schule führt, oberhalb des Grabes der Familie Reinhard.

Die **Sauerstraße**, eine Parallelstraße zur Ludwigstraße, wurde (um die Jahrhundertwende) nach Pfarrer Johann Sauer benannt.

Darüber schreibt Johann Büttel (S. 98) unter dem Titel „Die Pfarrer Sauer`sche Stipendien-Stiftung::

> „Pfarrer Johann Sauer zu Großheubach hat nach Testament vom 29. Juli 1861 seiner Vaterstadt Orb 3000 fl., von denen 2000 fl. von seinem Bruder, dem Pfarrer Philipp Sauer in Wiesen herrühren, als Fonds unter folgenden Bedingungen vermacht:
>
> Die Fondsrenten sollen verteilt werden als Stipendien an Studierende, als Lehrgeld an Handwerkslehrlinge und als Morgengabe an Jungfrauen aus seiner Verwandtschaft und für den Fall des Aussterbens derselben, zu gleichen Zwecken an andere Angehörige der Stadt Orb, welche der christkatholischen Religion angehören."

Näheres über Pfarrer Johann Sauer ist nirgends geschrieben und mir auch nicht bekannt. Über die Existenz dieser Stiftung ist in letzter Zeit allerdings wenig bekannt geworden, vermutlich deshalb, weil die finanziellen Mittel aus dieser Stipendien-Stiftung durch den I. Weltkrieg und die anschließende Inflation verloren gegangen sind und deshalb keine Stipendien mehr gestiftet werden konnten.

Die **Dr.-Wilhelm-Hufnagel-Anlage** ist benannt zu Ehren des Gründers der Kinderheilanstalt Bad Orb, Geh. Sanitätsrat Dr. Wilhelm Hufnagel. Es handelt sich dabei um die Grünanlage zwischen der Kurparkstraße und der Jahnstraße, vom Anwesen der Familie Dr. Mack bis zur Rotahornallee. Sie ist durch eine Metalltafel gekennzeichnet, die – etwa in der Mitte der Anlage – an einem vielbegangenen Weg steht. Die Anlage ist mit Ruhebänken reich versehen. Ein weiteres Denkmal für den verdienten Bürger der Stadt steht in den Parkanlagen der Spessart-Klinik und ist zu seinem 50-jährigen Doktor-Jubiläum im Jahre 1920, also noch zu seinen Lebzeiten. errichtet worden.

Dr. Wilhelm Hufnagel ist am 25.4.1848 in Ravolzhausen (Kreis Hanau) geboren. Sein Vater war Lehrer, Kantor und in seinen jungen Jahren Erzieher des Sohnes des damaligen Landgrafen von Hessen. Er wurde dann in Ravolzhausen sesshaft. Als er dort die Schule übernahm, heiratete er ein intelligentes Bauernmädchen, die ihren Kindern, den zwei Söhnen Friedrich und Wilhelm und weiteren vier Töchtern eine strenge Mutter war. Die beiden Bruder Friedrich und Wilhelm studierten in Marburg, Friedrich Theologie, Wilhelm Medizin, Friedrich wurde später evangelischer Pfarrer in Hanau-Kesselstadt. Während des Krieges 1870/71 war Wilhelm Militärarzt in einem Feldlazarett. Dabei zog der sich eine Infektion zu, an der er erkrankte, aber wieder gesund wurde. Er ließ sich dann in Bieber (Krs. Gelnhausen) als Knappschaftsarzt nieder und soll unter seinen Patienten viele Gelnhäuser gehabt haben, denn der Vater seiner Frau Elisabeth Senz, die er 1873 heiratete, soll ein wohlhabender Geschäftsmann in Gelnhausen gewesen sein. In Bieber wurden ihnen drei Kinder geboren, Viktor, Helene und Alexander. Im Jahre 1879 verlegte Dr. Wilhelm Hufnagel seine Praxis nach Orb. Hier gründete er (5 Jahre später) die Kinderheilanstalt. In Orb vergrößerte sich die Familie um weitere 3 Kinder. Auguste (* 1880), Wilhelmine (* 1822) und Eleonore (* 1884), im Jahr der Stiftung der Kinderheilanstalt).

Neben seiner Tätigkeit als Arzt an der Kinderheilanstalt und als deren Leiter zählte Dr. Hufnagel auch zu den Gründern des Spar- und Creditvereins 1880 und war viele Jahre deren Schriftführer und Kassierer. Er starb am 28. August 1924 und ist hier in Orb beerdigt.

Weiteres über Dr. Hufnagel ist in der Festschrift zum 100-jährigen Bestehen der Volksbank Bad Orb (der Nachfolgerin des seinerzeitigen Spar- und Creditvereins Orb) vom Jahre 1980 und der Schrift über „100 Jahre Spessart-Klinik Bad Orb" vom Jahre 1984 zu lesen.

Dr.-Franz-Joseph-Scherf-Promenade heißt der Hauptweg durch den Kurpark, vom Kurparkeingang (wo auch das Ehrenmal für Sanitätsrat Dr. Scherf, dem verdienstvollen und „rastlosen Förderer Orbs" steht) bis zur Rotahornallee. Die Promenade ist nach einem Beschluß der Stadtverordneten-Vers. vom 23.10.1963 so benannt worden. Sie ist durch ein Metallschild, das auf einer Mauer befestigt ist, beschrieben. Vorher gab es bereits einmal eine Straße, die „Sanitätsrat-Scherf-Straße", d.i. die heutige Kurparkstraße, die nach dem Tode von Dr. Scherf (1929), zu dessen Ehren so benannt, später aber wieder umbenannt wurde.

Dr. med. Franz Joseph Scherf wurde am 5. Oktober 1865 in Volkmarsen/Westfalen als Sohn des Landwirts Heinrich August Scherf und der Maria Theresia geb. Fecke (aus Welda) geboren. Er besuchte zuerst die Volksschule in Volkmarsen und kam mit Hilfe des dortigen katholischen Geistlichen, der ihm Lateinunterricht gab, mit 12 Jahren auf das Gymnasium in Warburg, wo er auch das Abitur ablegte. Anschließend begann er das Studium der Forstwissenschaft. Vom zuständigen Landesoberforst-meister wurde ihm aber geraten, das Forststudium aufzugeben und ein Studium mit besseren Zukunftsmöglichkeiten zu beginnen. So begann er 1885 in Marburg Medizin zu studieren und machte dort 1888 auch sein Physikum. Als Chargierter des CV-Studentenverbandes (einer katholischen farbentragenden Verbindung) erlebte er 1888 den

Katholikentag in Bochum, wo er die Leitung dieses Verbandes hatte und am Ende der Tagung die Festrede halten mußte.

Nach dem Physikum ging Scherf nach Halle/ Saale, wo er 1891 sein Staatsexamen ablegte. Er konnte dort aber keine Assistentenstelle bekommen, weil er einer anderen als der dortigen Religionsgemeinschaft angehörte. Nach seiner Niederlassung als Arzt in Neuhof/Fulda wurde er aufgefordert, sich um eine chirurg. Ass.-Stelle an der Universität Marburg zu bewerben. Er kam der Aufforderung nach und gab seine Praxis in Neuhof auf. In Marburg bekam er aber zu hören, daß seine Bewerbung dort (aus den gleichen Gründen wie in Halle) nicht angenommen worden war. Daraufhin ging er 1893 nach Orb, heiratete hier (1895) Franziska Anna Elisabeth Wiegen aus Bochum und blieb hier, da sich Orb als Heilbad in diesen Jahren zu entwickeln begann.

In den folgenden Jahren war Dr. Scherf neben seinem Hauptberuf als Arzt auch Hospitalarzt, Stadtverordneter, später auch Mitglied des Magistrats. 1900 wurde er Initiator und Arzt der Kuranstalt Küppelsmühle. 1905 übernahm er offiziell auch die Kurdirektion, nachdem die Kurgesellschaft in Konkurs gegangen war. Von 1910 bis 1920 war er der Generalsekretär des Bäderverbandes und in den letzten Jahren als Zentrumsabgeordneter Mitglied des Kommunal-Landtages in Kassel. All diese Ämter bekleidete er bis zu seinem Tod am 4. Juli 1929.

Den älteren Bürgern unserer Stadt ist Sanitätsrat Dr. Scherf mit seinem Bart sicherlich noch in guter Erinnerung. Viele kennen ihn noch aus seiner Tätigkeit als Arzt, außerdem als Vater von neun Kindern, darunter eine Tochter. Manche werden sich seiner auch noch erinnern, als er mit einem Ponygespann unterwegs war, wenn er auswärts, insbesondere im Joßgrund und in Kassel, Hausbesuche machte.

Die **Eduard-Gräf-Straße**, die parallel zur Frankfurter Straße verläuft, wurde in den Jahren 1927/28 so benannt, als die Siedlung Schafswiese gebaut wurde und Eduard Gräf Bürgermeister von Frankfurt war. Man hat damals die Straße deshalb, und zwar schon zu Lebzeiten von Gräf nach ihm benannt, weil er durch das Kinderdorf Wegscheide gute und freundschaftliche Beziehungen zu Bad Orb unterhielt, die für Bad Orb von Nutzen waren, und weil er außerdem für die Altstadtsanierung und für den Bau der großen Siedlung (der „Eduard-Schreiber-Siedlung") beigetragen hat. (Im Übrigen hatte Eduard Gräf und seine Familie auch persönlich gute Freunde ihn Bad Orb; zu ihnen zählte die Familie Freund von der Küppelsmühle.)

Im Jahre 1933, mit Beginn der NS-Zeit. wurde die Eduard-Gräf-Straße in „Horst-Wessel-Straße" umbenannt; diese Umbenennung wurde nach dem Zusammenbruch des 3. Reiches jedoch wieder rückgängig gemacht. (Stadtverordneten-Beschluss vom 28.5.1947).

Geboren ist Eduard Gräf am 13. Dezember 1870 in Wetzhausen/Unterfranken als Sohn des Landwirts Johann Georg Graf und der Anna Margarethe geb. Herr, beide ev.-luth. Nach dem Besuch der Volksschule in Bornheim wurde er Steindruckerlehrling, nach längerer Wanderschaft dann Steindruckergehilfe. Von Januar 1899 bis 1920 war er Arbeiter-Sekretär in Frankfurt/Main, bereits ab 1897 bis 1920 Vorsitzender

der Ortskrankenkasse Frankfurt. Von 1906 bis 1920 Stadtverordneter, zuletzt Stadtverordneten-Vorsteher, zeitweise daneben Vorsitzender der Sozial-Demokratischen Landesorganisation Hessen-Nassau; von 1919-1920 Unterstaatssekretar und von 1919-1921 Mitglied des Preuß. Landtages, zeitweise auch Vizepräsident. 1920 wurde Gräf (unter Oberbürgermeister Dr. Voigt) Bürgermeister in Frankfurt, und zwar führte er das Dezernat Wohlfahrtspflege, das man heute Fürsorge- und Jugendamt nennt. Er versah dieses Amt bis zu seinem Ausscheiden im Jahre 1932. Gestorben ist er am 1. Januar 1936 in Frankfurt/M.

Nach diesen Personalien noch ein kurzer Ausschnitt aus der FAZ anlässlich des 100. Geburtstages von Eduard Gräf:

> „Man sagt Gräf nach, gute Menschenkenntnisse besessen zu haben, einen gesunden Mutterwitz, nach Parteien und Konfessionen habe er nie gefragt, wenn es galt zu helfen. Da war es sicher kein Wunder, dass er als Sieger aus einem Wettbewerb der Frankfurter Zeitungen hervorging, die den beliebtesten Frankfurter des Jahres 1930 von der Bevölkerung ermittelt haben wollten. In jenem Jahr auch verlieh ihm die Frankfurter Universität den Ehrendoktortitel. Als er 1932 aus dem Magistrat ausschied, wurde ihm die Ehrenplakette der Stadt Frankfurt verliehen, und der Bildhauer Benno Elkan erhielt den Auftrag, eine Büste des verdienten Mannes anzufertigen."

***

Im Rahmen dieser Schilderung muss auch der Name Eduard Schreiber genannt werden, in dessen Amtszeit die fragliche Siedlung gebaut und zu dessen Ehren die Siedlung nach einem

Beschluss der Stadtverordneten-Vers. „Eduard-Schreiber-Siedlung“ genannt wurde. Eduard Schreiber, * 1866, † 1950, war Bürgermeister von Bad Orb vom 1.10.1916 bis 5.1.1929.

Die **Dr.-Weinberg-Straße** ist eine durch Beschluss der Stadtverordneten-Versammlung vom 4.3.1976 so benannte und jetzt ausgebaute neue Straße, die von der Von-Dalberg-Straße ausgeht und im Bogen in die Sälzerstraße mündet. Sie ist benannt nach dem jüdischen Arzt Dr. Rudolf Weinberg, der am 16.1.1873 in Schenklengsfeld geboren wurde. Er war in 2. Ehe verheiratet mit Jeanette Sternberg (* 9.12.1889) und hatte 2 Töchter, Elisabeth (* 1919) und Eva (* 1921). Seine Arztpraxis hatte er anfangs in der Hauptstraße im Hause des Kaufmanns Ed. Ihl, später in einem von ihm erbauten Haus in der Salinenstraße; heutiger Besitzer ist Ernst Nix.

Dr. Weinberg, im Volksmund meist „der Jude-Doktor“ genannt, war nicht nur ein beliebter Arzt, sondern auch ein großer Wohltäter und war immer da, wenn er gerufen wurde. Seine Gänge zu Bettkranken machte er stets zu Fuß, ob bei Tage oder bei Nacht.

Über den Verbleib seiner Familie ist (wegen ihrer Verfolgung in der NS-Zeit) nichts bekannt; er selbst ruht auf dem israelitischen Teil des Hauptfriedhofs Frankfurt/Main. Ich habe sein Grab dort mehrmals aufgesucht, einmal zusammen mit mehreren Orber Ärzten.

Die **Ludwig-Schmank-Straße** ist 1955 nach dem verdienten Pädagogen und Kommunalpolitiker, Konrektor i.R. Ludwig Schmank (* 27.9.1876, † 22.7.1955), benannt worden. Diese Straße ist ein Teil der früheren Würzburger Straße; sie geht vom Rathausvorplatz aus und mündet in Höhe des Hotels Seipel in die neue Würzburger Straße.

Ludwig Schmank, in Biebergemünd/Kassel als Sohn eines Landwirts geboren, wurde nach entsprechender Schulausbildung in Fulda und Fritzlar Lehrer. Tätig war er zuerst im Freigericht, dann in mehreren Orten in der Rhön. Am 1.12.1904 kam er aus Wüstensachsen nach Bad Orb. Neben seiner Lehrertätigkeit hat er sich besonders auch der Kommunalpolitik gewidmet. Nach Ende des 1. Weltkrieges, in dem er Soldat war, bis zum Beginn der NS-Zeit (1933) war er Mitglied des Orber Stadtparlaments, davon von 1922-1924 als Vorsteher. Darüber hinaus war er auch im Kreistag tätig, nämlich von 1924-1933. Als Mitglied des Kreisausschusses war er von 1929-1933 auch Kreisdeputierter und in dieser Eigenschaft Vertreter des seinerzeitigen Landrats Delius. Mit Beginn der NS der NS-Zeit wurde seine politische Tätigkeit unterbrochen. Als politischer Gegner (er war Mitglied der Zentrumspartei) wurde er zweimal verhaftet und weit weg in ein

Dorf strafversetzt. Weil ihm seine Tätigkeit dort nicht zusagte, ließ er sich vorzeitig pensionieren. Nach dem Zusammenbruch des NS-Regimes stellte er sich wieder der Kommunalpolitik zur Verfügung. Er kam ins Stadtparlament und wurde im Jahre 1948, 72jährig, Stadtverordnetenvorsteher.

Anlässlich seines 75. Geburtstages am 27. September 1951 wurde Ludwig Schmank

> „in Anerkennung seiner mehr als 30jährigen Tätigkeit für Stadt und Kreis zum STADTÄLTESTEN der Stadt Orb ernannt".

Eine weitere Ehrung wurde ihm am 1.12.1954 zuteil, als er 50 Jahre Orber Bürger war und sich in das Goldene Buch der Stadt Bad Orb eintragen durfte.

Ludwig Schmank starb im 79. Lebensjahr. Er war zweimal verheiratet. In 1. Ehe mit Maria geb. Kleespies hatte er 4 Kinder, in 2. Ehe mit Frieda geb. Giesel eine Tochter.

Ludwig Schmank war Mitglied mehrerer Vereine, Mitbegründer des Verbandes der Ruhestandsbeamten und Mitglied des Kirchenvorstandes der Katholischen Kirchengemeinde Bad Orb.

Benutzte Quellen zu III. Straßen nach Personen der Orber Geschichte:

Quanz:	Eigene Unterlagen;
Koch:	Robert Eckert: Das Lebensbild von Franz Leopold Koch;
Büttel:	Robert Eckert: „Nachwort zur Reprint-Ausgabe in: Johann Büttel, Geschichte der Stadt und Saline Orb, Bad Orb 1978;
Sauer:	Johann Büttel: wie schon genannt;

Dr. Hufnagel:	Familienunterlagen, Aussagen einer Enkelin und Standesamt Bad Orb;
Dr. Scherf:	Familienunterlagen;
Gräf:	Archiv des Magistrats der Stadt Frankfurt/M;
Dr. Weinberg:	Standesamt Bad Orb;
Schmank:	Familienunterlagen.

IV. Straßen nach Personen der deutschen Geschichte:

Johannes Gutenberg, Dr. Martin Luther, Carl von Dalberg, Friedrich Jahn, Ludwig I. (König von Bayern), Friedrich Wilhelm Raiffeisen, Friedrich Ebert, Adolf Kolping.

Die **Gutenbergstraße** wurde benannt nach Johannes Gutenberg, dem Erfinder der Buchdruckerkunst, weil sich in dieser Straße s. Z. die Druckerei Göb befunden hat. Gutenberg war Buchdrucker und erfand 1445 den Druck mit beweglichen, gegossenen Buchstaben. Berühmt ist der Druck der 42zeiligen Gutenberg-Bibel (um 1455).

Johannes Gutenberg war ein Glied der Mainzer Patrizierfamilie Gensfleisch, die sich bis zum Ende des 13. Jahrhunderts zurückverfolgen lässt. Als Ort der Geburt steht Mainz fest, umstritten ist das Geburtsjahr, es lag zwischen 1394 und 1399. Er starb Ende 1467 oder Anfang 1468.

Das Andenken an Gutenberg wird durch mehrere Denkmäler gewahrt, so in Mainz, Straßburg, Frankfurt/M. Wien und Magdeburg, ferner durch die 1901 gegründete Gutenberg-Gesellschaft. Sie erforscht die Geschichte des Buchdrucks und fördert das Gutenberg-Museum in Mainz.

Die **Martin-Luther-Straße** vorher Hindenburgstraße, wurde so benannt auf Grund eines Beschlusses der Stadtverordneten-

Versammlung vom 23.10.1963. Der Lebensweg Dr. Martin Luthers, Reformator, * 1483, † 1546, ist hinreichend bekannt, so dass an dieser Stelle nicht mehr beschrieben werden muss, was im Lutherjahr 1983 (zum 500. Geburtstag) oft geschehen ist.

Die **von-Dalberg-Straße**, benannt auf Grund eines Beschlusses der Stadtverordneten-Versammlung vom 23.10.1963 nach Freiherrn Carl Theodor Anton von Dalberg. Dalbergs Leben, Werdegang und Wirken war sehr umfangreich und vielseitig, hier deshalb nur das Wichtigste in Kürze:

Carl von Dalberg wurde am 8.2.1744 auf Schloss Herrnsheim bei Worms geboren. Er besuchte die Universitäten Göttingen und Heidelberg, um sich auf die juristische Laufbahn vorzubereiten. Nach Beendigung des Studiums unternahm er mehrere Reisen ins Ausland. Danach entschloss er sich für den geistliehen Stand und empfing am 3.2.1788 die Priesterweihe. Schon vorher, von 1772 bis 1802, war er in verschiedenen Regierungsgeschäften tätig gewesen, hatte frühzeitig hohe Ämter in Kirche und Staat inne und wurde sogar mit preußischer Unterstützung Koadjutor von Friedrich von Erthal, des Erzbischofs und Kurfürsten von Mainz, ein Amt, das er nach dessen Tod (1802) auch antrat.

Infolge eines Beschlusses des Reichsdeputations-Hauptausschusses von 1803 wurden alle geistlichen Fürstentümer aufgehoben und anderen Ländern zugeteilt. Nur der Erzbischof und Kurfürst von Mainz und die Großmeister des Deutschordens und des Johanniterordens blieben zugleich weltliche Herrscher. Carl von Dalberg erhielt als weltlichen Besitz Regensburg, Aschaffenburg und Wetzlar. Im Jahre 1806 brach das Heilige Röm. Reich Deutscher Nation zusammen und der Erzbischof Carl von Dalberg verlor seine Würde als Reichskanzler. Er nahm dafür den Titel „Fürst-Primas“ an.

Das Fürstentum Regensburg-Aschaffenburg bestand aber nicht lange, denn Napoleon, der seine Schöpfungen fortwährend veränderte, bildete 1810 aus dem Fürstentum Aschaffenburg, der Reichsstadt Frankfurt, dem Fürstentum Fulda und der Grafschaft Hanau das Großherzogtum Frankfurt. Die Stadt und das Fürstentum Regensburg musste Carl von Dalberg an Frankreich abtreten.

1813/14 zieht sich von Dalberg von den Regierungsgeschäften zurück und übersiedelt an den Bodensee. 1815 wird er Erzbischof von Regensburg ohne weltliche Befugnisse.

Am 10. Februar 1817 verstarb Carl von Dalberg in Regensburg im 74. Lebensjahr, er wurde im dortigen Dom beigesetzt. Sein Herz wurde jedoch nach Aschaffenburg (in die Stiftskirche) überführt.

Carl von Dalberg war schon zu seiner Zeit eine umstrittene Figur, kirchlich wie auch politisch. Wenn er sich in seinen verschiedenen Stellungen und Ämtern auch bemühte, war aber den ihm gestellten Aufgaben nicht immer gewachsen, dafür waren die Zeiten zu unruhig. Dagegen verflossen die letzten Lebensjahre Dalbergs in aller Ruhe; im

Umgang mit wenigen ihm vertrauten Personen und in der Pflege der Studien, die ihm immer lieb gewesen, fand er Ersatz für die vielen Enttäuschungen, die ihm das Leben gebracht hatten.

Was Dalbergs Beziehungen zu Orb angeht, wäre zu erwähnen, dass das zuletzt gebaute, jetzt noch stehende Gradierwerk, im Jahre 1806, also unter seiner Regentschaft, errichtet wurde.

Die **Jahnstraße** wurde im Jahre 1928 aus Anlass des 150. Geburtstages des Turnvaters Friedrich Ludwig Jahn zu dessen Ehren so benannt. Der seinerzeitige l. Vorsitzende des Turnvereins Bad Orb, Lehrer Hermann Pfeifer, machte (so hat dieser mir damals selbst erzählt) dem damaligen Bürgermeister Eduard Schreiber diesen Vorschlag, der diesem sogleich zustimmte. Die Straße wurde gerade zu dieser Zeit ausgebaut.

Friedrich Ludwig Jahn ist am 11.8.1778 in Lanz in der Prignitz (Mark Brandenburg) als Sohn eines ev. Pfarrers geboren. Nach dem Gymnasium studierte er Theologie und Geschichte, später noch Nordische Sprachen und besuchte daneben Vorlesungen des Dichters Ernst Moritz Arndt. Im Sommer 1806 arbeitete Jahn am „Denkbuch für Deutsche“ und „Das Deutsche Volkstum“.

Nach der Eröffnung des Turnplatzes auf der Hasenheide bei Berlin im Juni 181 1 widmete sich Jahn ausschließlich dem Turnen. 1813 wurde er aktiv in der Vorbereitung für den Befreiungskrieg und erlebte in der Folgezeit Höhen und Tiefen der Zeit, in der Jahn Lehrer am Gymnasium zum Grauen Kloster in Berlin war, bildete er die Jugend in den Leibesübungen aus, was er TURNEN nannte. Jahn verstand darunter nicht nur Laufen, Springen, Werfen, Spielen, Schwimmen, Wandern und Geräturnen, sondern Erziehung zum tüchtigen Menschen und Staatsbürger schlechthin. (Zu dieser Zeit war das Wort SPORT in Deutschland noch nicht bekannt). Sein Ziel war, die Jugend zu kräftigen, damit sie erfolgreich an den Befreiungskämpfen gegen Napoleon teilnehmen konnte.

1813 meldete er sich mit den Turnern als Freiwillige und nahm an versch. Kämpfen teil. U. a. marschierte er durchs Kinzigtal und war dann lange in Frankfurt stationiert. 1817 erschien sein Buch „Deutsche Turnkunst", ebenfalls 1817 wurde er von den Universitäten Jena und Kiel mit der Ehrendoktorwürde ausgezeichnet.

Nach dem Krieg widmete er sich wieder dem Turnen und wurde ein Kämpfer für die Einheit Deutschlands in der Demokratie.

Jahn erlebte noch viele und schicksalsschwere Jahre; mehrere Verhaftungen, Tod seiner Frau, Festungshaft in Kolberg, Verlust seines Hauses durch Brand u.a.m. Im Jahre 1848 wurde er als Abgeordneter ins Parlament (in die Frankfurter Paulskirche) berufen.

In dieser Zeit besuchte er auch Hanau, Langenselbold, Gelnhausen, Schlüchtern und Fulda, wo später Gedenktafeln angebracht wurden. Er starb (74jährig) am 15. Oktober 1852 in Freyburg/Unstrut (heute DDR) an einer Lungenentzündung.

Die **Ludwigstraße**, benannt nach Ludwig I, König von Bayern, der von 1786 bis 1868 lebte und dessen Regierungszeit sich von

1825 bis 1848 erstreckte. Unter seiner Regentschaft wurde in den Jahren 1836/37 das Hospital Orb an der Frankfurter Straße und in den Jahren 1840 bis 1845 die Ludwigvorstadt erbaut. Es war dies ein Häuserkomplex von 14 Doppelhäusern, und zwar linker Hand 6, rechter Hand 8. Dafür wurden „20.000 Gulden aus der Allerhöchsten Kabinettskasse beigesteuert“. Später, 1865, wurden von der Stadt eine größere Scheune, und im Jahre 1895 zwei weitere Doppelhäuser (zweistöckig, aus Backsteinen) an die bereits stehenden 14 Doppelhäuser zugebaut. Im Laufe der Jahre hat sich um diese Vorstadt eine Anzahl von privaten Bauherren zu gesiedelt. Die Straße in der Mitte der Häuser wurde dann Ludwigstraße genannt; es war mir allerdings nicht möglich zu ermitteln, seit wann die Straße diesen Namen führt.

Ludwig I. war der Sohn und Nachfolger des Königs Maximilian I. Er war verheiratet mit der Prinzessin Therese von Sachsen-Hildburghausen. Nach seiner Thronbesteigung förderte er die Kunst und die Künstler und ließ in München prachtvolle Bauten errichten, darunter das Oedon, die Königliche Residenz, die Ruhmeshalle, die Feldherrenhalle, das Siegestor und viele andere. Verschiedene Konflikte bewogen ihn 1848 zum Rücktritt. Sein Nachfolger wurde sein Sohn Maximilian II. Nach seinem Rücktritt lebte er als Privatmann; er starb nach kurzer Krankheit am 29. Februar 1868 in Nizza und wurde in der Basilika in München' beigesetzt. Seine Gemahlin, die ihm 4 Söhne und 4 Töchter schenkte, starb 1854 nach 44jähriger Ehe. Ihr zu Ehren ist der Orber „Theresienbrunnen“ benannt, im Volksmund besser bekannt als der „Sauerborn“. Ein Sohn Ludwig I., Otto, wurde zum König von Griechenland gewählt; ein Orber Fuhrmann aus der Familie der „Schimmel-Dehmer" fuhr ihn s.Z. zur damaligen Hauptstadt Nauplia.

Die **Raiffeisenstraße** ist die Straße, in der sich das Lager und der Verkaufsraum der Raiffeisenbank Bad Orb eG befindet. Sie

ist benannt (auf Grund eines Stadtverordnetenbeschlusses vom 29.4.1971) nach Friedrich Wilhelm Raiffeisen, bekannt als der Begründer der landwirtschaftlichen Kreditgenossenschaften. Er wurde am 30. März 1818 als 7. Kind des Landwirts und Bürgermeisters G. F. Raiffeisen in Hamm (an der Sieg) geboren. Nach seinem Militärdienst und einer Ausbildung im Verwaltungsdienst wurde er am 1.3.1845 Bürgermeister in Weyerbusch. 1846/47 begann er sein genossenschaftliches Wirken. Die von ihm gegründeten Raiffeisen- und Darlehnskassen sind noch heute als Spar- und Darlehnskassen wesentliche Bestandteile des landwirtschaftlichen Genossenschafts- und des gesamten Bank- und Kreditwesens.

Raiffeisen starb am 11.3.1888 im Alter von 70 Jahren. Dass sein Name nicht vergessen ist, davon zeugen unzählige Straßen und Plätze in aller Welt, die nach ihm benannt sind.

Friedrich Wilhelm Raiffeisen nach einem Porträt. Archiv: Raiffeisendruckerei

Der **Ebertplatz** (in der Eduard-Schreiber-Siedlung) ist benannt nach Friedrich Ebert, * 1871, † 1925. Ebert war gelernter Sattler, wurde Gewerkschaftler und Schriftsteller. 1912 wurde er Reichstagsabgeordneter, 1913 Vorsitzender der SPD und 1919 zum 1. Reichspräsidenten gewählt; er behielt sein Amt bis zu seinem Tod. Friedrich Ebert kämpfte gegen Links- und Rechtsradikalismus. Seiner überparteiischen maßvollen Haltung ist die

Festigung der demokratischen Ordnung in der Weimarer Republik zu verdanken. Die Verdienste, die sich Friedrich Ebert erworben hat, kann man am besten erkennen, wenn man die Lage Deutschlands im Jahre 1945 (nach dem verlorenen 2. Weltkrieg) mit der im Jahre 1919 vergleicht, wo Deutschland wenigstens noch bestehen blieb.

Der Ebertplatz wurde 1933, also in der NS-Zeit, umbenannt in „Leo-Schlageter-Platz". Nach dem Krieg, nämlich durch Beschluss der Stadtverordneten-Vers. vom 28.5.1947, wurde die Umbenennung von 1933 wieder rückgängig gemacht.

Der **Kolpingweg** am Wintersberg ist ein in den Jahren 1932/33 von Mitgliedern des seinerzeitigen Gesellenvereins (der heutigen Kolpingfamilie) gebauter Feldweg, der am Wolfsgraben, der verlängerten Hochstraße, beginnt und über das Ende der Lohrer Straße hinausführt.

In meiner **Vorbemerkung** zu dieser Artikelserie hatte ich zum Ausdruck gebracht, dass ich den sogenannten Kolpingweg „ausgeklammert" habe, weil dieser Weg offiziell nicht so heißt. Daraufhin wurde ich von Mitgliedern der Kolpingfamilie angesprochen, die nicht meiner Meinung waren. Ich habe deshalb mehrfach bei der Stadtverwaltung vorgesprochen, wo mir von den zuständigen Beamten bestätigt wurde, dass der fragliche Weg nirgends so geschrieben steht, weil er nicht über stadteigenes Gelände führt. Der Grund und Boden sei vielmehr noch Eigentum der betr. Anlieger, die beim Wegebau s.Z. aus eigenem Interesse zurückgetreten sind. Der Weg ist auf keinem städt. Lageplan eingezeichnet. Erst ab der Lohrer Straße ist der Weg in einer gewissen Linge vermessen, der als Ernteweg betrachtet werden kann. Da sich der Kolpingweg im Volksmund aber so eingebürgert hat, will ich den Namen des Weges noch aufnehmen.

Adolf Kolping, * 8.12.1813 in Kerpen bei Köln, † 4.12.1865 in Köln, war vom 13. bis zum 23. Lebensjahr Schuhmacher. Er war das jüngste Kind des Schäfers Peter Kolping und hätte gerne studiert. Weil die Mittel zum Studium aber fehlten und weil Adolf Kolping körperlich schwächlich war, wurde er – wie gesagt - Schuhmacher. Nach seiner Gesellenzeit ging er auf Wanderschaft und lernte als Geselle in den Werkstätten und Herbergen die religiöse, sittliche, soziale und politische Not der Werktätigen kennen. Mit 23 Jahren entschloss er sich, Priester zu werden, besuchte von 1837—1841 das Marzellengymnasium in Köln, von 1841—1844 die Universitäten München und Bonn, von 1844 -1845 das Priesterseminar in Köln und wurde am 13.4.1845 in der Menoritenkirche zum Priester geweiht. Nach der Priesterweihe erhielt er seine erste Kaplanstelle in der großen Arbeiterpfarrei St. Laurentius in Elberfeld. Dort wurde er mit der Not des arbeitenden Volkes noch mehr vertraut. Als sich 1846 eine Gruppe junger Handwerker in Elberfeld zusammenschloss, übernahm er diese später als Präses. Sein Werk, den Zusammenschluss der jungen Leute, nannte er Gesellenverein.

Zu den bürgerlichen Tugenden, die Kolping in den Gesellenvereinen gepflegt wissen wollte, gehörten die Geselligkeit, die

Bildung, Arbeitsamkeit, Sparsamkeit, Hilfsbereitschaft, Ehrlichkeit und Treue, Gehorsam gegenüber der Obrigkeit, die Liebe zu Heimat und Vaterland, als wichtigste Voraussetzung aber die Religion.

Das Werk Kolpings ist heute nicht nur in Deutschland ausgebreitet, sondern in vielen Ländern der Erde, sogar in Afrika, Argentinien, Brasilien und der USA. 1865 bestanden schon 418 Vereine mit rd. 28.000 Mitgliedern. Das Geld für sein Werk nahm er aus Geschenken, erbettelten Gaben und schriftstellerischen Arbeiten. Von vielen Staatsmännern und Politikern, Wissenschaftlern, Priestern und Bischöfen sowie dem Papst werden die Kolpingsfamilien heute hochgeschätzt.

Der Katholischer Gesellenverein Bad Orb als Ursprung der heutigen Kolpingfamilie wurde im Januar 1929 gegründet.

Benutzte Quellen zu Abschnitt IV. Straßen nach Personen der deutschen Geschichte:

Gutenberg:	Brockhaus-Lexikon
Luther:	ohne
von Dalberg:	Zentgraf: „Bilder aus der Geschichte der Stadt Bad Orb" sowie weitere Schriften und Lexiken;
Jahn:	DTB-Pressedienst
Ludwig I.:	Johann Büttel, wie schon gen. und Brockhaus-Lexikon
Raiffeisen:	Unterlagen der Raiffeisenbank Bad Orb
Ebert:	Duden-Lexikon
Kolping:	Kolping und seinem Werk von Pfarrer Peter Klein, Köln 1959

V. Straßen nach Dichtern:

Joseph von Eichendorff, Adalbert Stifter, Hermann Löns

Die **Eichendorffstraße**, benannt nach dem Dichter Joseph Freiherr von Eichendorff, ist eine Straße im Haseltal; sie zweigt von der Haselstraße ab und geht im Bogen wieder auf sie zurück. Ihre Benennung erfolgte auf den bekannten Beschluss der Stadtverordneten-Vers. v. 23.10.1963.

Joseph Freiherr von Eichendorff, * 1788, † 1857, war ein Liederdichter und Lyriker und kämpfte in den Freiheitskriegen als Lützower Jäger. Er war ein gläubiger Katholik und ein religiös-nationaler Erzieher. Als Liederdichter schuf er die Lieder „Wem Gott will rechte Gunst erweisen“, „O Täler weit, o Höhen“, „In einem kühlen Grunde“, „Es rauschen die Gipfel“, „Wer hat dich, du schöner Wald“. Er schrieb aber auch heitere Lieder, Totenlieder, Sprüche, nationale und geistliche Lieder. Von ihm ist der Roman **Dichter und ihre Gesellen,** die Novelle **Aus dem Leben Taugenichts** und das Lustspiel **Die Freier** bekannt.

***

Die **Adalbert-Stifter-Straße** ist eine Seitenstraße der Haselstraße. Sie ist benannt (gem. dem Beschl. der Stadtverordneten Versammlung v. 23.10.63) nach dem Dichter Adalbert Stifter, * 1805, † 1868. In Oberplan an der Moldau kam er zur Welt. Er wuchs auf im Umgang mit Landschaft, Volk und Märchen. Er studierte in Wien, er malte und diente als Hauslehrer in aristokratischen Häusern, später lebte er als Schulinspektor in Linz. Schauplatz seiner Erzählungen war seine Heimat Böhmerwald. Durch Adalbert Stifter erfuhr die Erzähldichtung eine neue Hochform der Prosa. Erst nach dem 1. Weltkrieg wurde ihr dichterischer Wert anerkannt. Nietzsche gab den ersten Hinweis auf Stifters klassischen Stil. Von seinen Erzählungen und Werken sind zu nennen: **Bunte Steine**, **Witiko, Der Nachsommer, Kondor, Hochwald, Narrenburg, Aus der Mappe Urgroßvater, Brigitta** u.a.

Stifters Leben endete nach langem schmerzhaftem Leiden durch Freitod.

Der **Hermann-Löns-Weg** wurde benannt (auf Grund des gleichen Stadtverordneten-Beschlusses vom 23.10.1963) nach dem Dichter und Schriftsteller Hermann Löns, * 1866, † 1914. Er ist eine Abzweigung von der Heppenmauer und führt parallel zur Haselstraße.

Hermann Löns war ein schlicht und idyllisch erzählender Chronist. Er lebte in engster heimatlicher Verbundenheit mit Wald und Tier, Sumpf und Heide. Aus der lyrischen Liebe zum naturhaften Sein erwuchsen seine Beobachtungsbücher und Tierdichtungen, so **Mein grünes Buch** (1901), **Mümmelmann** (1909) u.a. Dem Sturm und Drang der Zeit stand Hermann Löns nahe. dessen strudelnde Erzählungen in der berichtenden Selbstdarstellung **Das zweite Gesicht** (1911) seltsame Wege ging. Im **Wehrwolf** (1910) gibt er dem Bauerntum des 30jährigen Krieges eine besondere Bedeutung. Manche seiner Gedichte wurden anonymes Volksgut. Die Jugendbewegung erkor ihn, der im 1. Weltkrieg schon 1914 als Kriegsfreiwilliger gefallen ist, zum Lieblingsdichter.

Benutzte Quelle zu V. Straßen nach Dichtern:

Fritz Martini, Deutsche Literaturgeschichte, Stuttgart, 1951.

Allgemeine Anmerkungen

1. Zunächst danke ich allen, die mich bei meiner Arbeit unterstützten und bei den einzelnen Ermittlungen behilflich waren.
2. Ich habe mich bemüht, in dieser Niederschrift alle Orber Straßen, die nach Personen oder Adelsgeschlechtern benannt sind, zu erfassen. Sollte ich die eine oder andere übersehen haben, wird man mich sicherlich darauf aufmerksam machen; ich werde dann eine entsprechende Ergänzung bringen.
3. Bei vier Abfassung der 5 Abschnitte dieses Aufsatzes ist mir aufgefallen, dass verschiedene Straßen wie die Quanz-, Sauer-, Lauzen- und Faulhaberstraße ihre Namen vermutlich erst nach der Jahrhundertwende bekommen haben, und zwar zu jener Zeit, als die ersten Häuser an den einzelnen Straßen oder Wegen gebaut wurden, die bis dahin noch keinen Namen hatten. Vielleicht lässt sich dies daraus erklären, dass man erst mit der Schrift von Johann Büttel Stadt und Orb, die 1901 herauskam, auf die einzelnen Personen und Adel aufmerksam wurde und die dort genannten Namen für die Straßenbenennung in Betracht zog.
4. Es ist nicht ausgeschlossen, dass über kurz oder lang neue Straßen in Bad Orb gebaut werden. Bei der Namensnennung sollte man zuerst Bürger berücksichtigen, die kulturell etwas getan haben, z.B. Rektor Zentgraf, der immerhin 3 wertvolle Bücher über Orb herausgegeben oder auch Rektor Hardt, der sich um unser Heimatmuseum verdient gemacht, ebenso der Lehrer Georg Henkel, der das beliebte und viel gesungene Orber Lied und viele weitere Kompositionen geschaffen hat; gegebenenfalls auch die Bürgermeister Eduard Schreiber und Anton Drisch, die sich kommunal-

politisch sich verdient gemacht haben, bevor man an Personen denkt, die zu Orb wenig oder keinerlei Beziehungen gehabt haben. Auch könnte man die Stadtgründer in Erwägung ziehen, die Dr. Heinz Dehmer in seiner 1983 von der Volksbank Bad Orb herausgegebenen Schrift „Orb 750 Jahre Stadt" anführt. Dabei sollte man aber darauf achten, dass die betr. Namen nicht zerstreut werden, sondern sich auf Straßen in einem „in etwa" zusammenhängenden Gebiet beziehen.

Geschichte aus erster Hand

31. Januar 1985

07. Februar 1985

14. Februar 1985

21. Februar 1985

28. Februar 1985

24. Geschichte aus erster Hand

I. das

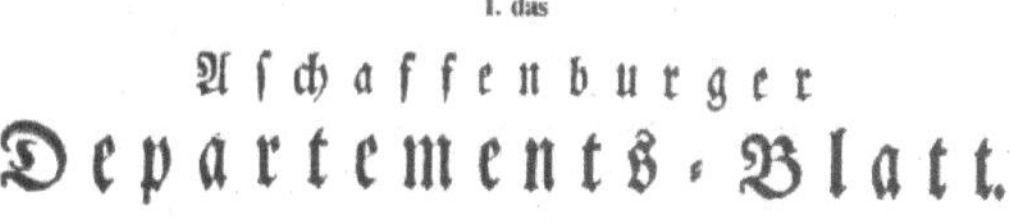
Aschaffenburger
Departements-Blatt.

erschienen 1813,

II. das

Aschaffenburger
Intelligenz-Blatt.

erschienen 1814,

und III. das

Königlich Baierisches
Intelligenz-Blatt
für das
Fürstenthum Aschaffenburg.

erschienen 1817

Diese 3 Zeitungen waren vor rd. 170 Jahren die für Orb zuständigen amtlichen Nachrichtenblätter. Ich habe die Gelegenheit wahrgenommen, darin zu blättern und habe auch einige geschichtlich oder sonst allgemein interessierende Aufsätze gefunden. Die Blätter sind allerdings manchmal schon vergilbt und der Text ist nicht immer gut lesbar.

In der Hoffnung, dass sich geschichtsbewußte Orber Bürger dafür interessieren, habe ich mehrere Artikel den Blättern entnommen und sie dem Verlag dieser Zeitung - im Urtext und ohne einen wesentlichen Kommentar - angeboten. Die Kopien können jedenfalls noch manches Wissenswertes aus der damaligen Zeit vermitteln.

Bis Herbst 1813 war das Gebiet, über die die eingangs genannten Zeitungen berichteten, unter französischer Herrschaft. Danach übernahm Philipp, Prinz von Hessen-Homburg, die Regierung. Durch den Wiener Kongress (1814/15) wurde das Fürstentum Aschaffenburg, zu dem Orb gehörte, bayerisch.

Aus dieser Zeit folgen also einige amtliche und nichtamtliche Veröffentlichungen in den nächsten Ausgaben dieser Zeitung.

Geschichte aus erster Hand

I. Teil

I. Zeitungsausschnitte aus der Zeit der französischen Herrschaft, vor Herbst 1813

Aschaffenburger Departements-Blatt.

Proclamation
an die
Einwohner der durch die Truppen Sr. Majestät des Kaisers und Königs besetzten Länder,

Der Feind hat es gewagt, einige Haufen von Cavallerie in eure Besitzungen einrücken zu lassen.

Ihr sucht die Ursachen dieser Verwegenheit zu ergründen; — Hier sind sie.

Unnützer, aber glücklicher Zuschauer des Verlustes, den wir von einem unwiderstehlichen Clima in einem unwirthbaren Lande erlitten haben, hat der Feind sich das Ansehen gegeben unser Unglück als eine Niederlage zu betrachten und ist darüber stolz und aufgeblasen geworden, als ob wir dasselbe nur ihm beyzumessen hätten.

In dem Taumel seiner Freude hat er schon vergessen, daß noch vor kurzem seine ganze, in seinem eigenen Lande vereinigte Macht sich vergebens bemühet hat, uns den Weg nach Moscau zu verschließen und die alten Thore des Kremlins gezwungen waren, unter seinen Augen sich unsern Adlern zu öfnen.

Weiß es Europa etwa nicht, daß vom Niemen bis nach Moscau, und von Moscau bis an die Elbe, der Feind sich noch keines andern glücklichen Erfolgs zu rühmen hat, als das Berliner Cabinet zur Treulosigkeit verleitet zu haben?

Weiß es Europa etwa nicht, daß die Russen als sie noch ihrem Lande fochten, ihre ganze Hoffnung nur auf ihr Clima und auf das Verbrennen ihrer Palläste und ihrer Hütten setzten, und außer ihrem Vaterlande sie ihr Heil in Verletzung der Tractaten und in Aufwiegelung der Völker suchen mußten?

Gewiß werdet ihr Bewohner der von den Französischen Armeen besetzten Länder, mit Unwillen und furchtlos die Anstrengungen der Feinde von euch weisen, welche sie zu versuchen wagen könnten, um euch in Ansehung eures Vortheils und eurer Pflichten zu täuschen.

Getreu euren Verbindungen und euren Gesetzen, werdet ihr auf immer den beschämenden Ruf, den die Preußen sich so eben in der Geschichte erworben, von euch entfernen.

Die Französische Armee führt keinen Krieg gegen die Völker. Sie wird euch gegen die Russen und Preußen beschützen; aber sie wird auch nicht dulden, daß irgend ein Unterthan der von ihr besetzten Länder die Parthey ihrer Feinde nehme und ihre Bewegungen und ihre Pläne auf irgend eine Weise begünstige.

Diesem zufolge haben wir

Eugen Napoleon von Frankreich,

Erz-Staats-Kanzler des Reichs, Vice-König von Italien, Fürst von Venedig, Erbprinz des Großherzogthums von Frankfurth, Lieutenant Sr. Majestät des Kaisers und Königs, General en Chef der Armee in Deutschland.

Befohlen und befehlen:

Art. 1.

Jeder Einwohner der von Sr. Kaiserlichen Majestät Truppen besetzten Länder, der sich irgend einer Handlung, eines Briefwechsels, oder irgend eines andern Schritts schuldig machen würde, die Feinde Frankreichs und seiner Verbündeten zu begünstigen, oder ihnen Dienste zu leisten, wird auf der Stelle arretirt, einer militairischen Commission übergeben und binnen 24 Stunden mit dem Tode bestraft werden.

Art. 2.

Die gegenwärtige Proclamation soll dem Armee-Befehle einverleibt, in beyden Sprachen gedruckt, öffentlich in allen von den Französischen Armeen besetzten Ländern angeschlagen werden.

Art. 3.

Der Chef des Generalstabs, die Marschälle des Reichs, die Generäle, Gouverneure und Commandanten der Festungen sind beauftragt, den gegenwärtigen Befehl zu vollziehen.

Gegeben in unserm Hauptquartier zu Königsborn den 4. April 1813

Unterzeichnet: Eugen Napoleon.

In Auftrag, der Divisions-General und Chef des Generalstabs des Major Generals.

Unterzeichnet: Graf Monthion.

Anmerkung: Eugen Napoleon war ein Stiefsohn von Napoleon Bonaparte.

Bekanntmachung

Bei der bevorstehenden Ankunft von mehreren hundert Kaiserl. Königl. Französischen Soldaten gebricht es dermal an Charpie und Bandagen.

Es wird daher Jedermann ersucht zur Erleichterung der Leidenden Beiträge von altem Leinwand zu machen und solche an den Hrn. Maireadjunkten Stürbrink abzugeben, welcher solche dankbar in Empfang nehmen, auch auf Verlangen eine verhältnißmäßige Bezahlung dafür leisten wird.

Aschaffenburg am 16ten Mai 1813.

Der Maire der Stadt Aschaffenburg

Leo.

Auf den 20ten Juli l. J. werden zu Orb in dem Gasthause zum Hirsch: 400 in dem Alsberger Forste ausgezeichnete Holländer Eichen versteigert. Der Anfang der Versteigerung ist Vormittags um 9 Uhr. Die Stämme stehen kaum eine Stunde von der Chaussee bey Salmünster entfernt, bis wohin die Abfuhr sehr bequem ist, und von wo aus sodann die weitere Abfuhr bis an den Main auf der Chaussee und sonstigen guten Weegen bewerkstelliget werden kann.

Die Aufnahmsverzeichnisse so wie die nummerirten Stämme selbst können durch Hrn. Revierförster Glassen in Alsberg auf Verlangen vorgezeigt werden.

Wirtheim am 25ten Juni 1813.

Der Forstrath Frhr. v. Lobkowitz.

Bekanntmachung des Präfekten.

(Die erledigten Chirurgenstellen zu Orb und Lohr)

Durch die bald aufeinander gefolgten Todsfälle des Hrn. Amtschirurgen Künnewolf zu Lohr, und des Hrn. Amtschirurgen Heider zu Orb sind die beiden Amtschirurgenstellen zu Lohr und Orb zu gleicher Zeit erledigt; die Orber erstreckt sich über 15 Ortschaften und eine Bevölkerung von 9000 Seelen; die Lohrer über 8 Ortschaften und eine Bevölkerung von 5400 Seelen. Mit der Stelle zu Orb ist ein ständiger Gehalt von 123 fl. an Geld, sodann Naturalien 5 Klafter buchen Holz und 200 Wellen. Mit der Stelle zu Lohr sind 72 fl. an Geld und 2 Klafter Loosholz als ständige Emolumente verbunden. Ich bringe dieses hiemit vermittelst des Intelligenzblatts zur öffentlichen Kenntniß, damit diejenigen, welche zur Wiederbesetzung dieser Stelle die erfoderlichen Kenntnisse und Fähigkeiten besitzen, und sich einer Prüfung unterwerfen wollen, Gelegenheit finden sich darum zu bewerben.

Aschaffenburg am 24ten Nov. 1813.

Der Präfekt, Will.

Der General-Sekretair
Frhr. v. Strauß.

II. Zeitungsartikel aus der Zeit nach der Befreiung von der französischen Herrschaft

Aschaffenburger Intelligenz-Blatt.

General-Pardon.

für alle Deserteure und vom Recrutenzuge entwichene Eingeborne der Departemente Frankfurt, Aschaffenburg und Fulda vom Großherzogthum Frankfurt, und des Fürstenthums Ysenburg.

Seiner Kaiserl. Königl. Apostolischen Majestät General-Feldmarschall-Lieutenant und Inhaber eines Infanterieregiments, Ritter des Kaiserlich Oesterreichischen Theresien- und des Kaiserlich Russischen St. Georg-Ordens, Großkreuz des Königlich Preussischen rothen Adler-

und des Hessischen Löwenordens, Generalgouverneur des Großherzogthums Frankfurt und des Fürstenthums Ysenburg.

Deutschlands Befreiung und Begründung dessen Wohlfahrt, sind die schon oft und feierlich ausgesprochenen Absichten der hohen verbündeten Mächte.

Damit dieses Ziel bald und sicher erreicht werde, sind die kräftigsten Anstalten unter den hohen verbündeten Mächten geschehen und werden ohne Unterlaß fortgesetzt. Alle diese Maasregeln und Anstrengungen sind bis jetzt mit dem glücklichsten Erfolge gekrönt worden.

Daß die Landestheile, welche in Folge dieser Ereignisse meinem Obergubernio untergeordnet sind, nach Maasgabe ihrer Bevölkerung und übrigen Kräfte zu jenem hohen Zwecke beitragen, ist der Wille der hohen verbündeten Mächte, ist die heilige Pflicht eines jeden Bewohners dieser Landestheile.

Zu diesem Endzwecke soll das verhältnißmäßige Contingent an stehendem Militair und an Landwehr unverzüglich errichtet werden.

Da mir aber die Anzeige geschehen, daß viele junge Männer, welche unter den vorigen Verhältnissen theils zum wirklichen Militair eingetretten, oder zur Ziehung für dasselbe bestimmt waren, entwichen, diese aber schon nach jenen Verhältnissen vorzüglich für sich, und rücksichtlich ihrer Mitbürger, zur Leistung der Militairdienste verpflichtet, hoffentlich auch unter den jetzigen Verhältnissen hierzu willig und bereit sind, und lediglich aus Furcht der gesetzlichen Bestrafung von ihrer freiwilligen Rückkehr abgehalten werden:

So wird jedem Deserteur vom Militair und jedem vom Rekrutenzuge entwichenen Eingebornen der Departemente Frankfurt, Aschaffenburg und Fulda des Großherzogthums Frankfurt, und des Fürstenthums Ysenburg, unter folgenden nähern Bestimmungen gänzliche Verzeihung und Befreiung von allen, sowohl körperlichen, als Vermögensconfiscationsstrafen, in so fern das Vermögen noch nicht wirklich eingezogen ist, wegen seiner Entweichung hiermit zugesichert;

1) wenn er vor Anfang des Jahres 1814, also noch im Laufe dieses Monats, freiwillig zu seiner Pflicht zurückkehrt, und sich deshalb bei der jetzigen Militair- oder Civilbehörde des Landes, wo er entwichen ist, persönlich anmeldet;

2) wenn er ausser der Entweichung kein anderes Verbrechen begangen hat.

3) Derjenige, welcher zu Militairdiensten für untauglich befunden wird, erhält seine Entlassung.

Diejenigen, welche gegen Erwarten den gegenwärtigen Generalpardon zu ihrer freiwilligen Rückkehr und persönlichen Stellung bei den Militair- und Civilbehörden in dem festgesetzten Termine bis zum letzten December 1813 nicht benutzen, haben es sich alsdann selbst beizumessen, wenn sie nach aller Strenge der bestehenden Landesgesetze verfolgt, behandelt und bestraft werden.

Allen Landes- und Militairbehörden wird daher und hierdurch aufgegeben, gegenwärtige Amnestie möglichst schnell und allgemein bekannt zu machen, und nach Ablauf des bestimmten Termins die angemessenen Mittel zu ergreifen, alle jene Ungehorsame habhaft zu werden, und zur gebührenden Bestrafung einzuliefern, welche sich nicht freiwillig gestellt haben.

Gegeben zu Frankfurt am Main, den 8. Dezember 1813.

(L. S.)

Philipp, Prinz zu Hessen-Homburg.

II. Zeitungsartikel aus der Zeit nach der Befreiung von der französischen Herrschaft

§. 3.

Allen in die Schaar Eintretenden kommt der Rang eines Gefreiten, die Befreiung von körperlichen Strafen und das Prädicat Sie zu. Bei der Stiftung, jetzo, werden die Officiere vom Generalgouverneur ernannt, späterhin von den Freiwilligen gewählt.

§. 4.

Die Besoldungen für die dem Dienste der Schaar der Freiwilligen sich widmenden Civilofficianten bleiben unverkürzt, und zwar sollen im Allgemeinen die verheiratheten ein Drittel, die zurückbleibenden Familien gleichfalls ein Drittel davon erhalten, und ein Drittel ihres Einkommens soll ihnen bis zum Wiedereintritt in den Civildienst, als Beitrag zu ihrer dereinstigen Einrichtung, aufbewahret werden.

Die unverheiratheten erhalten ein Drittel, und zwei Drittel werden ihnen zur freien Disposition bei ihrer Rückkehr zu dem nämlichen Zwecke vom Staate in Verwahrung genommen. Die Chefs der Behörden werden für die gewissenhafte Aufbewahrung dieser Gehaltsdepositen verantwortlich gemacht. Zur Equipirung und häuslichen Einrichtung wird jedem in die Schaar der Freiwilligen eintretenden Civilbeamten nach den Umständen ein monatlicher Gehaltsvorschuß bewilligt.

§. 5.

Den Civilofficianten bleiben ihre Stellen bis nach dem Kriege vorbehalten. Mittlerweile müssen die Geschäfte der in die Schaar eintretenden von den zurückbleibenden ohne Entschädigung übertragen werden.

§. 6.

Zur Unterstützung der Wittwen und Waisen der im Felde bleibenden Staatsdiener muß aus Zuschüssen vom Staate und aus verhältnißmäßigen Beiträgen des Civilstandes ein besonderer Fond gebildet werden.

§. 7.

Jeder Officiant, welcher den Feldzug mitgemacht hat, wird bei seinem Avancement im Civildienste besonders berücksichtigt, und ihm bei gleicher Dienstfähigkeit vor solchen Dienern, deren Verhältnisse es gestattet hätten, auch der Schaar zu folgen, der Vorzug eingeräumt werden. Es können während der Dauer des Krieges alle vacant werdende Stellen nur interimistisch besetzt werden.

Die im Felde erworbenen Ehrenzeichen berechtigen einen solchen Vaterlandsvertheidiger nicht allein zu einer vorzüglichen Beförderung, sondern geben ihm auch, wenn er bei sonst untadelhafter Führung den Dienst zu verlassen genöthiget wird, das Anrecht auf eine um die Hälfte zu erhöhende Pension seines Ranges

§ 8

Die Freiwilligen der Schaar müssen sich selbst kleiden, beritten machen, und wo möglich auch bewaffnen Die Farbe der Kleidung ist dunkelgrün Ueber die näheren Bestimmungen giebt das Organisationsbureau Auskunft

§ 9

Damit jedoch nicht arme junge Männer, die sonst alle Tüchtigkeit zu einem Mitgliede der Schaar haben, wegen ihrer Unfähigkeit, sich selbst auszurüsten, abgehalten werden mögen, haben die Communen, in deren Umfang dergleichen junge Männer sich aufhalten, durch Einsammlung freiwilliger Beiträge für deren Ausrüstung Sorge zu tragen.

In Beziehung auf diese Einsammlung selbst, haben die Mairien und Municipalitäten zu veranlassen, daß Gesellschaften rechtschaffener und geachteter Männer sich vereinigen, welche unter ihrer Oberaufsicht für die vorschriftmäßige Verwendung sorgen. Späterhin, sobald es die Umstände gestatten, soll darauf gedacht werden, für diesen Zweck einen eigenen größern Fond zu begründen.

§. 10.

Es kann Niemand in die Schaar aufgenommen werden, den körperliche Gebrechlichkeiten für den Kriegsdienst untüchtig machen.

§. 11.

Jedem, auf dem der Vorwurf eines Verbrechens, oder ein entschieden böser Ruf lastet, ist der Eintritt in die Schaar verwehrt. Was den Eintritt untersagt, nöthigt auch zum Ausscheiden.

§. 12.

Die Schaar der Freiwilligen soll zusammengesetzt seyn:

a) aus reitenden Jägern,
b) aus Jägern zu Fuß.

§. 13.

Es sollen die Freiwilligen zum innern Dienste der Garnisonen, zu Polizeischildwachen, zu Arbeits- Transport- und Bagagecommandos nicht verwendet werden.

§. 14.

Die Freiwilligen der Schaar werden in eben dem Maaße besoldet, wie die stehenden Truppen.

§. 15.

Sie stehen während der Dienstzeit unter den allgemeinen Militairgesetzen, welche schon bestehen, oder noch angeordnet werden sollen.

II. Zeitungsartikel aus der Zeit nach der Befreiung von französischer Herrschaft

Mittwoch am 15. Dezember 1813.

Seiner Kaiserl. Königl. Apostolischen Majestat General-Feldmarschall-Lieutenant und Inhaber eines Infanterieregiments, Ritter des Kaiserlich Oesterreichischen Theresien- und des Kaiserlich Russischen St. Georg-Ordens, Großkreuz des Königlich Preussischen rothen Adler- und des Hessischen Löwenordens, Generalgouverneur des Großherzogthums Frankfurt und des Fürstenthums Ysenburg.

Eine allgemeine Bewegung erhebt die deutschen Völker, die Freiheit, welche die glorreichen Siege der verbündeten Mächte ihnen geschenkt haben, gegen den ausländischen Unterdrücker zu behaupten und wieder fest zu gründen.

Alles ruft zu den Waffen und strömt dem vaterländischen Rheine zu. Es ist nicht der Strom von Bewegung, der einst beim Beginn der französischen Umkehrung, mit trügerischer Verheissung, als brächte er nur Glück und eine ungekannte Freiheit, über Eure Marken, Ihr Bewohner von Frankfurt und der Lande Fulda, vom Spessart und am Odenwald! einbrach, und Euch von Eurem Vaterlande, Eurer Verfassung und von deutscher Treue loszureissen versuchte, dem Ihr aber, alle Verführung abweisend, so lange die Uebermacht Eure Kräfte nicht niederdrückte, standhaft widerstrebtet. Habt Ihr die alte Treue und den deutschen Sinn bewahrt, bei welchem der ausländische Schwindelgeist seine Gränzen fand; o! so eilt und schließt Euch nun willig den Schaaren an, welche für das einst so heilig von Euch geachtete Gut, vaterländische Freiheit, Sitte und Verfassung, muthig in den Kampf eilen, und nie die Uebermacht wollen zurückkehren lassen, welche das alte Volk der Deutschen mit schimpflicher Knechtschaft und völligem Untergang bedrohte. Ein großer Waffenplatz ist ganz Deutschland. Für alle Deutsche sind die Schranken geöffnet, zu erndten Ruhm und unsterbliches Verdienst um das Vaterland.

Zum freiwilligen Eintritt in diese Schranken fordere ich die Männer im Umkreise meines Generalgouvernements auf, und setze nach dem Willen der hohen verbündeten Mächte, darüber Folgendes fest.

§. 1.

Es soll aus den wehrhaften Männern meines Generalgouvernements, welche sich aus eigenem freiem Antriebe zum Dienste des Vaterlandes stellen, eine eigene Schaar gebildet werden.

Sie wird aus besondern Abtheilungen für Frankfurt, die Lande vom Spessart, Fulda und Ysenburg bestehen. Die Einwohner der Stadt Wetzlar schliessen sich an die Abtheilung von Frankfurt an. Nach der Verschiedenheit der Abtheilung führt die Schaar den Namen:

Schaar der Freiwilligen von Frankfurt.
. . . . vom Spessart.
. . . . vom Lande Fuld.
. . . . — — Ysenburg.

§. 2.

Der Errichtung dieser Schaar liegt eine doppelte Absicht zum Grunde.

Einmal wollen die hohen verbündeten Mächte diejenigen, welche wohlhabend genug sind, um sich selbst bekleiden und ausrüsten zu können, in einer ihrer Erziehung und ihren übrigen Verhältnissen angemessenen Form zu diesem Dienste auffordern, und dadurch vorzüglich solchen jungen Männern Gelegenheit zur Auszeichnung geben, die durch ihre Bildung, Kenntnisse und Verstand sogleich ohne lange Uebung gute Dienste leisten, und demnächst geschickte Officiere und Unterofficiere abgeben können.

Zum Andern aber soll diese Schaar, in welcher sich aller Wahrscheinlichkeit nach die Blüthe des Volks zusammen finden wird, die Bestimmung haben, der Landwehr und selbst den stehenden Truppen als ein lebendiges Muster der Tapferkeit und Kriegszucht, des rastlosesten Eifers und der tüchtigsten Gesinnung vor Augen zu stehen.

Obgleich die Schaar der Freiwilligen zusammen ein eigenes Corps bildet, und zu dem Ende im Ganzen organisirt und geübt wird; so soll sie doch zu einem heilsamen Verkehr in Abtheilungen bei der Landwehr in der Regel commandirt werden, und auf diese Weise mit der Letztern in genauerer Verbindung stehen.

Verkündung
des Landsturms für das General-Gouvernement Frankfurt.

Die drei hohen verbündeten Mächte, Oesterreich, Rußland und Preussen, in der aus eigener glorreichen Erfahrung hervorgegangenen Ueberzeugung; daß nur durch Hülfe allgemeiner Volksbemannung der Kampf gegen Frankreich mit unzweifelhaftem Erfolge durchgeführt werden könne, haben nach der Völkerschlacht bei Leipzig, wo durch ihrer Heere heldenmüthigen Kampf der Name und die Freiheit von Deutschland Europa's großem Unterdrücker abgerungen werden, beschlossen: daß überall, ausser den stehenden Truppen und Freiwilligen, auch Landwehr und Landsturm aufgeboten werden solle. Nicht nur in der gemeinsamen Verordnung für die unter besonderer Verwaltung genommenen Provinzen, sondern auch in den Bundesacten der dem allgemeinen Kampfe später beigetretenen deutschen Fürsten, macht die Verpflichtung zur schleunigen Bildung dieser verschiedenen Arten der Nationalbewaffnung einen der wesentlichsten Puncte aus.

Der Aufruf zur Stellung von Landwehren und Freiwilligen ist bereits erfolgt. Jetzt, da die verbündeten Heere an dreien Orten jenseits des Rheins neuem Ruhme entgegen eilen, ist es Zeit, ungesäumt an die Errichtung des Landsturms zu denken. Durch eine ausdrückliche Aufforderung Seiner Excellenz, des Herrn Feldmarschalls von Blücher, sieht sich das unterzeichnete General Gouvernement noch zu vermehrter Beschleunigung desselben dringend veranlaßt. Ein gleiches Aufgebot wird in den benachbarten Gauen erfolgen, und in wenigen Wochen wird man, von den schneebedeckten Alpen bis zu den wasserreichen Niederungen an der Nordsee, Deutschlands wehrhafte Männer unter den Waffen sehen. In der Schweiz bestand, so lange sie frei war, seit Jahrhunderten dieselbe alte Sitte, und der souveraine Fürst der vereinigten Niederlande hat seine neue Laufbahn mit einer gleichen Verfügung begonnen.

Um allem Mißverstande und verkehrter Ansicht gleich im Entstehen vorzubeugen, soll in dieser Verkündung [illegible] Zweck des Landsturms kurz aus einander[illegible]den. Ein Volk, dem man die Waff[illegible]vertraut, verdient auch, daß man zu ih[illegible]rede.

In der Eile des Sieges sind die verbündeten Heere an den Rhein gekommen. Vom Kriege überhaupt, zumal aber, wenn er mit solcher Erbitterung und Rastlosigkeit geführt wird, wie der jetzige, von so verschiedenartigen Nationen, und so weit über die heimischen Gränzen derselben hinaus, ist mancherlei Unfug, von einzelnen Uebelgesinnten verübt, fast unzertrennlich. Ihr alle habt den Druck dieses verhaßten Uebels auf mancherlei Weise erfahren. Demselben möglichst zu steuern, haben die hohen verbündeten Mächte, mit Benutzung aller fremden und eignen Erfahrungen, ein ausführliches Etapenregulativ entwerfen lassen. Die darinn erlassenen heilsamen Verordnungen in vollständige Wirksamkeit zu setzen, ist es jedoch nöthig, daß durch eine zahlreiche Polizeimiliz das zur Seite der Militairstraßen gelegene Land von allen Marodeuren und ähnlichem herumstreifenden Gesindel gesäubert, die Sicherheit jeglichen Verkehrs hergestellt, und eine regelmäßige Verpflegung der nachrückenden Truppen eingeleitet werde. Dieß zu vollbringen, und die dadurch gewonnene Ordnung dauerhaft aufrecht zu erhalten, ist die Eine große Bestimmung des Landsturms.

Bekanntmachung.

Bereits durch mehrere polizeiliche Weisungen ist die Anzeige und Auslieferung alles französischen Eigenthums anbefohlen worden. Da sich diese Weisung auch insbesondere auf alle Gelder und Effekten des französischen Gouvernements oder öffentlicher Institutionen und Behörden desselben erstreckt, so fodere ich sämmtliche Einwohner der meinem Gouvernement anvertrauten Lande, mithin alle Einwohner des Großherzogthums Frankfurt, Fürstenthums Isenburg und der Nieder Graffschaft Katzenelnbogen andurch nachdrücklich auf, nicht allein alle die in Handen habenden Gelder und Effekten dieser Art getreulich und ohne alle Ausnahme abzuliefern, sondern auch, in so ferne irgend Jemand von deren Vorhandenseyn innerhalb der von den verbündeten Mächten besetzten Länder Kenntniß haben sollte, hievon sogleich die Anzeige zu machen, unter Strafe des Selbstersatzes und bei Vermeidung, nach Befinden der Umstände sogar als des Einverständnisses mit dem Feinde verdächtig bestraft zu werden.

Gegenwärtiger für sämmtliche Einwohner der gedachten Lande verbindliche Befehl soll gedruckt und nicht allein auf die gewöhnliche Art bekannt gemacht, sondern auch in allen Städten und Dörfern öffentlich angeschlagen werden.

Sämmtliche Staatsbehörden sind für die pünktliche Vollziehung der gegenwärtigen Weisung verantwortlich erklärt.

Frankfurt am 28sten November 1813.

Philipp, Prinz zu Hessen-Homburg,
K. K. Feldmarschall-Lieutenannt
und General-Gouverneur.

III. Bekanntgaben unter bayerischer Regierung

Königlich Baierisches Intelligenz-Blatt für das Fürstenthum Aschaffenburg.

Wir Maximilian Joseph von Gottes Gnaden König von Baiern ꝛc. ꝛc. Entbieten Allen und Jeden, welche dieses lesen oder lesen hören, Unsere Gnade und Unsern Gruß, und fügen denselben zu wissen:

Da nach einer zwischen Sr. Maj. dem Kaiser von Oestreich und Uns geschlossenen freundschaftlichen Uibereinkunft das Fürstenthum Aschaffenburg in seinem dermaligen Umfange und Grenzen, so wie es von dem letzten Regenten besessen worden ist, nunmehr Uns, Unsern Erben und Nachkommen, dergestalt zugeeignet werden soll, daß dasselbe auf ewige Zeiten Uns angehören, und bei Unserm königlichen Hause, mit dem Königreiche Baiern verbleiben, auch Wir, und Unser Nachfolger darin alle solche Souveranitätsrechte, wie sie bisher dort ausgeübt worden sind, oder welche nach der Natur der Souveränität ausgeübt werden können, eben so, wie in Unsern andern Staaten geschieht, besitzen und ausuben sollen; so haben wir beschlossen, nunmehr von genanntem Fürstenthum, allen seinen Orten, Zubehörden und Zuständigkeiten Besitz nehmen zu lassen, und die Regierung darin anzutreten.

Wir thun solches kraft des gegenwartigen Patents, und verlangen hiernach von der Geistlichkeit, dem Adel, den Lehenleuten, den Civil- und Militärbehörden, den Magistraten der Städte, und von sämtlichen Einwohnern und Unterthanen, wessen Standes und Würde sie seyn mögen, hierdurch so gnädig als ernstlich, daß sie sich Unserer Regierung unterwerfen, Uns von nun an als ihren rechtmäßigen König und Landesherrn ansehen und erkennen, Uns vollkommenen Gehorsam und alle Unterthänigkeit und Treue erweisen, und sobald Wir es erfordern werden, die gewöhnliche Erbhuldigung leisten.

Wir ertheilen ihnen dagegen die Versicherung, daß Wir ihnen mit landesväterlicher Huld und Gnade allzeit zugethan seyn, allen Schutz angedeihen lassen, und überhaupt der Beförderung ihrer Wohlfahrt, unermüdet Unsere Vorsorge widmen werden.

Wir haben die Besitznahme des gedachten Fürstenthums Aschaffenburg Unserm Feldmarschall wirkl. geh. Rath, Ritter Unsers Hausordens vom h. Hubert, Großkreuz des Militär-Max-Joseph-Ordens, des Civil-Verdienst-Ordens der baierischen Krone, des k. k. östreich. st. Leopold, des k. rußischen st. Andreas, Alexander Newsky, und des st. Georgen, dann des k. preußischen schwarzen Adler-Ordens, Commandeur des k. k. östreich. Marien-Theresien-Ordens, Großoffizier der kön. franz. Ehrenlegion, Carl Philipp Fürsten Wrede, ubertragen, und erwarten, daß sämmtl. Einwohner und Unterthanen den durch ihn in Unserm Namen ausgesprochenen Anordnungen die schuldige Folge leisten werden. Wir setzen dabei fest, daß alle gegenwärtig im erwahnten Fürstenthum angestellten Beamte und Bedienstete vor der Hand in ihren Funktionen verbleiben, und ihre Amtsverrichtungen nach ihrem bisherigen Geschäftsgange und den bestehenden Vorschriften dergestalt fortsetzen, daß sie Unserer Gnade und Unsers fernern Vertrauens würdig bleiben. —

Zur Urkund dessen haben Wir gegenwärtiges Patent eigenhändig vollzogen, und mit Unserm königl. Insiegel bestärken lassen.

So geschehen und gegeben in Unserer Haupt- und Residenzstadt München den 19. Junius nach Christi Geburt im Eintausend Achthundert und Vierzehnten, Unsers Reichs im neunten Jahre.

Max Joseph.

(L.S.) Graf von Montgelas.

Auf königl. allerhöchsten Befehl
der Staatssekretär von Baumüller.

- **Nachdem Wir in dem zweiten Artikel des** am dritten Junius d. J. mit des Königs von Baiern Maj. durch die gegenseitig hiezu Bevollmächtigten in Paris abgeschlossenen Staatsvertrags die Verbindlichkeit übernommen haben gedachte Se. konigl. Maj. in den Besitz des Fürstenthums Aschaffenburg, so, wie es dessen letzter Souverän besessen hat, zu setzen; so haben Wir zur Vollziehung dieses Geschäfts ernannt und ernennen hiemit als Unsern Uibergabs=Commissär Unsern Lieben Getreuen den Herrn Johann Joseph Aloys Freiherrn von Hugel, Großkreuz des k. ungar. st. Stephansordens, wirkl. geh. Rath und außerordentl. Gesandten und bevollm. Minister. Wir ertheilen Ihm zu diesem Ende den Auftrag und die nöthige Gewalt, dem von Seite des Königs von Baiern dazu bevollm. Commissär, nach dem Wortlant und in dem Sinne des oben angeführten zweiten Artikels des am dritten Junius in Paris abgeschlossenen Staatsvertrags das Fürstenthum Aschaffenburg zu ubergeben, wie auch darüber die nöthigen Urkunden zu errichten und zu unterzeichnen, indem Wir auf Unser Kaiserl. Wort versprechen, dasjenige zu genehmigen, was gedachter Unser Commissar, in Bezug auf diesen Auftrag, in den Granzen der gegenwärtigen Vollmacht und der ihm hierüber ertheilten besondern Instruktion, im Einvernehmen mit dem von Seite Sr. des Konigs von Baiern Maj. ernannten Commissair verabredet, beschlossen und unterzeichnet haben wird. Zu dessen Urkund haben wir die gegenwartige Vollmacht mit eigener Hand gefertiget und mit Unserem aufgedruckten kaiserl. Siegel versehen lassen: So geschehen in Unserer kaiserl. Residenzstadt Wien am 20. des Monats Junius, im Jahr Eintausend Achthundert und Vierzehn, Unserer Reiche im Drey und Zwanzigsten.

Franz, mppr.

(L.S.) Nach Sr. K. Majestät hochsteigenem Befehle

Staatsrath von Hudelist.

Bekanntmachung.

Nachdem das Fürstenthum Aschaffenburg vermöge Uibereinkunft unter den hohen Machten an Se. k. k. apost. Majestat ubergegangen, von Allerhochstdenselben aber vermittelst Staatsvertrages vom 3. Juni 1814 an Se. k. Maj. von Baiern abgetreten worden ist: als werden andurch von Unterzeichnetem kraft allerh. Vollmacht samtliche zur innern Verwaltung des Furstenthums Aschaffenburg gehörende, sowohl geistliche als weltliche Staatsdiener, desgleichen samtliche Unterthanen und Vasallen des Fürstenthums Aschaffenburg ihrer bisher getragenen Dienst-, Unterthans-, und Lehenpflichten andurch feierlich entlassen.

Der Unterzeichnete erfullet dabei die angenehme Pflicht, sämtlichen zum Fürstenthume Aschaffenburg gehorigen Staatsdienern fur ihre wahrend seiner Civilverwaltung des Großherzogthums geleistete Dienste — bezeigte Treue — und kraftige Mitwirkung zur Sache Deutschlands seine ganze Zufriedenheit offentlich zu bezeigen.

Geschehen Aschaffenburg am 26. Juni 1814.

Joh. Aloys Joseph, Freiherr von Hügel,

Se. k. k. östr. Maj. wirkl. Geheimer=Rath, Großkreuz des k. ungarischen st. Steph.=Ordens, ausserordentlicher Gesandter und bevollmachtiger Minister bei S. k. H. dem Herrn Großherzog von Hessen, und bei den herzogl. und fürstlich Nassauischen Höfen.

– – – – –

II. Nicht amtliche Artikel.

Donnerstag den 26ten Juni 1817 Morgens 10 Uhr soll zu Wirtheim unweit Gelnhausen K. B. Landgerichts Orb das Gastwirthshaus zum Schwanen nebst Scheuer und Stallungen und der dazu gehörigen Bier- und Brandwein-Brennerei, mit allenfalls 63 Morgen Ackerfeld und Wiesen, im Ganzen oder auch die Wirthschaft allein, ausschließlich der Güter, zur freiwilligen Versteigerung gebracht werden.

Dieses Wirthshaus hat zum Wirthschafts-Betriebe eine ungemein vortheilhafte und geräumige Lage, und bietet bei der durchziehenden Hauptstraße eine sehr weit umfassende Gelegenheit zum wirthschaftlichen und anderen Gewerbe dar.

Allenfallsige Liebhaber können vor der Hand bei Apotheker Koch in Orb über die Beschaffenheit dieser Wirthschaft und Güter nähere Kundschaft einholen.

— — —

Nachdem die Pachtzeit der Schwanenwirthschaft zu Wirtheim und der dazu gehörigen Güter Cathedra Petri 1818 zu Ende gehet und daher eine anderweitere Verleihung nöthig wird; als ist hiezu Termin auf Dienstag den 2ten Sept. d. J. frühe 9 Uhr in loco Wirtheim anberaumt, wo alsdann die weitere Verleihung auf 6 nacheinander folgende Jahre meistbietend vorgenommen wird. Die Bedingnisse können sowohl vor als in dem Termin beim hiesigen Landgerichte eingesehen werden.

Orb am 6ten August 1817.

K. B. Landgericht daselbst.

Alberti, Landrichter.

Gräf, Aktuar.

Fernere mehrjährige Verpachtung der K. B. Domainen genannt Niederhof **bei Kassel und Wirtheim, dann Kinzighaußen zu Auffenau beiden an der Landstraße zwischen Gelnhausen und Salmünster**

Niederhof besteht aus	$145\frac{1}{2}$	Morg.	Ackerland
	$\frac{1}{4}$	—	Garten
	$69\frac{1}{2}$	—	Wiesen
Kinzighausen — —	$158\frac{3}{4}$	—	Ackerland
	$7\frac{3}{4}$	—	Garten
	$60\frac{3}{4}$	—	Wiesen

nebst Schäferey und Pferchrecht von 600 Stücken mit einem bedeutenden Inventar an Schaafviehe und Winteraussaat.

Bei beiden Gütern befinden sich die erfoderlichen Wohn- und Wirthschaftsgebäude.

Die Pachtsteigerung vom Niederhof geschiehet Mondtag den 29ten Dez. d. J. in der Behausung des K. Schultheißen zu Kassel und von Kinzighausen Dienstag am 30ten desselben im herrschaftlichen Wirthshause zu Auffenau jedesmal Vormittags 9 Uhr unter vorbehaltener Genehmigung der K. Regierung des Untermainkreises.

Ständlich zur beliebigen Aufklärung bereit, ladet hiezu ein die Freunde der Agricultur.

Orb den 6ten Dez. 1817.

K. B. Rentamt Orb.

Treppner.

Der große Häuserbrand in Orb im Jahre 1852

18. April 1985

25. April 1985

17. Mai 1985

25. Der große Häuserbrand in Orb im Jahre 1852

Die Schilderung des Brandes beruht im Wesentlichen auf Unterlagen von Philipp Schüssler und anderen Personen, ferner auf Erzählungen älterer Orber Bürger, die noch von Augenzeugen von dem Großfeuer gehört haben.

Die Stadt Orb hat im Laufe ihrer langen Geschichte mehrere schwere Schicksalsschläge und Katastrophen erlebt, so

1634 den Überfall einer schwedischen Truppe (dabei auch Hanauer und Isenburger Landsknechte), die Orb mit Plünderungen und anderen Gräueltaten heimsuchte; (Johann Büttel S. 44/45)

1635/36 die Pest;

1805/13 die Einquartierung fremder Truppen, während der napoleonischen Kriege, die von der Stadt große Opfer forderten;

1839 der Brand einer Orber Sehenswürdigkeit, der „Langen Laube“, einer überdachten Ladenstraße (in der heutigen Hauptstraße), wo 8 Wohnhäuser abbrannten;

1909 der große Brand in der Burg (im Volksmund genannt „Boorg“), eines kleinen Stadtteils zwischen dem Bahnhof und dem Krankenhaus;

1928 der große Waldbrand im Orber Stadtwald (am Mittelberg im Forstbezirk Haselruhe), der etwa 60 ha Wald vernichtete;

1944/45 der Bombenangriff feindlicher Flieger auf Wohnungen in der Enggasse, dem 5 Menschenleben zum Opfer fielen. Ein weiteres Menschenleben forderte der

Beschuss amerikanischer Truppen vor ihrem Einrücken in Bad Orb; der Turm der ev. Kirche brannte durch Fliegerangriff;

1983 der Brand der St.-Martins-Kirche in der Weihnachtsnacht.

Außerdem hat es im Laufe der Jahrzehnte und Jahrhunderte weitere Wald- und Hausbrände gegeben, die aber keine so katastrophalen Ausmaße annahmen.

Zu den größten Unglücksfällen, die Orb je hinnehmen musste, zählt auch

der große Häuserbrand in der Gretenbachstraße im Sommer 1852

bei dem mehr als 100 Häuser, Scheunen und sonstige Gebäude ein Raub der Flammen oder schwerbeschädigt wurden. Hierüber heute mein Bericht.

In vorhandenen Unterlagen ist von diesem Brand im Einzelnen zu lesen:

46 versicherte Häuser fielen ganz in Asche,

3 nichtversicherte Häuser ebenso,

8 weitere wurden schwer beschädigt.

16 Scheunen brannten völlig ab,

2 weitere wurden schwer beschädigt.

2 versicherte Nebengebäude brannten ganz ab, ebenso

11 nichtversicherte Nebengebäude,

3 weitere wurden schwer beschädigt.

Bei 18 Häusern und 5 Nebengebäuden war der Schaden nicht so verheerend.

Nachdem in der Zeit von Juni bis Anfang August in Orb bereits dreimal Feuer ausgebrochen war, kam es in der Nacht vom 7. zum 8. August zwischen 1 und 2 Uhr zu dieser großen Brandkatastrophe. Das Feuer entstand in der Scheune des Bäckers Lorenz Schopp in der Jössertorstraße. Es erstreckte sich die ganze Gretenbachstraße hinunter bis zur Enggasse und dem Misttor (d. i. der heutige kleine Torbogen in der Stadtmauer nahe der Schreinerei Bauer). Es war der schrecklichste Brand, den Orb bis dahin erlebt hatte. Nur die nachgenannten Gebäude in dieser Gegend blieben stehen:

1. der Amtskeller (heute Jössertorstraße 15);
2. das Haus von Philipp Acker;
3. Haus und Scheune von Ignaz Pfeifer;
4. das Haus von Lorenz Schopp;
5. das Haus von Friedrich Prasch;
6. das Haus von Adam Metzler;
7. die Scheune von Kern;
8. das Haus von Schuster Adam Weisbecker;
9. das Haus von Adam Holzmann;
10. das Haus von Philipp Dehmer;
11. das Haus von Obergradierer Hauser;
12. das Haus von Heinrich Ehmer;
13. das Haus von Balgtreter Jakob Prasch;
14. das Haus von Fuhrmann Weisbecker;
15. das Haus von Franz Jakob Geipel;
16. die Salzquelle der Saline (der Ludwigsbrunnen).

So und in dieser Reihenfolge sind die betroffenen Anwesen beschrieben.

Entstehung des Feuers:

Das Feuer entstand – wie eingangs gesagt – in der Scheune des Bäckers Lorenz Schopp nahe dem Jössertor. Begünstigt durch Funkenflug, die große Hitze und starken Wind konnte es sich ungehindert ausbreiten. (Wie unsere Großmutter, die als 10jähriges Mädchen den Brand erlebte und später ihren Enkelkindern erzählte, soll während des Feuers ein nahezu orkanartiger Sturm geherrscht haben.) Die enge Bebauung der Stadt förderte das Großfeuer, zumal viele Häuser aus Fachwerk, dazu ohne Brandmauern, eng aneinandergebaut waren. Hinzu kam noch, dass die Häuser und Scheunen mit Schweifziegeln gedeckt waren, die Luft hatten, deshalb gegen Wind, Regen und Schnee mit sogenannten Strohpuppen abgedichtet waren und die durch Funken leicht Feuer fingen. Viele der Bewohner hatten Vieh (Kühe oder Ziegen) im Hausstall und zum Füttern Heu und Stroh auf den Dachböden, so dass das Feuer dort leichte Nahrung fand. Es ergriff so Haus für Haus und soll mehrere Tage gedauert haben, denn am 15. August, also eine Woche nach Ausbruch, war noch Feuer zu sehen. Die Betroffenen, die ihr Haus mit Hab und Gut verlassen mussten und nur mitnahmen, was sie gerade noch retten konnten, haben bei Verwandten und Bekannten Unterkunft gefunden. Auch das gerettete Vieh konnten sie dort unterbringen. Personen sind bei dem Feuer nicht wesentlich zu Schaden gekommen.

Wie war es nun möglich, dass nahezu ein Viertel des Stadtkerns abbrennen konnte?

Im Rücken dieses Stadtteils, vom Jössertor bis zum Misttor, gab es nur eine schmale Öffnung in der Stadtmauer nahe der Philippsquelle. Dort bildete sich zu Anfang des Feuers eine Menschenkette, in der die mit Wasser aus dem nahen Orbbach gefüllten Eimer von Hand zu Hand bis zur Brandstelle gereicht wurden. (Wie es schon in Schillers „Lied von der Glocke“ heißt:

„Durch der Hände lange Kette um die Wette fliegt der Eimer ..."). Aber auch diese Bekämpfung des Feuers war nicht lange möglich, weil es auch dorthin übergegriffen hatte. Im Übrigen war es schier undenkbar, auf die hohe Stadtmauer zu gelangen und von dort aus gegen das Feuer anzugehen.

(Nach Bezirkskonservator Dr. L. Bickell, der die Stadtmauer in seiner Schrift: „Die Bad- und Kulturdenkmäler im Regierungsbezirk Cassel", Band I Kreis Gelnhausen/ Marburg 1901" beschrieben hat, ist davon auszugehen, dass die Stadtmauer s. Z. in ihrer ganzen Länge so hoch war wie der höchste, heute noch erhaltene halbrunde Turm am Graben gegenüber der Kinderheilanstalt).

Eine freiwillige Feuerwehr hat es 1852 sicherlich schon gegeben, nämlich die aus der 1848 zwangsweise aufgelösten Orber Turngemeinde hervorgegangene; es ist aber nicht überliefert, wieweit sie mit Geräten (Pumpen, Spritzen und Schläuchen) ausgerüstet war. Selbst wenn, dann waren diese s. Z. zu schwach, um ein solches Großfeuer zu bekämpfen. Die wenigen Brunnen der Stadt, aus dem sich die Bevölkerung sonst das Wasser für ihren Hausgebrauch holte, lagen zerstreut. Zu diesem Zeitraum, im Hochsommer, hatten diese Brunnen vielleicht auch zu wenig Wasser. Auch der Gretenbach (siehe hierzu Anmerkung 1.) gab kein Wasser mehr, weil er 1843, also ein paar Jahre zuvor, in ein Steinbett gelegt, mit Sandsteinplatten abgedeckt und bepflastert worden war. So musste die Bevölkerung tagelang hilflos zusehen, wie ein wesentlicher Teil ihrer Stadt abbrannte.

Um eine solche Katastrophe in Zukunft zu verhüten, ordnete der Bayernkönig (Maximilian II.) an, dass alle Häuser und Scheuern nur aus Steinen wiederaufgebaut werden durften. Auf dem Gebiet, auf dem die 114 zerstörten Gebäude standen, sollen nur

69 Häuser und Scheunen neu errichtet worden sein, und zwar bis zum Giebel einschl. aus Sandsteinen. (Die Zahl „69" lässt sich nach dem gezeigten Plan von 1863 allerdings nicht bestätigen). Für den Neubau der Häuser und Scheunen wurden offensichtlich viele Steine aus dem oberen Teil der Stadtmauer verwendet. Die Giebel der Scheunen auf der Rückseite, dem Graben zugewendet, wurden auf die erniedrigte Stadtmauer aufgesetzt, (wie man heute mit dem bloßen Auge noch erkennen kann). Die alte Mauer, d.h. die Stadtmauer, diente als Rückwand der Scheunen, wodurch der frühere, ursprünglich an der Innenseite der Stadtmauer entlangführende schmale Gehweg, entfiel. Alle Wohnhäuser wurden den Scheunen gegenüber gebaut. Die dazwischen liegende Straße wurde lange Zeit „Scheunenstraße“ genannt, später „Hintere Gretenbachstraße“, jetzt heißt sie offiziell „Gutenbergstraße“. Der Wiederaufbau der abgebrannten Gebäude dauerte von 1855 bis ins nächste Jahrzehnt. Die neuaufgebauten Häuser und Scheunen sind an ihrer einheitlichen Bauweise heute noch leicht zu erkennen.

Als Ursache dieses Großfeuers wurde Brandstiftung vermutet. Der Verdacht fiel zuerst auf 2 Einwohner, die sogleich „arretiert und in die Fronfeste eingeführt wurden“. Den beiden Verhafteten konnte aber nichts nachgewiesen werden, so dass sie wieder auf freien Fuß gesetzt werden mussten. Der wirkliche Täter soll aber geflohen und nach Amerika ausgewandert sein. Denn von dort kam später eine Nachricht, in der es unter Bezugnahme auf das Feuer hieß: „Wer Fize fangen will, muss früher aufstehn.“ Es gibt aber auch noch eine andere Version, die besagt, dass Zettel mit diesem Text gefunden worden seien. Der fragliche Fiz (damals bekannt unter der Bezeichnung „Schneider Fiz“) war ein lediger Schneider, der aus Rache das Feuer gelegt haben soll, weil er keine Unterkunft (Bleibe) gefunden habe.

***

Soweit die Beschreibung des Brandes, wie ich sie nach den erhaltenen Informationen darlegen konnte. Bei diesen Informationen handelt es sich nicht um amtliche Unterlagen; Fehlinformationen sind daher nicht ausgeschlossen. Die in diesem Bericht gezeigten drei Lagepläne von Orb sind dagegen amtliche Unterlagen.

Schriftliche Unterlagen darüber, ob, wann und wie die Betroffenen von der Feuerversicherung entschädigt wurden, sind mir nicht zu Gesicht gekommen; es wäre interessant, auch hierüber etwas zu wissen, zumal nur ein Teil der abgebrannten Häuser versichert war. Näheres darüber würde ich nachtragen, sofern von den seinerzeitigen Feuerversicherungen etwas zu erfahren wäre.

***

Vor solchen oder ähnlichen Katastrophen möge der Herrgott unsere Stadt und seine Bewohner künftig bewahren.

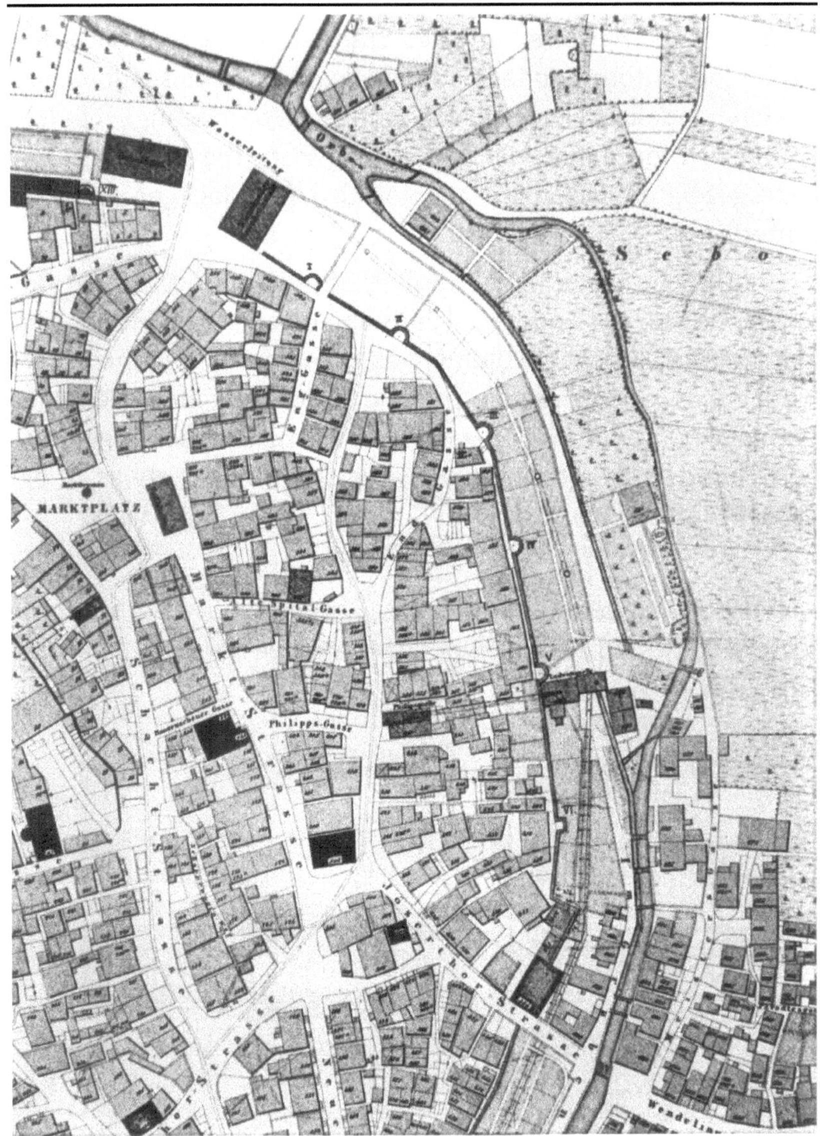

Katasterplan 1830/40

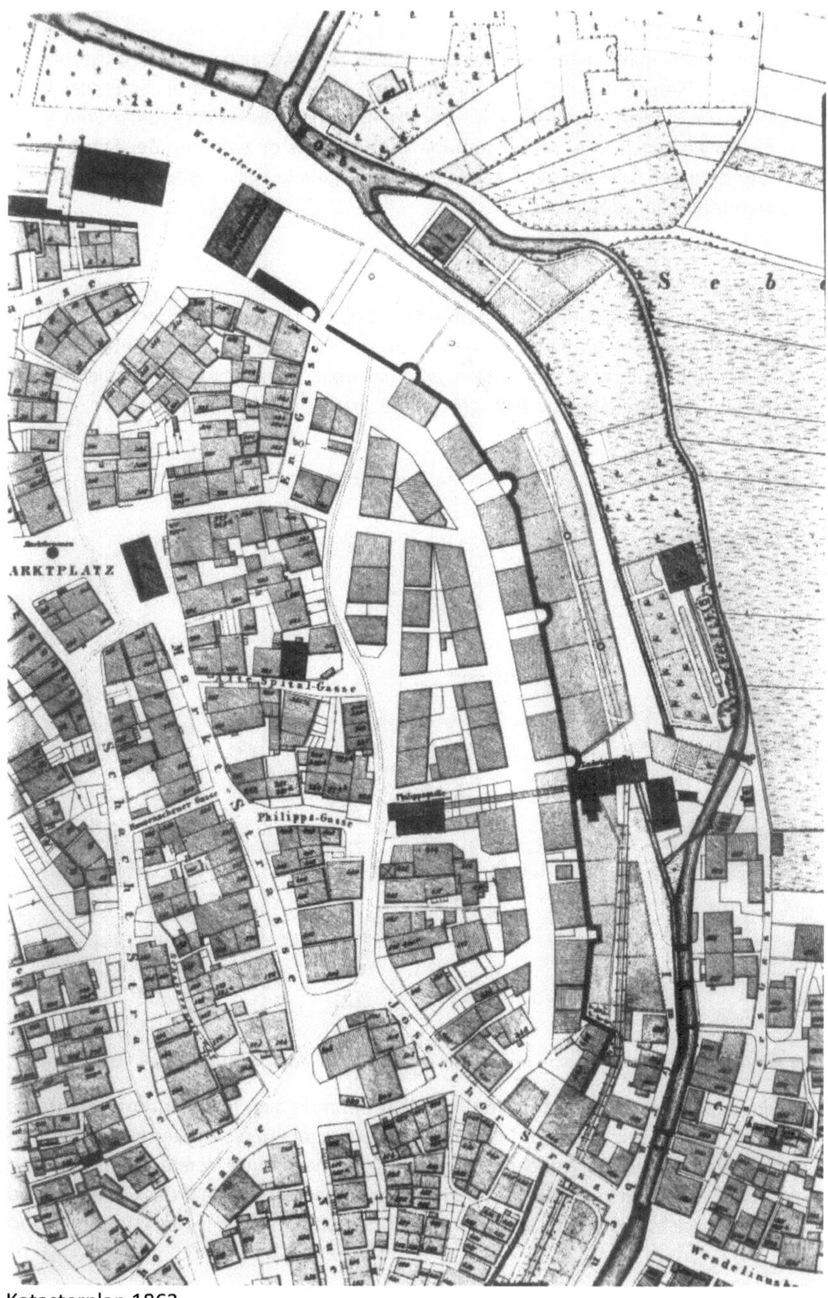

Katasterplan 1863

Katasterplan 1830/40:

Ein alter Stadtplan (Katasterplan) aus den Jahren 1830/40, also vor dem Häuserbrand. Auf diesem Plan sind alle Häuser nummeriert. Auf dem Plan ist ein schmaler Weg zwischen der Stadtmauer und den Häusern zu erkennen. Dieser Weg führte vom Misttor bis zur Philippsquelle. Außerkann man sehen, dass es zwischen der Stadtmauer und der heutigen Gretenbachstraße keine Straße gab, lediglich Seitengassen mit eng aneinandergebauten Häusern.

Katasterplan 1863:

Auf dem Plan von 1863, also nach dem Feuer, sind die Neubauten ohne Hausnummer eingezeichnet. Die Stadtmauer ist jetzt auch die Rückseite der neuen Gebäude. Zwischen der ersten und zweiten Häuserreihe hat man, zwecks besserer Erreichbarkeit der neuen Gebäude eine Straße angelegt, die spätere Gutenbergstraße.

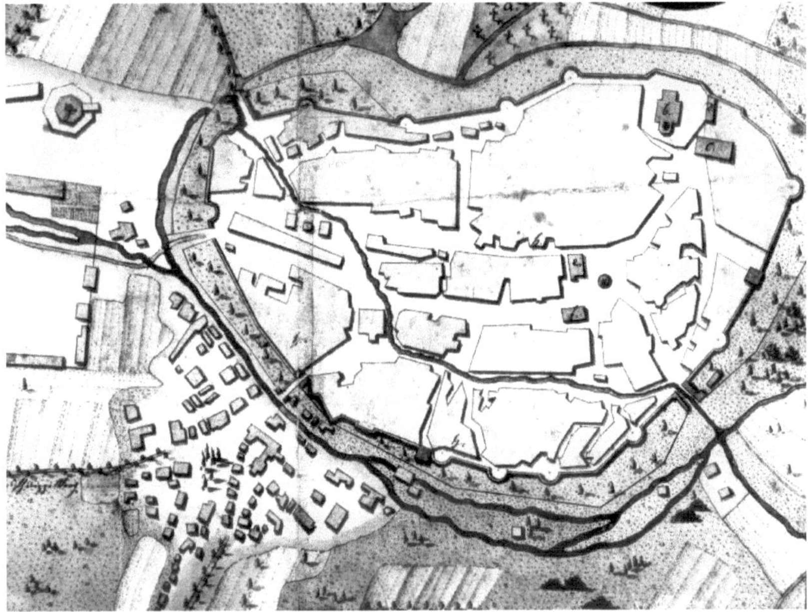

Dieser geometrische Grundriss (das Original befindet sich im Heimatmuseum) aus dem Jahre 1782 zeigt den von der Stadtmauer umgebenen Stadtkern; zu erkennen sind die Pfarrkirche, Burg und Zehntscheune, die sogenannte Vorstadt (links unten), die 3 Stadttore Obertor, Untertor und Jössertor sowie der Bachlauf des Orbbachs und des Gretenbachs (vom Obertor her), ferner der Marktplatz mit Marktbrunnen und

Rathaus. In dem langgestreckten Gebäude entlang der jetzigen Hauptstraße, vom Neutor bis zum Solplatz, waren Sudhäuser.

Anmerkungen

1. Auf dem Plan von 1782 ist der Lauf des Gretenbachs zu erkennen. Das Wasser dieses Bachs floss vom Obertor aus in Holzkandeln bis zum Solplatz, von dort weiter zwischen dem „Bierjakob" und dem Sudhaus (heutiges Anwesen Ihl/Weisbecker) die jetzige Gretenbachstraße hinunter und mündete in der Nähe des Misttores in den Orbbach. Der Bachlauf war bis 1843 also offen und nahm viel Unrat auf. Der Bach selbst wurde ursprünglich aus mehreren Zuläufen gespeist. Da war zuerst die Quelle der heutigen Küppelsmühle. Ihr Wasser wurde in einem künstlich angelegten Graben über die Benn geleitet, nahm einen Zulauf vom Haberstal und der Bocksbergquelle auf und lief über die Roßhöhle zum Obertor. (Von diesem Wasser wurde unterwegs auch ein Teil zu den Gradierwerken [für die Wasserkunst] abgeleitet.) Es ist nicht anzunehmen, dass das ganze Wasser dieses Bachs dann durch Holzkandeln vom Obertor in die Stadt floss, vielmehr zum Teil um den Burgring (außerhalb der Stadtmauer) beim Neutor in den Orbbach ging. Der Bachlauf Küppelsmühle - Haberstal über die Benn bis zum heutigen Hotel Royal ist ja noch erhalten.
2. Dieser mein Bericht ist etwas über den eigentlichen Rahmen der beabsichtigten Schilderung Großfeuers vom Jahre 1852 hinausgegangen. Er hat sich aber von selbst so ergeben und sicherlich zum besseren Verständnis des beigetragen.
3. Zum Schluss meiner Schilderung dankte ich allen, die mir bei der Beschaffung der notwendigen Unterlagen und auch

sonst irgendwie behilflich waren. Ich hoffe, dass sich die Leser der Zeitung für diesen Bericht interessieren; die Geschehnisse wären sonst bald in Vergessenheit geraten.

Ein Nachtrag

1. Was ich in der fraglichen Schilderung vom Häuserbrand über den geflohenen „Schneider Fiz" wurde ich von einem interessierten Leser dahingehend ergänzt, dass Schneider Fiz nicht allein deshalb ausgewandert sei, weil er keine Bleibe gefunden, sondern auch, weil er beim Bäcker Schulden hatte, von diesem kein Brot mehr bekam und aus Rache dann dessen Scheune angesteckt habe. Des Weiteren wurde mir eine alte Überlieferung zugetragen, nach der Schneider Fiz gesagt oder geschrieben haben soll: „Wer Vögel fangen will, muss früh aufstehn, wer Fiz fangen will, darf überhaupt nicht zu Bette gehen!"

2. Dann bin ich von Lesern gefragt worden, was die „Lange Laube" sei.

Hierbei handelt es sich um eine Überdachung aus Holz vor verschiedenen Ladengeschäften in der heutigen Hauptstraße. Nach meiner Schätzung waren es 8 Häuser, die abbrannten, davon 6 in der Hauptstraße. Dabei muss es sich um die derzeitigen Anwesen Golditz, Döppenschmidt, Dehmer und Stutzer gehandelt haben. Denn in dem hier wiedergegebenen Plan sind vom Marktplatz aus auf der rechten Straßenseite der Hauptstraße 6 Häuser mit Vorplatz eingezeichnet, die überdacht waren. Das nächste Haus, das jetzt gut sichtbare Fachwerkhaus (Reformhaus Stutzer), war vom Brand verschont geblieben.

3. Die heutige Gutenbergstraße, zuerst „Scheunenstraße“, später „Hintere Gretenbachstraße“ genannt, trägt diesen Namen etwa seit 1930 und ist nach Johannes Gutenberg benannt, dem Erfinder der Buchdruckkunst, weil sich in einer Seitengasse damals die Druckerei Göb befand.

Der Vollständigkeit halber halte ich diese Ergänzungen für angebracht.

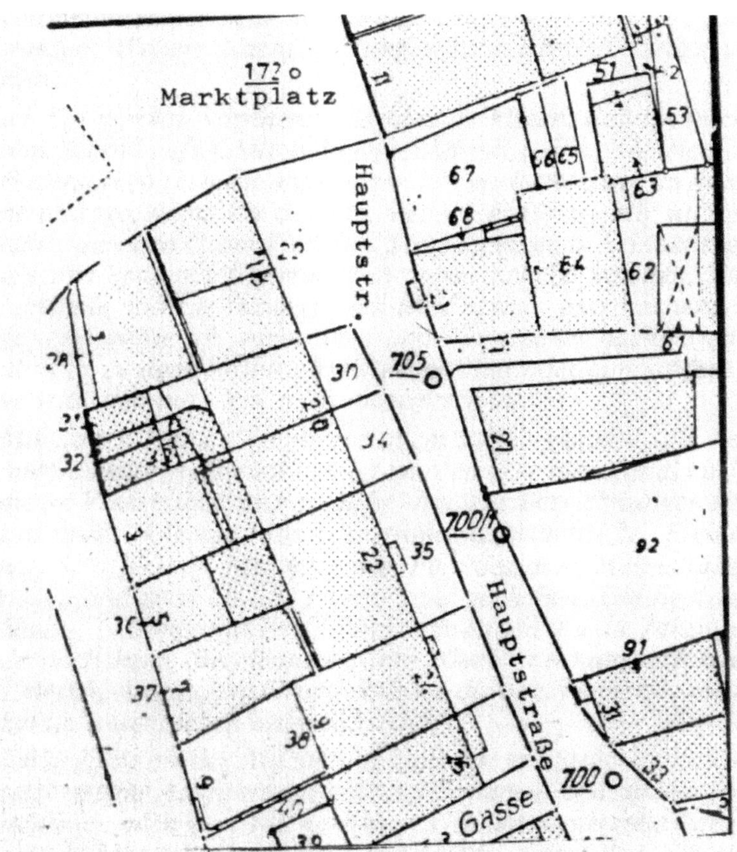

Lange Laube vor den Häusern 19, 20, 22, 24 u. 25.

Alte Orber Flur- und Straßennamen

22. August 1985

29. August 1985

5. September 1985

26. Alte Orber Flur- und Straßennamen

Vorwort

Angeregt wurde ich zu dieser Erläuterung der alten Orber Flur- und Straßennamen von älteren Orber Bürgern schon vor längerer Zeit; entschlossen habe ich mich dazu aber erst, als ich selbst Spaß und Interesse an diesem Thema fand und mir außerdem dankenswerterweise von befreundeter Seite notwendige Unterlagen zur Verfügung gestellt wurden. Weitere Nachforschungen habe ich dann selbst unternommen.

Ich bin mir von vornherein darüber im Klaren, dass ich mich mit diesem Schritt aufs Glatteis begebe und mit Kritik, vielleicht sogar mit Widerspruch rechnen muss. Wenn ich mich trotzdem an dieses Thema heranwage, dann nur deshalb, weil ich es für wichtig und notwendig halte, die alten Orber Flur- und Straßennamen in Erinnerung zu erhalten und späteren Generationen zugänglich zu machen. Für weitere Hinweise und Ergänzungen bin ich dankbar, entsprechende Berichtigungen würde ich vornehmen und Vergessenes nachtragen. Wer im Übrigen zu dem Problemkreis Fragen hat oder eine andere Meinung vertritt, den bitte ich, mich anzusprechen.

Mit „alten Namen" sind vor allem solche gemeint, die heute nicht mehr existieren. Berücksichtigt wurden aber manchmal auch Namen, die im Volksmund noch geläufig sind. Die Bezeichnungen Kirchgasse, Enggasse, Solgasse, Jössertorstraße, Obertorstraße, Freihof, Zenkhof, Schiffershof, Meistersgasse, Paradiesgasse, Haselstraße und Austraße sind zwar alt, die Namen aber geblieben. Die heutige Quanz-, Sauer-, Lauzen- und Faulhaberstraße hatten um die Jahrhundertwende noch keine Bezeich-

nung, ihre Namensnennung erfolgte erst um 1904/05. Aus diesem Grunde blieben die o. g. Namen in meinem Artikel im Wesentlichen unberücksichtigt.

Ich beginne bei der Aufzählung zunächst mit Straßen und Gassen und setze meine Ausführungen über Flurnamen erst später fort. Dabei richte ich mich zum Teil nach der „Gebäudesteuerrolle" des Katasteramts Wächtersbach aus dem Jahre 1900, in der alle Gebäude (Häuser und Scheunen) erfasst, fortlaufend nach den damaligen Hausnummern niedergeschrieben und alle später noch errichteten Gebäude nach dem Zeitpunkt ihrer Bebauung benannt sind. Die Reihenfolge beginnt mit dem Untertor, dann folgen Pfarrgasse, Marktplatz usf. Gebäude Nr. 1 war das Schulhaus Hauptstraße Nr. l, das der Stadt Orb gehörte und später (etwa 1912/13) abgerissen wurde. (Nicht zu verwechseln mit der Kleinkinderbewahranstalt und Mädchenschule, die 1966 zum Abriss kam). Lfd. Nr. 11 war das Katholische Pfarramt, Nr. 12 das Rentamt, Nr. 13 die Stadtpfarrkirche und Nr. 14 die Zigarrenfabrik Oldenkott (die „Burg") Die jetzt übliche Nummerierung der Häuser nach Straßen erfolgt erst seit Ende der 20er Jahre (um 1927/28). Des Weiteren stützen sich meine Beschreibungen auf einen Lageplan vom Jahre 1904, auf dem die Straßennamen dieses Zeitpunktes verzeichnet sind.

Hier nun die einzelnen **Erläuterungen** zu Straßen und Gassen, wie sie um die Jahrhundertwende – und auch schon früher – genannt wurden:

Marktstraße hieß die heutige Hauptstraße vom Untertor bis zum Marktplatz und von da weiter bis zum Bierjakob/Solplatz.

Neue Gasse war die Straße vom Solplatz bis zum Neutor. Sie wurde um 1780 rechtsseitig mit den ersten Häusern bebaut.

Neutor nannte sich die i. J. 1772 durch die Stadtmauer gebrochene Öffnung in Höhe der heutigen „Alten Stadt-Apotheke". (Siehe hierzu auch BÜTTEL, S. 57).

Leimbachsgasse nannte man früher die jetzige Pfarrgasse, weil dort der Bach „Leimbach" oder eine Abzweigung davon durchlief und in Höhe der Häuser zwischen dem Pfarrhof und der jetzigen Volksbank nach links zum Orbbach einbog. Der Leimbach kam von der Eichhöhle, wo er auch den tiefen Graben gerissen hatte, floss an der „Burg“ vorbei, durchquerte das Gelände des Rentamtes und trieb dort auch eine Mühle an, die sog. „Stadtmühle“. Den Müller nannte man den „Stadtmüller“. Johann Büttel nennt diese Mühle (S. 17) „Milchlingsche Mühle“. Um 1900 hieß die fragliche Gasse allerdings schon Pfarrgasse.

Burg (im Volksmund „Boorg“) hieß das ganze Gebiet linker Hand der heutigen Burgstraße. Es war vermutlich eine Wasserburg vor der Stadt bzw. der Stadtmauer.

Gelnhäuser Straße hieß (nach dem Lageplan) die heutige Frankfurter Straße, allerdings erst ab dem Hospital. Manchmal ist im Kataster auch Wächtersbacher Straße oder Wirtheimer Straße zu lesen.

Am Graben hieß offiziell der heutige Burgring. Er begann damals schon am Untertor (bei der alten Knabenschule, die – wie eingangs gesagt – i. J. 1912/13 abgerissen wurde) und umfasste die ganze Innenstadt einschließlich Kirche, Schiffershof und Quellenring. „Am Graben“ nennt man auch heute noch im Volksmund die Straße unterhalb des Friedhofs. An der **Würzburger Straße** (gegenüber der Spessart-Klinik) ist der alte Stadtgraben als Teil der Befestigung entlang der Stadtmauer heute noch erkennbar.

Kapellenstraße steht im Kataster (der Gebäudesteuerrolle des Katasteramts) für das ganze Gebiet Am Wasser, „**Paracken-gasse**" und der eigentlichen **Kapellenstraße. Am Wasser** (als natürlicher Begriff) steht auf einem amtlichen Lageplan vom Jahre 1904 für die damalige Straße entlang des Orbbaches vom jetzigen Café Sprudel bis zur Brücke. Am rechten Ufer des Baches war s.Z. keine Mauer wie heute, das Ufer war vielmehr abgeflacht und man konnte von der Apotheke her mit dem Fuhrwerk durch das Wasser. Man musste sogar durch das Wasser, wenn man mit einem Heuwagen o.ä. in eine Scheune fahren wollte. Der gleiche Weg hieß aber auch Kapellenstraße, und zwar begann diese an der Wendelinusstraße zwischen den jetzigen Häusern 2 und 8, schlängelte sich durch die Häuserreihen auf den Bach zu, wo die Straße wiederum als Kapellenstraße gekennzeichnet war. Die „**Parackengasse**" verlief quer vom Wasser zur Kapellenstraße nach hinten. In diesen Wegen und Gassen standen einst 20 Gebäude, darunter 14 bewohnte Häuser. In der Kapellenstraße befand sich in einem Haus ein als Kapelle eingerichteter kirchlicher Raum, den Sieche und Kranke aufsuchen konnten, die außerhalb der Stadt bleiben mussten. Ältere Orber Bürger können sich noch genau an die Beschaffenheit des Hauses und des Raumes erinnern. Die Kapellenstraße hat wohl deshalb auch diesen Namen. Im Volksmund nannte man das Ganze (**Am Wasser „Parackengasse"** und **Kapellenstraße**): „In de Baracke".

Schachtstraße hieß früher die jetzige Kanalstraße. Sie wurde s.Zt. in Kanalstraße umbenannt, weil unter der Straßendecke ein gemauerter Kanal verlief, der zum Teil von der Saline und vom Bade-Hotel herkam, die Kanalstraße und dann vom Marktplatz aus die Hauptstraße hinunterging und in den Orbbach mündete. Wasser fließt darin heute allerdings keins mehr, aus diesem Grunde ist die Mündung in den Orbbach auch zugemauert. Dieser Kanal, 1933/34 durch die Kanalisation ersetzt, war zuvor durch mehrere Schächte verbunden und deshalb wohl auch Schachtstraße genannt. Es ist nicht ausgeschlossen, dass der Kanal von der Solgasse her auch die Rest-Sole von der Kasten-Gradierung aufgenommen hat. (Gradiersteine, zu Felsbrocken verkrustete Mineralien aus dem Abbruch alter Mauern, die im Burghof, am Schwimmbad und am Friesenheiligen lagern, stammen davon).

Johann Büttel nennt (S. 16) auch einen Schachtbrunnen, der sich vor dem sog. Freihof in der Kanalstraße aus einer Holzröhre ergoss und eine bedeutende Menge Wasser lieferte.

Zeitweise nannte man die jetzige Kanalstraße auch „Steinweg", weil es die erste Straße gewesen sein soll, die mit Sandsteinen bepflastert wurde. So hört man auch heute oft noch die Bezeichnung „Steinwegsbäcker" für die dort ansässige Bäckerei Schreiber.

Die **Hansenscheuergasse** (gelegentlich auch als „Hansenschonergasse" bezeichnet) verband als Seitengasse die Schachtstraße/Kanalstraße mit der Hauptstraße bei Schuhhaus Meyer/Modehaus Mack.

Scharpenrain war ebenfalls ein Seitenweg der Schachtstraße/Kanalstraße, nämlich von der Bäckerei Lindenmayer zum Solplatz. Heute zählen die dortigen Häuser zur Kanalstraße. Das Wort „Scharpenrain" lässt sich vielleicht so erklären, dass es ein schiefer = „schepper" Rain war, denn heute noch kann man erkennen, dass der Weg wesentlich höher liegt als die Haupt- und die Kanalstraße.

Die heutige **Schwedengasse**, ein weiterer Seitenweg der Kanalstraße, ist erst im Jahre 1963 von der Stadtverordnetenversammlung so benannt worden.

Alte Spitalgasse war die Verbindung von der Hauptstraße zur Gretenbachstraße (der heutigen Raiffeisenstraße) zwischen der

Metzgerei Fries und der Raiffeisenbank. Diese Gasse hat heute keinen Namen mehr. Nach Rektor Hardt Bad Orb und Umgebung stand das I. Spital an der Stelle des Hotels „Weißes Roß" und wurde nach Ende der Hanauer Pfandschaft (im Jahre 1568) in der Spitalgasse neu errichtet.

Gretenbachstraße (mitunter auch Gredenbachstraße geschrieben) hieß die Straße, die am Untertor begann und bis zur Jössertorstraße reichte, die Parallelstraße ab Bäckerei Müller eingeschlossen. Seit 1971 heißt die Straße bis zum Raiffeisenlager „Raiffeisenstraße", und von dort bzw. ab Bäckerei Müller bis zur Jössertorstraße – wie bisher – Gretenbachstraße. Es ist nicht ausgeschlossen, dass der Name Gretenbach von Krötenbach abgeleitet wurde, denn der Gretenbach war ein offener Wasserlauf, und wo Wasser ist, sind oft auch Frösche und Kröten.

Die **Hintere Gretenbachstraße** (zuvor war es die sog. „Scheunenstraße") wurde um 1930 in Gutenbergstraße umbenannt. (Hierüber habe ich in meiner Abhandlung über den Häuserbrand in Orb im Jahre 1852 bereits geschrieben.)

Am Dalles wurde früher der jetzige Solplatz genannt (früher allerdings Soolplatz geschrieben). Die Obertorstraße hat früher den heutigen Solplatz mit umfasst. „Dalles" stammt aus dem jüdischen Wortgebrauch und ist mit Sicherheit im Zusammenhang mit der einstigen Synagoge an diesem Platz zu sehen.

Philippsgasse, manchmal auch Quellenstraße genannt, hieß die Passage zwischen dem Restaurant Ludwigsquelle und Trautmann bis zum Philippstor, auch Quellentor genannt. Die anliegenden Häuser zählen heute zur Hauptstraße bzw. Gretenbachstraße bzw. Gutenbergstraße.

Die **Horbisgasse** war bis Ende der 20er Jahre gewissermaßen ein kleiner Stadtteil für sich. Sie lag hinter dem Badehaus II und war begrenzt von der Hauptstraße, der Fischborngasse und der Jössertorstraße. Zugänge waren einmal links der Bäckerei Schopp, ferner zwischen der Schmiede Desch (der heutigen „Alten Schmiede“) und dem Anwesen Engel; ein weiterer Zugang lag an der Hauptstraße zwischen den Geschäften Leo Weisbecker und Ringelstein. Im Grunde genommen waren es zwei Gassen, nämlich die „Hintere Horbisgasse" mit 20 bewohnten Häusern, und der „Vorderen Horbisgasse“ mit 11 Wohnhäusern. (Der Name „Horbis“ ist, wie Sprachforscher meinen, verwandt mit dem Namen „Orb“ und bedeutet etwa so viel wie feuchtes oder sumpfiges Gelände.)

Die **Fischbornstraße**, benannt nach dem Adelsgeschlecht „Derer von Fischborn", ist die Straße zwischen dem „Bierjakob“ und den Anwesen Schopp und Engel. Sie hat im Jahre 1963 ihren alten Namen wiedererhalten, hieß früher allerdings Fischborngasse. In dieser Gasse standen s.Zt (gegenüber dem „Bierjakob“) 5 Wohnhäuser. (Der „Bierjakob“ war früher ein Gasthaus in der Hauptstraße und hat jetzt die Haus-Nr. 49.)

Die Häuser in der **Fischborngasse**, ebenso die in den beiden Horbisgassen, wurden Ende der 20er Jahre wegen Seuchengefahr abgerissen, nachdem ihre Bewohner in die „Eduard-Schreiber-Siedlung“, die sog. „Siedlung“, umgezogen waren. Einige wenige Häuser am Rande der Horbisgasse blieben allerdings bis etwa 1960 stehen, bis sie geräumt wurden.

Neben dem **Zenkhof** (im Kataster auch Zänkhof geschrieben) gab es auch eine Zenkhofstraße, das war der Zugang zum eigentlichen Zenkhof.

Altenhöhlweg, auch Altenhohlweg oder Alte Höhle (im Volksmund „Aale Hoell“) hieß früher die jetzige Altenbergstraße. Dort standen einst 19 Wohnhäuser und Scheunen.

Wolfsgraben (oder Wolfsgrubenstraße) hieß früher die jetzige Hochstraße. Dort standen s.Z. 33 Häuser! Im Volksmund sagt man zur Hochstraße „Höösch“.

Brandsackerstieg hieß (jedenfalls dem Kataster zufolge) die jetzt gut ausgebaute Straße „An der Heppenmauer“. Die Bezeichnung „Brandsackerstieg" beruht aber wohl auf einem Schreib- oder Hörfehler, denn man hatte den früheren Feldweg „Franz-Acker-Stieg“ genannt. Im Volksmund hört man diese Bezeichnung oft heute noch. Der Name, „Franz-Acker-Stieg“ erklärt sich vielleicht aus der Tatsache, dass der Bauer Franz Acker dort ein größeres Besitztum hatte und derselbe Bauer einmal bei der Ernte am steilen Abhang seines Ackers durch einen umstürzenden Kornwagen beinahe ums Leben gekommen wäre. Heppenmauer ist eine alte Flurbezeichnung.

Am Wintersberg hieß die spätere Hindenburgstraße (1963 umbenannt in Martin-Luther-Straße), als dort die ersten Häuser, nämlich die ehemalige Lateinschule (heute Martin-Luther-Haus), die Zigarrenfabrik Goldschmidt (heute Pension Heim) sowie die Häuser der Familien Nolte und Schmank gebaut wurden.

Die **Hansenhöhle**, auch heute noch so genannt, begann früher am Wendelinusbrunnen. Die ersten in der jetzigen Jahnstraße erbauten Häuser (so Hardt und Reuter) zählten einst zur Hansenhöhle. Der Weg mündete s.Z. bei den Anwesen Städtler und Schneeweis in die heutige Villbacher Straße, damals Lohrer Weg genannt. Die Quelle des Wendelinusbrunnens lag (nach Johann Büttel) in der Hansenhöhle.

Als **Wendelinusbrunnenstraße** bezeichnete man früher die heutige Wendelinusstraße bis zur Gabelung Altenbergstraße/Hochstraße. Straße und Brunnen sind benannt nach dem hl. Wendelin, dem Schutzpatron der Bauern und Hirten. Seine Figur krönt ja auch den Wendelinusbrunnen.

Die **Paradiesgasse**, eine Seitengasse der Meistergasse, existiert heute noch, allerdings steht dort jetzt nur ein bewohntes Haus, um 1900 dagegen waren es 20 Wohnhäuser. Durch den Bau der Umgehungsstraße, heute Würzburger Straße (etwa 1935), mussten die meisten Wohnhäuser beseitigt werden.

Molkenbergweg war früher die jetzige Molkenbergstraße.

Roßhöhle hieß einst die im Jahre 1963 in „Sälzerstraße" umbenannte Straße.

Kerbeswinkel (auch Kercheswinkel) sagt man ja heute noch zu dem Winkel, der ab „Hohes Pflaster" in der Heppengasse (als einem erhöhten Teil dieser Gasse) sozusagen „um die Ecke" zum Burgring, Schiffershof und Friedhof führt.

Die **Rosengasse** oder das Rosengäßchen war eine Seitengasse der Obertorstraße und begann dort wo heute das Heimkehrer-Mahnkreuz an der Stadtmauer hängt. Die Gasse als solche besteht noch, die anliegenden (d.h. zurückliegenden) Häuser zählen heute zur Heppengasse.

Am Sauerborn oder **Am Sauerbrunnen**, auch **Hinterm Born** oder **Hinter dem Born**, stand im Kataster für die jetzige Sauerbornstraße. Der Sauerborn selbst wurde s.Z. zu Ehren der Gemahlin König Ludwig I. von Bayern, der Prinzessin Therese von Sachsen-Hildburghausen, „Theresienbrunnen" benannt.

Vordere Hasel oder **Kleine Hasel** nannte sich früher (bis zur Umbenennung nach der Jahrhundertwende) die jetzige Lauzenstraße. Sie trägt den Namen des Adelsgeschlechts der „Ritter von Lauzen".

Eichhöhle hieß die im Jahre 1963 in „Hubertusstraße" umbenannte Straße, die am Burgring beginnt. Der einstige tiefe Graben zwischen dem Weg und dem steilen Abhang auf der gegenüberliegenden Seite war von dem früher dort herunterfließenden Leimbach gerissen worden. Er wurde später im Laufe vieler Jahre aufgefüllt und ist inzwischen mit Häusern bebaut.

Leimbachweg war die Eichhöhle zuvor, als dort die ersten Häuser gebaut wurden, so die von Kress, Engel und Goeb.

Leimenkaute nannte man die jetzige Faulhaberstraße ab den Anwesen Edel und Schnarr. Vom Frankfurter Hof bis hierher war es schon die Faulhaberstraße. Leimenkaute deshalb, weil in dieser Gegend früher der Lehm für die Orber Ziegelei gewonnen bzw. abgebaut wurde, daher auch der heute noch oft gebrauchte Name „Ziegelhütte".

Die **Aufenauer Straße** war die jetzige Ludwigstraße ab der Einmündung der Sauerstraße. Auf dem alten Lageplan von 1904 ist die Aufenauer Straße ab der Kreuzung, d.h. der jetzigen Ludwigstraße Haus Nr. 1, eingezeichnet. Die Aufenauer Straße ist inzwischen weggefallen, dafür heißt die Verlängerung der Ludwigstraße ab der Abzweigung Geigershallenweg jetzt Fuldaer Straße.

Seboldswiesen war das Gelände, auf dem um 1890 mit dem Bau der ersten Häuser der Kinderheilanstalt (der jetzigen Spessart-Klinik) begonnen wurde. Heute zählen alle zur Spessart-Klinik gehörenden Gebäude zur Würzburger Straße. Seboldwiesenstraße heißt dafür die später gebaute Straße (am Rande der Klinik), die von der Würzburger Straße ausgeht.

Die **Kuhhöhle**, eine Parallelstraße zur Michaelstraße und ebenso wie diese eine Seitenstraße der Lauzenstraße, gibt es heute noch, ist aber kaum bekannt. Kuhhöhle, an deren oberen Ende einst der Schießstand des hiesigen Schützenvereins lag, hieß im Übrigen auch das Gelände, auf dem die St. Michaelskirche erbaut wurde.

Am Bohrmühlchen sagte man im Volksmund einst zur heutigen Rotahornallee. Mit „Bohrmühle" bezeichnete man die mit Wasserkraft betriebene Mühle, in der Holzstämme maschinell ausgehöhlt und als Wasserleitung benutzt wurden zu einer Zeit, als es noch keine gegossenen Wasserleitungsrohre gab. Die betr. Mühle soll unweit des heutigen Hotels MADSTEIN gestanden haben, der Wasserzulauf, also der entsprechende Graben, war vor Jahrzehnten (vor der Bebauung in den 20/30er Jahren) noch sichtbar, es ist der heutige Weg, der zwischen den Häusern BEILSTEIN und ELISABETHENPARK beginnt.

Anmerkung:

Soweit meine Beschreibung. Sie ist eine historische Abhandlung und erhebt keinen Anspruch auf Vollständigkeit und *Wissenschaftlichkeit, das war auch nicht meine Absicht. Sie ist aber eine Niederschrift, die ich nach bestem Wissen und Gewissen und mit Freude erstellt habe und die den beabsichtigten Zweck sicher erfüllen wird, nämlich Gewesenes und Vergessenes in Erinnerung zu rufen. Ich hoffe, dass dies gelungen ist.*

Ich danke hiermit allen, die mir bei meinen Erkundigungen und Befragungen bereitwillig Auskunft gaben, außerdem mich durch Vorlagen und auch sonst wie bei meiner Beschreibung unterstützt haben. Ich bin mir klar darüber, dass ich vielleicht manches übersehen habe oder das eine oder andere noch ausführlicher hätte behandeln können. Trotzdem meine ich, dass ich dem Leser viel Neues und Interessantes vermittelt habe. Ich schließe nicht aus, dass mancher Leser noch einige Straßen oder Wege in dieser Beschreibung vermisst, insbesondere solche, die sich auf die Flur beziehen. Das werde ich nachholen, wenn ich später die Flurnamen behandele. Außerdem habe ich die Absicht, demnächst auch alle Brunnen und Quellen der Orber Gemarkung aufzuzählen, desgleichen alle Mahl-Mühlen. Darüber sind meine Ermittlungen derzeit noch nicht abgeschlossen.

In der nächsten Ausgabe werden noch einige ältere Fotos folgen, die das beschriebene Thema bildlich beleuchten.

Am Wasser. Blick auf die **Kapellenstraße** am rechten Ufer des Orbbachs. Im Hintergrund das ehemalige Gasthaus „Goldener Hirsch".

Ebenfalls **Am Wasser**. So mussten die Fuhrleute seiner Zeit durch den Orbbach.

Die linke Straßenseite der **Neugasse/Hauptstraße**.

Die **Marktstraße/Hauptstraße** vom „Bierjakob" abwärts.

Vier Straßen auf einen Blick: Im Vordergrund: Am **Wendelinusbrunnen** heute; rechts der Anfang der **Wendelinusstraße**, früher **Hansenhöhle.** Im Hintergrund die Gabelung der heutigen **Altenberg/Hochstraße**.

Am Untertor. Blick auf die **Marktstraße/Hauptstraße** (links) und die **Leimbachgasse/Pfarrgasse** (rechts).

Über Brunnen, Bäche und Quellen sowie die ehemaligen Mühlen in Orb

07. November 1985

14. November 1985

21. November 1985

28. November 1985

27. Über Brunnen, Bäche und Quellen sowie die ehemaligen Mühlen in Orb

I. Teil: Über Bäche, Brunnen und Quellen

Vorwort

In der Anmerkung zu meinem zuletzt in dieser Zeitung erschienenen Artikel über „Alte Orber Straßennamen" hatte ich diese heutige Niederschrift bereits angekündigt, und darin wissen lassen, dass die Aufzählung alter Flurnamen etwas später erfolgt; meine Erhebungen darüber sind noch nicht abgeschlossen.

Heute, zuvor also, unter I. eine Abhandlung über „Bäche, Brunnen und Quellen", und unter II. über „Die ehemaligen Mühlen in Orb".

1. Orbbach

Als erster der Orber Bäche ist der **Orbbach** zu nennen, der von mehreren Quellen und Zuläufen gespeist wird. Er nimmt am Untertor den **Haselbach** und am Brühl noch den Leimbach auf und fließt nach rd. 4 km in die Kinzig.

Der Orbbach, auch die „Orb" genannt, entspringt am Fuße des Gipfels „Hoher Berg". Es sind 7 Quellen, die im hinteren Bereich des Orbtals entspringen:

die **Orbquelle**, die **Mittelquelle** und der **Mackeborn**, alle 3 Quellen unmittelbar im Bereich der Orbquelle und in einem Sammelbehälter erfasst. Dazu kommen noch: die **Grünebornsrainquelle**, die **Stierruhquelle**, die **Kettentalquelle** und die **Schweinestallquelle**.

Alle 7 Quellen werden in einem weiteren Behälter gesammelt, aufbereitet und als Trinkwasser in das Rohrnetz eingespeist. Der Überlauf dieser Quellen, also das nicht für den Trinkwassergebrauch benötigte Wasser der genannten Quellen, fließt in den Orbbach. Die Grünebornsrainquelle liegt ebenso wie die Stierruhquelle auf der geographisch linken Talseite, die Kettental- und Schweinestallquelle liegen auf der rechten Seite. Zwischen Schweinestall und Kettental fließt eine sehr starke und gefasste Quelle von rechts in die Orb.

Zwischen Kettental und Baiertal am Fuß des Baiertalküppels liegt auf ca. 300 m über NN der Quellhorizont direkt am Weg. Dort findet man immer noch mehrere namenlosen Quellen (rechts der Orb!). Hier findet man auch die alte Quellfassung, die der Wasserversorgung des ehemaligen Forsthauses Beilstein diente.

Aus dem Baiertal selbst kommen noch mehrere, teils sehr starke Quellen (eine davon ist gefasst), die die am Talauslauf liegenden städtischen Forellenteiche speisen und dann von rechts in den Orbbach einmünden.

Zwischen Baiertal und der Würzburger Straße findet man im Bereich der Hölltannen mehrere Quellen, darunter die Quellen, die früher die Wasserversorgung des Schweizerhauses und des Talheims sicherten. Diese sehr starken Quellen sind gefasst. Dazu kommen dann noch – jetzt von links – der Kurfürstenborn und die Kaltenfurtquelle. (Das sogen. „Kurfürstenbörnche“ entsprang früher an der Villbacher Straße gegenüber dem Wildpark. Dort hat sich der Wirt vom Café „Waldfriede“ einst das Wasser für seinen Hausgebrauch geholt.)

Der **Kaiserborn** vor dem Wildpark, rechts der Villbacher Straße, wird ebenfalls noch über den Trinkwasserspeicher „Kaiserborn" in das allgemeine Rohrnetz eingeleitet. Von der Kaiserbornquelle wird auch das Freischwimmbad versorgt wie auch noch von der Tiefquelle der Küppelsmühle.

In den Orbbach gelangt dann noch ein Zulauf aus dem „Kurzetal", später der Überlauf der 2 Küppelsmühlenquellen, ferner das Wasser der Haberstalquelle und vom oberen Roßborn; letztere fließen über die Benn, dann am Hotel Royal und den Tennisplätzen vorbei in den Orbbach. (Die obere Roßbornquelle liegt in der Sälzerstraße in der Nähe des Anwesens Lindemann und wird von dort in Röhren in den gen. Bach geleitet.)

Von diesem Benn-Bachlauf geht nahe dem Hotel Royal (heute noch) eine unterirdische Rohrleitung in den Kurparkweiher. Früher wurde mit diesem Wasser der seinerzeitige Springbrunnen im Weiher betrieben.

In diesem Bereich Haberstal/Benn liegen – auf Grund und Boden der Kurverwaltung (Bad Orb GmbH) – 2 Quellen, die unterhalb des Talauslaufs „Letzerntälsche" in einem Sammelbehälter erfasst sind. Das Wasser dieser 2 Quellen fließt jedoch nicht in den Orbbach, sondern dient der Wasserversorgung von Badehaus und Kurhaus und wird in einer Rohrleitung dorthin geführt.

Ein letzter Zulauf in den Orbbach erfolgt am Salinenplatz (bei der „Alten Stadt Apotheke"). Dabei handelt es sich um Wasser von mehreren kleinen Quellen aus dem Bereich Molkenbergstraße, dem jetzigen Parkplatz, wo früher die sogen. „Äppelhall" gestanden hat.

Weitere Quellen und Zuläufe sind ohne wesentliche Bedeutung.

2. Haselbach

Der Haselbach entspringt **vor dem Jagdhaus, jetzt Café Haselruhe, am Fuße des Bornküppel**. Die Quelle hat 2 Bornkammern, die linke davon ist jedoch trocken. Das Wasser kommt nicht gleichmäßig, bei großer Trockenheit bleibt es nahezu aus. Der Bach schlängelt sich durch das Haseltal und verbindet sich nach rd. 4,5 km am Untertor mit dem Orbbach. Der Haselbach und seine verschiedenen Bachläufe betrieben früher einmal 4 Mühlen.

Kurz hinter der Quelle liegt der Jagdhausweiher. Der Angelsportverein benutzt diesen zur Aufzucht von Forellen. Daneben ist eine Quelle, **die dem Jagdhaus zur eigenen Wasserversorgung dient**. Ein erster Zulauf zum Haselbach kommt auf der linken Talseite aus einer **Quelle unterhalb des Wegscheidegründchens**, der nächste, ebenfalls von links, aus der **Vogelrainquelle**, die gefasst ist und am Fußweg zur Haselsruhe liegt; sie fließt stark und ständig. Schräg gegenüber ist eine **Quelle am Hang vom Markberg**, die von rechts zufließt. Der nächste Zulauf, kurz vor dem Angelweiher Haseltal, kommt dann von links aus einer nicht gefassten Quelle unterhalb des Taleinschnitts **Vogelgrund**.

Eine weitere kleine Verstärkung kommt – ebenfalls von links – aus einer **Quelle** auf **dem Grundstück der Erben des Kaufmanns Leo Weisbecker** und speist dort mit ihrem Wasser einen kleinen Forellenteich, den der Angelsportverein wiederum zur Aufzucht von Fischen nutzt. Des Weiteren ist das Wasser aus der **Schindskaute** zu nennen; es ist kein Quell-, sondern Sammelwasser und vereinigt sich mit dem **Schleckersborn**, der etwa 350 m hinter der Reinhard`schen Mühle links der Haselstraße entspringt und dort in den Haselbach mündet, wo früher der Wasserzulauf für den Mühlenbetrieb begann. Dieser ist inzwischen zugeschüttet. Gegenüber, am Talhang, **ist eine weitere nicht benannte Quelle**. (Vielleicht trug diese Quelle auch einmal einen Namen ebenso wie die Quelle, am Hang vom Markberg, der jedoch nicht überliefert worden ist). Ein weiterer Zulauf dann von rechts - ist der **Steinborn**, eine eingefasste Quelle auf dem Besitz des „Appelwoimüllers“. Sie diente dem Besitzer früher zur eigenen Wasserversorgung, fließt jetzt aber ungenutzt in Röhren in den Haselbach. Das nächste von links in den Haselbach fließende Wasser kommt aus dem **Pfingstborn**. Dieser Born entspringt an der Klingentalstraße unterhalb des Grundstücks der Glaserei Schüßler, ist eingefasst und geht unter der Verbindungsstraße zum Festplatz in einem Kanal zum Haselbach.

Es gibt außer den genannten Wasserzuläufen noch mehrere kleine Quellen, die aber ohne wesentliche Bedeutung sind. Zu nennen wäre das wenige **Wasser aus dem Wemm**, das auf einer Wiese der Familie Pfeifer (Bierjakob) zu Tage tritt und über das Anwesen Alfred Schneider dann in den Haselbach fließt; ferner das Wasser aus dem Bereich „Gründchen“, das beim Haus Sachs in der Bahnhofstraße aus einem Kanal in die Hasel mündet.

3. Leimbach

Der Leimbach (im Volksmund „Lemdich“). Das in einem Sammelbehälter erfasste Wasser der Leimbachquelle und der Frauenbergquelle hat bis in die 50er Jahre für die Trinkwasserversorgung der Stadt Verwendung gefunden. Das Wasser dieser Quellen einschl. des Marktbrunnens bildet seitdem den Leimbach. Weitere Quellen und Wasser, die in den Leimbach führen, sind ohne Bedeutung und haben auch keinen Namen.

4. Weitere Quellen und Brunnen

Der **gefasste Tiefbrunnen im Autal** (am Bäckersberg) soll als Sicherstellung für die spätere Trinkwasserversorgung dienen, er wird z.Z. noch nicht genutzt.

Das **Hofgut Altenburg** hat seit jeher eine Quelle, die der eigenen Wasserversorgung dient. Das Wasser fließt beim „Hof" (in der unteren Au) in die Orb.

Die **Spitalquelle an der Frankfurter Straße** (die Fassung des Brunnens ist im Mauerwerk der Umfriedung des Altenheims noch sichtbar) geht im Bereich des Krankenhauses über Oberflächenwasser in die Kanalisation.

Der **Marktborn (am Marktplatz)** wurde früher mit dem Wasser aus dem Marktbrunnen (an der heutigen Marktbrunnenstraße) gespeist. Das Wasser, das heute am Marktplatz aus dem Born fließt, ist Trinkwasser aus dem Rohrnetz, also aus der allgemeinen Wasserversorgung, während das Quellwasser vom Marktbrunnen (wie schon gesagt) in den Leimbach fließt.

Der **Wendelinusbrunnen** wurde früher von einer Quelle in der Hansenhöhle gespeist. Dieses Quellwasser geht jetzt in die Kanalisation, während der Wendelinusbrunnen ebenfalls mit Wasser aus dem Rohrnetz versorgt wird. Derzeit ist von der Stadt geplant, das Quellwasser, das in der Hansenhöhle neben dem Anwesen von Tierarzt Dr. Wiek entspringt, in den Orbbach zu leiten.

Der (frühere, obere) **Roßborn** am Obertor liefert jetzt ebenfalls Trinkwasser aus der allgemeinen Wasserversorgung. Die Quelle selbst liegt in der Sälzerstraße in der Nähe des Anwesens Lindemann. (Siehe hierzu Pkt. 1. Orbbach).

Der frühere **Sauerborn** mit seinem begehrten Trinkwasser wurde vom oberen Roßborn versorgt. Er war mit Kohlensäure angereichert und floss aus einem Brunnen, der unterhalb des seinerzeitigen Amtsgerichts, der heutigen Polizeistation, lag.

Der Untere Roßborn, der an der Sälzerstraße an dem Verbindungs-Gehweg zur Lindenallee liegt und eingefasst ist, läuft über eine Oberflächenleitung in der Lindenallee in den Regenwasserkanal.

Eine im Jahre 1925 **an** der **Molkenbergstraße eingefasste Quelle**, die dem Café Wartturm (Platt) zur Versorgung diente, ist inzwischen versiegt.

Das Wasser aus einer **Quelle an der Berliner Straße** (in der Nähe des Anwesens Probst) läuft in die Kanalisation. Aus dieser Quelle haben sich die Anlieger, d.h. die Familien Grau, die Villen an der Würzburger Straße besaßen, mit Wasser versorgt. (Das sind die heutigen Anwesen IG Metall und Villa Wintersberg.

Das **Gäulsbörnche**, das am Waldanfang am Altenberg entspringt, versiegt wieder an Ort und Stelle.

Das **Teufelsbörnche**, das früher an der Würzburger Straße entsprang, (das ist heute etwa beim km-Stein 003 3,2), fließt jetzt mittels einer Drainage unter der Straße in die unterhalb liegenden Wiesen.

Eine **weitere Quelle** liegt am Waldweg, der von der Würzburger Straße aus (nahe dem Trinkwasser-Sammelbehälter) am Waldrand entlangführt. Die Quelle ist eingefasst, ihr noch stetig fließendes Wasser zerrinnt auf der unterhalb liegender Wiese. Ein Name für die Quelle ist nicht bekannt.

II. Teil: Die ehemaligen Mühlen in Orb

1. Stadtmühle

Nach Franz Nikolaus Wolf: „Das Landgericht Orb, seine Saline und Umgebungen“ (1824, S. 26) besaß die Familie der „Ritter von Milchling", genannt Schuzbar, die neben der Pfarrkirche gelegene Burg und am Fuß derselben eine Mühle. Johann Büttel: „Geschichte der Stadt und Saline Orb" (1907, S. 17) nennt diese Mühle, die von der Leimbachquelle betrieben wurde, die „Milchlingische Mühle“. Nach alten Büchern und Urkunden hieß sie offiziell Stadtmühle". Nach Wolf (S. 26) ist die Burg einschließlich der Mühle i. J. 1621 für 575 Gulden an Kurmainz verkauft worden. Ferner ist bei Wolf zu lesen, dass die Mühle im Jahre 1799 abgebrochen und dort eine Wohnung für den

Rentbeamten erbaut wurde. Dieses Gebäude, das sogen. Rentamt, steht heute noch und ist im Besitz der Schreinerei Noll. Bei Wolf ist weiterzulesen, dass es in Orb (gemeint war die Zeit Anfang des 19. Jahrhunderts) neben einem Lohmüller sieben Mehlmüller gegeben hat. Büttel nennt (S. 56/ 57) ebenfalls einen Lohmüller, dagegen sieben Mahlmühlen. Wenn die Stadtmühle = Milchlingische Mühle i. J. 1799 abgebrochen wurde, kann sie später nicht mehr mitgezählt worden sein. Es ist nicht zu erraten und nirgends geschrieben, wo die siebte Mühle gestanden haben kann. Wie dem auch sei: Glaubhaft ist und davon gehe ich bei meiner folgenden Betrachtung aus, was Wolf (S. 24) schreibt, dass sich auf Orber Gemarkung 6 Mahlmühlen befanden, „4 am Haselbach, 1 am Bache Orb und die Küppelsmühle an einer eigenen Quelle.“ (Mit der Mühle „am Bache Orb“ ist die Aumühle gemeint. Im Volksmund versteht man den Zusammenfluss von Orbbach und Haselbach wohl aus Aubach (= „Aabäsch“), offiziell und nach dem Kataster heißt der Fluss jedoch „Orb“.

2. Aumühle im Autal

Seit wann die Aumühle besteht, ist nicht bekannt. Ursprünglich stand dort nur ein Mühlengebäude, das sich im Besitz einer Familie mit Namen Reinhard befand, die mit den Reinhards in der „Hinteren Mühle" (oder „Reinhards-Mühle") verwandt war. Im Einzelnen sind aus der Familie bekannt:

- Peter Reinhard (* 1771, † 1811) ⚭ Susanne Eckart (* 1770, † 1798),
- Johann Reinhard (* 1775, † vor 1848) ⚭ Maria Eva Kertel (* 1794, † 1849),
- Ludwig Reinhard (* 1825, † 1894) ⚭ Maria Katharina Noll (* 1826, † 1865),

- Maria Reinhard (* 1851, † 1931) ⚭ Benedikt Röder (* 1845, † 1914),
- August Röder (* 1872, † 1944) ⚭ mit Margarethe Wilhelm (* 1885, † 1955),
- Roland Röder (* 1927, † 2012) ⚭ Maria Heim (* 1925).

Der mit der Müllers Tochter Maria Reinhard verheiratete Benedikt Röder stammte aus Ahl (bei Salmünster). Dieses Paar baute an das alte Mühlengebäude (in den Jahren 1872-1874) ein Wohnhaus mit Stallungen an. Im Jahre 1911 wurde das alte Mühlengebäude durch ein neues ersetzt.

Die alte Mühle hatte 2 Wasserräder, jeweils 1 Rad trieb einen damals üblichen Mahlgang. Seit dem Umbau lief nur noch 1 Wasserrad, weil dann mit Walzenstühlen gemahlen wurde, die erhebliche größere Leistungen hatten. Das verbliebene Wasserrad ist heute noch an der Mühle zu sehen.

Vor dem I. Weltkrieg wurde auch eine Elektroanlage installiert, die die Mühle durch Wasserkraft mit Strom versorgte. Erst 1950 wurde die Aumühle an das öffentliche Netz angeschlossen. Mit Wasser für den Hausgebrauch versorgte sich die Aumühle mittels naheliegender Quelle bis 1960 selbst, erst dann erfolgte der Anschluss an das öffentliche Rohrnetz.

Nach Eintragungen im Wasserbuch (die letzte war 1970, die vorletzte im Jahr 1923) hat der jeweilige Besitzer der Aumühle das Recht, das gesamte Wasser der Orb abzuleiten und zum Antrieb eines Wasserrades oder dergleichen zu gebrauchen. Dieses Recht besteht laut Wasserbuch seit „unvordenklichen Zeiten“ auch heute noch.

Die Aumühle (Wohnhaus mit Scheune und Mühlenhaus), aufgenommen um 1904/05.

Benedikts Sohn August (1872-1944) übernahm im Jahre 1914 die Mühle, die er bis zu seinem Tod i. J. 1944 betrieb. Sein Sohn Eduard (* 1915), der die Müllermeisterprüfung abgelegt hatte und die Mühle einmal übernehmen sollte, fiel († 1944) im 2. Weltkrieg. So führte der andere Sohn Roland (* 1927) nach Rückkehr aus der Gefangenschaft die Mühle weiter bis zum 31.12.1959. Mit diesem Tag wurde der Mahlbetrieb eingestellt.

Mit dem Bau des Wohnhauses wurde dem Benedikt Röder die Konzession für eine Gast- und Schankwirtschaft erteilt, die in Verbindung mit einer Kegelbahn betrieben wurde, worüber eine Urkunde vorliegt. In den 30er Jahren wurde die Gast- und Schankwirtschaft in ein Café umgewandelt und die ersten Pensionsgäste aufgenommen. Zugleich mit der Aufgabe der Müllerei und der Landwirtschaft im Jahr 1960 wurde ein größerer Umbau vorgenommen; seit dieser Zeit wird die ehemalige „Aumühle“ nur noch als Café und Pension betrieben.

3. Küppelsmühle im Orbgrund

Die heutige Kur-Klinik ist im Besitz der Familie Freund.

Wann die Mühle gebaut wurde, ist nicht bekannt. Die früheren Besitzer dagegen lassen sich nachweisen, denn Philipp Holzmann, Bürger- und Müllermeister von Orb, hat durch Tauschvertrag vom 10.1.1788 seine Mühle, eben die Küppelsmühle, und die umliegenden Ländereien mit der Mühle und den dabei liegenden Gütern des Salinenkunst- und Müllermeisters Johann Jakob Freund im Haselgrund getauscht, wobei die Einzelheiten des Vertrages ggf. einer späteren Abhandlung vorbehalten bleiben sollten. Die Küppelsmühle gehörte also bis dahin (1788) einem Holzmann und die Mühle in der Hasel einem Freund.

Die Freunds sind durch eine Stammtafel und weitere Nachforschungen namentlich bekannt. Im Einzelnen:

- Johannes Jacob Freund (* 1747, † 1801) ⚭ Susanne Quanz (* 1750, † 1805),
- Jakob Freund (* 1773, † 1821) ⚭ mit Maria Eva Neis (* 1778, † 1801),
- Johann Freund (* 1802, † 1862) ⚭ Elisabeth Theresia Scheidemantel (* 1811, † 1881),
- Heinrich Freund (* 1837, † 1909) ⚭ Margaretha Theresia Noll (* 1847, † 1898),
- Heinrich Freund (* 1865, † 1934) ⚭ Anna Ullrich (* 1866, † 1922),
- August Edmund Hubertus Freund (*1900, † 1955) ⚭ Maria Wahl (* 1900, † 1986).

(In den Kirchenbüchern ist Freundt stets mit „dt" geschrieben, in einzelnen Urkunden und im »Ortsfamilienbuch Bad Orb« nur mit „d“.)

Die Küppelsmühle. Wo einst die Gaststätte (im Bild links) stand, steht heute der „Mühlenhof".

Da der Wert der Küppelsmühle einschl. der zugehörigen Ländereien wesentlich höher war als der der Mühle im Haseltal, der späteren Holzmanns-Mühle, hat Freund den erheblichen Betrag von 2000 Gulden zuzahlen müssen. Das Geld hatte er sich von seinem Schwager, Johannes Baptist Quanz (* 1741, † 1822), geliehen. Johann Jakob Freund war ja mit Susanne, einer der vier Schwestern des Pfarrers Quanz, zu jener Zeit Assessor in Aschaffenburg, verheiratet.

Die Küppelsmühle hat ihr eigenes Wasser, das aus 2 Quellen kommt, eine mit Wasser aus der Tiefe, die stets gleichmäßig fließt und die die Kur-Klinik heute noch mit hygienisch einwandfreiem Wasser versorgt, während die andere Quelle zum Teil Oberflächenwasser bringt, das in der Menge schwankt und nur dann ergiebig ist, wenn es in Villbach zuvor stark geregnet hat.

Der Mahlbetrieb in der Küppelsmühle wurde kurz nach der Jahrhundertwende eingestellt, als (1907) das Pensionshaus ANNENHOF gebaut wurde und der Besitzer, Heinrich Freund, im Jahre 1898, also schon zuvor, einen Belegungsvertrag mit der AOK Frankfurt/M geschlossen hatte. Als Gastwirtschaft im Nebenbetrieb wurde die Küppelsmühle schon seit 1807 geführt, nachdem Fürstprimas Carl von Dalberg dem Jakob Freund die Konzession dazu erteilt hatte.

4. Haselmühle

Die Haselmühle in der „Vorderen Hasel“ (im Volksmund sagte man früher „Haselsmühle“) war die Mühle an der heutigen Lauzenstraße. Sie war dem Stadtkern am nächsten gelegen. Die jetzigen Besitzer, die Familie Richard Werner, nennen das Gebäude „Lauzenburg“. Es ist auf den Ruinen einer im 18. Jahrhundert verfallenen Burg, die dem Adelsgeschlecht der „Ritter von Lauzen“ gehörte, aufgebaut worden. Man kann wohl davon ausgehen, dass das verhältnismäßig große Haus mit Wohnungen und Stallungen schon lange vor der Wende des 18./19. Jahrhunderts als Mühle bestand. Der erste namentlich bekannte Müller war Johannes Reinhard verheiratet mit Katharina geb. Weisbecker. Sein Nachfolger, ebenfalls Müller, war der i. J. 1794 in Orb geborene Jakob Reinhard, der mit Barbara geb. Gülich aus Wirtheim verheiratet war.

Ihm folgte sein Sohn Wilhelm (* 1834, † 1911) verheiratet mit Wilhelmine geb. Kling. Wilhelm wiederum übergab die Mühle seinem Sohn Georg (* 1862, † 1952), der mit Margarethe geb. Edel verheiratet war. Georg hat den Mahlbetrieb, später zusammen mit seinem Sohn Wilhelm, bis 1929 geführt und dann eingestellt.

Das Anwesen, jetzt Fremdenpension, ist also seit mehr als 200 Jahren im Besitz der Familie Reinhard, da die jetzigen Eigentümer auch Nachkommen des Georg Reinhard sind; Frau Werner ist eine Enkelin. Die Mühle hatte einen eigenen Bachzulauf. Er wurde zugeschüttet, als auch das Tal der „Vorderen Hasel" mit Häusern bebaut wurde.

Der Müller der „Haselmühle" (heute „Lauzenburg" genannt), Georg Reinhard mit seiner Familie vor dem Mühlrad. Das Bild ist aufgenommen um 1904/05.

5. Geis'sche Mühle, die zweite Mühle im Haseltal

Die jetzige Lagebezeichnung ist „Am Klingental" 3. Die Mühle lässt sich bis um die Zeit vor 1800 nachweisen. Die ersten Besitzer waren Schopps. Das Wasserrecht für die Mühle besteht (lt. amtlichem Vermerk) seit „undenklichen Zeiten". Die Mühle war anfangs eine Lohmühle. Hier wurde Eichenrinde zu Lohe vermahlen, nach Gelnhausen gebracht und dort zum Gerben von Fellen verwendet. (Nach Franz Nikolaus Wolf (1824), S. 23 und

Johann Büttel (1901), S. 56, gab es zu jener Zeit in Orb einen Lohmüller.) Die Umstellung auf Mehlmühle muss vor Mitte des 19. Jahrhunderts erfolgt sein.

Der erste Müller mit Namen Geis war **Franz** Ludwig (* 1867, † 1927), der Emma Margarethe Schopp zur Frau hatte. Nach einem amtlichen Lageplan (um die Jahrhundertwende) wird die Mühle schon als Geis`sche Mühle bezeichnet. Die Mühle wurde nach Franz` Tod von seinem Sohn Karl bis 1939 weitergeführt. Danach war sie bis 1962 im Besitz von Heinrich Geis. Heinrich Geis war gelernter Zimmermann und ein bekannter Kommunalpolitiker. Nach seinem plötzlichen Tod übernahm sein Sohn Josef die Mühle. Wegen der völlig veränderten wirtschaftlichen Verhältnisse wurde sie 1969 stillgelegt und zu Wohnungen umgebaut. Der noch lebende Josef Geis war der letzte Müller dieser Mühle wie auch von Orb überhaupt.

Der Bachzulauf zu dieser Mühle wurde auch zugeschüttet, als die Klingentalstraße verbreitert wurde.

Die Geis'sche Mühle, im Hintergrund der Lauzenberg. Das Mühlrad ist auf dem Bild nicht sichtbar. Das Bild ist aufgenommen um 1895.

6. Holzmanns Mühle

Die dritte Mühle im Haseltal ist die Holzmanns Mühle und sie ist ebenfalls an der Straße „Am Klingental" gelegen. Nach ihr ist das benachbarte Café „Waldmühle" benannt. Die Mühle wurde i. J. 1731 erbaut.

Ihre ersten Besitzer waren Müller (Mahl-Müller) mit Namen Freundt. Sie wurde durch Müllermeister **Philipp Holzmann**, der bis zum Jahre 1788 Besitzer der Küppelsmühle war, im Tauschweg von **Johann Jakob Freund** erworben, dem die Mühle in der Hasel bis dahin gehörte. Hierüber habe ich unter Pkt. 3 – Küppelsmühle – dieser Abhandlung ausführlich geschrieben. Die Mühle in der Hasel ist dann fortwährend im Besitz der Familie Holzmann bzw. deren Nachkommen geblieben und wird auch im Kataster um die Jahrhundertwende als Holzmanns-Mühle bezeichnet.

Letzter Müller dieser Mühle war Hans Kupsch, der mit Anni geb. Weisbecker verheiratet ist. Er hatte die Mühle i. J. 1950 von seinem Schwiegervater Georg Weisbecker (* 1888, † 1965) übernommen, dem sie i. J. 1919 ebenfalls von seinem Schwiegervater Jakob Holzmann hinterlassen worden war. Georg Weisbecker war in 1. Ehe verheiratet mit Anna geb. Holzmann, in 2. Ehe mit Emma Holzmann (beide waren Schwestern). Anni ist die Tochter aus der 1. Ehe, Anna und Emma sind Töchter des Jakob Holzmann (* 1852, † 1924) und der Maria geb. Müller. Dieser (Jakob) wiederum ist ein Sohn des Adam Holzmann, der mit Susanne geb. Metzler verheiratet war. Hans Kupsch hat den Mahlbetrieb im Jahre 1966 wegen der schlechten wirtschaftlichen Verhältnisse eingestellt.

Auch diese Mühle hatte ihren eigenen Wasserzulauf; er wurde nicht zugeschüttet, wird aber nicht mehr genutzt.

Die Holzmanns-Mühle im Haseltal. Auf dem Bild oben der Müller Georg Weisbecker, gen. „Millschorchje", im Vordergrund seine beiden Töchter; links Anni, verh. Kupsch, rechts Rosel, verh. Prasch.

7. „Hintere Mühle oder Reinhard`sche Mühle"

Die Mühle lag an der Haselstraße. Im Volksmund nannte man sie früher „Letzte Mühle". Das Gebäude ist heute im Besitz der

Familie Karl Schöning und seitdem unter der Anschrift „Haselmühle“ postalisch bekannt.

Ein guterhaltener Fenstersturz am Haus trägt das eingehauene Schriftzeichen „J R 1749 M W“. Vielleicht kann man daraus schließen, dass die Mühle in diesem Jahr (1749) von einem Reinhard erbaut wurde, der mit einer Frau verheiratet war mit dem Familiennamen (Vor- und Zuname) M W. Der letzte Müller dieser Mühle war Anton Reinhard, der im Jahre 1936 in der Mühle tödlich verunglückte. Seitdem wurde in der Mühle nicht mehr gemahlen. Die Hinterbliebenen haben die Mühle i. J. 1938 an die Stadt Bad Orb verkauft, diese wiederum i. J. 1940 an die Familie Schöning, die das Anwesen zu einem Wohnhaus umbaute.

Der 1936 tödlich verunglückte Anton Reinhard war 1888 geboren und mit Lina Geis verheiratet. Seine Eltern waren Ludwig Reinhard (* 1859, † 1939) und Margarethe Schopp. (Im Volksmund nannte man Ludwig Reinhard „Möllers-Plättsche“, sicherlich deshalb. weil sein Vater mit Eva Maria geb. **Platt** verheiratet war.)

Anton Reinhard hatte als Kriegsteilnehmer des I. Weltkrieges hohe Auszeichnungen, und zwar das EK I und II sowie einen hohen Militär-Verdienstorden (ein Ehrenzeichen mit der Inschrift auf der Urkunde: „für Tapferkeit“).

Die beiden noch lebenden Kinder des letzten Müllers Anton Reinhard betreiben jetzt die Bäckerei in der Jössertorstraße, die sie von ihrem Onkel August Geis übernommen haben. Sie setzen damit die Tradition der früheren „Bäckerei Geis in der Jössertorstraße“ fort.

Die Reinhard`sche Mühle im Haseltal. Ansicht von der Talseite. Aufnahme aus dem Jahr 1942.

Der Bachlauf dieser Mühle wurde später ebenfalls zugeschüttet, weil die dort vorbeiführende Haselstraße verbreitert werden musste.

Die Reinhard`sche Mühle („Letzte Mühle“) im Haseltal; Seitenansicht. Aufnahme aus dem Jahr 1942.

8. Schneidmühle

Die Schneidmühle, die einzige Sägemühle in Bad Orb, lag unterhalb der Villbacher Straße, dort, wo heute die Häuser Nr. 24 bis 32 stehen. Im Volksmund nannte man sie „Schneidmill“. Sie wurde mit Wasser vom Orbbach betrieben, der Wasserzubringer begann nahe der Kaltenfurtquelle. Das Wehr ist heute noch sichtbar, der Bachlauf allerdings zugeschüttet oder verwachsen, aber noch erkennbar. Die Mühle diente ursprünglich dem Betrieb der Saline, man weiß aber nicht, wann sie gebaut wurde. Im Jahre 1847 ging sie in den Besitz der Familie Eckert über, die sie als Sägemühle nutzte. Sie ist im Jahre 1922 während einer Nacht völlig abgebrannt, die Brandursache wurde nie bekannt. Letzter Besitzer der Schneidmühle war Zimmerermeister Karl Eckert (* 1892, † 1939). Nach dem Brand wurde der Zimmererbetrieb in die Austraße verlegt, und zwar auf ein Gelände, das der Stern-Brauerei gehörte und dieser im Winter als Eisweiher diente. Das heutige Wohnhaus Austr. 17 war deren Lager- und Verwaltungsgebäude.

Das Gelände an der Villbacher Straße, wo die Schneidmühle stand, ging in den Besitz der Stadt Bad Orb über, die darauf einen Sportplatz anlegte.

Auf dem ehemaligen Zimmererplatz an der Austraße befindet sich seit 1968 ein Großmarkt.

9. Bohrmühle

Über diese Mühle habe ich in meinem Artikel Ober „Alte Orber Flur- und Straßennamen“ bereits kurz geschrieben. Zur heutigen Rotahornallee sagte man früher nämlich „Am Bohrmühlchen“, weil dort einst eine mit Wasserkraft betriebene kleine Mühle stand, in der Holzstämme maschinell ausgehöhlt und dann als Wasserleitung benutzt wurden zu einer Zeit, als es noch keine gegossenen Wasserleitungsrohre gab. Die Existenz dieser Mühle liegt ebenfalls etwas zurück, in einem alten Orber Lageplan ist sie aber vermerkt. Ich habe aber weder bei Franz Nikolaus Wolf noch bei Johann Büttel etwas darüber lesen können.

Anmerkung:

An dieser Stelle und am Ende der Niederschrift möchte ich zuerst allen danken, die mich bei dieser Arbeit unterstützt und mir mit Unterlagen weitergeholfen haben. Mein besonderer Dank gilt einzelnen Bediensteten der Stadt, so vom Forst, vom Bauamt und den Stadtwerken, aber auch den vielen Müllersleuten, die mich bereitwillig informierten.

Der vorliegende Artikel erhebt keinen Anspruch auf Vollständigkeit. Es ist möglich, dass die eine oder andere der ungewöhnlich vielen Orber Quellen und Gewässer ungenannt blieb oder ganz einfach übersehen worden ist. Für weiterführende Informationen wäre ich sehr dankbar und würde gegebenenfalls eine Ergänzung folgen lassen.

Ansonsten hat mir die Arbeit an diesem Artikel große Freude bereitet, und ich hoffe, dass sie bei den Lesern Interesse findet.

Eine Abhandlung über die Orber Solquellen sollte einem besonderen Artikel vorbehalten bleiben.

Die Orber Flur- und ihre Namen

20. März 1986

27. März 1986

03. April 1986

10. April 1986

02. Mai 1986

28. Die Orber Flur und ihre Namen

Vorwort:

Dieser Bericht ist der 2. Teil meines Artikels über „Alte Orber Flur- und Straßennamen". Die Straßennamen wurden im I. Teil behandelt, die Flurnamen folgen mit dieser Niederschrift, wobei ich betonen muss, dass es sich dabei nur um Fluren, also um bebaute und bewirtschaftete Flächen handelt, nicht um den Stadtwald.

Meine nachfolgende Schilderung stützt sich im I. Teil auf amtliche Flurbezeichnungen, und zwar auf solche, die im Flurbuch des Katasteramtes (etwa aus den Jahren 1870/75) niedergeschrieben sind, aus der Zeit also, nachdem Orb preußisch geworden war. Dort sind 46 Namen vermerkt, die größtenteils heute noch Geltung haben.

Die Aufzählung beginnt mit der Flurbezeichnung (1) „Stadtlage", dann folgen (2) die „Pflanzenländer“, (3) die „Vordere Hasel", (4) Kleeberg, (5) „Hintere Hasel“. Die Folge der Aufzählung geht dann (immer im Bogen nach rechts) tun die Stadt herum und endet mit (44) „Münsterberg“, (45) „Wemm“ und (46) „Lauzenberg“.

Die offizielle Nummerierung der Fluren hat sich jedoch seit den Jahren 1973/75 geändert und anstatt der früheren Parzellen-Nummern schreibt man jetzt sowohl im Grundstück als auch im Kataster Flur Nr. und Flurstück Nr.

Neben den amtlichen Bezeichnungen der Fluren im Kataster und im Grundbuch kennt man in Bad Orb aber auch heute noch eine Menge von Flurnamen, die keinen amtlichen Charakter haben, d.h., offiziell nicht so benannt, also nur im Volksmund noch gebräuchlich sind.

Reichsarchivrat Dr. Karlheinz Schäfer (1871, † 1945) hat sich in seinen „Forschungen zur Kulturgeschichte der Stadt Orb" (Potsdam 1930, S. 49 ff.) auch mit Flurnamen aus dem Mittelalter befasst, weil – wie er schreibt – „Die Wichtigkeit der alten Flurnamen für die geschichtliche Forschung in neuerer Zeit immer mehr erkannt wird und zahlreiche Städte und Vereine sich bemühen, diese Namen mühsam aus Urkunden und Katastern für die Zukunft festzuhalten ..." SCHÄFER nennt dort Fluren, (auch solche, von denen er gar nicht wusste, wo sie liegen,) die sich auf Geschehnisse, Personen, Berge, Täler, Tiere usw. beziehen. Für die amtlichen Flurbezeichnungen hatte er vermutlich keine Unterlagen. Einige der von Ihm aufgeführten Namen haben nicht überlebt, sie sind im Sprachgebrauch heute jedenfalls nicht mehr geläufig.*

Ich werde im I. Teil meiner folgenden Schilderungen, die im Flurbuch des Katasteramts enthaltenen 46 amtlichen Flurnamen nennen, dann im II. Teil die geänderten, neuerdings geltenden Bezeichnungen, und im III. Teil die vielen Namen, die sie einmal hatten oder daneben führten, auch wenn sie heute nicht mehr alle benutzt werden oder üblich sind.

Inzwischen sind allerdings auch bei den neuen unter II. genannten Flurlagen schon wieder Korrekturen erfolgt, so dass gewisse Flurangrenzungen nicht auszuschließen sind.

I. Teil:
Flurnamen nach dem Kataster-Flurbuch
geführt ab 1873/75

1. Stadtlage:	darunter stehen bebaute Hofräume (Wohnhäuser und Scheunen, Wege, Gewässer, Gärten (im Stadtkern einschl. Vorstadt)
2. Pflanzenländer:	im Einzelnen; Kleingärten von geringer Größe, insgesamt 719 Parzellen, die im Gebiet zwischen dem Eisweiher der Stern-Brauerei (später Zimmergeschäft Eckert) und der heutigen Bahnhofstraße lagen
3. Vordere Hasel:	das sind Gärten, Äcker, Wiesen, Weiden, öffentliche Wege
4. Kleeberg:	darunter stehen: Äcker, Wiesen und Weiden
5. Hintere Hasel:	Acker, Wiesen und Weiden bis zur Haselruhe
6. Altenberg:	Acker, Wiesen und Weiden
7. Steinkaute:	wie vor
8. Heppenmauer:	wie vor
9. Seboldswiesen:	Gärten, Äcker und Wiesen
10. Winterberg:	Gärten, Äcker, Wiesen, Weiden und Holzung
11. Kaltenfurt:	meist Wiesen und Weiden, öffentliche Wege und Gewässer
12. Bayertal:	meist Wiesen

13. Wegwiesen:	Wiesen und Weiden, öffentliche Gewässer
14. Orbgrund:	Äcker, Wiesen, Weiden, Gärten und Holzung, beginnend mit Besitztum Freund, öffentliche Wege und Gewässer
15. Roßhöhle:	Gärten, Äcker, Wiesen und Weiden, öffentliche Wege
21. Schafwiese:	(zw. der heutigen Frankfurter Straße und der Eichhöhle gelegen); sonst wie vor
22. Kasselberg:	Äcker, Wiesen, Weiden, Ödland, öffentliche Wege
23. Hühnerberg:	wie vor
24. Altenburg	Hofgut
25. Neugerod:	Äcker, Wiesen, Weiden
26. Alte Neugerod:	Äcker, Wiesen Weiden
27. Altenburg;	Acker, Wiesen
28. Rückberg;	Acker, Wiesen, Ödland (Steinmauern), öffentliche Wege
29. Karrenhöhle:	wie vor
30. Hainweg (Heimweg):	wie vor
31. Hof:	Äcker, Wiesen
32. Untere Au:	wie vor
33. Bäckersberg:	Äcker, Wiesen, Ödland, öffentliche Wege
34. Wächtersbacher Weg:	wie vor und Weiden
35. Geigershalle:	Äcker, Wiesen, Weiden, öffentliche Wege
36. Mittlere Au:	hauptsächlich Wiesen, öffentliche Gewässer

37. Füllwein:	(zw. der Frankfurter Straße und dem Orbbach gelegen); viele kleine Flurstücke wie Äcker, Wiesen, Weiden, Hausgarten, bebauter Hofraum, öffentliche Wege
38. Obere Au:	etwa zwischen dem Orbbach und den Bahngleisen; Äcker, Wiesen, öffentliche Gewässer und Wege, bebauter Hofraum (Aumühle)
39. Langenacker	Acker, Wiesen, Weiden, öffentliche Wege
40. Rotenrain:	Acker, Wiesen, Weiden, öffentliche Wege
41. Tiefental:	Acker, Wiesen, Weiden, Ödland, öffentliche Wege
42. Leimenkaute:	viele kl. Parzellen von Äckern, Wiesen, Weiden, Gärten, Ödland, bebauter Hofraum, Neuhäuser-Baustiftung, öffentliche Wege
43. Schafstrieb:	Acker, Wiesen, Weiden. Ödland, öffentliche Wege
44. Münsterberg:	wie vor
45. Wemm:	wie vor
46. Lauzenberg:	Äcker, Wiesen, Weiden, Ödland, Holzungen, öffentliche Wege

Das Bild (nach einer Original-Zeichnung aus dem Jahre 1850 im Heimatmuseum Bad Orb) zeigt links die ehemalige Mädchenschule, rechts die alte Knabenschule am Untertor, und am unteren Bildrand Andeutungen von den ehemaligen Pflanzenländern, die vom Eisweiher (der ehemaligen Stern-Brauerei) bis zum heutigen Bahnhofsvorplatz reichten.

II. Teil

Die Flurlagen der Gemarkung Orb

(neuer Stand)

Flur 1	Innenstadtkern
Flur 2	Frankfurter Straße, Burgstraße
Flur 3	Burgringstraße, Heppengasse, Obertorstraße, Kanalstraße
Flur 4	Gutenbergstraße, Gretenbachstraße, Jössertorstraße, Hauptstraße, Solgasse
Flur 5	Würzburger Straße, Wendelinusstraße, Altenbergstraße, Hochstraße

Flur 6	Kurparkstraße, Salinenstraße, Sauerbornstraße, Leopold-Koch-Straße, Ludwig-Schmank-Straße
Flur 7	Lindenallee, Birkenallee, Horststraße, Spessartstraße, Kurparkstraße, Am Orbgrund, Rotahornallee, Jahnstraße
Flur 8	Haberstalstraße, Küppelsmühle, Orbgrund, Spessartstraße
Flur 9	Haberstal, Bocksberg, Orbgrund
Flur 10	Bocksberg, Frauenberg, Haberstal, Roßhöhle, Sälzerstraße
Flur 11	Sälzerstraße, Bayernweg, Frankenweg, Von-Dalberg-Straße, Molkenberg, Roßhöhle
Flur 12	Friedrichstalstraße, Hubertusstraße, Eduard-Gräf-Straße, Johann-Büttel-Straße, Sachsenhäuser Straße, Kasselbergweg, Molkenberg, Volksschule, Friedhof
Flur 13	Hasenpflug, Kasselberg
Flur 14	Hühnerberg, Frauenberg, Kasselberg, Leimbach, Molkenberg
Flur 15	Frauenberg, Hubertusstraße, Molkenberg, Leimbach, Bocksberg
Flur 17	Hühnerberg, Frauenberg
Flur 18	frei
Flur 19	frei
Flur 20	frei
Flur 21	Hühnerberg (Wirtheim)
Flur 22	Neugerod, Hühnerberg (Wirtheim)
Flur 23	frei
Flur 24	Altenburg, Neugerod (Wirtheim)
Flur 25	Neugerod (Wirtheim)

Flur 26	Hühnerberg, Neugerod, Karrenhöhle, Hasenpflug
Flur 27	Altenburg, Hofgut Altenburg, Neugerod
Flur 28	Altenburg, (Wirtheim)
Flur 29	Altenburg, (Wirtheim)
Flur 30	Altenburg, Rückberg, Hof, Hainweg
Flur 31	Hainweg, Rückberg
Flur 32	Hainweg, Karrenhöhle, Hasenpflug, Füllwein, Obere Au
Flur 33	Füllwein, Obere Au, Martinusstraße, Ludwigstraße, Füllweinstraße, Frankfurter Straße, Salzkärrnerweg
Flur 34	Bahnhofstraße, Austraße, Ludwigstraße, Faulhaberstraße, Am Schafstrieb, Salmünsterer Straße, Michaelstraße, Lauzenstraße, Haselstraße
Flur 35	Schafstrieb, Münsterberg
Flur 36	Rotenrain, Tiefental, Leimenkaut, Mittelweg, Fuldaer Straße, Schönbornweg, Geigershallenweg, Kinzigweg, Wächtersbacher Weg
Flur 37	Geigershalle, Langenacker, Wächtersbacher Weg, Sportanlagen
Flur 38	Hainweg, Mittlere Au, Obere Au, Wächtersbacher Weg, Geigershalle
Flur 39	Eisenbahn, Obere Au, Mittlere Au, Hainweg
Flur 40	Untere Au, Mittlere Au, Hof
Flur 41	Untere Au (Wirtheim-Aufenau), Bäckersberg
Flur 42	Wächtersbacher Weg, Bäckersberg, Geigershalle
Flur 43	Rotenrain, Tiefental, Hühnerfarm
Flur 44	Schafstrieb, Münsterberg
Flur 45	Wemm, Lauzenberg

Flur 46 Wemmstraße, Lauzenberg, Münsterberg

Flur 47 Münsterberg, Wemm, Steinhöhle, Vordere Hasel

Flur 48 Haselstraße, Adalbert-Stifter-Straße, Wemmstraße, Heppenmauer, Steinkaut

Flur 49 Heppenmauer, Altenberg, Steinkaut

Flur 50 Kleeberg, Lauzenberg, Klingental, Eichendorffstraße und Beiblatt Neubaugebiet Klingental

Flur 51 Lauzenberg, Kleeberg

Flur 52 Vordere Hasel, Hintere Hasel

Flur 53 Wintersberg, Altenberg (Wald)

Flur 54 Hintere Hasel, Bereich Stauteich

Flur 55 Walterschansengrund, Pfaffenrain

Flur 56 Baiertalküppel, Schweinestall, Hadermark, Rothenacker, Madstein, Hoher Berg, Horst, Stierruh, Grünbornrain (Stadtwald)

Flur 57 Haberstal, Weißer Stein, Pfarrküppel, Breiteruh, Langenberg, Pflachsland

Flur 58 Eschenweisen

Flur 59 Haberstal, Bocksberg

Flur 60 Gipfelsberg, Kurzes Tal, Bremer Grund, Klöffelberg, Steinerntal (Stadtwald)

Flur 61 Kaltenfurt, Bayertal

Flur 62 Wald-Wegscheideküppel, Vogelsgrund, Kirschbaum, Geißberg

Flur 63 Wildpark, Kaltenfurt

Flur 64 Wegwiesen, Villbacher Straße, Kaltenfurt

Flur 65 Wegwiesen, Wintersberg, Kaltenfurt, Würzburger Straße

Flur 66	Orbgrund, Wintersberg, Villbacher Straße, Würzburger Straße
Flur 67	Würzburger Straße, Wintersberg, Jahnstraße, Lohrer Straße
Flur 68	Berliner Straße, Kurmainzer Straße, Würzburger Straße
Flur 69	Seboldswiese, An der Heppenmauer, Altenbergstraße

III. Teil

Beschreibung der Fluren

die keinen amtlichen Charakter haben und (oft auch heute noch) nur im Volksmund so genannt werden, in alphabetischer Folge. Dabei möge man beachten, dass ich die einzelnen Namen so geschrieben habe, wie man sie dialektisch ausspricht, was des Öfteren von der Rechtschreibung abweicht.

Was die Lagebeschreibung angeht, so sind meine Ausführungen keinesfalls Behauptungen, sondern meine Meinung und die der Befragten. Es gibt ja nicht mehr viele Bauersleute oder ältere Orber sachkundige Bürger, die man befragen kann.

Aahelsche = Auhöhlschen (Flur 39, Mittlere und Obere Au) nennt man das Gebiet links des Orbbachs (d. i. des Aubachs, im Volksmund genannt „Aabäsch"), beginnend etwa mit der Zufahrt zur Aumühle von der Frankfurter Straße aus bis zum Übungsplatz der Hundefreunde.

Aaleborgstrieb = Altenburgstrieb (Flur 26) nennt man ein Flurgebiet zwischen Kasselberg, Hühnerberg und Altenburg, beiderseits der Straße zum Hühnerberg.

Der Amtmannsküppel (in Flur 33) ist ein Gebiet rechts der Frankfurter Straße, beginnend am Hochhaus (wo früher das Gasthaus „Zur Fröhlichkeit“ stand), begrenzt von Brühl und Faulenrain.

Im Bangert (Flurgebiet 12) nannte man das Garten- und Wiesengelände neben und oberhalb des alten Friedhofs und des jetzigen Schulsportplatzes, d.h. das Gebiet des neuen Friedhofs einschl. der Friedhofshalle und rechts daran anschließend bis zur Hubertusstraße.

Dastjesgrund (Bastschesgrund) (in Flur 49) nennt man die Talmulde, die am Weg Langgut beginnt und hochreicht bis zum Altenberg.

Die Benn (in Flur 39, Haberstal-Bocksberg) ist das Flurgebiet oberhalb des Kurparks und der Spessartstraße, jedoch unterhalb des Philosophenwegs.

Drei Birke (ursprünglich 3 Birken um einen Bildstock, in Flur 10) nennt man das Gebiet auf der Höhe vom Bocksberg, an der Hubertusstraße.

Die Bromhecke (in Flur Nr. 42} ist eine Ödung mit Hecken und Buschwerk am Bäckersberg unterhalb des Wächtersbacher Weges.

Bräil = Am Brühl (im Flurgebiet 33) heißt das Gartengelände hinter dem Amtmannsküppel bzw. zwischen Martinusstraße und Faulenrain, links des Orbbachs.

Engertshain (im Flurgebiet 43) ist ein Teil vom Rotenrain, rechts der Fuldaer Straße auf der Aufenauer Höhe.

Fauleroa = Faulenrain (in Flur 33) nennt man das Gelände hinterm Brühl, ebenfalls noch links des Orbbachs.

Der Gänsweiher (in Flur 52, Vordere Hasel) ist jetzt ein sumpfiges Wiesengelände beiderseits des Haselbachs, rechts und links der Haselstraße, vor Anfang des Anwesens Schöning (früher Reinhard`sche Mühle)

Die Gänswiese (od. Gänswaad = Gänsweide, in Flur 30, Altenburg, Rückberg, Hof) lag am Ende des städtischen Obstbaumgrundstücks „Langeweg“.

Galschebaag = Galgenberg (in Flur 13) nennt man das Gelände oberhalb des Salzkärrnerwegs bis zum Hasenpflug.

Gaßbaag = Geißberg (im Flurgebiet 49) ist ein Teilstück des Altenberg, oberhalb des Wolfsgrabens.

Geiernest (im Flurgebiet 53, Wintersberg, Altenberg) liegt am Altenberg, und zwar vom Geißberg bis hoch zum „Dode Moo“ (Toten Mann), wo nach SCHÄFER (S. 52) zu Anfang des 19. Jahrhunderts 3 Juden aus dem Joßgrund verbrecherischerweise erschlagen wurden. Das genannte Gebiet wird begrenzt von der „Dode-Moo-Linie“, die bis zur Wegscheide reicht.

Gläsernrain (im Flurgebiet 59, Haberstal) ist das Gebiet zwischen Küppel (Küppelsmühle) und Haberstal.

Gründsche (im Flurgebiet 35) heißt die Talmulde zwischen Schafstrieb und Münsterberg.

Hoawegslooch = Hainwegsloch (in Flur 39) nennt man die Talmulde zwischen der Frankfurter Straße und der Karrnhöhle, beginnend mit dem Feldweg, der von der Frankfurter Straße in die Gemarkung „Hainweg“ führt.

Am Heiligen (in Flur 16/17) nennt man das Gelände um den Bildstock nahe dem Hühnerberg.

Hinner de Mill = Hinter der Mühle (in Flur 47) auch „Kleine Hasel", ist das Gebiet von der früheren Haselmühle, (jetzt „Lauzenburg“), bis zum Wemm. Die Äcker, die von der Lauzenstraße hochführten zur Steinhöhle, nannte man auch „Mühläcker“.

Höllergasse (in Flur 52) heißt das Gartengelände in der Vorderen Hasel, das an der Brücke rechts der Bahnhofstraße beginnt.

Das Bild, aufgenommen etwa 1900 zeigt von Vorderen Hasel das Gebiet „Hinter der Mühle“, d.h. die heutige Lauzenstraße und die jetzt sogenannte „Lauzenburg“. Im Hintergrund sieht man links die Pfarrkirche mit der Burg, den Molkenberg und den Kasselberg.

Bernstimpsche (in Flur 37) nennt man das Gebiet unterhalb des Aussiedlerhofs Schecke, links der Fuldaer Straße.

Hohewacht (in Flur 36) war das Grenzgebiet zw. Aufenauer und Orber Gemarkung, links der heutigen Fuldaer Straße.

Die Höll (in Flur 61) nennt man das Wiesengelände unterhalb den sogen. „Hölltannen“, zwischen Triebschen und Bayertal.

Hierbaagshellsche = Hühnerberghöhlschen (in Flur 14) ist ein Hohlweg von der Leimbach (nahe den Wasserkammern) hoch zum Hühnerberg/Graue Ruh.

Hupperde = Hubertsberg (in Flur 15) ist das Gebiet gegen Ende der Hubertusstraße oberhalb des Bocksberg.

Jiedegroabe = Judengraben (in Flur 47) nennt man das Kleingartengebiet zwischen der Steinhöhle und der Salmünsterer Straße, beginnend beim Anwesen Betz.

Kleffelloch (in Flur 15) ist das Gebiet von Ende der Hubertusstraße talabwärts bis ins Leimbachtal; es war teilweise einmal ein Graben, der inzwischen mit Schutt aufgefüllt wurde.

Das Kläwerheckelsche (in Flur 67/68) war eigentlich ein Fußpfad, der nahe der früheren Lateinschule (heute „Martin-Luther-Haus") begann und an Hecken und Steinmauern entlang hochführte zum

Geißberg Wintersberg.

An der Kniebreche (in Flur 59, Haberstal-Bocksberg) nennt man das Gebiet um einen inzwischen fast zugewachsenen Pfad (früher auch Ernteweg), der am Philosophenweg begann, am Anwesen Glatow vorbei und hochführte bis zum „Alten Graben" beim Friesenheiligen. Der Pfad war steil und schwer begehbar.

Die Kannelwiese, auch Weidefeld genannt (in Flur 40) ist ein Wiesengelände in der Unteren Au.

Kringelfahrt (im Flurgebiet 36) nennt man einen Notweg (Fuhrweg) im Gebiet Leimenkaute, der von der Faulhaberstraße aus in Richtung Tiefental führt.

Kuhhöll = Kuhhöhle (in Flur 47) hieß das Gelände, auf der die St.-Michaels-Kirche erbaut wurde. Am Ende des Hohlwegs standen früher die Schießstände des Schützenvereins. Die Straße links der Kirche heißt heute noch Kuhhöhle.

Die Kuppe (gemeint ist nicht der Berg „Große Kuppe“) (in Flur 46) ist ein Acker- und Wiesengelände unterhalb der Großen Kuppe. Sie ist ein bewirtschaftetes Gebiet (nicht Wald) vom Münsterberg über Steinhöhle und Wemm.

Am Korförschtebörnsche, früher Kurfürstenbrunnen, (in Flur 63) nennt man die Wiesen an der Villbacher Straße nahe dem Wildpark und dem Kaiserborn.

Langgoaut = Langgut (in Flur 52) nennt man das Gelände beiderseits des Weges, der rechts von der Haselstraße (bei der Linde) abzweigt und am Talhang entlang bis zum Café Jagdhaus Haselruh führt.

Langeweg (in der Flur 30) nennt man das städtische Obstbaumgrundstück, beginnend auf der Höhe der Karrenhöhle und rechts talabwärts zwischen zwei Feldwegen liegt.

Langehecke (in Flur 13) bzw. Langeheckenweg nennt man Hecke und Weg zwischen Altenburgstrieb und Kasselberg, er verläuft parallel zum Hühnerbergsweg.

Letzerndälsche (in Flur 59) nennt man die Talmulde rechts der Haberstalstraße zwischen Philosophenweg und Kniebreche.

Lettloameloch (oder Lettlehmloch) (in Flur 11) war ein kleines Flurstück an der jetzigen Molkenbergstraße, wo man Lett oder Lehm (ähnlich wie in der Leimenkaute) zum Häuserbau gewonnen hat. Dort wurde später die sogen. „Äppelhall“ errichtet. Das Gelände, inzwischen zugeschüttet, ist heute Parkplatz.

Die Maak (in Flur 44) nennt man das Ackerland von der Höhe des Schaftriebs bis zum Waldrand.

Mauerwiese (in Flur 64) nennt man das langgezogene Wiesengelände vom Kurzetal (bei der Küppelsmühle) bis zum Wildpark; offiziell sind es die „Wegwiesen“.

Pfingstwiese (in Flur 52) ist das Wiesengelände im Haselgrund nahe dem Pfingstborn (Am Klingental), gegenüber dem Anwesen „Äppelwoimüller“.

Rathswiesen (in Flur 54) sind die Wiesen in der Hinteren Hasel, kurz vor dem Jagdhaus Haselruhe, benannt nach dem Erbauer des Jagdhauses, Carl von Rath (von der Frankfurter Jagdgesellschaft), dem die Wiesen einmal gehörten.

Rußland (in Flur 24) nennt man das weit abseits gelegene Gebiet hinter dem Hofgut Altenburg, d. i. „Alt-Neugerod“ bis zum Wald.

Ruppertsgraben (in Flur 41/42) ist das Grenzgebiet am Bäckersberg zwischen den Feldgemarkungen Bad Orb und Aufenau, nahe am Wald.

Säugründsche (in Flur 30) nennt man das Gebiet im Wiesengrund hinter dem Hofgut Altenburg.

Scheiling (in Flur 49) nennt man das Gebiet rechts der Altenbergstraße, links und oberhalb des ehemaligen Steinbruchs der Firma Anton Drisch.

Der Schießwinkel (im Flurgebiet 11) war früher ein schmaler Winkel mit angrenzenden Gärten und Ländereien im Gebiet Roßhöhle. Er ging von der Molkenbergstraße aus und umfasste die heutigen Anliegen an der Von-Dalberg-Straße.

Der Schiffersfeldgraben (in Flur 36/37) ist ein mit Obstbäumen bepflanzter Feldgraben rechts des Geigershallenwegs (oberhalb der Sportanlagen), er reicht bis zur Fuldaer Straße. Der Wächtersbacher Weg führt über ihn hinweg.

Am Schilch (in Flur 43/44) heißt man das Gelände zwischen Leimenkaute-Schafstrieb-Tiefental, nahe dem Fernsehturm.

Schindskoaude = Schindskaute (in Flur 51) ist das Wiesengelände, das an den Kleeberg anschließt, das ist links der Haselstraße gegenüber der Vorderen Markbergshütte. Aber auch das Gebiet über den Waldrand hinaus nennt man noch Schindskaute.

Am Schöffsche (in Flur 42) nennt man eine Mulde zwischen dem Bahnkörper (am Bäckersberg) und dem Wächtersbacher Weg.

Schmeckhöhlsche (in Flur 16/17) ist das zur Grau Ruh abfallende Gelände am Hühnerberg, nahe dem Bildstock.

Seedamm (in Flur 33/34) ist ein Flurstück zwischen Burg- und Austraße und dem Orbbach, etwa vom früheren Eisweiher der Stern-Brauerei an aufwärts bis zur Burgstraße.

Trinkstube (in Flur 43) ist ein Gelände im Gebiet Rotenrain (Richtung Aufenau) nahe dem Waldrand.

Triebsche = Am Triebschen (in Flur 66) heißt das Wiesengelände zwischen der Villbacher Straße und der Würzburger Straße, oberhalb des Trinkwassersammelbehälters „Kaiserborn".

Dodlädsche = Todlädsche (in Flur 15) nennt man das nicht wesentliche Gelände beiderseits des stark ansteigenden Teils der Hubertusstraße, bevor diese den Feldweg zum Kleffelloch kreuzt; das Gelände hat Gefälle zum Leimbach.

Wingerte (in Flur 45) ist der Hand am Lauzenberg oberhalb des Anwesens „Äppelwoimüller". Dort wurde früher Wein angebaut, Weinkeller (in den Berg eingelassen) sind noch vorhanden.

Wolzgroabe = Wolfsgraben (in Flur 67/68) ist der bewirtschaftete Hang von der jetzigen Hochstraße (früher Wolfsgrubenstraße) aufwärts bis zum ersten Weg, der rechts von der Altenbergstraße in Richtung Wintersberg abzweigt.

Amtsgarten (in Flur 47) war ein bestimmtes Garten- und Ackergelände an der Kuhhöhle.

Bierjakobs Eisweiher (in Flur 14) lag im Gebiet Leimbach nahe den Wasserkammern. Er diente zur Eisgewinnung für den Wirtschaftsbetrieb.

Frohwiese (in Flur 33) war eine bestimmte Wiese in der Oberen Au, auf der später die Klärteiche angelegt wurden.

Hochems-Acker (in Flur 66/67) nannte man das links der Würzburger Straße gelegene Grundstück oberhalb des Weges, der am Waldanfang in nördlicher Richtung durch den Wald führt. Auf dem gleichen Grundstück, das inzwischen aufgeforstet ist, befindet sich seit 1973 ein Trinkwassersammelbehälter.

Kellerei-Acker (in Flur 52) war der Acker im unteren Teil vom Bastjesgrund, rechts vom Langgut-Weg.

Kertelswiese (in Flur 33) war das verhältnismäßig große Gelände an der Frankfurter Straße – Ecke Martinusstraße, rechts des Leimbachs. Sie war viele Jahre vor, während und nach dem I. Weltkrieg Standort der Dreschmaschine, d.h. Dreschplatz.

Der Lehnacker (in Flur 36) ist ein Acker- und Wiesengelände rechts der Fuldaer Straße oberhalb des Feldkreuzes, anschließend an die letzten Häuser dieser Straße. Er ist im Besitz der Familien Gottfried und Ludwig Lindenmayer bzw. deren Erben.

Der Pestacker (in Flur 14/15) in der Leimbach ist das Grundstück, auf dem die unzähligen Toten der Pestzeit beigesetzt wurden.

Spitalswiese (in Flur 48) nannte man früher die Wiese der Hospitalstiftung, die links der Haselstraße (gegenüber der Mündung der Straße „An der Heppenmauer") liegt und an das Anwesen Brandenstein angrenzt. Die Wiese wurde anfangs der 50er Jahre in Erbpacht vergeben und mit 4 Wohnhäusern bebaut. Sie ist zwischenzeitlich aber verkauft, d. h. Eigentum der betr. 4 Familien geworden.

Zinke-Acker (in Flur 66) nannte man den großen Acker zwischen der Villbacher Straße und der Würzburger Straße, im Besitz der Pfeifer`schen Erben. Heute ist es Wiesengelände.

Das Bild ist eine Luftaufnahme aus dem Jahre 1927. Es zeigt eine große Anzahl der geschilderten Fluren um Bad Orb oder Teile davon, und zwar rund um den Stadtkern im Einzelnen von links nach rechts, jeweils von unten nach oben: Die Leimenkaute, den Schafstrieb, links davon „Am Schilsch“, darüber die „Trinkstube“ und „Die Maak“; zwischen Schafstrieb und Münsterberg das „Gründsche“. Wieder von unten: Die Kuhhöhle, den „Jiede. Groabe“ (= Judengraben), den Münsterberg, rechts davon die Steinhöhle. In der Bildmitte hinter dem Terrain der Kinderheilanstalt die Sebolds-wiese. Darüber hinter der ehem. Grau'schen Fabrik die „Höllersgasse“, dann die „Kleine Hasel“ (od. „Hinter der Mühle“, das ist die heutige Lauzenstraße, die „Mühläcker“, das Wemm, die Kuppe. Rechts von der Kinderheilanstalt die Heppenmauer, im Bild darüber der Lauzenberg mit „Wingerte“, rechts davon im oberen Eck das Klingental. Rechts der Altenbergstraße die „Wolzgroabe" (Wolfsgraben), den „Gaßbaag/Geißberg“ (Altenberg); rechts von der ehem. Lateinschule (jetzt Martin-Luther-Haus) das „Kläwerheckelsche“, dann den Wintersberg. Die Jahnstraße war zu diesem Zeitpunkt gerade im Bau. (Die in Anführungszeichen gesetzten Namen sind inoffiziell, d.h. teilweise Mundart.)

Anmerkungen:

Am Schluss dieser Niederschrift möchte ich nochmals vermerken, dass mir hierzu zum Teil amtliche Unterlagen zur Verfügung standen, und zwar die Flurbücher des Katasteramtes sowie das neue, seit etwa 1975 geltende Verzeichnis der Flurlagen der Orber Gemarkung. Letzteres wurde mir für meine Aufzeichnungen freundlicherweise vom hiesigen Bauamt bereitgestellt. Außerdem hielt ich es für wichtig, die daneben noch bekannten und im Volksmund oft gebräuchlichen Flurbezeichnungen einmal zu erfassen und die Lagen der betr. Fluren zu beschreiben. Dabei stütze ich mich nicht nur auf eigene Kenntnisse und Erfahrungen, (ich entstamme ja einer eingesessenen, alten Orber Bauernfamilie und kenne weite Teile der Orber Flur schon seit meinen Kinderjahren), sondern auch auf Erkundigungen bei anderen Orber Bürgern, von denen ich manches weitere erfahren konnte, so (u.a.) von Bauer Ludwig Noll und Flurhüter i.R. Johann Prehler. Ich darf ihnen allen ebenso wie Herrn Rechtspfleger Josef Dickert und dem Bauamt auch an dieser Stelle für ihre Unterstützung danken.

Den **Forschungen zur Kulturgeschichte der Stadt Orb** von Dr. Karlheinrich Schäfer habe ich manches, wenn auch nichts wesentlich Neues entnehmen können. Er hat sich, so scheint mir, s.Z. nur auf Förster Reuß berufen. Viele der von ihm (S. 50 ff) genannten Fluren sind heute nicht oder nicht mehr bekannt, woraus man schließen sollte, dass es notwendig ist, die Namen der bekannten Fluren einmal schriftlich festzuhalten.

Wie die einzelnen Flugnamen früher einmal entstanden sind, lässt sich heute schwer nachweisen. Ihre ursprüngliche Form und Bedeutung waren oft eine ganz andere als heute. Sicherlich wurde die Bezeichnung der Flur nicht willkürlich gewählt und in vielen Fällen mag der Namensgebung ein tiefer Sinn zugrunde gelegen haben. Für manche Namen kann man aber relativ leicht eine Erklärung finden, so z.B. für Lauzenberg, denn dort hatte das Adelsgeschlecht der „Ritter von Lauzen" große Besitzungen; oder „Wingerte" für Weingarten, denn dort am Lauzenberg wurde früher Wein angebaut. Oder „Bromhecke" am Bäckersberg, wo damals sicher reichlich Brombeersträucher wuchsen. Auch bei „Kniebreche" kann man davon ausgehen, dass man sich der Gefahr bewusste war, Knie und Beine zu brechen, wenn man den steilen Pfad begehen musste. Weiter sind es Namen, die auf bestimmtes Hinweisen, wie z.B. „Geißberg" wohin der Geiß- oder Ziegenhirt die Tiere führte und weiden ließ; oder „Gänswiese" oder „Gänsweiher", wohin man die Gänse trieb. Darüber hinaus waren es wohl bestimmte Lagenbezeichnungen wie Berge, Täler oder naheliegende Brunnen und Bäche.

Wenn SCHÄFER (S. 53) meint, der Name „Heppenmauer" könne von Ziegen (= „Ziegenmauer") abgeleitet werden, so möchte ich dem nicht beipflichten, denn zu den früher wohl in jedem Haus gehaltenen Ziegen sagte man „Gaaß“ oder „Hebbel“, nicht Heppe. Unter „Heppe“ (gesprochen Häppe) versteht man vielmehr ein wichtiges Arbeitsgerät, nämlich ein handliches Beil mit langer Schneide. Das Wort „Heppe“ war deshalb im Sprachgebrauch so geläufig, weil dieses wichtige Werkzeug in keinem Haushalt fehlte und zum Schlagen von Klein- oder Heppenholz für den häuslichen Herd wie auch zum Salzsieden benötigt wurde. Heppenholz, in Feld und Wald (s.Z. im sogenannten „Orber Reißig“) geschlagen und zu Wellen gebündelt, wurde ja in der Saline in großen Mengen gebraucht, ebenso wie Schlehe oder Schwarzdorn für die vielen Gradierwerke. Im Übrigen grenzt das Flurgebiet Heppenmauer unmittelbar an den im Volksmund sogenannten „Gaßbaag“ (Geißberg), so dass nicht anzunehmen ist, dass man verschiedene, aber nebeneinanderliegende Fluren im Laufe der Jahre nach ein und demselben Tier benannte, wie „Geißberg“ und „Ziegenmauer“.

Die Erstellung dieser Niederschrift hat mir ansonsten große Freude gemacht und ich hoffe, dass sie mit Interesse gelesen wird.

Hier nochmals einige Bilder von verschiedenen Gemarkungs-Lagen:

Blick über den Orbgrund zur „Mauerwiese“ (offiziell Wegwiesen), das „Kurze Tal“ und die Küppelsmühle. Im Vordergrund der „Zinke-Acker“, im Hintergrund der Gipfelsberg (im Volksmund „Kippelsbaag“).

Blick auf den Benn, die „Kniebreche“ und (rechts) den Bocksberg. Darunter ein Teil vom Kurviertel.

Wiederum vom Orbgrund: die Wegwiesen, zwischen Küppelsmühle und Haberstal der „Gläsernrain", das Haberstal und (rechts oben) das „Letzerndälsche".

Blick (vom Hasenpflug) auf die Fluren Geigershalle, „Schiffersfeld“, Wächtersbacher Weg, Rotenrain, Tiefental, Leimenkaute, „Engertshain“, „Trinkstube“ und die „Maak“. Am Bildrand rechts ein Teil der Siedlung Langenacker.

Blick vom Rückberg auf die „Hohe Wacht“, (links oben) das „Bernstimpsche“ (unterhalb des Aussiedlerhofs Schecke), dann die Fluren Geigershalle, Wächtersbacher Weg, Rotenrain, Tiefental und „Engertshain“.

Blick vom Wartturm (über die Stadt hinaus) auf die Leimenkaute, den „Lehnacker", Schafstrieb, „Am Schilch", die „Trinkstube", „Die Maak", das „Gründsche", Münsterberg, den „Jiedengroabe", die Steinhöhle und (rechts oben) die Kuppe.

Die in Anführungszeichen gesetzten Flurnamen sind teilweise Mundart, d.h. inoffizielle Bezeichnungen.

Einlegung der Stadtmauern und Türme

07. Juli 1986

14. Juli 1986

29. Einlegung der Stadtmauern und Thürme[2]

Einleitung

Im Zusammenhang mit meinen Nachforschungen über die Quanz`schen Stiftungen habe ich durch Herrn Weihbischof Johannes Kapp und Herrn Prof. Dr. Josef Leinweber, beide in Fulda, erfahren, dass sich beim Hess. Staatsarchiv in Marburg Unterlagen über die Quanz`schen Stiftungen befinden, darüber hinaus aber noch weitere wichtige und interessante Akten und sonstige Schriftstücke aus der Orber Vergangenheit. Um festzustellen, worum es sich bei den vielen dort lagernden Akten im Einzelnen handelt, habe ich mir in Marburg einzelne Materialien angesehen. Diese Aktenbündel sind alle handgeschrieben und für einen Großteil der heutigen Generation nicht mehr lesbar. In vielen Fällen sind Fotokopien der Schriftstücke möglich, in anderen aber nicht. Kopien sind mitunter auch deshalb nicht angebracht, weil sie für eine Veröffentlichung zu viel Platz benötigen und verkleinert wären sie erst recht nicht mehr lesbar. Man muss sie Wort für Wort entziffern. Die Wiedergabe des Textes der einzelnen Schriftstücke muss deshalb mit Schreibmaschine vorgenommen werden.

Die Schriftstücke stammen zum Teil aus dem ehemaligen Landgericht Orb, das einst unter mainzischer bzw. großherzoglich frankfurterischer Hoheit stand. Das Landgericht kam im Jahre 1813 durch den Vertrag von Ried zwischen Österreich und Bayern mit dem Fürstentum Aschaffenburg an das Königreich Bayern und bestand aus den Orten Alsberg, Aufenau, Höchst, Kassel, Lettgenbrunn, Mernes, Mittelsinn, Neudorf, Oberndorf,

2 Der vollständige Titel lautet: „Aus Orber Vergangenheit. Nach Akten des Hessischen Staatsarchivs Marburg. Heute: Einlegung der Stadtmauern und Thürme"

Obersinn, Orb, Pfaffenhausen und Wirtheim sowie den Orten Aura und Burgjoß aus dem 1828 aufgelösten Landgericht Aura.

Im Artikel XIV des Friedensvertrages vom 22. August 1866 zwischen Preußen und Bayern wurden die von Bayern an Preußen abzutretenden Gebietsteile genannt; darunter war ein Gebiet um Orb, womit das ehemalige Landgericht Orb umschrieben war. Bedingt durch die wechselnden politischen Begebenheiten gelangten die Akten auf Umwegen über Würzburg und Kassel (zwischen 1884 und 1904) in das inzwischen nach Marburg verlegte Staatsarchiv und wurden dort archiviert.

(Entnommen den Repertorien des Hessischen Staatsarchivs Marburg, Marburg 1982.)

Aus einem Bestandsverzeichnis über Bayerische Zentralbehörden („Bestand 112 ORB UND GERSFELD"), bearbeitet von Werner Engel beim Hessischen Staatsarchiv Marburg, habe ich mir mehrere für Orb in Frage kommenden Titel herausgesucht in der Absicht, einzelne Akten wiederzugeben bzw. über die interessantesten historischen Fälle und Orber Ereignisse demnächst in unregelmäßigen Zeitabständen zu berichten. Ich schließe dabei nicht aus, dass über den einen oder anderen Fall schon einmal geschrieben wurde, denn die Akten beim Staatsarchiv sind für jedermann zugänglich. Trotzdem glaube ich, dass meine künftigen Veröffentlichungen von allgemeinem Interesse sein werden.

1. Teil

Über die Einlegung (d. h. den Abbau) der Stadtmauern und Türme zu Orb. Der Inhalt der Aktenblätter ist im Folgenden im Original wiedergegeben.

a) Eingabe an den König

Würzburg, den 25. September 1836

Allerdurchlauchtigster Grossmächtigster
König
Allergnädigster König und Herr!

Königliche Regierung des Untermain-Kreises

Kammer des Innern

Einlegung der Stadtmauern u. Thürme. zu Orb betreffend

Mit N.T. 36844 und 2 Zeichnungen. Die nach Orb abgeordnete Commission hat in ihrem Protokoll über die Notwendigkeit der Einlegung der Stadtmauern ihre Ansicht im folgenden niedergelegt. „Der Anblick zeigt, daß das Städtchen Orb im Innern äußerst unregelmäßig gebaut, mit feinen, anderswo wohl nirgends in gleichem Maaße eng zu treffenden Straßen, oder vielmehr Winkeln, die überdies mit Mist und Koth in einem Maaße angefüllt sind, daß der unsichere Fuß kaum eine andere Stelle bei günstigem Wetter zu finden, bei ungünstigem aber den Pfuhl zu durchwaten nicht zu vermeiden vermag; allen Anforderungen der Sanitätspolizei und eines sittenreichen Zusammenlebens Hohn spricht. Diese Aufeinanderhäufung der Wohnungen mit dumpfen Winkeln hat den entschiedensten Einfluß auf die Sittenpolizei, auf die physische Bildung, Gesundheit, Arbeitsfähigkeit und moralische Entwicklung der Bewohner ebenso als auf Wohlstand und insbesondere auf die hier nicht unwichtige Viehzucht, diese lange keiner Verbesserung fähig seyn wird, als das Vieh notwendigerweise bei dem Mangel an gesunden, luftigen Ställen in Löchern untergebracht werden muß. Es liegt in diesem Umstand ein lange hinwirkendes Übel, daß nach Ansicht der Commission nur einigermaßen dadurch gemildert werden kann, daß die bedeutungslosen, den frischen Luftzug in dem Städtchen hemmenden alten hohen Stadtmauern und Thürmen, die ohnehin theilweise dem Einsturz drohen und theilweise schon eingelegt sind, vollständig eingelegt werden, und dadurch dem Zutritt der Luft gebahnt und die Erweiterung des Städtchens nach außen vorbereitet wird. Die Comiter würde es daher für eine Wohltat für Orb ansehen müßen, wenn die Einlegung der Stadtmauern angeordnet wird."

In den Präsidial-Berichten vom 30ten Juli und 5ten August d. Js. wurde daher bei der evidenten Nothwendigkeit, solchen Mißständen durchgreifend zu begegnen, an Eure Königliche Majestaet der alluntertänigste Antrag um Genehmigung der Einlegung der Stadtmauern und Thürme gebracht, und Eure Königliche Majestaet haben unterm 6ten d. M. hierauf zu befehlen geruht, daß allerhöchstenfalls vorerst eine Zeichnung von Mauern und Thürmen vorzulegen sei.

Wir haben diese erhalten und legen ... A und B dieselben hiermit Euerer Königlichen Majestaet zugleich mit den erläuternden Bemerkungen des Dechant-Pfarrers Lillbopp zu Orb zur Einsicht vor.

Wir können nicht hoffen, daß diese Zeichnungen Euerer Majestaet ein vollkommen klares Bild der Wertlosigkeit, Ruinosität und selbst der Gefährlichkeit dieser Mauernreste vor Augen führen werden, indem sie unvermerkt auf dem Papier den Anstrich des Romantischen, wovon sie in der Wirklichkeit so himmelweit entfernt sind, gewinnen. Die Zeichnung Lit. A gewährt durch das Thor die Aussicht auf die Saline, deren Gebäude gegen das Innern des Städtchens auf eine für die Bewohner dieses sehr betrübende Weise abstechen. Die dunkle Färbung der Zeichnung nach Innen ist nicht etwa zufällig, sie berührt die Wahrheit, bleibt aber hinter derselben zurück, indem sie kaum eine Ahnung der rußgeschwärzten Wände, der erbärmlichen Hütten und der Hinfälligkeit des Mauer- und Thürmewerks gewährt. Die Zeichnung Lit. B ist zwar treu, aber tür alle, welche nicht mit eigenen Augen gesehen haben, und daher in der Erinnerung ein treffendes Bild des wahren Zustandes bewahren, unzureichend, und ebenfalls mehr versprechend, als die Wirklichkeit bietet, insbesondere könnte die innere Ansicht des Thores zu der Meinung führen, als stoße eine hinlänglich breite Straße an; allein, wer das erwartete, würde sich an Ort und Stelle gänzlich getäuscht sehen. Wir glauben daher, daß es zur Begründung des gestellten Antrags genüge, der Würdigung Euerer Königlichen Majestaet die Rücksichten zu unterstellen, dass

1. die einzulegenden Mauern und Thürme in historischer und architektonischer Beziehung werthlos,
2. daß insbesondere die Thürme zum Theile dem Einsturz nahe sind, und daher, um ähnliche Unfälle, wie sie in dem anliegenden Berichte erwähnt sind, vorzubeugen, ohnehin bald aus sicherheitspolizeilichen Rücksichten eingelegt werden müßten,
3. daß zum Zwecke der Vertheidigung sämtliches Mauerwerk keine Bedeutung hat der Enge des ringsum von hohen Bergen eingeschloßenen Tales selbst in besserem Zustande nie haben könnte,
4. daß die Mauern die Wohnungen überragen und nur wenige Schuhe von denselben entfernt sind, daher nicht nur den

Zutritt der freien Luft hemmen, sondern auch die ohnehin zu große Feuchtigkeit befördern,

5. daß unter diesen Umständen, und weil das Städtchen ohnehin sehr tief und zum großen Teil tiefer noch als das Fundament der Stadtmauern gelegen ist, bey dem Fortbestande der Mauern nie ein den Anforderungen der Sanitätspolizei entsprechender Zustand herbeygeführt,
6. insbesondere der gegenwärtig in der Berathung begriffene Bauplan für das Städtchen Orb nicht zur Ausführung gebracht werden kann und so lange in baupolizeilicher Beziehung keine Verbesserung zu erwirken ist, alle Maaßregeln zur Hebung dieser Gemeinde nur halb und unsicher erscheinen. Deshalb und aus den Eurer Königlichen Majestät bereits vorgetragenen Gründen bitten wir die allergnädigste Genehmigung zur Einlegung der der fraglichen Mauern und Thürme zu ertheilen, und erlauben uns hierbey zu bemerken, daß bei dem nun zu beginnenden Bau des neuen Hospitals es sehr erwünscht erscheinen müßte, die allerhöchste Entschließung noch sobald zu erhalten, daß bei der Verakordierung des Baues die geeignete Rücksicht auf das aus dem Abbruch der Thürme zu gewinnende Material genommen werden könnte, indem durch die Benutzung dieses Materials die Kosten jenes Baues jedenfalls sich mindern werden.

Euerer Königlichen Majestät
allunterthänigst treuergebenste
Regierung des Untermainkreises
Kammer des Innern
gez. Unterschrift (unleserlich)

b) Brief der K. Regierung des Untermain-Kreises an den König, der auf diesem Papier den Abbau der Stadtmauern und Türme mit seiner Unterschrift genehmigt.

München, den 10ten Oktober 1836

An
Seine Majestät den König
Allerunterthänigster Antrag.

Betreff

[illegible]

Die Regierung des Untermainkreises legt in dem ehrerbietigsten anliegenden Bericht die von seiner Königlichen Majestät allergnädigst abverlangten Zeichnungen von den Mauern und Thürmen zu Orb mit den erläuternden Bemerkungen des Dechants Lillbopp daselbst allerunterthänigst vor, und unterstützt bei der anerkannten großen Baufälligkeit dieser Mauern und Thürme bei deren Werthlosigkeit in jeder Beziehung und bei dem Nachtheile auf den Gesundheitszustand der Einwohner den von der abgeordneten Komision gestellten Antrag, dieselben zu entfernen.

Bei diesen Verhältnissen beeilt sich der treuergebenste Unterzeichnete diesen Gegenstand dem allerhöchsten Ermessen zu unterstellen und die allerhöchste Genehmigung der Einlegung der Mauern und Thürme zu Orb ehrfurchtsvoll zu begutachten.

München, den 10ten Oktober 1836

gez. Unterschrift (unleserlich)

Diesen Ministerialantrag genehmigt München, den 12ten October 1836

gez. Ludwig

Anmerkung:

Die hiermit vollzogene Genehmigung zum Abbau der Stadtmauern und Türme zu Orb trägt die Unterschrift des Bayernkönigs Ludwig I. (* 1786, † 1868); seine Regentschaft währte von 1825 - 1848.

c) Antwortschreiben des Staats-Ministeriums des Jnnern an die Regierung des Untermain-Kreises vom 25. Oct. 1836, mit dem Abbau der Stadtmauern und Türme zu beginnen.

Koenigreich Bayern

Staats-Ministerium des Innern

Auf den Bericht von 15. Septb. d. J. in rubr. Betreff wird der K. Kreis-Regierung K. d. J. eröffnet, daß seine Majestät der König die Einlegung der baufälligen und auf die Gesundheit der Einwohner höchst nachtheilig einwirkenden Stadtmauern und Thürme in Orb allergnädigst zu genehmigen geruht haben. Die K. Kreisregierung wird sich von selbst berufen fühlen, dafür Sorge zu tragen, daß mit der Beseitigung der gefährlichsten Objekte dieser Art sogleich begonnen und das dadurch gewonnene

Material zweckmäßig verwendet werde. Die Berichtsbeilage samt Zeichnungen folgt zurück.

München, den 25ten Octbr. 1836

Auf seiner Koeniglichen Majestaet allerhoechsten Befehl

gez. Unterschrift

An die Regierung des Untermain-Kreises K. d. J.

Die Einlegung der Stadt-Mauern und Thürme zu Orb betreffend.

Durch den Minister: der General-Sekretär.
In dessen Verhinderung der geheime Sekretär.

gez. Unterschrift

***

Anmerkungen:

1. Mit dem vorstehenden Antwortschreiben des Bayer. Staatsministeriums an die Regierung des Untermain-Kreises ist die Akte über die „Einlegung der Stadtmauern und Thürme zu Orb“ geschlossen.
2. Alle wiedergegebenen Schriftstücke sind von mir im Originaltext geschrieben. Man möge daher nicht annehmen, es handele sich um Schreib- oder Tippfehler.
3. Der im Text mehrfach vorkommende Buchstabe „K“ steht für „Königliche“, die Abkürzungen „K.d.J.“ bedeuten „Kammern des Innern“.
4. Einer eigenen Stellungnahme über die Notwendigkeit des Abbruchs der Stadtmauern und Türme will ich mich enthalten. Es ist aber sicher ein Glück, dass wenigstens ein Teil der ehem. Stadtbefestigung, so insbesondere vom Quellenring bis zum Untertor, erhalten geblieben ist.
5. Die Reproduktion der Briefköpfe ist von K.A. Ihl.

Brand in Orb 1852 – Collekte

11. September 1986

18. September 1986

30. Brand in Orb 1852 - Collekte[3]

Brand in Orb.

Collekte.

(Original-Schriftzug auf dem Titelblatt des betr. Aktenstücks.)

Vorbemerkung

Im April 1985 habe ich in dieser Zeitung unter der Überschrift

Der große Häuserbrand in Orb im Jahre 1852

über das in Frage stehende Thema bereits geschrieben und mich dabei im Wesentlichen auf nichtamtliche Unterlagen berufen. Im Staatsarchiv Marburg befindet sich ein etwa 100 Blatt starkes

---

[3] Der vollständige Titel lautet: „Aus Orber Vergangenheit. Nach Akten des Hessischen Staatsarchivs Marburg. Heute II. Teil: Brand in Orb - Collekte"

Aktenbündel, betitelt „Brand in Orb – Collekte", also amtliche Schriftstücke, wovon ich mir Kopien habe fertigen lassen.

Diese alle im Originaltext wiederzugeben ist nicht möglich, würde auch zu weit führen. Ich will im nachstehenden aber versuchen, die interessantesten Teile inhaltlich kurz zusammenzufassen, denn ich halte es für angebracht, die damaligen Begebenheiten der Allgemeinheit zugänglich zu machen.

Hier also: „Der Brand in Orb"

Der Brand wurde vom Königlichen Regierungspräsidenten von Unterfranken und Aschaffenburg in Würzburg mittels einer „TELEGRAPHISCHEN DEPESCHE" dem König in München mitgeteilt, und zwar wurde darin

„offiziell angezeigt, daß in der Nacht vom 7ten auf den 8ten August ein großer Brand in Orb gewüthet hat, der nahezu 70 Häuser in Asche gelegt. Staats- und sonstige öffentliche Gebäude blieben verschont."

Am 8. August berichtet das Königliche Rentamt Orb der Königlichen Regierung von Untermain in Aschaffenburg,

„daß in der Nacht von Samstag auf Sonntag in der Stadt Orb in einer vollgefüllten Scheune, wahrscheinlich von ruchloser Hand, Feuer ausbrach und daß in einer Zeit von etwa 2 Stunden 60 bis 70 Häuser oder noch mehr in Asche lagen. Das Feuer entstand in der Scheune des Gemeinderats Lorenz Schopp in der Nähe der alten Amtskellerei."

Am gleichen Tag, dem 8. August, schreibt die Gendamerie Brigade Orb an das Königliche Corps-Commando, Gendamerie-Kompagnie von Unterfranken und Aschaffenburg:

„Der Unterzeichnete meldet gehorsamst, daß in letztverfloßener Nacht nach 1 Uhr in der Scheune des Bäckermeisters Schopp von Orb Feuer auskam, welches von vorbenannter Zeit bis 6 Uhr früh beiläufig 80 bis 90 Gebäude nebst allem darinnen aufbewahrten Getreide und Futter ein Raub der Flammen geworden ist. Das Feuer konnte trotz aller angewandten Mühe, da solches durch den Wind begünstigt wurde, erst spät gelöscht werden, und soll solches nach genauer Erkundigung durch den äußerst übelberichtigten ledigen Friedrich Prasch von Orb, welcher der Nachbar von Schopp ist und mit diesem in Feindschaft steht, auch gegen denselben schon mehrere Brandäußerungen sich erlaubt hatte, durch denselben gelegt worden sein. Friedrich Prasch nebst einer seiner besten Collegen, welcher gleichfalls Verdachtsgründe erregte, wurde durch den Unterzeichneten heute früh 6 Uhr arretiert und dem Königlichen Landgericht dahier nebst ausführlicher Anzeige hierüber eingeliefert."

Das Präsidium der Kgl. Staatsregierung von Unterfranken und Aschaffenburg schrieb unterm 13. August an den „Allergnädigsten König und Herr", das Brandunglück zu Orb betreffend:

„Nachdem mir nunmehr der erste Bericht des nach Orb entsandten Commisionärs Dr. Bucher vorliegt, beeile ich mich, Eurer Königlichen Majestät sofort über den Stand der Sache und die bis jetzt getroffenen Maßnahmen folgendes Nähere berichtlich vorzutragen:

Vor allem war der genannte Regierungs-Commissar veranlaßt, der Umsicht und Thätigkeit des Landgerichtes sowie aller übrigen Behörden von Orb Gerechtigkeit widerfahren zu lassen, auch habe die öffentliche Stimmung ungeachtet der großen Noth keinerlei beunruhigenden Eindruck hervorgerufen.

Menschenleben seien keine, wohl aber mehrere schwere Körperverletzungen zu beklagen. Vorbehaltlich eines später noch vorzulegenden genauen Standes-Ausweises sammt Situationsplanes können schon jetzt der 8te Theil der Orber Bevölkerung als vom Brandunglück betroffen bezeichnet werden. Der Eifer und die Thätigkeit der Einwohnerschaft sowohl während der Löschung als nachher beim Abräumen wird lobend anerkannt, überhaupt der Bevölkerung von Orb ungeachtet der Not und den Jammer der unmittelbar Betheiligten durch die Mittellosigkeit ihrer Mitbürger und die in der ersten Hälfte dieses Jahres erst durchgekämpften Hungerperiode wesentlich erhöht wird, das Zeugnis nicht versagt, daß sie ihr herbes Schicksal mit stiller, wenn auch schmerzverkündender Ergebenheit zu tragen wisse."

Aus einem besonderen Protokoll geht insbesondere hervor, dass das zwischen 1 und 2 Uhr in der Nacht zum Ausbruch gekommene Feuer sich von der Bäcker Lorenz Schopp`schen Scheune bis morgens 6 Uhr über den „Gretenbach" benannten „Stadttheil" von Orb verbreitete:

„Wohnhäuser brannten ab	total	57
	partial	18
		75
Scheunen und Nebengebäude	total	34
	partial	5
		39

Öffentliche Gebäude befinden sich nicht darunter, nur ist der in der Mitte gelegene Untereludwigsbrunnen (Philippsbrunnen), dem der an der Stadtmauer gelegene Thurm, worin sich die Ludwigsquelle befindet, beschädigt und besonders das Gestänge der Wasserleitungen verbrannt.

Die meisten Häuser sind sehr niedrig, Mobiliare fast keines assekuriert. Approximativ ist die Zahl der abgebrannten auf 150 Familien mit etwa 500 - 600 Köpfen anzuschlagen. Die zur Verhütung des Weiteren Umsichgreifens der Gefahrdienenden Maßregeln wurden sofort getroffen. Das Königliche Landgericht sowie die Stadtgemeinde-Verwaltung, deren Vorstand Philipp Jakob Schopp sich sehr thätig zeigte, Überwachen den Vollzug, die baulichen Vorkehrungen werden in schleunigster und gründlicher Beratung gegangen werden.

Was die Linderung der Noth betrifft, so wird diesfalls gehorsamst bemerkt, daß bei der Bereitwilligkeit und Genügsamkeit der Orber Einwohner die vorläufige Unterbringung der Verunglückten sowohl als das Vieh gelang und das dringende Bedürfnis zu errichtender Notscheunen mit der Stadtverwaltung in Beratung begriffen ist. Die Ernährung der Hilfsbedürftigen wird durch die noch bestehende, jüngsthin erst vom Hilfs-Comite mit neuen Materialien versehene Suppenanstalt gefördert. Mehr Schwierigkeit soll die Herbeischafschaffung des Brodes bieten;

auch der Ersatz der notwendigsten Kleidungsstücke, Haus und Ackergeräthe werden, obschon durch nachbarliche Hilfe Möglichstes geschehen, immerhin außerordentliche Hilfe in Anspruch nehmen. Alles dies bildet bereits Gegenstand commissioneller Berathung mit der Gemeinde-Verwaltung resp. Armenpflege und erlaube ich mir nur noch unter Bezugnahme auf die in dem Präsidialbericht vom 10. d.M. bereits angedeuteten von der Kreis-Regierung zur vorläufigen Disposition bereitgehaltenen Mittel, Abschrift einer im gleichen Betreff unterm Gestrigen an das Königl. Landgericht Orb erlassenen Regierungs-Entschließung zur gnädigsten Kenntnis anzubringen. Nach den bisherigen Verhandlungen liegt dringender Verdacht der Brandstiftung vor, als dessen Motiv Privat Rache gegen Bäcker Lorenz Schopp, einen der geachtesten Bürger und Mitglied der Stadt-Verwaltung, bezeichnet wird.

Gegen die muthmaßligen, bereits verhafteten Urheber, Friedrich Prasch und Konrad Wolf, Schneider in Orb, ist die Untersuchung im Gange. Politische Motive werden nirgends unterschoben.

Über den weiteren Verlauf und die inzwischen getroffenen Maßnahmen werde ich Eurer Königlichen Majestaet möglichst baldigen weiteren Bericht zu erstatten nicht verfehlen.

Eurer Königlichen Majestaet alluntertänigst treugehorsamstes Präsidium der Königlichen Regierung von Unterfranken und Aschaffenburg."

gez. Unterschrift.

Soweit der amtliche Bericht des Präsidiums der Königlichen Staatsregierung von Unterfranken und Aschaffenburg in Würzburg an den König in München.

*

Das etwa 100 Blatt starke Aktenstück vom „Brand in Orb" enthält noch weitere Berichte, die mehrfach auf die Schilderung der Brandnacht eingehen. Aus diesen Unterlagen kann man ersehen, dass das „Brandunglück" in Orb überall Bestürzung, aber auch Mitleid und Hilfsbereitschaft ausgelöst hat.

In Orb bildete sich ein „Armenpflegschaftsrat", dem „Bevollmächtigte" (das waren Mitglieder des Magistrats) angehörten und aus 8 Personen bestand. An ihren Unterschriften sind zu erkennen und zu nennen: Schreiber, G. Huth, G. Schopp, Dickert, nochmals G. Schopp und 3 weitere, aber unleserliche Unterschriften. In einer Eingabe an das Landgericht Orb bittet dieser Armenpflegschaftsrat den König um die Genehmigung einer Collekte. Nach einem Bericht der Königlichen Regierung von Unterfranken und Aschaffenburg hat der König daraufhin

„zur Linderung der Not, der durch Brand verunglückten Einwohner der Stadt Orb die Vornahme einer Hauskollekte in sämtlichen Regierungsbezirken des Königreiches Bayern allergnädigst zu bewilligen geruht."

Er selbst hat den „Abgebrannten zu Orb eine Unterstützung in Höhe von 500 Gulden aus der Königlichen Kabinetts-Kasse zu bewilligen geruht." „Auf Befehl" vom 9. Sept. 1852 hat er das Präsidium der Königl. Regierung von Unterfranken und Aschaffenburg angewiesen, „diese 500 Gulden in fünf bayerischen Banknoten sogleich dem in Orb gebildeten „Hilfs-Komité" zustellen zu lassen und für deren angemessene „Vertheilung und Verwendung" Sorge zu tragen.

Unter dem 21. August 1852 hat die Redaktion der „Neuen Münchener Zeitung" die Bitte an den König gerichtet:

An
Seine Majestät
den
Koenig

Allerunterthänigster Antrag
des Staats Ministeriums des Innern

die Bitte der Redaction der Neuen Münchener Zeitung, um die Bewilligung zur Erlassung eines Aufrufes zur Spendung milder Gaben für die durch Brand verunglückten Bewohner von Orb betreffend.

„bey der Größe des die Stadt Orb betroffenen Brand-Unglücks und bey der Mittellosigkeit der Mehrzahl der Bewohner ... einen Aufruf zur Spendung milder Gaben für die durch Brand verunglückten Bewohner der Stadt Orb zu erlassen.“

Am Schluss dieser Bitte heißt es dann wörtlich:

„Eure Königliche Majestat möchten allergnädigst zu genehmigen geruhen, daß durch die Redaktion der Neuen Münchener Zeitung und durch andere öffentliche Blätter in Bayern, die sich hierzu erbieten, Aufrufe zur Spendung milder Gaben für die durch Brand verunglückten Bewohner von Orb erlaßen, und die eingehenden Beyträge gegen öffentliche Rechnungs-Ablage in Empfang genommen und an den Ort ihrer Bestimmung gesendet werden.

München, den 21. August 1852

Dieses genehmigt,

Hohenschwangau, den 24. August 1852

Gez. Maximilian“

Das Original trägt die Unterschrift des zu dieser Zeit herrschenden Königs von Bayern, Maximilian II., * 1811, † 1864; seine Regentschaft währte von 1848 – 1864.

Allerdurchlauchtigster Grossmaechtigster

Allergnaedigster Koenig und Herr!

Einer schriftlich vorgetragenen Bitte des Armenpflegschaftsrates von Orb an den König ist zu entnehmen,

„daß der Gesamtschaden der 114 abgebrannten oder beschädigten Gebäude auf 31523 Gulden geschätzt wird, wogegen die durch Brandversicherung gedeckte Summe von 26000 Gulden kaum erreicht wird, wobei der Verlust an Kleidung, Betten und Möbel noch nicht inbegriffen ist.“

Das Präsidium der Königl. Regierung von Unterfranken und Aschaffenburg hat am 11. Sept. 1852 (siehe vor)

„den Empfang der mit Königlicher Entschließung übersandten 500 Gulden ehrerbietigst bestätigt und unterthänigst angezeigt, daß es den Betrag an das Landgericht Orb mit der entsprechenden Weisung geschickt hat.“

In einer bei den Akten befindlichen Übersicht, die dem König über das Staatsministerium des Innern seitens der Königlichen Regierung von Unterfranken und Aschaffenburg übermittelt worden ist, ist das Ergebnis der genehmigten Haussammlung in sämtlichen Regierungsbezirken des Königreichs Bayern zusammengestellt und mit 12.998 Gulden und 3 Kreuzern angegeben. Davon entstammen aus

Oberbayern ....3259 Gulden 22 ¾ Kreuzer

Niederbayern .... 1178 Gulden 57 Kreuzer

der Pfalz ....1654 Gulden

Oberpfalz und Regensburg...................... 16 Gulden 39 Kreuzer

Oberfranken ....680 Gulden 13 ¾ Kreuzer

Mittelfranken. ....2204 Gulden 51 ¾ Kreuzer

Schwaben und Neuburg ....1683 Gulden 28 ¾ Kreuzer

Unterfranken und Aschaffenburg ... 2021 Gulden 10,3 Kreuzer

.... Summe 12.998 Gulden 43 ¾ Kreuzer

Außerdem wurden große Mengen an Getreide, Erbsen und Stroh gesammelt.

Vom Regierungsbezirk Unterfranken und Aschaffenburg sind im einzelnen **Städte** und **Landgerichte** genannt, in denen eine Sammlung durchgeführt wurde, so die **Magistrate** von Aschaffenburg, Schweinfurt und Würzburg, sowie die **Landgerichte** Alzenau, Amorbach, Arnstein, Aschaffenburg, Aub, Baunach, Bischofsheim, Brückenau, Dettelbach, Ebern, Eltmann, Euerdorf, Gemünden, Gerolshofen, Hammelburg, Haßfurt, Hilders, Hofheim, Karlstadt, Kissingen, Kitzingen, Klingenberg, Königshofen, Lohr, Marktheidenfeld, Marktstift, Mellrichstadt, Miltenberg, Münnerstadt, Neustadt a.S., Obernburg, Ochsenfurt, Orb. Rothenbuch, Rothenfels, Schweinfurt, Volkach, Weihers, Werneck, Würzburg links des Mains, Würzburg rechts des Mains, Marktbreit und Rüdenhausen.

Das Ergebnis der Sammlung in sämtlichen Regierungsbezirken wurde dem König am 26. März 1853 mitgeteilt. Er hat am 14. April 1853 in Palermo davon Kenntnis genommen.

Mit dieser Kenntnisnahme schließt das Aktenstück

„Brand in Orb – Collekte".

1986.4: Über die Cultusverhältnisse der Israeliten in Orb

07. November 1986

31. Über die Cultusverhältnisse der Israeliten in Orb[4]

Mein nachstehender Artikel bezieht sich auf Niederschriften, die sich im Hessischen Staatsarchiv in Marburg in 2 verschiedenen Akten befinden. Die eine ist betitelt:

„Kultusverhältnisse der Israeliten im Landgericht Orb", die andere „Kollekte zum Bau einer Synagoge in Orb."

Diese Akten erstrecken sich auf den Zeitraum von 1829-1864, beinhalten aber das **gleiche** Thema und passen thematisch zueinander. Die einzelnen Schriftstücke in dem mehr als 100 Blatt zählenden Aktenbündel sind nicht mehr gut lesbar, zum Teil sehr verblasst und auch undeutlich geschrieben, weshalb ich

4 Der vollständige Titel lautet: „Aus Orber Vergangenheit. Nach Akten des Hessischen Staatsarchivs Marburg. Heute III. Teil: Über die Cultusverhältnisse der Israeliten in Orb"

mich in meinen Ausführungen nur auf das Wesentliche beschränke. Beim Studium dieser historischen Quellen muss man feststellen, dass zu jener Zeit **„im Gerichtsbezirk Orb eine bedeutende Judengemeinde bestand“**. In Orb waren es 14 Familien, darunter auch heute noch bekannte Namen wie Wohlfeiler, Seliger, Eisenmann, Lichtenstädter, Silberthau u.a. De Judengemeinde hatte **„eine ordentliche Schule unter der Oberaufsicht eines für das Fürstentum Aschaffenburg angestellten Oberrabbiners zu Aschaffenburg**“.

In einem Gesuch vom 9.4.1851 an das Staatsministerium, Kammer des Innern, heißt es u.a.:

„Die Judengenossenschaft zu Orb, bestehend aus 14 ansässigen Familien, hat betreff der Herstellung eines Lehrzimmers, einer Wohnung für den Religionslehrer, eines Frauenbades und einer neuen Synagoge ein Privathaus um 915 fl. (Gulden) käuflich erworben.“

Auf einem anderen Blatt steht:

„Die Jüdische Gemeinde in Orb hat das Haus des Abraham Seliger allda um 915 ff. erkauft und will dasselbe zu einem Schulgebäude verwenden und dort eine Wohnung für den Lehrer, Lehrzimmer, Synagoge und ein Bad für die Weiber einrichten.

Die Herstellungskosten betragen nach Kostenvoranschlägen 1600 fl. Da die Judengemeinde ein Cultusvermögen nicht besitzt, dieselbe bereits die Kosten für den israelitischen Cultus durch Umlagen zu decken hat, die Mehrzahl ihrer Mitglieder nicht vermögend, die Vornahme der fragl. Bauarbeiten aber gleichwohl dringend notwendig erscheint, weil die bisherigen Lokalitäten von dem Vermieter gekündigt wurden, und nach dem Bericht des Landgerichts Orb anderweitige ... nicht zu haben sind, endlich eine Collekte im unterfränkischen Regierungsbezirk allein gegenüber dem Kostenaufwand nach den bisherigen Erfahrungen nicht die erforderliche Hilfe gewährt, erlauben wir uns das Gesuch um eine Collekte im ganzen Königreich zur allerhöchsten Gewährung zu empfehlen.

Von anderer Seite werden die Herstellungskosten von 1600 fl. als zu hoch angesehen und daß für eine Cultusgemeinde von 14 Familien eine Collekte zu hoch gegriffen erscheint und gefordert, die Bitte einer nochmaligen Erwägung zu unterziehen und sich nochmals zu vergewissern, welche Summe die israelitische Cultusgemeinde Orb an den notwendigen Baukosten aus eignen Mittel aufzubringen vermag."

Dieser Bedenken ungeachtet ist das Gesuch an das Königliche Staatsministerium in München weitergeleitet worden. Von dort wurde unter dem 31. Juli 1851 der Königl. Regierung von Unterfranken und Aschaffenburg in Würzburg folgendes Schreiben übermittelt:

„Das unterzeichnete C. Staats Ministerium beehrt Sich, die unterm Heutigen an die C. Regierung von Unterfranken und Aschaffenburg im untenstehenden Betreff erlassene Entschließung dem sehr verehrlichten Staats Ministerium des Innern in ergeblichster Erwiderung auf die schätzbarste Note vom 24. d. Mts. Betreff in Abschrift hierneben mitzutheilen.

München, den 31. Juli 1851
Königliches Staatsministerium Innern
für Kirchen und Schulangelegenheiten"
gez. Unterschrift

Abschrift ad num. 5799

K St M d I f K u Sch Angel

(d.h.: Königliches Staats-Ministerium des Innern für Kirchen- und Schulangelegenheiten.)

Seine Majestät der König haben zur vollständigen Aufbringung der Kosten für die Erbauung einer neuen Synagoge mit Lehr-Zimmer, Religionslehrer-Wohnung mit Frauenbad für die israelitische Kultus-Gemeinde in Orb die Vornahme einer Sammlung in den Synagogen des Königreiches zu bewilligen geruht. Die C. Regierung von Unterfranken und Aschaffenburg, Kammer des Innern sowie die übrigen C. Kreisregierungen, Kammern des Innerns, haben wegen Vornahme dieser Kollekte in den einzelnen Regierungsbezirken das Weitere zu verfügen und die Erträgnisse der Sammlungen der C. Regierung von Unterfranken und Aschaffenburg, Kammer des Innern, einzusenden, welche sodann das Gesamt-Ergebnis vorher zur Anzeige zu bringen hat.

Die mit Bericht vom 9. April d. Js. dem C. Staats-Ministerium des Innern vorgelegten Akten folgen im Anschlusse wieder zurück.

München den 31. Juli 1851

Auf seiner Königlichen Majestät allerhöchsten Befehl gez. Strauhs

An die Regierung von Unterfranken
und Aschaffenburg, Kammer des Innern
Gesuch der israelitischen Gemeinde um
Bewilligung einer Kollekte zum Bau
einer Synagoge betreffend."

***

Die nach einer besonderen

„Übersicht der Erträge der Collekte zum Bau einer Synagoge in Orb"

angegangenen Beträge lauten wie folgt:

I. Von den Regierungsbezirken:

Oberbayern.................................28,14 Gulden
Niederbayern..............................-----------------
Schwaben und Neuburg.............25,36 Gulden
Oberpfalz und Regensburg.........11,41 Gulden
Pfalz ....6,95 Gulden
Oberfranken ....24,10 Gulden
Mittelfranken...............................37,43 Gulden

II. Aus dem Regierungsbezirk Unterfranken und Aschaffenburg, und zwar im Einzelnen aus den Städten Aschaffenburg, Schweinfurt und Würzburg sowie den Landgerichten Alzenau, Arnstein, Aschaffenburg, Aub, Baunach, Bischofsheim, Brückenau, Dettelbach, Ebern, Eltmann, Euerdorf, Gemünden, Gerolzhofen, Hammelburg, Haßfurt, Hilders, Hofheim, Karlstadt, Kissingen, Kitzingen, Klingenberg, Königshofen, Lohr, Marktheidenfeld, Markstadt, Miltenberg, Münnerstadt, Neustadt a.S., Obernburg, Ochsenfurt, Orb, Rothenbuch, Schweinfurt, Volkach, Weihers, Werneck, Würzburg links des Mains, Würzburg rechts des Mains, [...] zus. 50,19 Gulden.

Die Summe der Erträge der Kollekte betrug 191,57 Gulden.

Diese 191,57 Gulden hatten die in die Kollekte gesetzten Erwartungen nicht erfüllt und die veranschlagten Kosten bei weitem nicht gedeckt. Wohl deshalb ist ein weiteres „**Gesuch um eine Sonderkollekte behufs Aufbringung der Restkosten**“ an die Koenigliche Regierung gesandt worden.

In der Erwiderung des Staatsministeriums vom 11. Juli 1864 heißt es hierzu u.a.:

„... wegen Bewilligung einer Collekte für die israelitische Cultusgemeinde Orb nach Ablauf eines Jahres wiederholt Bericht zu erstatten.

Hierbei kann jedoch jetzt schon nicht unbemerkt bleiben, daß der letztgenannten israelitischen Cultusgemeinde bereits im Jahre 1851 zufolge Ministerialentschließung vom 31ten Juli Nr. 5799 des genannten Jahres die Vornahme einer Sammlung in den Synagogen des Königreiches bewilligt worden ist, und daß damals die Herstellungskosten für die Adoptierung des angekauften Hauses zu einem Lehrzimmer, einer Wohnung für den Religionslehrer, einem Frauenbad und einer neuen Synagoge nach den technisch festgesetzten Kostenanschlägen auf den Betrag von 1600 fl. berechnet waren. Gegenwärtig ist für Herstellung der neuerlichen Cultuseinrichtungen, wie das vorgelegte Aktenheft entnehmen läßt, der Betrag der veranschlagten Kosten auf 6000 fl. festgestellt, was für eine Cultusgemeinde von 14 Familien, auch wenn derselben eine nochmalige Collekte bewilligt würde, wohl zu hoch gegriffen erscheint. Dieser hohe Kostenbetrag scheint hauptsächlich in den projektierten Arbeiten seinen Grund zu haben, welche, ohne den Zweck des Gebäudes zu beeinträchtigen, auch unterlassen werden können.

Die Koenigl. Regierung, K.d.J. hat, bevor die Wiedervorlage der Verhandlungen erfolgt, diese Verhältnisse einer nochmaligen Erwägung zu unterziehen und sich namentlich zu vergewissern, welche Summe die israelitische Cultusgemeinde Orb an den notwendigen Baukosten aus eigenen Mitteln aufzubringen vermag. Das vorgelegte Aktenheft folgt zu diesem Zweck gegen seinerzeitige Wiedervorlage im Anschlusse zurück.

München, den 11ten July 1864

auf seiner Königlichen Majestaet allerhöchsten Befehl

gez. Unterschrift“

***

Der weitere Verlauf der Verhandlungen bzw. eine Entschließung des Königs auf das „Gesuch um eine Sonderkollekte“ ist aus den Akten nicht zu ersehen.

Die Akten schließen vielmehr mit einem vielseitigen Beschwerdeverfahren, nämlich einer

„Gehorsamsten Beschwerdevorstellung des K. Advokaten Dr. Jahrdörffer zu Lohr namens des Heinz Wohlfeiler als Vorsteher der israelitischen Cultusgemeinde in Orb als Strafeinschreitung gegen resitente Cultusgemeindemitglieder betreffend vom 5 Sept. 1864“,

die im nachstehenden kurz wiedergegeben werden soll.

„Kaufmann Heinz Wohlfeiler zu Orb wurde durch Beschluß des Kgl. Bezirksamtes Gemünden resp. des exponierten Kgl. Bezirksamtsassessors zu Orb vom 18. Mai 1863 als Vorstand der israelitischen Cultusgemeinde Orb bestätigt und als solcher unterm 22. Mai 1863 mittels Handgelübde verpflichtet.

Nach § 31 der Kgl. Verordnung vom 10. Juni 1813, die Verhältnisse der jüdischen Glaubensgenossen betr. und nach einer hierzu erlassenen höchsten Ministerialentschließung vom 12. Dezember 1833 soll die israelitissche Cultusverwaltung, in specie der Cultusvorstand befugt und verpflichtet sein, die zur Aufrechterhaltung des Cultus nöthigen Anordnungen selbständig zu erlassen. Zu diesem Behufe sind, wie im Allgemeinen, so insbesondere auch hinsichtlich der allegirten AIlg. Verordnung vom 10, Juni 1813, die Polizeibehörden in Art. 28 und 29. des Einführungsgesetzes zu den beiden Strafgesetzbüchern vom 10. Nov. 1861 für berechtigt erklärt worden, die Nichtbefolgung ihrer auf Grund vorhandener Verordnung ausbleibenden Mitglieder eine Strafe bis zu 3 fl. anzudrohen und auszusprechen. Von dieser Befugnis Gebrauch zu machen sah sich nun der Cultusvorstand Wohlfeiler in jüngster Zeit veranlaßt.

Nemlich wegen Anschaffung einer neuen Gesetzesrolle, Anstellung eines Religionslehrers für die Cultusgemeinde Orb und der dadurch gebotenen Erneuerung der ohnehin seit 12. Oktober 1863 erloschenen Vermögensfassionen sowie der Feststellung der Beiträge der einzelnen Cultusgemeindemitglieder zum Zwecke der Anschaffung der neuen Gesetzesrolle und zum Gehaltsbezuge des anzustellenden Religionslehrers ordnete der Cultusvorsteher Herz Wohlfeiler zu Orb eine Versammlung auf Sonntag, den 24. Juli d. Mts. vormittags 8 Uhr in der Synagoge zu Orb an und lud hierzu kraft der ihm erteilten Befugnis die Cultusgemeindemitglieder unter Androhung einer Geldstrafe von 45 Kreuzern ein. Die Einladung erfolgte rechtzeitig an alle Cultusgemeindemitglieder; nichtsdestoweniger aber blieben an dieser Versammlung die Mitglieder A.K. Silberthau und Michael Reis aus, wodurch, weil die Vermögensfatierung nur mit Zustimmung des betreffenden Mitglieds erfolgen kann, der ganze Zweck der Versammlung vereitelt wurde. Der Cultusvorstand sprach sodann auch gegen die beiden ausgebliebenen Mitglieder die angedrohte Strafe aus, und brachte die Sache, als beide die Strafe verweigerten, dem exponirten Kgl. Bezirksamtsassessor zu Orb in Vorlage.

Aus den ehrerbietigst unterbreiteten Akten, welche über diese Sache erwachsen sind, möge höchste Stelle den Gang und Verlauf derselben entnehmen.

Nachdem der exponirte Kgl. Bezirksamtsassessor sich vom Cultusvorsteher genauen Bericht über Veranlassung und Zweck der Versammlung hatte erstatten lassen, legte er die Akten dem Distriktrabbiner von Aschaffenburg zur »competenzmäßigen Äußerung« vor, und decretirte sodann am 26. August cr, daß der Cultusvorsteher den vom Distriktsrabbiner gestellten Antrag zur Ausführung bringen solle.

Allein da es sich hier um die Befugnisse des Cultusvorstehers rücksichtlich der Anberaumung von Versammlungen und Einschreitung gegen unentschuldigt ausbleibende Cultusmitglieder, keineswegs aber um den Inhalt der zu fassenden Beschlüsse, sonach hier lediglich um eine Verwaltungs, nicht eine Religionssache handelt, so wird zweifelsohne dem Distriktsrabbiner eine Competenz in dieser Angelegenheit nicht zustehen, und ebensowenig wird es ihm zukommen, ein Gutachten abzugeben.

Wollte man hiervon aber auch einmal absehen, und absehen davon, daß dem Kgl. Bezirksamte selbst die Zuständigkeit zu einer Abänderung des von dem Cultusvorsteher in seiner Competenz erfassenen Strafbeschlusses mangelt, so würde Gutachten des Distriktsrabbiners auch keinesfalls dazu geeigenschaftet sein, den von ihm formulierten Antrag »auf Aufhebung der gegen Silberthau ausgesprochenen Strafe und Ertheilung eines Verweises an denselben, sodann zur Verurtheilung des Michael Reis zu einer Strafe von nur 18 Kreuzern zu begründen und zu rechtfertigen«.

Was hat der Distriktsrabbiner zur Entschuldigung des Silberthau vorgebracht? Daß derselbe längere Zeit durch einen starken Husten leidend war, vielleicht von jenem Übel noch nicht ganz befreit ist, und deshalb auch eine Vergnügungsreise gesundheitshalber als Entschuldigungsgrund betrachtet werden kann?

Woher hat der Distriktsrabbiner Kenntniß von diesem vielleicht noch bestehenden Husten des Silberthau? Aus den Akten nicht, denn in diesen kommt hiervon nichts vor. Von Silberthau selbst? Wohl ebensowenig, denn sonst würde sich das »vielleicht« nicht erklären lassen."

Der Ton in der „**Beschwerdevorstellung**" des Herz Wohlfeiler geht im gleichen Stil weiter und endet mit dem Antrag des K. Advokaten Dr. Jahrdörffer, den Beschluss des Bezirksamtes Gemünden, der die Bestrafung von Silberthau und Reis durch den Cultusvorsteher Herz Wohlfeiler aufhob bzw. abänderte als

„ungerechtfertigt wieder aufzuheben, evtl. durch Regelung und Ordnung der fragl. Angelegenheit überhaupt Geeignetes zu verfügen."

Hier zum Schluss nun noch einige Sätze aus dem **Beschluss** der Königl. Regierung von Unterfranken und Aschaffenburg in Würzburg auf Wohlfeilers Beschwerde, wobei familiäre Zwistigkeiten mitzuspielen scheinen:

„Die Sache selbst betreffend steht eine stark gereizte Stimmung des Cultusvorstehers gegen seinen Stiefvater Silberthau, der sich wieder verehelichte, außer Zweifel.

Dem israelitischen Cultusvorsteher steht an sich ein Strafrecht gegen die Angehörigen ihrer Cultusgemeinde nicht zu und kann denselben auch ein solches von den Polizeibehörden nach Art. 28 u. 29 des Einführungsgesetzes vom 10. März 1861 nicht übertragen werden, da diese Gesetzesbestimmung lediglich den Polizeibehörden selbst ein Strafrecht einräumt und zu diesen ein Cultusvorsteher nicht gehört.

Umso ungegründeter ist dagegen das Verlangen des letzten, daß der gedachte Bezirksamtsassessor bei dem Mangel einer Beschwerde von Seiten der Beteiligten die von Wohlfeiler verhängten Strafen einfach hätte beitreiben sollen, denn abgesehen davon, daß die Betheiligten Einwendungen erhoben hatten und deren Prüfung jedenfalls den Behörden zustehen hätten müssen, kann von einem Vollzuge dieses Antrages überhaupt gar keine

Rede sein, denn Statuten, welche dem Cultusvorsteher ein solches Strafrecht einräumten, weder erwähnt noch eingebracht wurden, konnten sonach den Antrag, mangels eines Strafrechts des Cultusvorstehers abzuweisen und dem Cultusvorsteher anheimzugeben war, die Abfassung bezüglicher Statuten für die Zukunft herbeizuführen.

Hiernach ist dem Cultusvorsteher Herz Wohlfeiler zu bescheiden, als sich selbst zu achten."

***

Ein Beschluss – so meine ich – der, wegen seiner oft eigenwilligen und schwer verständlichen Ausdrucksweise, den unbefangenen Leser schließlich doch im Unklaren lässt.

Mit dem oben teilweise zitierten Beschluss endet das betreffende Aktenstück.

Weinwirthe zu Orb und Bierbräuerei zu Orb

12. Februar 1987

19. Februar 1987

32. Weinwirthe zu Orb und Bierbräuerei zu Orb[5]

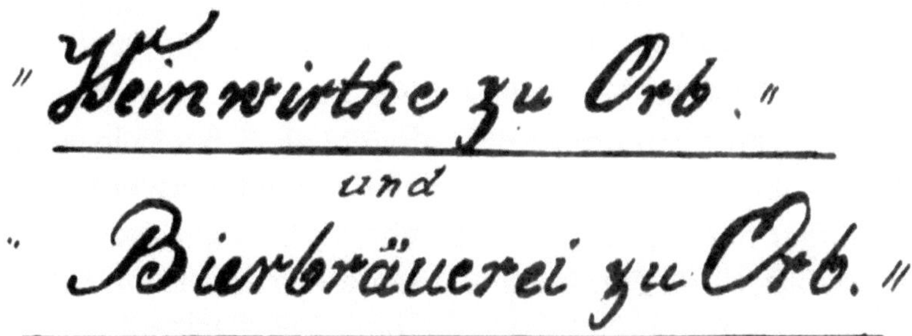

Vorbemerkung

In dieser Reihe „Aus Orber Vergangenheit" habe ich bereits 3 Berichte veröffentlicht, nämlich:

1. *„Einlegung der Stadtmauern und Türme",*
2. *„Brand in Orb" (Der große Häuserbrand in Orb im Jahre 1852), und*
3. *„Über die Cultusverhältnisse der Isrealiten in Orb".*

Es handelt sich hierbei um von mir kommentierte Wiedergaben von Akten aus dem Hess. Staatsarchiv Marburg. Diese Akten sind Dokumente der Orber Geschichte, die es nicht verdient haben, in Vergessenheit zu geraten. Manches davon kennt man aus der Überlieferung, also vom Hörensagen. Ich finde es aber wichtig, dass diese Überlieferungen durch Dokumente untermauert werden.

[5] Der vollständige Titel lautet: „Aus Orber Vergangenheit. Nach Akten des Hessischen Staatsarchivs Marburg. Heute über: Weinwirthe zu Orb und Bierbräuerei zu Orb"

So kann der Leser an dieser Stelle heute über die „Weinwirte zu Orb und Bierbrauer zu Orb" quasi Geschichte aus erster Hand erfahren.

Um den Inhalt der genannten Akten richtig verstehen zu können, muss man sich die damaligen überaus schlimmen Verhältnisse unserer Stadt vor Augen führen:

Seit das Kurfürstentum Mainz ab 1722 die Orber Saline einem Pächter überlassen hatte, waren die Einkommensverhältnisse der Bürger durch Lohndrückerei sehr schlecht geworden. Zahlreiche Sälzer und Fuhrleute wurden arbeitslos. Hohe Steuern trieben viele zum Betteln, Wildern oder Holzdiebstahl.

In den Revolutionskriegen ab 1796 kamen starke französische Truppeneinheiten in die Gemarkung der Stadt Orb, deren Bevölkerung die Soldaten und Pferde mit Nahrungsmitteln und Futter versorgen musste. Diese Belastungen der Stadt steigerten sich noch in der napoleonischen Zeit: Von Ostern bis November 1813 lagerten mehrere Infanterie-, Artillerie- und Kavallerie-Regimenter im Gebiet von Orb, bevor sie zum Feldzug nach Russland aufbrachen.

Im gleichen Jahr raffte eine Typus-Epidemie fast 600 der durch Hunger schon geschwächten Bürger dahin. Kein Wunder, dass viele der Elenden in der übervölkerten Stadt ihre Zuflucht im Alkohol suchten.

Nur so ist es zu verstehen, dass trotz der schon bestehenden 20 (!) Wirtschaften weitere Bürger versuchten, sich durch Bierbrauen, Schnapsbrennen oder Weinverkauf einen kleinen Verdienst zu schaffen.

Die nachstehenden Aktenauszüge berichten, wie es den betreffenden Antragstellern damals erging. Einige der in der damaligen Amtssprache üblichen Fremdwörter habe ich verdeutscht und in Klammern angefügt. Die Akte „Weinwirthe zu

Orb" beginnt mit einem ausführlichen Bericht der Königlichen Regierung des Untermainkreises in Würzburg vom 10. Juni 1820 an den „Allerdurchlauchtigsten, Großmächtigsten König":

„Den Rewers (Einspruch) des Bürgers Adam Jhl zu Orb, die demselben verweigerte Strauswirtschaft daselbst betreffend",

und lautet im Einzelnen wie folgt:

„Johann Stock ein Krämer, Adam Jhl ein Salzfaktor, dann Jakob Franz und Philipp Jhl, Magistratsräthe zu Orb, bathen unter dem 4ten September v. J. den dortigen Stadtmagistrat um Verleihung von vier Conceßionen zu Strauswirtschaften. Der Magistrat erachtete die Ertheilung der gebetenen Conceßion zu Erzielung wohlfeileren Vermögens für nützlich, die Bittsteller zur Ausübung der Wirtschaft in jeder Rücksicht für hinlänglich qualifiziert und trug unter diesen Umständen, ohne jedoch die Gewerbes-Interessenten gehört zu haben, keine Bedenken, den vier eingangs erwähnten Individuen unter dem 17ten September 1819 den Consens zur Ausübung der Strauswirtschaft zu ertheilen.

Gegen diesen Magistratsbeschluß ergriffen die in Orb sich befindenden Gast-, Schild- und Strauswirthe an uns in termino den Rewers (Einspruch), führen aus, daß bey der für die Stadt Orb übermäßigen Anzahl von 7 mit Brau und Brennereien berechtigten Schildwirtschaften, und noch 13 besonderen Strauswirtschaften die Verleihung von noch vier weiteren Wirtschaften keineswegs notwendig sey und baten uns, den von dem Orber Stadt-Magistrat unter dem 17ten Sept. v. Js. gefaßten, und ohne alle Entscheidungsgründe publizirten für sämtliche Schild- und Strauswirthe für empfindlich nachteiligen Beschluß zu ceßieren, die fuglosen vier suplicanten mit ihren unstatthaften Gesuchen lediglich ab und zur Ruhe zu verweisen, sodann aber den Magistrat salvo regreße gegen Adam Jhl und Jakob Franz wegen sträflich nachzusehenden unbefugten Wirtschaftsbetrieb nicht allein zur Leistung aller Entschädigung valva Liquidatione, sondern auch zum Ersatz aller Berufungskosten zu verurtheilen.

Als hierauf das K. Landgericht Orb zur Vorbescheidung dieses Rewerses die Acten an uns einschickte, äußerte derselbe, der

Magistrat müsse die inneren Verhältnisse am genauesten kennen, weswegen er nicht wage, dessen Behauptung zu widersprechen, daß die Errichtung einiger guten Strauswirtschaften dem Publikum nützlich sey, eine andere Frage sey es, ob die Zahl von vier neuen Wirthen nicht zu groß sey und der gute Zweck nicht schon durch 2, höchstens 3 Strauswirthe erreicht werden könne. In der Erwägung nun, daß für die kleine, an keiner frequenten Straße gelegenen, in ihrem Wohlstande so sehr gesunkenen, ja man wird sagen dürfen, verarmten Stadt Orb, die Anzahl von 7 mit Brau und Brennereien berechtigten Schildwirtschaften, und 13 noch besonderen Strauswirtschaften zur Befriedigung des dortigen Publikums gewiß mehr als hinreichend ist, mithin keine Nothwendigkeit zur Vermehrung solcher Wirtschaften zur Zeit vorliegt, und wenn bey einer Concurenz von 20 Wirtschaften schlechtes und saures Getränke verzapft werden sollte, was übrigens nicht zu glauben ist, diesem Übel durch geeignete polizeiliche Einschreitungen abgeholfen werden kann und muß, so haben wir unterm 28ten Dezember v. Js. an Adam Jhl, Jakob Franz, Johann Stock und Philipp Jhl mit Aufhebung des Magistrathsbeschlusses vom 17ten September 1819 mit ihren Strauswirtschafts-Conceßions-Gesuchen abgewiesen, dem Stadtmagistrate zu Orb bey dieser Gelegenheit durch das K. Landgericht bedeuten lassen, daß die Verleihung solcher Wirtschafts-Conceßionen an Magistrathsräte, welche nach den bestehenden gesetzlichen Verordnungen keine Wirtschaft ausüben dürfen, nicht stattfinden könne; hierbey aber auch das K. Landgericht Orb zugleich angewiesen, zur Verhütung ähnlicher Mißgriffe sich künftig besser, als es bisher geschehen ist, des ihm zustehenden Aufsichtsrechts auf den Stadtmagistrat zu Orb zu bedienen.

Von dem von den recuerierenden (Beschwerde einlegenden) Wirthen weiter gestellten Antrage, den Magistrat zur Entschädigungsleistung wegen nachgesehenen unbefugten Wirthschaftsbetrieb, so wie zum Ersatze der Berufungskosten anzuhalten, glaubten wir Umgang nehmen zu müssen, weil wir sogleich nach erhaltener Kunde von diesem unbefugten Wirthschaftsbetriebe solchen unter dem 28ten April 1819 untersagt haben und dieser Weisung auch Folge geworden ist.

Bey dieser unserer Entschließung beweihigten (beteiligten ?) sich Johann Stock, Philipp Jhl und Jakob Franz; Adam Wil hingegen ergriff an Eure Koenigliche Majestaet den Remro (Einspruch!), und indem wir die Acten erster und zweiter Instanz nebst der Remroschrift (Einspruchsschrift) hiermit allunterthänigst vorlegen, verharren wir in allertiefster Ehrfurcht Eurer Koeniglichen Majestaet allunterthänigst treugehorsamsten

gez. Unterschriften“

***

Mit dem Antwortschreiben des Königs vom 3. Juli 1820 an die K. Regierung des Untermainkreises in Würzburg hat der König die Beschwerde des Adam Jhl wegen nicht bewilligter Verleihung einer Straus-Wirtschafts-Konzession zurückgewiesen.

***

Mit dieser Königlichen Verfügung schließt das Aktenstück

„Weinwirthe zu Orb“.

Die Akte **„Bierbräuerei zu Orb“** behandelt ein Gesuch des Magistratsrats Ehmer zu Orb um Verleihung einer Bierbrau-Konzession und um die Erlaubnis zum Verzapfen des Bieres und Branntweins. Sie ist von der königlichen Regierung des Untermainkreises in Würzburg am 14. Juli 1820 an nachgenannte Adresse gerichtet; es hat den hier im Original wiedergegebenen Wortlaut:

Allerdurchlauchtigster Großmächtigster König Allergnädigster König und Herr

„Im verflossenen Jahr stellte der Magistrats-Rath Ehmer zu Orb bey dem dortigen Landgerichte vor, er sey seit einigen Jahren Eigenthümer eines sehr geräumigen Brauhauses, welches auch mit einerBranntweinbrennerey versehen sey und worin in früheren Jahren nebst der Bierbrauerey und Branntweinbrennerey auch der Verzapf dieser Fabrikate ausgeübt worden sey.

Die ganz feuerfeste Einrichtung zur Brauerey sey nicht nur noch unversehrt vorhanden, sondern auch von ihm, Magistrats-Rath Ehmer bereits in der Absicht, dieses Geschäft zur Verbesserung seiner bürgerlichen Nahrung wieder herzustellen, neuerdings in den besten Stand gesetzt, so wie überhaupt das gesamte Innere des Gebäudes ganz neu umgeschaffen und zu einem Wirtschaftsbetrieb mit Bier und Branntwein eingerichtet worden, weswegen er bei vorhandener Nothwendigkeit zur Errichtung einer guten Brau-Anstalt in dem Städtchen Orb, so wie bey dem Verlangen von allen Klassen des dortigen Publikums eine solide Bier- und Branntweinwirtschaft von ihm in seinem Hause eröffnet zu sehen, das K. Landgericht bitten müsse, ihm nicht nur die Conceßion zum Bier- und Branntweinbrennen zu etheilen, sondern ihm auch den Wirtschaftsbetrieb mit seiner Fabrication zu erlauben.

Das Königliche Landgericht Orb hat hierauf in der Erwägung, „daß die bereits conventirten (zusammengeschlossenen) Bierbrauer und Brandweinbrenner gegen die Errichtung einer Bier und Brandweinbrennerey des Suplicanten keinen Widerspruch machen, gegen die Zapfgerechtigkeit mit Bier und Brandwein protestiren, dem Bittsteller nur die Bierbrauerey und Brandweinbrennerey und den Verkauf des gebrauten Bieres und erzeugten Brandweins in größeren in der Voraussetzung jedoch nur, daß die angegebene feuerfeste Einrichtung der vorhablichen Bierbrauerey und Brandweinbrennerey noch gehörig nachgewiesen werde, bewilligt, das Gesuch um Verleihung einer Zapfgerechtigkeit mit Bier und Brandwein im Kleinen abgeschlagen, mit dem Bemerken, daß diese letzte Einwilligung umso weniger ertheilt werden könne, als Suplicant weder Küfer noch Bierbrauer oder Brandweinbrenner von Profession ist, und damals nur ein Wohnhaus erkauft habe, in welchem früher Brauerey und Brandweinbrennerey mit Zapfrecht betrieben worden sein soll. Gegen diesen landgerichtlichen Beschluß wand sich Magistrats-Rath Ehmer innerhalb der gesetzlichen Notfrist beschwerend an uns mit der Bitte, zu der von ihm vom K. Landgericht Orb bereits bewilligten Bierbrauerey und Brandweinbrennerey ihm zugleich auch den Wirtschaftsbetrieb mit seinen Bier und Brandweinfabrikaten zu gestatten.

Diese Remro-Ergreifung (Einspruch?) veranlaßt uns nun vor allem, das K. Landgericht Orb zur Acten-Einsendung und Verantwortung über die hier vorliegende Competenzüberschreitung aufzufordern, welche Verantwortung dahier erfolgt, daB Bittsteller sein Gesuch bei dem Landgericht aus dem Grunde angebracht habe, weil er als Magistratsrathsmitglied die perrorrescenz (Interessen-Verletzung?) des Magistrats oder wenigstens den Vorwurf der Partheilichkeit gegen denselben habe entfernt halten wollen, was wohl nicht hätte geschehen können, wenn der Magistrat auf irgend eine Weise für ihn Bittsteller in dieser Sache verfügt haben würde, aus welchen Rücksichten das K. Landgericht Sich erlaubt habe, in dieser Sache zu sprechen.

Die vom K. Landgericht Orb dem Magistratsrath Ehmer alldort unbefugter Weise bewilligte Bierbrauerey-Conceßion haben wir aufgehoben, und das genannte Landgericht angewiesen, das fragliche Gesuch von dem Stadtmagistrate zu Orb als Lokal-Polizeibehörde vor allem noch vom neuen gehörig instruiren zu lassen, und dasselbe alsdann mit gutachtlichem Bericht uns wieder vorzulegen.

Was die vom Bittsteller nachgesuchte Conceßion zum Brandweinbrennen betrifft, haben wir demselben bedeuten lassen, daß er hierzu keiner besonderen Conceßion bedürfe, indem das Brandweinbrennen der landwirtschaftlichen Industrie freygegeben, und erlaubt sey, den von ihm gebrannten Brandwein sowie das von ihm gebraute Bier, wenn er zum Bierbrauen eine Conceßion erwirken sollte, in größeren Quantitäten, jedoch nicht unter einem halben Eimer zu verkaufen; was dagegen die weiter nachgesuchte Erlaubnis, Bier und Brandwein im Kleinen verzapfen zu dürfen betreffe, Bittsteller, wenn er fernerhin auf dieses Gesuch bestehe und ihm hierin willfahret werden sollte, seine mit diesem Gesuch unvereinbare Magistrats-Raths-Stelle niederzulegen habe.“

Aus der neuen „Instruction“ der Sache geht nun hervor, dass

1. Magistrats-Rath Ehmer nebst einer real Braugerechtigkeit auch eine Conceßion nachsuchet, das von ihm gebraute Bier und seine Brandweinfabrikate im Kleinen verkaufen zu dürfen,

2 daß er, falls er letztere Conceßion erhalten sollte, bereit ist, seine Magistrats-Raths-Stelle niederzulegen,

3. daß er ein Vermögen von 5540 fl. besitzt, und da er kein gelernter Bierbrauer ist, sich anheisisch gemacht hat, dieses Gewerbe durch einen tüchtigen Gewerbeskundigen ausüben zu lassen,

4. daß 3 Schildwirthe sich in Orb befinden, welche zum Bierbrauen zwar berechtigt sind, jedoch solches Gewerbe seit längerer Zeit gar nicht, oder nur sehr gering in der Art betreiben, daß zuweilen einer ein Gebräu von einem halben Eimer in einem Waschkessel anstellt, daher beynahe alles Bier, so in Orb consumirt wird, mit Mühe von auswärts beygeschafft werden muß, und daher keiner der in Orb befindlichen zur Bierbrauerey sowohl als zum Verzapfen des Bieres berechtigten Schildwirthe, so wie alle sonstigen zur Schankwirthschaft berechtigten Individuen gegen die Ertheilung einer Brau-Conceßion an den Magistrats-Rath Ehmer nicht nur nicht das Mindeste einzuwenden haben, ja sogar wünschen, daß Ehmer diese Conceßion erhalte und gutes Bier an ihnen in größeren Quantitäten verkaufe, und daß endlich

5. gegen den weiter nachgesuchten Consens zum gewöhnlichen Hausverzapf von Bier und Brandwein im Kleinen beynahe alle hierzu in Orb berechtigten Individuen protestiren.

Da nun unter den hier vorgetragenen Umständen die Einrichtung einer solchen Bierbrauerey für das Städtchen Orb nicht nur als nützlich, sondern auch als nothwendig erscheint und von sämtlichen Gewerbsinteressenten gegen die vorhabliche Brauerey-Errichtung nicht nur nichts eingewendet, sondern solches sogar von denselben gewünscht wird, sind wir des unzielsetlichen Dafürhaltens, daß dem Magistrats-Rath Ehmer zu Orb die von demselben nachgesuchte Brau-Conceßion jedoch als ein nicht real, sondern nur als ein personalrecht und nur unter folgenden Bedingungen verliehen werde könne, nämlich, daß von demselben, wenn es nicht bereits, wie vom Bittsteller angegeben wird, geschehen seyn sollte:

a) Die zu einer soliden Brauerey erforderlichen Einrichtungen getroffen werden müssen, und daß
b) Ehmer, solange, bis er sich den Betrieb dieses Gewerbes vollkommen eigen gemacht haben wird, solches durch einen gelernten Brauer ausüben lassen müsse.

Was übrigens das weiter nachgesuchte Ausschank-Recht im Kleinen betrifft, so möchte dasselbe, da solches bey dem Bestande von 7 Schild und 13 noch besonderen Strauswirtschaften in Orb als keineswegs nothwendig erscheint, umsomehr abzuweisen seyn, als es dem Magistrats-Rath Ehmer, wenn er gutes Bier brauen wird, bei dieser großen Anzahl von Wirthen, welche sämtlich eine gute Brauanstalt in dem Städtchen Orb wünschen, nicht an Absatz seines Bieres in größeren Quantitäten bis zu einem halben Eimer inclusive, fehlen wird.

Indem wir dieses an Eure Königliche Majestät allunterthänigst berichten, verharren wir in allertiefster Ehrfurcht

Eurer Koeniglichen Majestaet

allunterthänigst treugehorsamste"

gez. 5 unleserliche Unterschriften.

***

Als Antwort auf dieses Gesuch um Verleihung einer Bierbrau-Konzession und um eine Erlaubnis zum Verzapfen von Bier und Branntwein ließ der König der Regierung in Würzburg am 14. August 1820 berichten, dass er die

„nachgesuchte Brauereygerechtigkeit nicht zu verleihen gesonnen sei.“

***

Die Königl. Regierung des Untermainkreises in Würzburg ließ trotzdem nichts unversucht und bat mit Schreiben vom 28. August 1820 den König, die in diesem Schreiben nochmals geschilderten Umstände

„allunterthänigst zu begutachten, daß dem Magistrats-Rath Ehmer zu Orb die von demselben nachgesuchte Bierbrau- und Schenkgerechtigkeit allunterthänigst zu verleihen seyn möge, als Ehmer, falls er die fragliche Schenkgerechtigkeit erhalten sollte, sich bereit erklärt hat, die mit der Ausübung dieser Gerechtigkeit unvereinbare Magistrats-Raths-Stelle niederzulegen.“

*

Auf die im vorgenannten Schreiben der Regierung in Würzburg an den König wiederholte Bitte hat dieser unter dem 26. September 1820 am Tegernsee in einem an die K. Regierung in Würzburg mit dem nachstehenden Bescheid die Verleihung der Konzession bewilligt:

„Wir bewilligen auf Euren Bericht vom 14ten July und 28ten August d.J., nach Einsicht der hierneben zurückfolgenden Acten, dem Magigstrats-Rath Ehmer zu Orb die gebetene reale Bierbrauerey-Conceßion, mit welcher zugleich die Berechtigung zum Verkaufe des fabricirten Biers im Kleinen, jedoch mit Ausschluß aller anderen Wirtschaftsgerechtsamen von selbst verbunden ist.

Ihr habt dem Bittsteller die Herstellung der nöthigen Einrichtung, besonders zur Erzielung eines verhältnismäßigen Vorraths von Sauerbier zur Pflicht zu machen, übrigens aber zu bedeuten, daß ihm zwar die Befugnis zum Brandweinbrennen und zum Verkaufe des selbsterzeugten Brandweins im Großen unbenommen bleibe, der Minuto Verkauf desselben jedoch nicht gestattet werden könne. z.w.v.“

gez. Unterschrift.

Mit dieser, dem Magistratsrat Ehmer in Orb erteilten Konzession schließt das Aktenstück

„Bierbräuerei zu Orb“

„Conceßions-Gesuch des dortigen Magistrats-Raths Ehmer betr.“

Leider geht aus den Akten nicht hervor, um welchen Ehmer es damals ging. Weder sein Vorname noch seine Adresse oder die seiner Wirtschaft werden darin genannt.

Stadt Orb. Ordentliche Ersatzwahlen der Stadt Orb, hier: Entfernung des Philipp Schneider vom Vorsteher-Amte

16. April 1987

23. April 1987

30. April 1987

07. Mai 1987

33. Stadt Orb. Ordentliche Ersatzwahlen der Stadt Orb, hier Entfernung des Philipp Schneider vom Vorsteher-Amte[6]

In Fortsetzung meiner Berichte nach Akten aus dem
Hessischen Staatsarchiv Marburg
bringe ich im nachfolgenden eine ausführliche Abhandlung
über:

(Originalschriftzug aus dem betr. Aktenstück)

Wie die Überschrift besagt, handelt es sich hierbei um ein Gesuch bzw. eine Beschwerdeschrift mehrerer Orber Gemeindemitglieder gegen den seinerzeitigen Vorsteher Philipp Schneider. Ich habe die Abhandlung im Originaltext wiedergegeben, kein Wort ausgelassen und nichts hinzugefügt. Die Schrift ist im

---

6 Der vollständige Titel lautet: „Aus Orber Vergangenheit. In Fortsetzung meiner Berichte nach Akten aus dem Hessischen Staatsarchiv Marburg bringe ich im nachfolgenden eine ausführliche Abhandlung über: Stadt Orb. Ordentliche Ersatzwahlen der Stadt Orb, hier die Entfernung des Philipp Schneider aus dem Vorsteher-Amte“

damaligen Amtsdeutsch verfasst, daher nicht leicht zu verstehen, zumal sich der Inhalt in langen Sätzen verliert. Beim Nachdenken kann man den Zusammenhang aber trotzdem erfassen.

Hier also der Anfang der Niederschrift:

„Würzburg. 1. April 1843

Koenigl. Regierung von Unterfranken und Aschaffenburg

Betreff:

Ordentliche Ersatzwahlen der Stadt Orb, hier die Entfernung des Philipp Schneider vom Vorsteher-Amt

Eurer Koeniglichen Majestaet überreichen wir anruhend die Beschwerde. welche mehrere Gemeindemitglieder von Orb gegen unsere Entschließungen vom 21. und 23. Februar d.J. ergriffen haben.

Geruhen Eure Koenigliche Majestaet aus den Rekursschriften den Geist zu entnehmen, welche die Beschwerdeführer beseelt. dessen Gehässigkeit sie durch Gemeinsinn und Eifer für das allgemeine Wohl vergebens zu bemänteln bestrebt sind.

Wir können nicht verkennen, daß die Geschäftsführung und wohl auch die Integrität des Gemeinde Vorstehers Schneider in Orb vieles zu wünschen übrig läßt. allein es dürfte schwer seyn, unter den Gemeindemitgliedern Orbs ein vollkommen entsprechendes Individium zu finden. Daß übrigens Vorsteher Schneider das Vertrauen seiner Mitbürger nicht in jenem Grade verloren hat, wie der redselige Verfaßer der Rekursschrift behauptet, beweist dessen Wiederwählung zum Gemeindevorsteher, wenn diese auch nur als Sieg der stärkeren Parthei über die schwächeren angesehen werden kann. Diese Rücksichten und die Überzeugung, daß die inzwischen gegen Schneider vertilgte Beahndung von heilsamen Folgen seyn und die von der Thätigkeit des Landgerichts Orb zu erwartende Überwachung des Gemeindehaushaltes weitere Unordnungen verhüten werde, haben uns vorzugsweise zur Bestätigung des Vorstehers Schneider bestimmt.

Eurer Koeniglichen Majestaet allunterthänigst gehorsamste Regierung von Unterfranken und Aschaffenburg, Kammer des Innern

gez. Unterschrift Präsident“

***

„d. 27ten Maerz 1843

Allerdurchlauchtigster Großmächtigster König;

Allergnädigster König und Herr!

Allunterthänigst gehorsamste Nichtigkeits-Beschwerde mit eventuellem Rekurse nebst Bitte von Seite des Bernhard Büttel e.D Consorten zu Orb, dann mehrerer Gemeinde- und Verwaltungs-Mitglieder allda.

Die Verwaltung der Gemeindeangelegenheiten durch den Vorsteher Schneider daselbst. resp. die Entfernung desselben von dem Vorsteher Amte, hier die ordentlichen Ersatzwahlen der Stadt Orb pro 1842 betreffend.

Durch die beiden Entschließungen der Königlichen Regierung von Unterfranken und Aschaffenburg, Kammer des Innern vom 22ten und 23ten Febru. dieses Jahres, nach welche auf eingereichter Remonstration und Protestation, dann ergriffenen Recurs von beiden Seiten gegen die landgerichtlichen Verfügungen vom 28ten und resp. 31ten Jenner d.J., welche ersteren die auf den Gemeinde-Vorsteher Philipp Schneider gefallene Wahl als solchen bestätigte und die Einweisung verfügte, und welch letztere die Einweisung wieder suspendirte, ausgesprochen wurde, daß

1. da nach Ansicht des Artikels 65 der Gemeinde-Wahlordnung die Einweisung und Verpflichtung des Gewählten eine unmittelbare Folge der Bestätigung sei, das Königliehe Landgericht die Bestätigung des Philipp Schneider als Gemeindevorsteher weder zurückgenommen habe, noch auch zurück habe nehmen können, überhaupt **ein Recurs, welcher eine Abänderung des erstinstanzjellen Beschlusses allein habe herbeiführen können, zur Zeit**

noch gar nicht vorliege, die landgerichtliche Verfügung vom Alten Jenner d.J. außer Wirksamkeit gesetzt werde, und daß

2. auf den Grund des 177 der allgemeinen Bestimmungen zum Vollzuge des revidirten Gemeinde-Edikts die landgerichtliche Vertilgung vom 28ten Jenner d.J. bestättiget werde, finden wir uns beschwert, indem diese Verfügungen nicht nur in mehrfacher Beziehung an einer unheilbaren Nichtigkeit leiden, sondern auch im höchsten Grunde gravirlich sind. weshalb wir vermüßiget sind, eine principielle Nichtigkeits-Beschwerde mit eventuellem Recurse an Eure Königliche Majestät gelangen zu lassen, und diese Beschwerden, wenn solche selbst im Recurswege nicht stattfinden sollten, doch von Oberaufsichtswegen der allerhöchsten Würdigung zu unterstellen.

Zur Rechtfertigung unserer Beschwerden bringen wir Folgendes allunterthänigst treugehorsamst vor, nachdem uns zuvor jedoch vergönnt sein möchte, eine kurze Schilderung der ganzen bisherigen Prozedur voranzuschicken.

Unterm 31ten Jenner 1840 wurden von mehreren rechtlich gesinnten Bürgern von Orb bei Königlicher Regierung von Unterfranken und Aschaffenburg mehrere Beschwerden gegen den Gemeinde-Vorsteher Philipp Schneider erhoben. welche mittels Entschließung vom 22ten Februar 1840 sub NS. 14213/ 12752 dem Königlichen Landgericht von Orb mitgetheilt wurden, um der Sache auf den Grund zu sehen und das Resultat unter Rückschluß des Communicats seiner Zeit vorzulegen.“

Es wurde hierauf auch eine Untersuchung gegen den Gemeinde-Vorsteher eingeleitet und unterm 12ten Oktober 1840 von dem Königlichen Landgerichte Orb folgender Beschluss befasst:

„Vorsteher Schneider wird unter Ersatz der bei den einzelnen Posten ausgesprochenen Beträge für die Stadtkasse zu einer Disziplinarstrafe von 10 Reichsthalern und zur Zahlung der Untersuchungskosten verurtheilt, unter dem Bedrohen. daß, wenn er sich in Folge seines Dienstes der gleichen pflichtwidrigen Handlungen wieder werde zu Schulden kommen lassen, er die Dienstes-Entsetzung zu gewärtigen habe.“

Gegen diesen Beschluss ergriff nicht nur der Gemeinde-Vorsteher Schneider den „Recurs“, sondern auch mehrere Gemeinde-Verwaltungs-Mitglieder reichten unterm 26ten Oktober 1840 unmittelbar bei Königlicher Regierung von Unterfranken und Aschaffenburg eine Vorstellung ein, worin namentlich letztere die Bitte stellten, den Gemeinde-Vorsteher Schneider nach den vorliegenden aktenmäßigen „Thatsachen“ seiner „Function“ zu entheben.

Diese Vorstellung vom 26ten Oktober 1840 wurde auch dem Königl. Landgerichte Orb mittels Entschließung vom 22ten November 1840 zur Akten-Einsendung und Berichtserstattung zugeschlossen, was auch mittels Berichts vom 2ten Dezember 1840 geschehen ist; allein der „Recurs“ des Gemeinde-Vorstehers Schneider wurde lange Zeit nicht entschieden, und auf die Vorstellung vom 26ten Oktober 1840 ist bis heute eine Entschließung noch nicht erfolgt.

Die zu erlassenden Verfügungen wurden mehrmals in Erinnerung gebracht, bis endlich im Jahre 1842 eine Entschließung erfolgte, dass die Akten wegen eines „indicirten“ Verbrechens dem Königlichen Appellations-Gerichte von Unterfranken und Aschaffenburg zur weiteren Verfügung vorgelegt werden sein.

Durch hohe Entschließung des Königlichen Appellations-Gerichtes vom 9ten Juli 1842 wurde wirklich auch eine General-Untersuchung gegen den Vorsteher Schneider wegen Verbrechens der Körperverletzung, verübt an dem Schneider-Gesellen Philipp Edel, angeordnet.

Diese General-Untersuchung wurde durchgeführt und durch hohe Verfügung vom 9ten September 1842 wurde diese Untersuchung einstweilen aufgehoben.

Hierauf wurden die Akten wieder der Königlichen Regierung zur Vorbescheidung der treffenden „Recurse“ vorgelegt und dringend gebeten. eine baldige Entschließung erlassen, da die Gemeinde-Wahlen immer näher rückten; allein unterm 17ten Oktober 1842 erfolgte eine Entschließung, worin ausgesprochen wurde, dass die Gemeinde-Wahlen der Stadt Orb vor sich gehen, für den Fall aber, dass Vorsteher Schneider wieder als solcher gewählt werden sollte, die Bestätigung desselben zu „suspendiren“ und unter Vorlage der Akten die Anzeige zu erstatten sei.

„Am 2ten und 3ten Novb. 1842 wurden nun erst, obgleich die Gemeinde-Wahlen längstens bis Ende des laufenden Monats August ihren Anfang nehmen und mit dem Schluße des darauffolgenden Monats September allenthalben beendigt sein sollen, und obgleich bisher „jedemals“ mit Anfang des Monats September die Wahl im diesseitigen Landgerichtsbezirkes und zwar mit der Stadt Orb zuerst begonnen wurde, die ordentlichen Ersatzwahlen der Stadt Orb vorgenommen, wobei es sich ergab, dass Gemeinde-Vorsteher Philipp Schneider durch die Mehrheit der Stimmen wieder als solcher gewählt wurde, was nicht geschehen wäre, wenn das Königliche Landgericht den Erhalt der ganzen Verfügung vom 17ten Oktober 1842 der Gemeinde Orb bekanntgemacht hätte, was derselbe doch hätte thun müssen.

Die Besttätigung blieb nun ausgesetzt, es trat eine Vorstehers-Verwesung ein, und die Akten wurden zur Königlichen Regierung zur hohen Entscheidung der noch nicht entschiedenen Recurse und resp. Vorstellungen einbefördert:

Endlich, nach beinahe 2½ Jahren erfolgte unterm 11ten Jenner 1843 die hohe Entschließung dahin:

a. es sei das Erkenntnis des Königlichen Landgerichts Orb vom 1ten Oktober 1840, verkündet am 13ten ejusdem mensis in den Punkten 1, 2, 3, 4, 6 und 9 mit der Modifikation, daß Inculpat den Ersatz an die Gemeindecasse im Betrag zu 1 fl52 cr (worin jedoch ein Schreibfehler zu liegen scheint) zu leisten habe, zu bestätigen,

b. das Erkenntnis der Unterbehörde in den Punkten 8 und 10, dann 5 aber dahin abzuändern, daß aD 8 und 10 der Inculpat von Schuld und Strafe freigesprochen, aD 5, die Untersuchung gegen ihn mangelnden Beweises halber einzustellen sei.

c. Der Punkt 11 des Erkenntnisses werde unter Vorweisung der Entscheidung über die Frage, ob das von Philipp Schneider aus der Barhilfskasse zu Orb bezogene Capital zu 200 fl. wegen zweckwidriger Verwendung sofort wieder zurückzuzahlen sei, an den für diese Cahse bestehenden Verwaltungsausschuß aufzuheben, und

d. Gemeinde-Vorsteher Schneider werde wegen der a. bezeichneten Reate in einer Disziplinarstrafe von 10 Reichsthalern nach Maßgabe der IX Beilage der Verfassungs-Urkunde, daß dieses die erste Strafe sei, welche nach dem 3ten Falle zur Vorgerichtsstellung führe und in die Kosten der Untersuchung und Ilter Instanz verurtheilt.

e. Hinsichtlich des 7ten Punktes des landgerichtlichen Erkenntnisses werde sich auf die Regierungs-Entschließung vom 12ten Mai v.J. bezogen."

Zu gleicher Zeit erfolgte eine untere Verfügung sub. Nris 5019/ 1000, dass das Königliche Landgericht Orb über die Frage, ob dem Vorsteher die Bestätigung als solcher zu ertheilen sei, nunmehr in 1. Instanz salvo recurse zu entscheiden habe.

Hierauf erfolgte unterm 28ten Jenner d.H der Beschluss darin,

> „daß die auf den Philipp Schneider von hier, ohnehin auch mit einer beträchtlichen Stimmenmehrheit wiederholt gefallenen Wahl zum Gemeindevorsteher hierselbst zu bestätigen, derselbe sofort in seiner deßfallsigen Functionen, jedoch unter eindringender Hinweisung auf seine deßfalls bereits beschworenen Pflichten und mit der strengsten Aufmahnung zur pflichtmäßigen und besseren Ausfüllung seines Dienstes als solches bisher geschehen und zwar bei Vermeidung der ihm in dem allegirten Erkenntnisse der vorgewesenen Untersuchung ausdrücklich angedrohten Folgen wiederum einzusetzen, hiervon übrigens auch an die Gemeinde alsbald die nöthige Eröffnung zu bethätigen sei."

Gegen diesen Beschluss haben wir unterm 30ten Jenner eine Remonstration und Protestation eingereicht und bemerkt, dass wir in gesetzlicher Frist den Recurs ausführen würden.

Das Königliche Landgericht Orb hat auch durch seine Verfügung vom 31ten Jenner d.J. dieser Remonstration stattgegeben und sofort die Einweisung des Vorstehers Schneider suspendiert.

Nun ging es auf Seite Schneiders eilends nach Würzburg und schon nach einigen Tagen erfolgte von Seite der Königlichen Regierung eine Entschließung, worauf die Akten ungesäumt dahin einbefördert wurden.

Schon am 22ten Februar dieses Jahres erfolgte, ohne nur die Recursfrist von unserer Seite, welche erst mit dem 27ten Febr. d. J. abgelaufen war, obgleich wir unsere Recurs-Schrift schon mit dem 12ten Februar bei dem Königlichen Landgericht Orb eingereicht hatten, die oben angeführte Regierungs-Entschließung vom 22ten Februar d.J., worin insbesondere angeführt wurde, das ein Recurs von unserer Seite noch gar nicht vorliege, und schon am 23ten des selben Monats erfolgte die oben angezogene weitere Entschließung auf unseren ergriffenen Recurs.

Warum diese beiden Entschließungen in einem Zeitraum von 14 Tagen erfolgen konnten, während die früheren 2 ½ Jahre ausblieben, ist nicht einzusehen.

Nun wurden diese beiden Entschließungen durch Verfügung des Königlichen Landgerichts Orb am 7ten März d.J. uns publicationsloro in Abschrift zugestellt, während wir zur Publication der früheren Regierungs-Entschließung vom 11ten Jenner d.J. vorgeladen worden waren, und dem Gemeindevorsteher eröffnet, daß, da indeß hiernach dem Antritt des Wirkungskreises des Philipp Schneider in der Eigenschaft als Gemeindevorsteher dahier kein gesetzliche Hindernis mehr im Wege stehe, derselbe in seine deßfallsigen Functionen hiermit vom Tage der Insimation dieses Erlaßes an immitirt werde.

Diesem vorgängig bringen wir zur Rechtfertigung unserer Beschwerde in der Hauptsache weiter Folgendes allunterthänigst gehorsamst vor:

Nach 177 der allgemeinen Bestimmungen zum Vollzuge des revidirten Gemeinde-Edikts ist einem in gesetzlicher Form gewählten Manne nur bei Verwalten eines absolut gesetzlichen Ausschließungs-Grundes die Bestättigung zu versagen.

Die gesetzlich vorgenommene Wahl ist demnach die Basis, auf welche die Bestättigung erfolgen kann, allein die vorgenommene Wahl ist in ihrer primitiven Vornahme nicht gesetzlich.

I. denn in den Wahlausschuß wurde der Spitalverwalter Krug gewählt, was der Vorstand des Wahlausschusses nach den vorliegenden aktenmäßigen Verhältnissen und nach der allgemeinden Stadtkunde bezügig der besonderen Verhältnisse zwischen Krug und Schneider nicht hätte gestatten können, zumalen auch Artikel 31 der Gemeinde-Wahlordnung alle ordentlichen und besonderen Beisitzern des Wahlausschusses in die Hand des Vorstandes geloben sollen,

daß sie die dem Ausschuße übertragenen Befugnisse nach bestem Wissen und Gewissen nur zum Nutzen der Gemeinde ausüben helfen, nicht aber zu anderen Absichten mißbrauchen; daß sie allen Obliegenheiten in Beziehung auf das Wahlgeschäft als uneigennützige und redliche Gemeinde-Männer genau und fleißig nachkommen, an unerlaubten Einwirkungen nicht nur selbst weder mittel- noch unmittelbaren Antheil nehmen, sondern auch, wenn sie dergleichen an anderer wahrnehmen, unverweilte Anzeige machen und die einzelnen gegebenen Stimmen Niemanden decken wollen.

Allein Spitalverwalter Krug konnte diesen Eid nicht leisten, ohne sich eines Meineides schuldig zu machen, denn dieser Spitalverwalter Krug stand ausweises der Untersuchungs-Akten an der Spitze der gegen Vorsteher Schneider aufgetretenen Denuncianten, er war es hauptsächlich, welcher als Gemeinde-Verwaltungs-Mitglied das Schalten und Walten des Vorstehers Schneider am besten kannte und deshalb auch die erforderlichen Behelfe lieferte, in Folge deren eine Untersuchung gegen den Vorsteher Schneider eingeleitet wurde, welche auch dessen Verurtheilung herbeiführte.

Dieser nämliche Spitalverwalter Krug ist nun im Laufe der Zeit nicht nur der innigste Freund dieses Vorstehers Schneider geworden, sondern derselbe gab sogar seine Tochter dem Sohne des Schneider zur Frau und bietet alles auf, um den Vorsteher Schneider als solchen in seinem Dienste zu erhalten. Ja dieser Spitalverwalter Krug hat sogar vor der Wahl seine und des Vorstehers Anhänger aufgefordert, ihn zum Ausschussmitglied zu wählen, um durch seine Anwesenheit auf die Wähler zu Gunsten des Vorstehers Schneider wirken zu können, was zu beweisen wir wiederholt behaupten.

Spitalverwalter Krug konnte sonach den ihm nach Artikel 31 der Wahlordnung abzulegenen Eid nicht nach bestem Wissen und Gewissen nicht ableisten, und doch hat er diesen Eid abgeleistet, folglich ist derselbe meineidig und der constituirte Wahl-Ausschuß ist ungültig.

Da nun die Constituirung des Wahlausschusses nicht gesetzlich vorgenommen worden ist, leidet die daraufhin vorgenommene Wahl selbst und die erfolgte Bestättigung des Gemeinde-Vorstehers Schneider an einer unheilbaren Nichtigkeit.

Abgesehen hiervon, so konnte die Bestättigung des Gemeindevorstehers Schneider von Seite des Königlichen Landgerichts noch gar nicht ausgesprochen werden; denn die Königliche Regierung von Unterfranken und Aschaffenburg – Kammer des Innern – hat in ihrer Entschließung vom 17ten Oktober 1842 ausgesprochen, daß, falls Vorsteher Schneider wieder gewählt werden sollte, das Königliche Landgericht die Bestätigung desselben vor der Hand zu suspendiren habe.

Der Grund dieser Entschließung konnte kein anderer sein als der, weil der Recurs des Vorstehers Schneider und die Beschwerde der Gemeinde-Verwaltungs-Mitglieder noch nicht entschieden wart Da nun in der hohen Regierungs-Entschließung vom 11ten Jenner d.J. sub. lit. C ausgesprochen wurde, daß die Entscheidung über die Frage; „ob das von Philipp Schneider aus der Bauhilfskasse zu Orb gezogene Capi tal von 300 fl. wegen zweckwidriger Verwendung sofort wieder zurück zu zahlen sei, an den für diese Kasse bestehenden Verwaltungs-Ausschuß verwiesen werde, hierüber aber noch keine Entscheidung erfolgt ist. Da ferner durch hohe Entschließung vom 23ten Febr. d.J. unter anderen auch das Königliche Landgericht Orb angewiesen wurde, unserer Behauptung, als habe Vorsteher Schneider im Jahre 1842 das der Befundarzt-Wittwe Herrmann für die Dauer ihres Aufenthaltes in Orb bewilligte Unterstützungsholz ordnungswidrig bezogen, da die genannte Wittwe zu jener Zeit bereits nach Würzburg übergezogen gewesen, näher auf den Grund zu sehen und in dieser Beziehung das weitere competenzmäßig zu verfügen, hierüber aber gleichfalls noch keine Entscheidung erfolgt ist, so müßte in beiden Beziehungen der nämliche Grund wie bei der hohen Regierungs-Entschließung vom 17ten Oktober 1842 in analoge Anwendung gebracht und demnach die Bestättigung bis nach gänzlicher Erledigung der Denunciationen ausgesetzt belassen werden; allein dieses geschah nicht, sondern die Bestätigung erfolgte."

Aus diesen Gründen und unter Bezug auf die weitere Ausführung in unserer Recurs-Schrift vom 12ten Februar d.J., auf die wir uns Kürze halber nochmals beziehen, stellen wir sonach die principielle allerunterthänigst treugehorsamste Bitte,

„die vorgenommene Wahl als nichtig zu erklären und sofort zu einer neuerlichen Wahl schreiten zu lassen."

II. Sollte aber auch diese principielle Nichtigkeits-Beschwerde nicht Raum gegeben werden, so ist doch die auf den Vorsteher Philipp Schneider gefallene Wahl und die sofortige Bestättigung derselben in einer anderen Beziehung ungültig; denn der Artikel 36 der Gemeinde-Wahlordnung sagt:

> „Von dem Augenblicke an, wo das Gericht gegen einen Angeschuldigten die Untersuchung eingeleitet hat, können bis zum erfolgten rechtskräftigen Urtheil die Angeschuldigten weder eine Stimme geben, noch zu einer Gemeindestelle gewählt werden, noch die Verrichtungen einer solchen Stelle fortsetzen, und der 78 lit.c. des rewidirten Gemeinde-Edikts im Zusammenhalte des 178 der allgemeinen Bestimmungen zu dem rewidirten Gemeinde-Edikt bestimmen ferner, „daß Personen, die wegen einem angeschuldigten Verbrechens oder eines nach dem allgemeinen Untersuchung sich befinden oder einer solchen unterlegen, ohne von aller Schuld und Strafe freigesprochen worden zu sein, von der passiven Wahlfähigkeit ausgeschlossen seien."

Da nun durch hohe Entschließung des Königlichen Appellationsgerichts von Unterfranken und Aschaffenburg vom 9ten

Juli 1842 die Generaluntersuchung wegen Verbrechens der Körperverletzung, verübt an dem Schneidergesellen Philipp Edel, gegen den Vorsteher Schneider angeordnet wurde, so hätte das Untersuchungsgericht den Vorsteher Schneider sogleich außer Funktion setzen müssen, allein dieses ist nicht geschehen, ja das Königliche Landgericht Orb hat sogar, obgleich, wie schon oben bemerkt, die Gemeindewahlen längstens bis Ende des laufenden Monats August ihren Anfang nehmen, und mit dem Schlusse des darauffolgenden Monats September allenthalben beendig sein solen, und obgleich bei jeder Wahl mit der Stadt Orb der Anfang gemacht wurde, die Wahl nicht vorgenommen, sondern solche erst am 2ten und 3ten November 1842 bethätiget, wie wohl, wenn die Wahl zur gesetzlichen Zeit vorgenommen worden Wäre, Vorsteher Schneider nicht mehr hätte gewählt werden können, da die Untersuchung noch im Gange war und solche erst durch hohe Entschließung des königlichen Appellationsgerichtes von Unterfranken und Aschaffenburg vom 5ten, prae den 13ten Septb. 1842 einstweilen aufgehoben wurde.

Da ferner diese einstweilige Aufhebung des Prozesses noch kein Unschulds-Erkenntniß ist, vielmehr die Untersuchung nach Art. 98 Thl. II des St.G.B. zu jener Zeit von Neuem beginnen kann, sobald die verdächtigen Umstände eine weitere Bestärkung erhalten, so war auch Philipp Schneider am 2ten und 3ten November 1842 nicht mehr passiv wahlfähig, und die geschehene Wahl sowohl als die erfolgte Bestättigung ist nichtig.

III. Auf den allerschlimmsten Fall aber dringt sich die weitere Frage auf, ob nicht aus administrativen Gründen dem Vorsteher Schneider die Bestättigung zu versagen sei, und diese Frage muß gewiß bejahend beantwortet werden; denn aus der gegen den Vorsteher Schneider geführten Untersuchung, wie das königl. Landgericht in seinem Erkenntnisse vom 12ten Oktb. 1840 näher entwickelt hat, unläugbar hervorgeht, daß derselbe den Gemeinde-Angelegenheiten, insbesondere den Verrechnungen nicht die gehörige Aufmerksamkeit widmete, daß er obgleich wohl wissend, wie Gemeindebeschlüsse zu fassen, demohngeachtet den alten Schlendrian fortbestehen ließ, daß er als Glied der Verwaltung, obgleich wohl wissend, daß die Steine in Frage der Stadt gehörten, sich welche beilegte, sich nur rechtfertigend, weil Andere dergleichen holten, solche auch bezahlten, und obgleich er wußte, daß die Stadt derselben bedurfte, solche derselben nicht wieder abgab, sondern um des enormen Preis von 7 fl. pro Ruthe verkaufen ließ, solche zu 3 Ruthen bescheiniget wurden, wiewohl nicht einmal hergestellt, daß es zwei dergleichen gewesen, und hierbei Gemeindepfleger Schneeweis als Deckmantel eingezogen zu werden scheint, daß er ferner seinen Privat-Vortheil bei der Verpachtung der Spitalgebäude nicht außer Acht gelassen hat, daß derselbe sich Holzfrevel hat zu Schulden kommen lassen, daß er ferner den Spitalfond durch Ueberbürdung von 1 Paar Schuh sich einen Vortheil zu verschaffen suchte, daß er durch Außeransatzlassen von Taxanfällen für die Stadt einen Nachtheil zubrachte, dagegen sein Privatseckel einen Vortheil erhielt, daß derselbe itzt noch des städtischen Rechnungswesens nicht gehörig annimmt und die gegebenen Vorschriften nicht genau vollzieht, was namentlich durch den vorgenommenen Kassensturz sich gezeigt hat; er überhaupt als ein Mann erscheint, der nur seinen Vor theil im Auge hat, auf die Mittel, diesen sich zu verschaffen, nicht so genau achtet? da ferner Vorsteher Schneider neuerdings sich mehrerer pflichtwidriger Handlungen schuldig gemacht hat, wie solche in unserer Recurs-Schrift vom 12ten Februar d.J. näher angeführt sind, von denen aber die königliche Regierung von Unterfranken und Aschaffenburg in ihrer Entschließung vom 23ten Febr. d.J. nur jener bezügig der Wundarzt Wittwe Herrmann näher auf den Grund zu sehen anbefohlen, die übrigen aber mit Stillschweigen übergangen hat, obgleich sämtliche Beschwerden von der Art sind, daß dieselben gewiß einer Würdigung verdienen; da ferner das königl. Landgericht Orb als Curatel-Behörde selbst in seinem Berichte vom 14ten Sept. 1842 der Ansicht war, daß solche administrative Gründe vorlägen, aus welchen dem Vorsteher Schneider die Bestättiung versagt werden könnte, und die Unterkuratel-Behörde gewiß das für die örtlichen Verhältnisse am Noththuens am besten würdigen kann; da ferner der Staat seine eigenen Diener in gewissen Fällen aus administrativen Gründen ihrer Functionen entheben kann und fast täglich enthebt und dieses gewiß auch bei einem Gemeindevorsteher eintreten kann, so dürfte Grund genug gegeben sein, den Vorsteher Schneider seiner Function zu entheben.

Daß kein Gemeindesinn, sondern nur Privatinteresse in dem Städtchen Orb herrscht, hierüber geben die Vorakten die schlagenden Beweise; denn während ein Spitalverwalter Krug, ein Gemeindebevollmächtigter Stock, ein Bierbräuer Ehmer früher an der Spitze der Denunzianten standen, sind dieselben im Laufe der Zeit durch Verheiratungen und sonstige Verhältnisse die innigsten Freunde des Vorstehers Schneider geworden, und während dieselben den Character des Vorstehers Schneider früher auf das grellste schilderten, haben solche Leute diesem später das beste Leumundszeugniß ertheilt.

Nach den vorliegenden Thatsachen konnte und müßte eine allgemeine Abgeneigtheit gegen den Vorsteher Schneider eintreten, und wie leicht könnten unter solchen Verhältnissen Thatsachen hervorgerufen werden, welche ein größeres Übel nach sich zögen und die an eine frühere Zeit erinnern, bei deren Erinnerung jedermann mit Schaudern zurückbebt.

Welchen Einfluß kann ein Vorsteher, mit solchen Eigenschaften begabt, wie Vorsteher Schneider die Bestättigung versagt werden könnte, und die Unterkuratel-Behörde gewiß das für die örtlichen Verhältnisse am Noththuens am besten würdigen sinnten zu tief in das Herz gedrückt, als daß derselbe so leicht wieder verdrängt werden könnte, ja dieser Gedanke pflanzt sich auch auf alle Nachkommen fort und kann daher für Moralität und Rechtlichkeitsgefühl nur üble Folgen haben.

Welch kleinlichen Charakter Vorsteher Schneider hat, ergibt sich auch daraus, daß derselbe bei Publication der hohen Regierungs-Entschließung vom 1 Iten Jenner d.J. und nachdem der königliche Landgerichtsvorstand den Vorsteher Schneider auf seine aufhabenden Pflichten wiederholt aufmerksam gemacht hatte, wie ein kleines Kind äußerte: »Ich will es nicht mehr thun.«

Daß Vorsteher Schneider seiner Function enthoben werde, dieses fordert auch die öffentliche Sittlichkeit und das beleidigte Rechtsgefühl, was wir schon mehrmals erörtert haben und nochmals hierher wiederholen müssen.

Die Erkenntnisse der Unter- und Oberbehörde wurden Vielen eröffnet und zirkulirten von Haus zu Haus.

Man wundert und ärgert sich, daß ein Mann, der – wie Vorsteher Schneider – von seiner Obrigkeit als ein Mann ohne Treue und Ehre an den Pranger gestellt ist, noch der Vorsteher einer Gemeinde von 4500 Seelen sein könne. Man kann einem so Prostituirten keinen Gehorsam und keine einem Vorsteher schuldige Achtung geben, und dieses Gefühl drückt sich überall und Äußerungen aus, die nach dem Inhalte der gegen ihn publizirten Erkenntnisse nicht strafwürdig gefunden werden können. Besonders wir Gemeindeverwaltungsmitglieder sind in einer üblen Lage."

Das Bild zeigt das im Jahre 1821 erbaute Königlich bayrische Landgericht Orb. Im Jahre 1841 wurde es um zwei Flügel erweitert. 1867, als Orb preußisch geworden war, hieß es Königlich preußisches Amtsgericht. Durch die Gebietsreform wurde der Sitz des Amtsgerichts 1968 in die Kreisstadt Gelnhausen verlegt. Heute gilt das im Text mehrfach erwähnte Gebäude als Polizeistation.

Wir werden von den übrigen mit dem Verwaltungs-Organismus nicht vertrauten Bürgern als Mitschuldige, an den Veruntreuungen angesehen finden uns an unserer Ehre angegriffen, daß wir mit einem Gebrandmarkten noch ferner im Rathe sitzen und ihn als unseren Vorgesetzten anerkennen sollen, und nur der, der Obrigkeit schuldige Gehorsam kann uns, jedoch mit tiefsten inneren Widerstreben vermögen, unter seiner Vorstandschaft noch ferner Gemeindeamt beizubehalten. Welche Verfolgungen wir alle, wenn Vorsteher Schneider reusiren würde, zu erwarten haben, dieses bedarf keiner näheren Erörterung, sondern liegt in der Natur der Sache und dem Gange der Dinge selbst.

Aus diesen Gründen und in Berücksichtigung, daß Eurer Königlichen Majestät die Verbesserung der Orber Verhältnisse so sehr am Herzen gelegen ist, wovon Eure Königliche Majestät schon vielfach die sprechensten Beweise geliefert haben und täglich den Orbern nach Eurer Huld und Gnade im reichlichsten Maße angedeihen lassen, stellen wir sonach an Eure Königliche Majestät die allunterthänigst treugehorsamste Bitte:

»den Vorsteher Schneider seines Gemeinde-Dienstes zu entsetzen und jenen Mann, der nach dem Philipp Schneider die meisten Stimmen als Vorsteher erhalten hat, an dessen Stelle treten zu lassen.«

In allertiefschuldigsten Unterwürfigkeit erharren

Eurer Königlichen Majestät

Orb am 18. März 1843

allerunterthänigst treugehorsamste

gez. Bernard Büttel

eine unleserliche Unterschrift

et Consorten

***

Hier nun die Antworten aus München:

M.d.J. Nr. 10778

München, den 24. November 1843

An die Regierung von Unterfranken und Aschaffenburg, K.d.J.

Das Gesuch mehrerer Gemeindemitglieder von Orb und Entfernung des dortigen Gemeindevorstehers Philipp Schneider von seinem Amt betreffend.

Auf Befehl.

Auf die mit Bericht vom 11. Apr. d.Js. im bez. Betreff vorgelegte Vorstellung der Bernard Büttel & Cons. vom 18ten März d.Js. wird nachstehende Entschließung ertheilt:

Das bezeichnete Gesuch gründet sich darauf,

I. daß die im Jahre 1842 zu Orb stattgefundene Gemeindewahl nicht gesetzlich war,

a. weil ein dem zum Vorsteher Philipp Schneider befreundetes Gemeindemitglied sich in dem Wahlausschuß befunden hat

b. weil die gegen Schneider eingeleitete Disziplinar-Untersuchung noch nicht in aller Ruhe beendiget gewesen sey, als dessen Bestätigung erfolgte;

II. daß Schneider nicht wahlfähig sey, indem er einer Untersuchung unterlegen, ohne von Schuld und Strafe frey gesprochen worden zu sein;

III. daß bei der bisherigen – nachgewiesenermaßen – mangelhaften Amtsführung des Schneider die Bestätigung aus administrativen Rücksichten zu versagen sey.

Alle diese Momente ermangeln jedoch der zureichenden Begründung.

ad. I.a. Es ist zwar in der Beschwerdeschrift angeführt, darf er in dem Wahlausschuß sich befunden habende Spitalverwalter Krug für die Wiederwählung des Schneider als Gemeindevorsteher thätig gewesen sey; es ist jedoch keine Thatsache angeführt, wodurch sich derselbe einer **unerlaubten** Einwirkung auf die Wahl schuldig gemacht hätte, und nur unerlaubte Einwirkungen sind es, welche das Gesetz verbietet, und durch welche eine Nichtigkeit der Wahl herbeygeführt wird.

ad. I.b. Die gegen Schneider eingeleitete Disziplinar-Untersuchung konnte nach Lage der Sache die passive Wahlunfähigkeit desselben nicht herbeyführen, sondern lediglich dessen angemessene Disziplinar-Bestrafung; die Bestätigung der Wahl war also hiervon vollkommen unabhängig.

ad. II: Die in der Richtung gegen Schneider eingeleitete strafrechtliche General-Untersuchung wegen Körperverletzung hat zu einer Vorgerichtstellung desselben nicht geführt, sondern ist einstweilen aufgehoben worden, Schneider ist sohin einer strafrechtlichen Untersuchung im Sinne des Gesetzes gar nicht unterlegen, es konnte daher auch dieser Umstand auf die passive Wahlfähigkeit Schneider`s einen Einfluß nicht äußern.

ad. III: Das I.M. hat die Gründe, aus welchem das Landgericht Orb durch Entschließung vom 28ten Jenner d.J. und die durch Entschl. vom 22. u. 23ten Febr. d.Js. dem Schneider die Bestätigung als Gemeindevorsteher der Stadt Orb ertheilen zu sollen glaubte, sorgfältig geprüft und dieselben vollkommen angemessen gefunden, wonach eine Veranlaßung zur Änderung der Entschließungen nicht gegeben ist. Diese hat hiernach das Weitere zu verfügen und die vorgelegten Akten zurückzuempfangen.

gez. Unterschrift

***

Auf dem gleichen Blatt steht dann noch nachstehende Verfügung:

G.B.

In den Akten wegen Regulierung des Standesgehalts der rechtskundigen Magistratsräthe Mauer (?) und Bleisner (?) befinden sich die a. u. Anträge, in welcher ausgeführt ist, daß nach 53 des ver.Gem. Ed. S.M. dem König u. beziehungsweise dem ... Stellen und Behörden das unbedingte Recht vorbehalten ist, die zu Gemeindestellen gewählten Individuen als solche zu bestätigen oder nicht.

Derselbe Grundsatz ist auch ausgesprochen in mehrfacher Entscheidung über die Gemeindewahlen zu Kitzingen.

Was den vorliegenden Fall anbelangt, so dürfte die Bestätigung der Regierung aus dem in ihrem Bericht vom 11ten April d.Js. angeführten gründen zu bestätigen seyn.

S.ME (?)

gez. Leppler (?)“

Mit diesem Absatz schließt das Aktenbündel, betitelt

Stadt Orb.

Ordentliche Ersatzwahlen der Stadt Orb, hier die Entfernung des Philipp Schneider vom Vorsteher-Amte

(Originalschriftzug aus dem betr. Aktenstück)

***

Anmerkung:

Merkwürdigerweise stimmt der vorstehende Text aus dem Aktenstück mit der Entscheidung über die Beschwerdeschrift nicht überein. Der weitaus größte Teil des Aktenbündels (68 von 70 Blättern) betrifft wohl das Gesuch um die „Entfernung vom Amt"; der König bzw. das zuständige Ministerium des Innern in München hat dem Gesuch jedoch nicht stattgegeben, wie aus der Entschließung vom 24. Nov. 1843 „Auf Befehl" deutlich hervorgeht. Der Beamte, der den Aktendeckel seinerzeit beschriftet hat, hat sicherlich nur den langatmigen Text der Beschwerdeschrift beachtet, dagegen nicht das letzte Blatt, das zudem undeutlich geschrieben ist und auf dem die Ablehnung des Gesuchs durch den König bzw. durch das Ministerium in München geschrieben steht, dass der Gemeindevorsteher Philipp Schneider gar nicht aus seinem Amt „entfernt" worden ist.

Dem einen oder anderen Leser wird diese Niederschrift über die beabsichtigte Abwahl des Vorstehers Philipp Schneider zu ausführlich erscheinen. Man konnte aber nichts weglassen, da der Zusammenhang gewahrt werden musste. Außerdem ist die Schilderung sehr aufschlussreich, denn sie vermittelt einen gewissen Einblick in die tatsächlichen Begebenheiten und die damaligen geschichtlichen Verhältnisse.

Über die sogenannte Orber Revolution von 1849

04. Juni 1987

11. Juni 1987

18. Juni 1987

25. Juni 1987

02. Juli 1987

09. Juli 1987

16. Juli 1987

24. September 1987

01. Oktober 1987

08. Oktober 1987

15. Oktober 1987

34. Über die sogenannte Orber Revolution von 1849[7]

Vorbemerkung

Von befreundeter Seite habe ich kürzlich die Originalakten über den Aufstand in Orb im Jahre 1849 erhalten, um sie der Öffentlichkeit zugänglich zu machen. Diese Akten wurden vor Jahren (vermutlich beim Umbau eines Wohnhauses) zwischen den Brandmauern zweier Häuser, wohin sie versteckt worden waren, gefunden. Sie sind glücklicherweise unversehrt erhalten geblieben, ein wenig vergilbt, aber vom Regen oder Wasser nicht beschädigt.

Es handelt sich um drei Aktenbündel: die „Anklageschrift" mit 37 Seiten, das „Zeugenverzeichnis" mit 10 und den Schuldspruch „Im Namen seiner Majestät des Koenigs von Bayern" mit 24 Seiten.

Karl Schmitt (†) aus Oberursel, der sich um die Erforschung der Orber Heimatgeschichte große Verdienste erworben hat und dessen Großvater auch zu den Angeklagten zählte, hat in der Heimatzeitung, dem BAD ORBER vom 2. März 1974, unter dem Titel:

„Vor 125 Jahren: Der Orber Aufstand",

insbesondere über die Anklagepunkte schon einmal kurz geschrieben. Außerdem sollen sich bei einzelnen Ämtern und in etlichen Orber Familien noch die gleichen oder ähnliche schriftliche Unterlagen über die Orber revolutionären Verhältnisse um 1849 befinden.

---

7 Der vollständige Titel lautet: „Aus Orber Vergangenheit. Heute: Über die sogenannte Orber Revolution von 1849"

Die Entwicklung in Orb im Jahre 1849 ist nicht gleichzusetzen mit den Aufständen 1848 in ganz Deutschland, die auf ganz andere Umstände zurückzuführen waren. Die Originalakten, die in altdeutscher Schrift geschrieben sind, habe ich transkribiert. Ich gebe sie im Originalwortlaut, ohne Auslassungen oder Hinzufügungen, wieder. Ich bin mir sicher, dass die umfangreichen Akten, die in mehreren Fortsetzungen in dieser Zeitung veröffentlicht werden, auf großes Interesse bei der älteren und auch jüngeren Generation stoßen werden.

Die Zeichnung vom Untertor in Orb (entstanden um 1850) zeigt links die Kleinkinderbewahranstalt, die in der bayrischen Besetzungszeit 1848/49 als Kaserne für das bayrische Militär diente. Gegenüber war die alte Knabenschule, die 1912/13 abgerissen wurde, nachdem die neue Volksschule (jetzige Grund- und Hauptschule) am 26. April 1911 eingeweiht und ihrer Bestimmung übergeben worden war. Von der Kinderbewahranstalt ist in den folgenden Berichten oft die Rede. Im Hintergrund links ist das alte Rathaus zu sehen, das im Text ebenfalls oft erwähnt wird.

Nachfolgend nun der Originaltext:

Anklageschrift

Das königliche Appellationsgericht von Unterfranken und Aschaffenburg hat unterm 21. März 1850 wegen des am 2. März 1849 zu Orb begangenen Verbrechens des Tumultes zweiten und höchsten Grades auf Anklage gegen die nachbenannten dreiundzwanzig Einwohner von Orb erkannt, dieselben zur Aburtheilung vor das Schwurgericht verwiesen und die Abfassung einer Anklageschrift verordnet, auch die Einleitung des Ungehorsamsverfahrens gegen einen abwesenden Angeschuldigten verfügt.

In Anklagestand wurden versetzt:

I. als Rädelsführer

1. Jakob **Mack,** 62 Jahre alt, verheirathet, pensionierter Gradierer,
2. Philipp **Mack**, 48 Jahre alt, verheirathet, Zeugschmied,
3. Johann **Heßberger**, genannt Heßche, 49 Jahre alt, ledig, Bauer und Siebmacher,
4. Johann **Hofacker**, genannt Habalthes, 50 Jahre alt, ledig, Tagelöhner,
5. Joseph **Schließmann**, 47 Jahre alt, verheirathet, Schleichwächter.

II. als gemein bewaffnete Theilnehmer:

1. Adam **Acker**, mit dem Beinamen „an der Kirche“, 33 Jahre alt, ledig, Sälzer,
2. Philipp **Acker**, 37 Jahre alt, ledig, Sälzer,
3. Johann **Ehmer**, genannt Kilian, 29 Jahre alt, verheirathet, Tagelöhner,
4. Peter **Engel**, 47 Jahre alt, Wittwer, Oechsner,
5. Philipp **Häuser**, 21 Jahre alt, ledig, Ziegler,
6. Johann **Heim**, 51 Jahre alt, verheirathet. Gerbertaglöhner,
7. Jakob **Hofmann**, 33 Jahre alt, ledig. Webergeselle und Taglöhner,
8. Johann **Kuhl**, genannt Forstmeister, 29 Jahre alt, ledig, Zimmergeselle.

9. Adam **Lindemaier**, 33 Jahre. ledig, Sälzer und Wasenmeister,
10. Anton **Metzler**, 38 Jahre, verheirathet, Fuhrmann,
11. Johann Joseph **Metzler**, 36 Jahre alt, Nagelschmied,
12. Anton **Noll**, genannt Pudelwirth, 26 Jahre alt, verheirathet, Schneider,
13. Peter **Noll**, 43 Jahre alt, verheirathet, Fuhrmann,
14. Johann **Schließmann, 21** Jahre alt, ledig, Sattlergeselle, Sohn des oben genannten Joseph Schließmann,
15. Johann **Joseph Schließmann**, 18 Jahre alt, lediger Sohn des nämlichen,
16. **Philipp Schneider**, 29 Jahre alt, ledig, Bäckergeselle,
17. Johann Philipp **Stock**, 24 Jahre alt, ledig, Schlossergeselle, gegen welchen als abwesend die Einleitung des Ungehorsamsverfahrens beschlossen wurde,
18. Adam **Welzbacher**, 20 Jahre alt, verheirathet, Schmiedemeister.

Der unterzeichnete funktionirende 1. Staatsanwalt am kg, Appellationsgericht von Unterfranken und Aschaffenburg erklärt demnach, daß aus der geführten Voruntersuchung die nachfolgenden Thatsachen hervorgehen:

Zur besseren Übersicht der Sache hat der Unterzeichnete diese Anklageschrift in einem allgemeinen und einem besonderen Theil ausgeschieden, und in Ersterem die Thatsachen, welche dem am 2. März 1849 ausgebrochenen Aufstande vorausgingen, insofern sie erheblich erscheinen, dann jene, welche den Thatbestand des Verbrechens des Tumultes bilden, in zusammenhängender Erzählung vorgetragen; in Letzterem sind diejenigen Umstände zusammengestellt, welche gegen jeden einzelnen Angeklagten vorliegen.

A.

Allgemeiner Theil

Durch Entschließung der kg. Regierung von Unterfranken und Aschaffenburg, Kammer des Innern vom 7. November 1848 war eine Militärabtheilung von 50 Mann zwecks damals zu Würzburg garnisonirden kg. 12. Infanterie-Regiments „König

Otto von Griechenland" nach Orb abgeordnet worden. Dieselbe war bestimmt, alle polizeilichen Maßregeln für Aufrechterhaltung der öffentlichen Sicherheit zu unterstützen, dem kg. Landgericht Orb bei Vornahme von Arretirungen, Exekutionen und sonstigen Gerichtshandlungen als Assistenz zu dienen, widerspenstigen Gemeinden auf ihre Kosten als Exekutionsmannschaft eingelegt zu werden, die Patrouillen und Streifen der kg. Gendamerie zu verstärken, und durch einen zusammenhängenden Patrouillendienst. namentlich die kräftige und nachhaltige Handhabung des Forst- und Jagdschutzes zu ermöglichen.

Die Mannschaft wurde in dem Gebäude der Kleinkinderbewahranstalt zu Orb kasernirt und versah ihren Dienst nach einer dieser Regierungsentschließung gemäß vom kg. Landgericht Orb unterm 16. November 1848 entworfenen und von der kg. Regierung unterm 21. desselben Monats genehmigten Instruktion.

Die verschärften Maßregeln gegen die überhandnehmenden Forst- und Jagdfrevel mußten natürlich jenem Theile der Bevölkerung Orbs, welcher dem Wildern und dem Holzdiebstahle ergeben war, sehr lästig werden, es fehlte denn auch nicht an unangenehmen Berührungen zwischen dem Militär und den Bewohnern von Orb.

Am 7. Januar 1849 wurde der Ortsnachbar Friedrich Müller von Friedrichsthal, Gemeindeverband Orb, von einer Militärpatrouille auf dem Feld mit einem Jagdgewehre und einem Hunde betroffen; das Gewehr wurde ihm abgenommen, und bei der Weigerung, es gutwillig abzugeben, sein Hund von einem Soldaten erschossen.

An demselben Tage Abends wurde der vor der Wohnung des die Militärabtheilung befehligenden kg. Oberleutnants Grafen von Spreti stehende Posten von mehreren jungen Leuten mit Schneebällen geworfen, beschimpft und bedroht.

Am 24. Januar 1849 Abends gegen 6 Uhr geschah von Jemanden, der an der Kaserne vorüberging, ein Schuß.

Am 19. Februar 1849 erfolgte eine Ablösung der Militärabtheilung; die neue Abtheilung bestand aus 2 Offizieren, 5 Unteroffizieren, einem Tambour und 50 Gemeinen und Gefreiten; hiervon wurden 10 Mann nach Höchst verlegt.

Es wird behauptet, daß die Soldaten der zuerst in Orb gelegenen Militärabtheilung sich sehr anständig benommen haben, dagegen die der neuen Abtheilung durch harsches Auftreten sich das Mißfallen der Bewohner Orbs zugezogen haben.

Am 26. Februar stieß eine Militärpatrouille auf dem Wege gegen Villbach auf 5 Einwohner von Orb, welche einen Rehbock trugen. Diese Wilderer waren der älteste Sohn des Schleichwächters Joseph Schließmann, der Nagelschmied Johann Schneeweis, der Siebmacher Johann Heßberger, genannt Heßche, diese drei mit Gewehren, der zweite Sohn des Schließmann, welcher den Rehbock trug; bei ihm befand sich noch der Kuhhirtensohn Adam Basser, welcher als Treiber gedient haben mag. dann ein Hund. Es wurde Anzeige hierüber dem kg. Landgericht erstattet.

Am 1. März 1849 Abends gegen 8 bis 9 Uhr wurde von mehreren Soldaten mancherlei Unfug verübt. Es wird behauptet, daß Soldaten, drohend und gegen die Einwohner Orbs schimpfend, mit gezogenen Säbeln in den Straßen herumgelaufen seien, und auf die ihnen in den Weg kommenden Leute hineingehaut haben. Philipp Stock, ledig, von Orb, beurlaubter Soldat desselben Regiments, wurde hierbei von mehreren ihn verfolgenden Soldaten bedeutend verwundet; minder erhebliche Verletzungen erhielten der Fuhrmann Adam Acker, als er auf dem Wege vom Wirtshause in seine Wohnung vor der Kaserne vorüberging und die Schmiedsfrau Anna Maria Desch, welche, einen Lärm auf der Straße hörend, vor ihre Haustüre getreten war.

Dieses Benehmen mehrerer Soldaten brachte große Erbitterung und Aufregung unter der Bevölkerung Orbs hervor.

Noch in der Nacht um 11 Uhr erschienen mehrere Bürger beim kg. Landgerichte; Gemeindepfleger Dickert und der Gemeindebevollmächtigte Schreiber erklärten zu Protokoll, daß sie für die Ruhe der Stadt nicht mehr haften könnten, wenn nicht die alsbaldige Abberufung der Militärabtheilung bewerkstelligt werde.

Das kg. Landgericht legte sogleich diesen Antrag gutachtlich mittels expressen Botens der kg. Regierung vor, indem es selbst glaubte, daß die aufs Höchste gestiegene Aufregung der Bewohner Orbs nur durch Abberufung der Mannschaft zu beschwichtigen sein dürfte.

Am 2. März 1849 erschienen abermals viele Einwohner von Orb, (das Protokoll ist von 21. unterzeichnet) beim kg. Landgerichte und erklärten zu Protokoll, daß die Militärabtheilung sich seit ihrer kurzen Anwesenheit zu Orb äußerst barsch und grob benommen, und dadurch Unfriede und Unruhe hervorgerufen habe; am Abend des l. März scheine das Militär offen auf Mißhandlungen abgesehen gewesen zu sein, gegen welchen der Soldat Hirsch schon am 26. Februar Drohungen ausgestoßen habe. Die Erschienenen gaben nun mehrere angeblich von Soldaten am Abend vorher verübte Unfuge zu Protokoll, und stellten den Antrag, das Militär möge sich unverzüglich aus Orb entfernen, und zwar ohne Waffen, weil es diese mit Ehren nicht gebraucht habe.

Der kg. Landrichter Kreß eröffnete den Anwesenden, daß er bereits in der Nacht Bericht zur kg. Regierung wegen schleunigster Abberufung des Militärs durch Expressen erstattet habe, und die Verfügung hierauf zu erwarten sei. Er stellte denselben die schädlichen Folgen vor, welche eine etwaige Selbsthilfe oder ein Angriff auf das Militär haben müßte. Die Erschienenen erklärten, daß sie diesen Vorstellungen Gehör geben, und die Entscheidung der höheren Stelle ruhig abwarten wollten.

Dagegen hatten sich auch am 2. März mehrere Soldaten bei dem die Abtheilung kommandirenden Offizier, kg. Oberleutnant von Hellingrath, gemeldet, und Beschwerde gegen die Bewohner Orbs vorgebracht. Sie gaben an, seit ihrer Anwesenheit zu Orb ein gewisses schmeichelndes und zuvorkommendes Benehmen bemerkt zu haben, am l. März Abends aber hätten in Gegenwart mehrerer Soldaten einige Leute im Gasthof zum braunen Hirsch geäußert: mit den Soldaten sei nichts anzufangen, man müsse machen, daß sie weiter kämen. Dabei seien Schmähungen ausgestoßen worden. Einige Soldaten seien dann auf dem Heimwege zur Kaserne von mehreren Burschen umzingelt und angepackt, Soldat Schmitt auch hierbei verwundet worden, wobei von den Burschen drohende Aeußerungen gefallen seien.

Die Aufregung unter der Einwohnerschaft Orbs steigerte sich indessen am 2. März während des Tags; es verbreitete sich das Gerücht, Nachmittags 4 Uhr würde Sturm geläutet, und die Soldaten würden verjagt werden.

Unter Tags gingen verschiedene Personen an der Kaserne, in welcher die Soldaten konsignirt waren, vorüber und machten drohende Aeußerungen und Geberten gegen dieselben.

Nachmittags hatte der kg. Landrichter Kreß die Mitglieder der Gemeindeverwaltung mit Ausnahme des Gemeindevorstehers, der seiner Angabe nach durch Krankheit verhindert war, im Landgerichtsgebäude versammelt, mit ihnen Sicherheitsmaßregeln verabredet, und sie auf die schweren Folgen von Unruhen aufmerksam gemacht.

Da wurde plötzlich um 4 Uhr vom Rathause herab Sturm geläutet. Die Sturmglocke ward nach Aussage eines Zeugen von dem in sehr hohen Grade betrunkenen Schuhmacher Jakob Heim gezogen.

Auf den Schall derselben lief eine große Menge Menschen - deren Zahl wird auf mehr als hundert angegeben - auf dem Platz vor dem Rathhaus zusammen. Viele waren mit Gewehren, einige auch mit Heu- und Mistgabeln bewaffnet; allgemein hieß es: das Militär müsse nun abziehen. Unter den Hauptlärmern vor dem Rathhause befanden sich mehrere wegen Wildfrevels berüchtigte Personen. Das wilde Geschrei der Menge bestand in Schimpfworten und Drohungen gegen das Militär. Die Leute wurden aufgefordert, die Waffen herbeizuholen und das Militär mit Gewalt aus der Stadt zu vertreiben. Auf die Nachricht von diesem ausgebrochenen Aufstande begab sich der kg. Landrichter Kreß in Amtskleidung auf den Platz vor dem Rathhause; er forderte die zusammengerottete Menge auf, ruhig nach Hause zugehen und setzte das unstatthafte Verlangen, daß das Militär augenblicklich abziehen solle, auseinander; er bedeutete der

Menge, daß die Entschließung der kg. Regierung abzuwarten sei, und machte sie auf die gesetzlichen Strafen, welche dem Verbrechen des Tumultes gedroht sind, aufmerksam. Allein seine Aufforderung war vergeblich. Ein allgemeines „Nein" und der Ruf: „Vorwärts zur Kaserne“ war die Antwort. Es wurde begehrt, das Militär müsse ohne Waffen abziehen.

Die Volksmasse drängte sich vom Rathhause aus vorwärts die Straße entlang gegen das zur Kaserne dienende Haus, welches am untern Thor der Stadt liegt; der kg. Landrichter hatte Mühe, die Menge unterwegs abzuwehren und wieder zum Stehen zu bringen. Er forderte sie in der Mitte des Weges gegen die Kaserne und unmittelbar vor dieser wiederholt, aber gleichfalls vergeblich, zur Ruhe auf, gab jedoch bei diesen bedrohlichen Umständen der Menge zu verstehen, daß er wegen Abzug des Militärs mit dem kommandirenden Offizier Rücksprache nehmen wolle. Er begab sich auch in die Kaserne, pflog mit dem Offizier Rücksprache, deren Ergebnis war, daß der Kommandant der Militärabtheilung, um größeres Uebel zu verhüten, bei der ungünstigen Lage der von allen Seiten freistehenden Kaserne, bei der Höhe der Erbitterung der Volksmasse und deren Ueberzahl, sich dazu verstund, das Militär abziehen zu lassen, und zwar über Wirtheim nach Aschaffenburg. Der kg. Landrichter eröffnete der Menge, daß das Militär abziehen werde, ersuchte die Leute mit sich in die Stadt zurückzunehmen, aber die Minderzahl nur folgte ihm; die größere Menge blieb in der Gegend der Kaserne zurück.

Bei der drohenden Gefahr hatte das Militär nicht die Zeit, sämtliche Effekten mitzunehmen, indem es auch nicht wohl möglich war, einen Wagen zum Weiterfahren derselben zu erhalten; es zog daher so schnell als möglich ab, und ließ verschiedene Gegenstände in der Kaserne zurück. Der kg. Oberleutnant von Hellingrath verließ zuletzt die Kaserne und verschloß die Türe. Das Militär schlug nun die Straße nach Wirtheim zu ein. Beim Abzuge erfolgte von Seiten der Volksmenge ein großes Hohngeschrei und Schimpfen, es wurde Steine und Koth gegen das Militär geworfen, auch einzelne Schüsse abgefeuert. Rechter Hand von der Straße gegen Wirtheim befinden sich noch einige Häuser zwischen Gärten und Pflanzenländern; von dieser Seite aus geschahen einige Schüsse gegen das abziehende Militär. Da dieses von der Volksmenge immer mehr gedrängt wurde, kommandirte der kg. Oberlieutnant von Hellingrath: „Halt!“ und ließ scharf gegen die Menge feuern; unter fortdauerndem Schießen von Seite des Volkes setzte das Militär einen Marsch fort; in der Nähe des Forstamtsgebäudes feuerte es nochmals allgemein auf seine Verfolger. Einige Personen hatten indessen über die Pflanzenländer den Weg zur Aumühle eingeschlagen und feuerten noch von da aus auf die nicht weit entfernte Wirtheimer Straße gegen das Militär. Dieses setzte indessen seinen Rückzug nach Wirtheim fort. Der Kampf endete beiläufig mit Eintritt der Dämmerung. Jubelnd wurden mehrere Bewaffnete von Verfolgung des Militärs zurückkommend gesehen. Der bei den Akten befindliche Plan gibt über die Oertlichkeit dieser Vorfälle näheren Aufschluß.

In diesem Kampfe wurden beiderseits mehrere Personen verwundet. Der Soldat Balthasar Stürmer erhielt von Jemandem, der hinter einem Obstbaum in einem Garten außerhalb des Wirtshauses zur Fröhlichkeit stund, einen Schuß mit einer Kugel in den Unterleib; in Folge dieser Verwundung war er 61 Tage lang krank, und es blieb eine Beugung des Körpers zurück, von welcher zweifelhaft ist, ob sie je wieder verschwinden werde, er ist weder zu den Dienstleistungen eines Soldaten, noch zu denen eines Knechtes oder Tagelöhners mehr fähig.

Minder bedeutende Schußwunden oder Quetschungen erhielten der Sergant Kreuz, die Soldaten Flury, Hamberger, Reinwand, Schöllhammer, Thein. Dem Soldaten Krönung wurde der Tornister, dem Soldaten Halbritter die Feldflasche durchschossen. Der Streifschuß, welchen Thein erhielt, zersplitterte zugleich dessen Gewehr; auch erhielt er einen Schrotschuß in den Helm. Der Zimmergeselle Heinrich Joseph Kuhl von Orb erhielt einen Kugelschuß in den linken Oberschenkel, welcher 28 Tage zur Heilung forderte. Der zwölfjährige Knabe Georg Philipp Breunig ward am linken Ellenbogen und der ledige Adam Acker, 19 Jahre alt, an der rechten Seite des Halses von einem Schusse gestreift. Der Schneider Jakob Schmalbach wurde in den linken Oberschenkel geschossen.

Von wem diese Verwundungen beigebracht wurden, konnte nicht ermittelt werden. Durch die Fenster von der hinteren Seite des unteren Stockes wurde ferner in das Kasernengebäude eingestiegen, die Kellerthüre desselben wurde verletzt und an den zurückgelassenen Habseligkeiten und Baarschaften wurden Entwendungen verübt. Hierdurch ging dem kg. Oberlieutnant von Hellingrath ein Schaden von 90 fl -, dem kg. Lieutenant van de Welde ein Schaden von 120 fl, 27 Soldanten ein Schaden von 200 fl. 36 kr. und dem kg. Militärer ein Schaden von 46 fl. 20 kr. zu.

Am 3. April 1849 wurden von den entwendeten Sachen 3 wollene Decken und 7 Leintücher in einem Kanale unweit des Kasernengebäudes wieder gefunden. Wer diesen Diebstahl verübt, und ob solcher zugleich während des Tumultes oder nachher bis zum 5. März 1849 ausgeführt wurde, war nicht zu ermitteln.

Am 2. März Abends wurden endlich mehrere Judenhäuser zu Orb durch Steinwürfe beschädigt. Die Thäter blieben unbekannt.

Auf geschehene Anzeige ordnete nicht nur die kg. Regierung eine Kommission nach Orb, welche die Entwaffnung vornahm, sondern auch das kg. Appellationsgericht beschloß in einer Plenarversammlung vom 4. März 1849 die strafrechtliche Voruntersuchung wegen Verbrechens des Tumultes dem kg. Kreis- und Stadtgerichte Aschaffenburg zur Durchführung zu übertragen.

Demzufolge rückte die am 2. März abgezogene Militärabtheilung nebst einer bedeutenden Verstärkung am 5. März in Orb wieder ein, und der als Untersuchungsrichter bestellte kg. Kreis- und Stadtgerichtsrath Schmitt begab sich an demselben Tage dahin. Die Voruntersuchung nahm ihren regelmäßigen Verlauf, in der Nacht vom 9. zum 10. März wurden mehrere Verhaftungen vorgenommen, und das Militär blieb zum Schutze der Gerichtskommission und zur Aufrechterhaltung der Ruhe und Ordnung noch einige Zeit in Orb anwesend.

Das Ergebnis der geführten Voruntersuchung war die Versetzung der oben genannten 23 Personen in den Anklagestand wegen Verbrechens des Aufstandes, „Tumultes" zweiten und höchsten Grades.

Dieses Verbrechen muß im Hinblick auf Art. 319, 321 Thl. I des St.G.B., als hier vorliegend angenommen werden. Denn es hatte sich am 2. März 1849 Nachmittags eine Menschenmenge von jedenfalls mehr als 10 Personen öffentlich zusammengerottet, um von der Obrigkeit die Verfügung zu ertrotzen, daß die zufolge Entschließung der kg. Regierung vom 7. November 1848 zur Unterstützung der Obrigkeit nach Orb beorderte Militärabtheilung unverzüglich aus Orb abziehe; die Tumultanten beharrten ungeachtet der vom kg. Landrichter an sie ergangene Aufforderung, auseinanderzugehen und sich zur Ruhe zu begeben, in ihrer Zusammenrottung; die zusammengerottete Menge verübte sogar noch bei dem von ihr ertrotzten Abzuge der gesammten Mannschaft an mehreren dazu gehörigen Militärpersonen wirkliche Gewaltthaten.

Es ist nun weiter anzuführen, welche Thatsachen gegen jeden einzelnen Angeklagten vorliegen.

B.

Besonderer Theil

I.

Gegen **Jakob Mack**, 62 Jahre, verheiratet, pensionirter Gradirer, stumpfartig, liegen folgende Tatsachen vor: Er war unter jenen Einwohnern Orbs, welche am 2. März 1849 bei dem kg. Landgerichte ihre Beschwerden gegen die Militärs zu Protokoll gaben u. verlangten, daß dasselbe unverzüglich ohne Waffen abziehen solle. Er wird als der heftigste und hitzigste unter den Beschwerdeführern geschildert. An demselben Tage Vormittags hatten er und mehrere Andere im Kronenwirtshause bereits über das Militär losgezogen und geäußert, die Soldaten müßten fort; es war dabei von einer an den kg. Landrichter abzuordnenden Deputation die Rede. Morgens um 9 Uhr hörte ein Zeuge ihn im Gasthaus des Johann Stock, wo viele Leute anwesend waren, sagen: „Bürger, ich bin fertig, meine Büchse ist geladen, gehen wir hinunter und jagen sie Alle fort"; damit habe er die Soldaten, von denen die Rede gewesen war, gemeint. Nachmittags beim Sturmläuten fand er sich, mit einem Gewehr bewaffnet, vor dem Rathhause ein, und war einer der Hauptlärmer allda. Zur Zeit, als der kg. Landrichter auf den Platz kam, wurde Jakob Mack gesehen, wie er in der Straße gegen das Rathhaus die Leute herbeirief. Er gebährdete sich sehr wild, die Aufforderung des kg. Landrichters, ruhig zu sein, war bei ihm fruchtlos, er lärmte ungeachtet derselben stritt sich mit dem kg. Landrichter herum. Er forderte, als er sich am Rathhause herumtrieb, die Leute auf, nach Hause zu gehen und Gewehre und andere Waffen zu holen; er rief zu der Volksmenge: „Nun ist nichts mehr zu machen, nun geht nach Hause und holt eure Flinten und was Ihr sonst noch habt." Er winkte mit den Armen gegen die Kaserne und sagte: „Sie müssen fort!" Den Schlosser Jakob Acker, welcher zufällig einen Maßstab tragend über den Platz ging, redete er an: „Nun, wo ist die Waffe, bist Du auch ein Bürger?" Hierauf wurde er mit dem großen Haufen gegen die Kaserne zu gehen und dann mit dem Gewehr dem Militär nacheilen, auch jubelnd von der Verfolgung des Militärs zurückkehren gesehen. Er kam dann mit Philipp Mack, Johann Heßberger und Johann Hofacker an das

Landgericht, angeblich um über die Vorfälle Erklärungen abzugeben.

Er leugnete nicht, mit einer Flinte versehen, am Rathhause sich eingefunden zu haben, er gibt jedoch vor, es habe allgemein geheißen, man solle bewaffnet erscheinen; seine Flinte sei nicht geladen gewesen. Er habe, wie sämtliche Bürger, ruhig den Wunsch ausgesprochen, das Militär möge anziehen. Dem kg. Landrichter habe er, gleich mehreren Anderen, die Hand gereicht und ruhig zu sein versprochen. Er sei später dem kg. Landrichter gegen das Landgerichtsgebäude gefolgt, und habe ihm angezeigt, daß das Militär gegen das Volk schieße.

Sein Leumund ist sehr getrübt.

Wegen des am 11. Juni 1834 mittels einer Art von Höllenmaschine gegen den Obersieder Adam Rieger von Orb verübten Mordversuchs wurde unterm 28. September 1835 gegen ihn die Generaluntersuchung einstweilen aufgehoben.

Wegen des am 31. Januar 1835 an dem kg. Landgerichtsaktuar Rösch zu Orb verübten Mordes wurde die Untersuchung gegen ihn durch Erkenntniß des Appellationsgerichts vom 5. August 1836, oberstrichterlich bestätigt am 24. Dezember 1836, mangelnden Beweises halber eingestellt; worauf er, da er die angeordnete Kaution nicht stellen konnte, 5 Jahre im Zwangsarbeitshause zu Plassenburg verwahrt wurde; wegen Jagdfrevels wurde er einmal bestraft, und mehrmals wurde deshalb gegen ihn die Untersuchung eingestellt.

Die geflogenen Erhebungen lassen ihn bei den gegenwärtig zur Aburtheilung kommenden Verbrechens als **Rädelsführer** im Sinne der Art. 51 u. 322 Th. I des St.G.B. erscheinen, indem er sich als einen derjenigen zeigte, welche das Unternehmen zur Zeit der Vollbringung leiteten. Demgemäß ist derselbe angeklagt, dadurch, daß er bei den am 2. März 1849 zu Orb stattgehabten Aufstande die Leute zum Gewehrholen aufforderte, der Menge die Richtung gegen die Kaserne hin als diejenige anzeigte, wohin man gehen solle, und schon am Morgen Aeußerungen that, welche zum gewaltsamen Verjagen des Militärs anreizten, das Verbrechen des Tumultes zweiten Grades als Rädelsführer begangen zu haben.

II.

Gegen **Philipp Mack,** 48 Jahre alt, verheirateten Zeugschmied, liegt Nachstehendes vor:

Es wird behauptet, daß er schon am I. März 1849 Abends nach der Verwundung des Philipp Stock in dessen Wohnung geäußert habe, das Militär müsse fort.

Er war unter denjenigen, welche sich noch in dieser Nacht ins Landgericht begaben, und alsbaldige Entfernung des Militärs verlangten. Auf die Bemerkung des kg. Landrichters, daß dieses ohne höhere Weisung nicht abziehen dürfe, und daß ein Bote sogleich an die kg. Regierung abgehen werde, man sich aber inzwischen ruhig verhalten solle, erwiderte er: „Herr Landrichter, es thut nicht gut; wenn das Militär nicht sogleich abzieht, so thuts nicht

Auch am 2. März Vormittags befand Philipp Mack sich unter jenen, welche Beschwerde gegen das Militär und den Antrag auf sofortigen Abzug desselben am kg. Landgerichte vorbrachten; er gehörte zu denjenigen, welche an der Spitze der Antragsteller stunden und das große Wort führten. Auch schimpfte er an diesem Vormittag im Kronenwirtshause über das Militär und äußerte, es müsse fort.

An demselben Tage Nachmittags ging er mit einigen Anderen, unter welchen Johann Heßberger sich befand, an der Kaserne vorüber, er drohte hierbei gegen die Soldaten und rief: „wartet nur, ihr Lumpen, wir kriegen Euch schon!“ – „Heute jagen wir Euch noch miteinander hinaus.“ – Als er sich entfernt hatte, sagte er: „Wir wollen sehen, ob wir unseren Endzweck nicht noch erreichen!“

Beim Sturmläuten fand auch er mit einem Gewehr sich am Rathhause ein; er war einer der Hauptlärmer, welcher fürchterlich schrie und drohte und auf die Aufforderung des kg. Landrichters, ruhig zu sein und nach Hause gehen, dennoch blieb und fortlärmte. Als der kg. Landrichter in die Kaserne ging, befand er sich unter der Menge, welche demselben die Straße hinabfolgte. Als der kg. Landrichter aus der Kaserne herauskam, ging er wieder mit demselben in die Stadt zurück. Der kg. Landrichter eröffnete den Leuten, daß das Militärjetzt abziehe, die Leute riefen: „Nun wollen wir einmal sehen, ob sie abziehen.“ Der kg. Landrichter entgegnete: „Ob sie ihm denn nicht glauben?“ Philipp Mack antwortete darauf: „Ich glaube keinem Beamten und keinem Pfaffen, und wenn der heilige Geist über ihnen schwebt, denn ich bin schon zu oft betrogen worden!“

Nach einer anderen Zeugenaussage soll Mack damals gesagt haben, er glaube keinem Menschen mehr Etwas; der kg. Landrichter habe ihn gefragt: „Also glauben Sie mir auch nicht?“ worauf Mack erwidert habe: „Ja, Ihnen glaube ich“.

Bald nachher wurde jedoch Philipp Mack bemerkt, wie er wieder umkehrte, u. mit Gewehr versehen, dem abziehenden Militär nacheilte. Er wurde auch gesehen, wie er jubelnd von Verfolgung des Militärs zurückkehrte. Er kam nach Abzug des Militärs mit Gewehr in Begleitung von Jakob Mack, Johann Heßberger und Johann Hofacker an das Landgericht, angeblich, um eine Erklärung abzugeben.

In seinem Verhör gibt er zu, mit einem Gewehr bewaffnet an das Rathhaus gekommen zu sein, weil er gehört, daß auch andere Bürger mit Gewehren dahin gingen, und er geglaubt habe, der kg. Landrichter habe es zum Zwecke der Aufrechterhaltung in Ruhe angeordnet. Er will sich ruhig verhalten, und auf die Aeußerung des kg. Landrichters, daß das Militär abziehen werde, versetzt haben, die Soldaten seien erbost, man werde sehen, daß sie beim Abzuge ein Unglück anstellen würden. Daß er unter den Verfolgern des Militärs gewesen sei, stellt er in Abrede. Es wird zwar behauptet, daß er, als das Schießen begann, noch in der Umgebung des kg. Landrichters gewesen sei, und zu diesem gesagt habe: „Hören Sie das Schießen?“ Allein es wird beigesetzt, daß er hieraus sich alsbald entfernt habe, so daß er wohl bald nachher in jener Gegend sich befinden konnte, welche das Militär beim Abmarsch durchzog.

Sein Leumund ist nicht gut; wegen des mittels einer Art von Höllenmaschine an dem Obersieder Rieger zu Orb verübten Mordversuchs wurde durch Erkenntniß des. kg. Appellationsgerichts vom 20. Septb. 1835, oberstrichterlich bestätigt am 16. Januar 1836, die Untersuchung gegen ihn, mangelnden Beweises halber, eingestellt, worauf er, da er die ihm auferlegte Kaution nicht leisten konnte, 5 Jahre im Zwangsarbeitshause zu Plassenburg aufbewahrt wurde; wegen Jagdfrevels wurde er einmal bestraft.

Derselbe ist hiernach angeklagt, dadurch, daß er bei dem Aufstand vom 2. März 1849 an der Spitze stund und als einer der Haupttumultanten das große Wort führte, bei dem Verbrechen des Tumultes zweiten Grades sich als Rädelsführer betheiligt zu haben.

III.

Johann Heßberger, 49 Jahre alt, ledig, Bauer und Siebmacher, genannt Heßche, war unter jenen Personen, welche am 26. Februar 1849 von einer Militärpatrouille als Wilderer getroffen worden waren. Bei dieser Patrouille befand sich der Soldat Jsaak Hirsch, welcher ein Jude ist. Schon am 1. März stieß Heßberger im Roßwirtshause Drohungen gegen die Soldaten aus. Es wird angegeben, er habe geäußert: „Die Soldaten werden nicht mehr lange da sein, die Wilderer fürchteten sich vor ihnen nicht, er sei der Heßberger, und wolle Einen aus dem Schilderhause herausholen, wenn die Soldaten auch alle beisammen wären". Heßberger soll einen Soldaten an diesem Abend gefragt haben, ob er der Hirsch sei, und als der Soldat es verneinte, geantwortet haben, wenn Du der Jude wärst, so würdest du auf dem Platze bleiben. An demselben Tage nach dem Zapfenstreiche wurde er wahrgenommen, wie er sich vor der Kaserne einfand, schimpfte und äußerte, die Soldaten würden in 3 Tagen nicht mehr da sein.

Am 2. März Morgens schimpfte er im Kronenwirtshause gegen das Militär, er befand sich unter jenen Einwohnern Orbs, welche damals Beschwerden zu Protokoll gaben, und er war dabei einer der Wortführer. Er kam während des Tages öfter vor die Kaserne, verhöhnte das Militär und drohte gegen daselbe. Es werden folgende Äußerungen von ihm bezeugt, welche er hierbei ausstieß:

„Seht her, ich bin der Heßberger, thut mir was, ihr Lumpen!"

„Ich bin der Heßberger, wenn Ihr ihn noch nicht kennt; heute Mittag werdet Ihr ihn kennenlernen."

„Ich werde heute noch mit Euch zusammentreffen; und bevor Ihr Orb verlasset, werden noch ein Paar von Euch kaltgelegt.

„Ich bin der Heßberger, in einer halb Stunde seid Ihr nicht mehr da."

Er drohte auch, die Soldaten müßten hinaus, es werde Keiner unverletzt davonkommen.

Bei dem Sturmläuten fand er sich gleichfalls mit Gewehr bewaffnet vor dem Rathhause ein; erwa einer der wüthensten Schreier allda, seine Gebehrten waren fürchterlich; erstand an der Spitze der Volksmenge und trieb sich viel in der Nähe des kg. Landrichters herum. Dieser gab sich alle Mühe ihn zurückzuhalten, faßte ihn sogar am Arm, jedoch vergebens; einmal gelang es dem kg. Landrichter, daß er den Heßberger dazu brachte, sein Gewehr an einen Anderen abzugeben.

Als die Sturmglocke geläutet wurde, hörte ein Zeuge ihn sagen: „Ich habe nicht länger halten können", als ob er die Leute vom Stürmen habe zurückhalten wollen. Ein anderer Zeuge behauptet auch, Heßberger habe versichert, er habe Alles aufgeboten, die Leute vom Stürmen zurückzuhalten, aber vergeblich. Ein anderer will ihn sagen gehört haben: „Seid ruhig ihr Leute, folgt dem Herrn Landrichter, er wird machen, daß das Militär abzieht." Mehrere Personen wollen ihn ruhig vor dem Rathhause stehen gesehen haben, dagegen wird wieder bezeugt, daß, als der kg. Landrichter das zweitemal zur Kaserne gekommen sei, Heßberger gerufen habe: „Sie müssen fort!"

Später, als das Militär abzog, wurde er wieder mit Gewehr versehen in der Nähe der Kaserne bemerkt. Er kam an der Spitze eines Trupps Leute, deren Anführer er schien, aus der Stadt heraus. Es wurde von ihm, als er nahe bei der Kaserne stund, die Aeußerung vernommen: „Sie müssen heraus, ich lasse nicht eher nach, und wenn ich ganz allein hinein muß." Er wurde nun unter denjenigen bemerkt, welche das Militär verfolgten, und er wurde wahrgenommen, daß er am Ecke des Schulhauses stehend gegenüber dem Ausgang der Kaserne sein Gewehr in einer Entfernung von 40 Schritten auf das Militär abfeuerte.

Jubelnd kehrte er dann von der Verfolgung zurück, und befand sich unter jenen, welche ins Landgericht gingen, um angeblich Aufklärung zu geben. Er selbst behauptet, erfahren zu haben, daß er Soldat Hirsch gedroht habe, ihn erledigen zu wollen, er läugnet nicht, mit Gewehr versehen vor das Rathhaus gekommen zu sein, weil es allgemein geheißen habe, man müsse mit Gewehren dorthin kommen; er will übrigens die Leute zur ruhe ermahnt, sein Gewehr abgegeben haben, und als die Leute zur Kaserne gelaufen und Schüsse gefallen seien, nach Hausen gegangen sein.

Sein Leumund ist gleichfalls nicht gut; wegen mehrerer Polizeiübertretungen war er in Untersuchung befangen und bestraft worden; wegen des Mordversuchs an Obersieder Rieger wurde er am 28. September 1835 gegen ihn einstweilen aufgehoben; ebenso wegen Raubs an Appollonia Buchholz eine eingeleitete Generaluntersuchung unterm 2. April 1838; wegen Mordes an kg. Landgerichtsaktuar Rösch wurde vom kg. Appellationsgericht eine Untersuchung gegen ihn mangelnden Beweises halber eingestellt, durch Erkenntniß des Oberappellationsgerichts jedoch wurde er desfalls von der Strafe freigesprochen.

Johann Heßberger ist in Folge dieser gegen ihn vorliegenden Umstände gleichfalls angeklagt, dadurch, daß er als einer der Haupttumulanten an der Spitze der Bewegung stund, auch am Tage vor Ausbruch des Aufstandes schon mit der gewaltsamen Vertreibung des Militärs gedroht hatte, und einer der Ersten war, welche auf das abziehende Militär schossen, des Verbrechens des Tumults höchsten Grades als Rädelsführer begangen zu haben.

IV.

Johann Hofacker, genannt Habalthes, 30 Jahre alt, lediger Tagelöhner, wurde schon am 02. März 1849 nachmittags mit einem Gewehr versehen, in der Nähe der Kaserne bemerkt; erstand in einem Seitengäßchen bei einem dort aufgefahrenen Wagen und zielte öfter drohend auf die Soldaten. Er begab sich dann in ein benachbartes Haus.

Bei Ausbruch des Aufstandes war er einer der Allerwüthensden vor dem Rathause, er war hierbei mit einem Gewehr bewaffnet.

Schon vor Ankunft des kg. Landrichters auf dem Platz stund Hofacker auf der Treppe des Rathhauses und sprach (wie ein Zeuge sich ausdrückt: „predigte“) zu den Leuten von welchen dieses angefüllt war.

Er war einer der Hauptschreier, die das Wort führten, lief herum, und forderte die Leute auf nach Hause zu gehen und Gewehre zu holen, und da sie dies nicht thaten, stieß er sie mit seinem Gewehr herum; es wird behauptet, er habe zu Jemand gesagt, er solle sein Gewehr holen, und als dieser versetzte, er habe kein Gewehr, ihm mit seinem Gewehr einen Stoß versetzt und gesagt, wenn er kein Gewehr habe, solle er ein Beil holen.

Auf die Ansprache des kg. Landrichters entgegnete er: „das wird nicht angenommen, das sind nur Kühlpflaster!“. Hierauf erscholl sogleich wieder ein allgemeiner Aufschrei: „Die Soldaten müssen fort, und zwar sogleich! Sie dürfen nicht mehr über Nacht hierbleiben!“ Er wurde gesehen, wie er sich wüthend und ausgelassen unter den Leuten herumtrieb und sie anpackte, als wolle er haben, daß sie gegen die Kaserne zögen.

Er wurde später auch mit einem Gewehr an der Kaserne gesehen; er rief einem Soldaten zu: „Du Lump, ich habe Schwefel in meinem Gewehr, ich bringe dich eher um, Du mußt ersticken!“

Er lief dem Militär nach, und nach Abzug desselben kam er gleichfalls ins Landgericht unter dem Vorhaben, Aufklärung geben zu wollen.

Er gesteht, mit Flinte ans Rathhaus gekommen zu sein, weil es geheißen habe, das Militär schöße auf die Bürger; er will aber die Leute zu beruhigen versucht haben. Anlangend seinen Leumund, so wird er als heftig geschildert; er ist auch als Wilderer verdächtig.

Demzufolge ist derselbe angeklagt, dadurch, daß er als Hauptlärmender zum Holen der Gewehre besonders aufforderte, und am Rathhause schon vor Ankunft des kg. Landrichters zur versammelten Menge sprechend solche aufreizte, das Verbrechen des Tumultes zweiten Grades gleichfalls als Rädelsführer verübt zu haben.

V.

Gegen **Joseph Schließmann**, 47 Jahre alt, verheirathet, vormals Rentamtsdienersgehilfe, dann Schleichwächter, liegt Folgendes vor:

Seine beiden Söhne Johann Schließmann und Johann Joseph Schließmann, über welche unten das Nähere vorkommen wird, waren unter jenen Wilderern, welche am 26. Februar 1849 von einer Militärpatrouille betroffen waren. Joseph Schließmann befand sich am 1. März Abends im Gasthaus des Johann Stock, woselbst auch zwei Soldaten saßen, Schließmann schimpfte über den unter der Militärabtheilung befindlichen Juden, sowie über die Soldaten überhaupt, weil sie den Wilderern ungelegen waren, er äußerte unter andern: „Es dürfen Euer 25 kommen; wenn wir nur zu Fünfen sind, so werden wir mit Euch fertig!" und: „es ist gewiß ein Israelite unter Euch, der gesagt hat, er wolle den Johann Heßberger in die Ewigkeit schaffen; ich bin ein Schütze, der seinen Mann auf 300 Gänge fassen kann". Die Soldaten versetzten, das gehe sie nichts an, sie thäten ihre Schuldigkeit; sie gingen fort, kamen aber bald mit mehreren Kameraden zurück. Schließmann pfiff nun zum Fenster hinaus, als wolle er ein Zeichen geben; der Wirth schaffte ihn hierauf fort. Schließmann soll auch damals gedroht haben, er wolle noch einige von den Soldaten auf den Händen in die Kaserne Tragen, mit den Soldaten des früheren Kommandos hätte er sich besser verstanden, man werde die Soldaten fortschaffen, man wolle kein Militär mehr. Bald nachher wurde Philipp Stock verwundet.

Am 2. März ging er früh und Mittags drohend vor der Kaserne herum. Bei Ausbruch des Aufstandes fand auch Joseph Schließmann sich mit Gewehr bewaffnet am Rathhause ein, und war einer der Hauptlärmer allda.

Als das Militär abzog sprang er mit Gewehr aus dem Hause und verfolgte es. Er war unter den Vordersten eines Haufens und schoß mehrmals gegen das Militär, insbesondere auch bevor dieses gefeuert hatte und in der Richtung gegen die Offiziere.

Nachdem das Militär geschossen hatte, lief er mit einem Gewehr über die an der Wirtheimer Straße befindliche Promenade, ein Unbekannter gab ihm Kugeln in die Hand; unter heftigem

Winken mit dem Arme rief er: „Daher, da gehen wir hinaus! da hinter!“ Er lief rechts hinter einem Hause herum, bald nachher fielen aus dem Gesträuche zwischen dem Spital und dem Forstamtsgebäude einige Schüsse gegen das Militär.

Er lief mit Gewehr über die Gartenländer und mit 10 bis 12 Bewaffneten in den Augrund in der Richtung gegen die Aumühle. Am rechten Ufer des Baches stehend schoß er über den Bach hinüber gegen das Militär. Ein Zeuge rief dem Schließmann, als er mit mehreren anderen Bewaffneten der Aumühle zueilte, zu, das Militär sei schon halbwegs gegen Wirtheim, sie würden vergeblich es einzuholen suchen, sie sollten in die Stadt zurückkehren. Diese Aufforderung war aber fruchtlos. Von der Gegend von der Aumühle aus wurde von einigen Leuten nochmals gegen das auf die Wirtheimer Straße fortziehende Militär gefeuert; ob jedoch Joseph Schließmann unter den Schießenden war, ist unermittelt.

Er gesteht zu, mit Gewehr ans Rathhaus gegangen zu sein, weil es allgemein geheißen habe, man müsse bewaffnet erscheinen, auf Aufforderung des kg. Landrichters will er seine Flinte nach Haus getragen haben; dann will er an die Kaserne gegangen sein, um die Leute wegzuschaffen. Er stellte in Abrede, am Abend vorher gegen die Soldaten gedroht und geschimpft und beim Abzuge das Militär verfolgt und gegen daselbe gefeuert zu haben; erst später Abends zur Dämmerungszeit will er den Weg über die Pflanzenländer mit einem Gewehr gemacht haben, um auf die Jagd zu gehen.

Er war im Jahre 1831 wegen einer polizeilich strafbaren Mißhandlung mit 3-tägigem Arrest belegt worden.

Er ist hiernach angeklagt, dadurch, das er zur Verfolgung des abziehenden Militärs nach vorheriger Empfangnahme von Kugeln durch Andeutung des Weges unter Winken und Rufen aufgefordert hat, und einer der ersten war, die auf das abziehende Militär schossen, bei dem in Frage stehenden Tumulte sich als Rädelsführer beteiligt zu haben.

VI.

Adam Acker, mit dem Beinamen „an der Kirche“, 33 Jahre alt, lediger Sälzer, war unter jenen Einwohnern Orbs, welche am

2. März 1849 morgends sich ins Landgericht begaben, um Beschwerden gegen das Militär anzubringen. Er sagte allda zu dem Gerichtsdienersgehilfen Desch, als dieser von der Wartstube ins Amtszimmer ging: „Ihr seid lauter Teufel, Ihr haltet alle zu den Soldaten!“

Nach Ausbruch des Aufstandes wurde er auf den Straßen unter den Lärmenden bemerkt; schon eine Stunde, bevor die Menge an die Kaserne rückte, war er in der Nähe gesehen worden, wie er ruhig ein Gewehr lud. Als die Menge dahin kam, war er einer der ärgsten Schreier, er stand am Ausgang der Kaserne und rief, als die Soldaten abzogen; „macht, Ihr Lumpen, daß Ihr weiter kommt!“ Er war mit einer Doppelflinte bewaffnet und drückte dieselbe auf den kg. Oberleutenant von Hellingrath; ab; aber beide Läufe versagten. Er wurde unter jenen gesehen, welche das Militär bis über das Forstamtsgelände hinaus verfolgten. Er war besonders kenntlich durch einen grünen Rock und einen grünen Hut, dann durch seinen großen Bart. Den Bart hatte er einige Tage später abgemacht.

Als das Militär abgezogen war, kam er, noch mit Gewehr versehen, von der Anlage herüber, und rief: „Gelt, wir haben das Militär fortgejagt“; dann ging er vor das vor der Kaserne stehende Schilderhaus zu und warf es um.

In seinem Verhör gibt er an, nach dem Läuten der Sturmglocke auf die Straße gegangen zu sein, als der kg. Landrichter den Leuten vor dem Rathhause Vorstellung gemacht, will er ruhig dagestanden, und als der kg. Landrichter sich noch am Rathhause befunden, nach Hause gegangen sein; auf wiederholten Lärmen sei er wieder auf die Straße an der Gegend des Engelwirthauses gegangen, als aber der kg. Landrichter von der Kaserne heraufgekommen; dieser habe ihn und den Johann Heßberger am Wams gepackt und mit sich in die Stadt hineingezogen. Als man schießen gehört, sei er nach Hause gegangen; als es das drittemal geschossen, habe er sich an das Eck des Schulhauses verfügt, aber keinen Soldaten mehr gesehen, sondern verwundete Kinder. Jede weitere Betheiligung bei dem Vorfalle stellt er in Abrede.

Was seinen Leumund betrifft, so wird angegeben, das er früherhin leichsinnig gewesen sei. Nachdem oben Angeführten ist er als gemeiner bewaffneter Theilnehmer an dem Verbrechen des Tumultes zweiten Grades nach Art. 321 Nr. IV Th. I des St. G. B. angeklagt.

VII.

Philipp Acker, 37 Jahre alt, Sälzer, unverheirathet, jedoch mit Haus und Gütern zu Orb angesessen, wird als einer der Hauptlärmer am Rathhause bezeichnet, welche der kg. Landrichter zu beschwichtigen suchte; er war dabei mit einer Heugabel bewaffnet.

Er bekennt, als es Sturm geläutet und die Leute alle in die Stadt gelaufen, aus der Vorstadt, wo er wohne, in die Stadt gegangen zu sein und eine Heugabel mitgenommen zu haben, welche der Wittwe Katharina Stock, die am Rathhause wohne, gehört habe; er habe solche an diese Wittwe wieder abliefern wollen, was er auch gethan. Er gibt an, die Reden des kg. Landrichters mit angehört zu haben, ihm gegen die Kaserne gefolgt und mit ihm wieder ans Rathhaus zurückgekehrt zu sein, er will aber damals seine Heugabel schon längst abgegeben haben. Der ersten Aufforderung des kg. Landrichters, nach Hause zu gehen, habe er nicht gefolgt, weil auch die anderen Leute dageblieben seien; als aber der kg. Landrichter erklärt habe, das Militär maschiere ab, sei er sogleich nach Hause gegangen. Er will sich ruhig verhalten haben. Sein Leumund ist gut. Er ist indesssen gleichfalls hiernach als gemeiner bewaffneter Theilnehmer an dem oft erwähnten Tumulte angeklagt.

VIII.

Johann Ehmer, genannt Kilian, 29 Jahre alt, verheirateter Tagelöhner, war gleichfalls am 2. März 1849 vormittags zum kg. Landgerichte gegangen.

Schon einige Tage vorher fragte ihn Samuel Seliger, es solle, wie man höre, Etwas groß vorgehen, er bäte, es ihm zu sagen. Ehmer antwortete: „Gegen Dich geht nichts los, Du brauchst Dich nicht zu fürchten, den Löb Seliger aber, dem Silberthau und dem Brigadier, denen wird es schlecht gehen.“

Am 2. März Mittags wurde er mit Johann Heßberger, Philipp Mack und Adam Lindenmaier an der Kaserne gesehen, sie blieben stehen, und es schien, als ob Einer den Anderen den Soldaten vorstellte.

Nach dem Sturmläuten wurde er mit Gewehr bewaffnet am Rathhause gesehen, wie er lärmte, und ungeachtet der Aufforderung des kg. Landrichters noch fortschrie. Beim Abzuge des Militärs fand er sich mit seinem Gewehr an der Kaserne ein; als das Militär bereits Feuer gegeben hatte, wurde er gesehen, wie er am Ecke des Forstamtsgartens mit einem Gewehr stund; als das Militär dort vorüberzog, legte er sein Gewehr auf die Gartenmauer und schoß es ab. Er eilte dann mit mehreren Anderen über die Pflanzenländer und den Bach gegen die Aumühle zu.

Nach Abzug des Militärs kehrte er mit Anderen mit Gewehr versehen wieder auf der Wirtheimer Straße in die Stadt zurück.

Die Offiziere hatten ihre Koffer im Forstamtsgebäude abgegeben; es sammelten sich viele Leute vor diesem Gebäude und verlangten die Herausgabe der Koffer. Der kg. Forstamtsaktuar Jakobi und der Kutscher des kg. Forstmeisters schafften deshalb die Koffer in die Stadt, und gaben sie im kg. Landgerichte ab. Beim Fortschaffen des Gepäcks kam ein Zug Bewaffneter die Wirtheimer Straße herein, unter diesen Johann Ehmer; derselbe trat mit dem Gewehr auf dem Rücken am Markte zu dem kg. Forstamtsaktuar und sagte: „den Koffer geben sie mir, den theilen wir.“

In seinem Verhör leugnete er nicht, mit einem Gewehr an das Rathhaus gekommen zu sein, gibt jedoch vor, beim Sturmläuten habe es geheißen, jeder Bürger müsse mit einer Waffe an das Rathhaus kommen. Er will sich später an das untere Thor zur Kaserne begeben haben, weil es geheißen, es seien Bürgersleute von Soldaten geschossen worden; das Militär sei damals schon abgezogen gewesen. Vormittags will er nicht wegen Beschwerden gegen das Militär, sondern wegen Auseinandersetzung seines mütterlichen Vermögens im Landgerichte gewesen sein. Der Nagelschmied Schneeweis, welchem die Flinte gehört, habe sie ihm sogleich am Rathhause wieder abgenommen; gelärmt habe er nicht. Alles weitere stellt er in Abrede.

Er wurde schon wegen polizeilicher Exzesse abgestraft, und wegen Diebstahlsvergehens wurde er an 1. Juni 1843 die Untersuchung gegen ihn mangelnden Beweises halber eingestellt.

Er ist hiernach gleichfalls als gemeiner bewaffneter Theilnehmer am Tumulte zweiten Grades angeklagt.

IX.

Peter Engel, 47 Jahre alt, verwittweter Oechsner, welcher nicht weit von der Kaserne wohnt, wurde beim Abzuge des Militärs, mit einer Mistgabel versehen, vor der Kaserne stehend gesehen, er lärmte und schimpfte und stieß mit der Mistgabel gegen die Soldaten. Das er einen derselben mißhandelt hat, ist nicht hergestellt.

Er leugnet jede Betheiligung und will sich wärend des Vorfalls im Engelwirthshause befunden haben. Es ist zwar bezeugt, daß er an jenem Nachmittag daselbst nicht einfand, allein, daß er während der ganzen Dauer des Aufstandes allda gewesen sei, konnte nicht nachgewiesen werden. Sein Leumund ist gut. Er ist gleichfalls als allgemeiner bewaffneter Theilnehmer an dem Tumulte angeklagt.

X.

Philipp Häuser, 21 Jahre alt, lediger Ziegler, wurde schon am l. März Abends, als es unruhig war, und viele Leute an die Kaserne kamen, mit einem Gewehr bewaffnet und gegen die Soldaten schimpfend unter der Menge bemerkt.

Am 2. gegen Mittag ging er an der Kaserne vorüber und äußerte: „Wir kriegen Euch heute schon noch!"

Er wird als einer der Hauptlärmer vor dem Rathhause bezeichnet, stund allda mit Gewehr versehen und eilte auch mit demselben dem abziehenden Militär nach. Er wurde gesehen, wie er mit mehreren anderen Bewaffneten in größter Eile über den Bach gegen die Aumühle zulief. Er äußerte im Vorübergehen zu einem Zeugen, er bedauere nur, daß er blos Schrote in seinem Lauf habe, und deshalb nicht auf die Straße gegen das Militär schießen könne.

Es wird indessen vermuthet, daß er doch zweimal von der Aumühle aus gegen das Militär geschossen habe. Dem Schießenden versagte das Erstemal das Zündhütchen, das Zweitemal fuhr die Kugel in der Nähe des Militärs in den Boden.

Er selbst gibt im Verhör an, daß, als er am I. März Abends nach Hause gehen wollte, wobei sein Weg an der Kaserne vorüberführte, er, ungeachtet er auf Anrufen „gut Freund“ geantwortet, von dem Wegposten mit dem Bajonette angefallen worden sei; er sei ruhig seines Wegs gegangen. Gegen Mittag am 2. März will er in den Wald, dann in die Geiselmühle gegangen, von da aber erst Abends, nachdem der Vorfall vorüber gewesen, in die Stadt Orb zurückgekommen sein.

Sein hierüber versuchter Beweis ist jedoch den bestimmten gegentheiligen Aussagen genüber nicht gelungen. Die Geiselmühle ist nur eine Viertelstunde von der Stadt entfernt. Die Entlastungszeugen wollen zwar wissen, daß Häuser an jenem Nachmittag in dieser Mühle gewesen sei, allein sie schwanken in der Angabe der Zeit der Rückkehr zur Stadt, der Eine gibt den Abgang von der Mühle auf halb 5 Uhr, der Andere auf 5 Uhr, ein Dritter will wissen, daß sie um 6 bis 7 Uhr in der Stadt angekommen seien. Sie wollen indeß das Schießen noch in der Mühle gehört haben. Die öffentliche Verhandlung wird hierüber mehr Licht verbreiten.

Der Leumund des Philipp Häuser ist nicht gut; wegen Wild- und Feldfrevels und nächtlichen Unfug wurde er schon polizeilich abgestraft. Derselbe ist unter den vorliegenden Umständen als bewaffneter Theilnehmer an dem Tumulte angeklagt.

XI.

Johann Heim, 51 Jahre alt, verheiratheter Gerbertagelöhner, wurde am 2. März Nachmittags schon vor dem Sturmläuten an der Kaserne sich herumtreibend bemerkt; er hatte eine Mistgabel in der Hand, drohte und schimpfte gegen die Soldaten und äußerte, sie müßten heute noch alle hin werden.

Nach dem Sturmläuten ging auch er mit Gewehr ans Rathhaus und wurde dort lärmend wahrgenommen.

Beim Abzug des Militärs fand er sich mit seinem Gewehr an der Kaserne ein. Er ging der Nähe der Schule, gleich einer Schildwache, damit auf und ab; ein Zeuge sah ihn auf einen Güterwagen sein Gewehr auflegen, damit nach der Kaserne zielen, und als ein Soldat ein Fenster öffnete, das Gewehr abdrücken. Der Hahn, welcher einen Feuerstein hatte, sprang vor, aber das Gewehr entlud sich nicht. Ein anderer Zeuge sah ihn an der Allee stehen und mit dem Gewehr gegen die Kaserne anschlagen. Da Leute ihn abwehren wollten, sagte er, er habe nicht geladen, ließ seinen Ladstock in den Lauf fallen und es schien, als ob er wirklich nicht geladen habe. Er öffnete auch die Zündpfanne, und es zeigte sich auf derselben kein Pulver. Ein weiterer Zeuge sah ihn jedoch Pulver auf die Zündpfanne schütten, warnte ihn, er möge kein Unglück anstellen, erhielt aber zur Antwort, ob er etwas zu kommandiren habe. Da wurde er gesehen, wie er dem abziehenden Militär die Straße hinaus folgte.

Er gibt in seinen Verhören an, auf das Sturmläuten mit Gewehr ans Rathhaus gelaufen zu sein, weil es allgemein geheißen habe, die Bürgerschaft müsse bewaffnet kommen. Sein Gewehr sei jedoch unbrauchbar und verrostet gewesen. Er sei damit an die Kaserne gegangen und habe das Volk zurückdrängen wollen, jedoch sei sein Bemühen vergeblich gewesen. Ein Anderer habe ihm sein Gewehr abgenommen, um damit die Soldaten zu verfolgen, habe es aber gleich wieder gebracht, als er dessen Unbrauchbarkeit bemerkt. Aus Scherz will er gegen Jemanden, der einen Stein nach den Soldaten warf, mit dem Gewehre gezielt und ebenso aus Scherz Tabak statt Pulver auf die Zündpfanne geschüttet haben, um Knaben zu schrecken, welche Steine aufheben wollten.

Sein Leumund ist nicht ungetrübt: Im Jahre 1824 wurde er wegen vergehens der Körperverletzung aus grober Fahrlässigkeit mit 10-tägigem Gefängnisse und von 1831 bis 1846 öfters wegen Diebstahl, Mißhandlungen und anderer Exzesse mit Polizeiarrest bestraft.

Er ist nach dem Angeführten gleichfalls als gemeiner bewaffneter Theilnehmer an diesem Tumulte angeklagt.

XII.

Jakob Hofmann, 33 Jahre, lediger Leinweber, wurde am 2. März 1849 schon gegen 2 Uhr Nachmittags zuerst mit Gewehr, später ohne Gewehr, in der Gegend der Kaserne gesehen.

Nach dem Sturmläuten fand er sich mit Gewehr am Rathhause ein, er wird als einer der Hauptlärmer bezeichnet, welche trotz der Ansprache des kg, Landrichters noch fortschrien. Er ging dann an die Kaserne, und wurde dort gesehen, wie er mit dem Gewehr im Arme vor dem Schulhause stund, und auf die Kaserne zeigte; er verfolgte das abziehende Militär, lud sein Gewehr einmal im Gehen und gab in der Gegend des Wirtshauses zur Fröhlichkeit auf das Militär, welches 100 bis 120 Schritte von ihm entfernt war, Feuer.

Er gibt an, sein Kind habe ihm gesagt, es sei Jemand, als er Nachmittags in den Wald gegangen, in seiner Wohnung gewesen, und habe gesagt, er solle mit seinem Gewehr ans Rathaus kommen, deshalb sei er mit einem alten unbrauchbaren Gewehr dorthin gegangen, und habe geglaubt, die Gewehre sollten abgeliefert werden; er sei kaum 10 Min. auf dem Platze vor dem Rathhause gewesen, dann wieder nach Hause gegangen und nicht mehr aus seiner Wohnung gekommen. Der Beweis hierüber ist ihm jedoch mißlungen.

Sein Leumund ist getrübt; wegen Baumbeschädigung und wegen Konkubinats wurde er schon polizeilich abgewandelt, des Wilderns ist er verdächtig.

Er ist daher gleichfalls des Verbrechens des Tumults zweiten Grades als gemeiner bewaffneter Theilnehmer angeklagt.

XIII.

Gegen **Johann Kuhl**, genannt Forstmeister, 29 Jahre alt, ledigen Zimmergesellen, liegt Folgendes vor:

Er wurde schon Vor- und Nachmittags vor dem Ausbruch des Aufstandes öfter vor der Kaserne bemerkt, er schimpfte und drohte von einer benachbarten Schmiede aus mit einer eisernen Stange.

Der kg. Pfarrer Frankenberger begegnete, als es Sturm läutete, dem Kuhl mit mehreren Anderen auf der Straße, und fragte sie, was es gäbe. Sie antworteten, sie gingen nach Hause, um ihre Gewehre zu holen, die Soldaten müßten heute noch fort. Er stellte ihnen das Ungesetzliche ihres Benehmens vor, erhielt aber zur Antwort, das helfe Alles Nichts, die Soldaten müßten heute noch fort, und wenn Orb zu Grunde gehe. Der kg. Pfarrer fügt bei, Kuhl sei der Ruhigste derselben gewesen, habe, wenn er nicht irre, gesagt, es liege ihm nichts daran, wenn er bleiben würde.

Nach dem Sturmläuten fand er sich wirklich bewaffnet mit Gewehr am Rathhause ein; er war einer der Hauptlärmer, der noch fortschrie, als der kg. Landrichter zur Ruhe ermahnt hatte, obgleich sich dieser besondere Mühe gab, ihn zu beschwichtigen. Nach der Ansprache des kg. Landrichters schrie er noch: „Sie müssen fort!“ und eilte auf die Kaserne zu.

Er wurde hierauf auch mit Gewehr vor der Kaserne gesehen, und äußerte, als die Soldaten noch nicht abgezogen waren: „Wenn sie nicht bald herausgehen, gehen wir hinein und bringen sie um!“ Später wurde er mit Gewehr auf der Wirtheimer Straße zurückkehrend gesehen; er und andere Bewaffnete blieben an der Schule stehen, sprachen miteinander, und Kuhl äußerte dabei, daß man jetzt auf die Juden losgehen müsse.

Johann Kuhl selbst gibt an, er habe auf dem Zimmerplatze gearbeitet, als es Sturm geläutet; er habe geglaubt, es brenne; im Jahre vorher habe er bei einem bedeutenden Brand durch Thatigkeit sich ausgezeichnet, sei auch deshalb belohnt und öffentlich belobt worden; er sei daher wieder ans Rathhaus gelaufen, dort habe er erst erfahren, um was es sich handle; der kg. Landrichter sei von der Kaserne her gekommen und habe den Leuten eröffnet, daß das Militär abziehen werde. Er habe sich nicht lange aufgehalten, weil sein Meister Philipp Kuhl dazu gekommen sei und Ihn gescholten habe, daß er von der Arbeit weggelaufen. Er habe sich sogleich wieder auf den Zimmerplatz begeben und sei von da nicht mehr weggekommen, bis es Feierabend gewesen. Nach dem Feierabende erst sei er ans Untertor gegangen, da sei das Militär schon abgezogen gewesen. Ein Gewehr will er gar nicht bei sich gehabt haben.

Der Beweis, sich alsbald vom Rathhause weg wieder auf den Zimmerplatz begeben zu haben, ist ihm jedoch mißlungen. Es geht vielmehr aus den Zeugenaussagen hervor, daß, als sein Meister, ein anderer Geselle und ein Lehrjunge sich von dem Platze vor dem Rathhaus entfernten, Kuhl noch allda zurückblieb.

Anlangend seinen Leumund, so wurde er schon wegen eines Polizeiexzesses abgestraft und lebt in Konkubinat.

Er ist daher gleichfalls als gemeiner bewaffneter Theilnehmer des Tumultes zweiten Grades angeklagt.

XIV.

Adam Lindenmaier, 33 Jahre alt, lediger Sälzer und Wasenmeister, war unter denjenigen, welche am 2. März 1849 Vormittags im Kronenwirthshause über die Soldaten schimpften und erklärten, sie müßten fort und von einer Deputation sprachen, welche deshalb zum kg. Landrichter gehen sollten.

Gegen Mittag wurde er gesehen, wie er mit Johann Ehmer, Johann Heßberger und Philipp Mack vom Graben herkommend vor der Kaserne sich hinstellte, wobei Mack und Heßberger einander auf die Schulter klopften und thaten, als ob Einer dem Anderen die Soldaten zeige.

Nach dem Sturmläuten fand er sich am Rathhause ein, er wird als einer der Hauptlärmer bezeichnet, der fürchterlich geschrien, und nebst Anderen auf das Ruhegebot des kg. Landrichters dennoch gerufen habe: „Fort müssen sie!" Er war dabei mit einem Gewehr versehen. Er lief dann gegen die Kaserne zu. Dort wurde er von einem Zeugen gesehen, wie er zwei Gewehre anhängen hatte und Mörder! schrie. Er wurde auch schreien gehört: „Ihr Lumpen, wir kriegen Euch schon, sammt Euern Offizieren!" Er verfolgte dann das abziehende Militär und als dieses schon Feuer gegeben hatte, schoß er in der Nähe des Spitals auf dasselbe. Auch wurde er gesehen, wie er mit einem Gewehr über die Gartenländer in den Augrund lief.

Er war, als er verhaftet werden sollte, von Orb abwesend, stellte sich aber am 12. März 1849 freiwillig in Aschaffenburg zur

Haft. Er erzählt in seinem Verhör, daß er am 1. März abends gesehen habe, wie mehrere Soldaten einer Mannsperson nach gelaufen seien und sie zusammengehauen hätten, dann davongelaufen seien; in dem auf der Straße liegenden Verwundeten habe er den Philipp Stock erkannt. Von den Vorfällen des 2. März aber will er nichts wissen, und erst spät, nachdem das Militär sich schon längst entfernt, an die Kaserne gegangen sei, während des Aufstandes will er nicht aus dem Hause gekommen sein. Sein hierüber versuchter Zeugenbeweis aber ist ihm mißlungen.

Sein Leumund ist nicht gut; er wurde zweimal wegen Polizeiexzessen gestraft; am 13. September 1844 wurde eine Generaluntersuchung wegen Raubes dritten Grades und zweier ausgezeichneten Diebstähle in der Richtung gegen ihn einstweilen aufgehoben, auch lebt er im Konkubinate. Er ist daher gleichfalls als bewaffneter gemeiner Theilnahme an dem Verbrechen des Tumultes zweiten Grades in den Anklagestand versetzt.

XV.

Anton Metzler, 38 Jahre alt, verheiratheter Fuhrmann, fand sich schon am 2. März 1849 gegen Mittag bei der Kaserne ein und machte drohende Geberden. Er lud Mist auf einen Wagen, war dabei mit einer Mistgabel versehen und drohte und schimpfte dabei immer gegen die Soldaten, wobei er äußerte, die Soldaten würden bald fortgejagt werden, man brauche die Betteleute nicht in Orb, es werde heute noch etwas geben.

Als das Militär abzog, befand er sich auch unter dem lärmenden Haufen in der Nähe der Kaserne; Anfangs war er mit einer Mistgabel, später mit einem Gewehr bewaffnet. Ein Soldat will ihn bemerkt haben, wie er mit einer Jagdflinte am Schulhaus stehend gegen das etwa 80 Schritte entfernte, auf der Straße nach Wirtheim fortziehende Militär feuerte.

Anton Metzler ist vermöge seines Geschäftes sehr oft auf Reisen, weshalb er zuerst mittels öffentlichen Ausschreibens vorgeladen wurde. Er stellte sich jedoch am 20. Juli 1849 freiwillig vor dem Untersuchungsrichter, und gab an, daß er bei dem Vorfalle ganz unbetheiligt sei; beim Sturmläuten sei er im Gasthause zum weißen Roß gesessen, als er Schüsse gehört, sei er nach Hause gegangen, habe dann seinen kleinen Knaben gesucht und nach Hause geführt.

Sein Leumund ist gut.

Er ist nach dem Vorgetragenen gleichfalls als gemeiner bewaffneter Theilnehmer an dem Tumulte zweiten Grades angeklagt.

XVI.

Johann Joseph Metzler, 36 Jahre alt, verheiratheter Nagelschmied, wurde am 2. März 1849 Vor- und Nachmittags sich an der Kaserne herumtreibend bemerkt; er äußerte dabei: „Ihr müßt heute noch alle verrecken! Wartet nur Ihr Lumpen, Euch werden wir heute schon kriegen.“ Bei Ausbruch des Aufstandes war er einer der ärgsten Schreier vor dem Rathhause, hatte jedoch kein Gewehr.

Beim Abzug des Militärs wurde er aber an der Kaserne mit einem Gewehr bewaffnet gesehen. Er wurde dann von dem abziehenden Militär herkommend, schmutzig im Gesicht und an den Händen, jedoch ohne Gewehr bemerkt.

Er selbst gibt an, er habe geglaubt, unter die Leute gehen zu müssen, weil er in Verdacht gestanden sei, dem kg. Lieutenant von dem Vorhaben, das Militär aus Orb zu vertreiben, schon einige Tage vorher Kenntniß gegeben zu haben; er sei jedoch unbewaffnet gewesen. Im Gedränge sei er zu Boden geworfen und mit Koth besudelt worden.

Nach Aussage einiger Zeugen war er damals betrunken.

Was sein Leumund betrifft, so ist er leichtsinnig und trinkt gern. Am 28. Februar 1849 wurde eine Untersuchung wegen Vergehens des Diebstahls gegen ihn mangelnden Beweiseshalber eingestellt; am 25. Mai 1848 wurde er wegen Widersetzlichkeit und am 12. Januar 1849 wegen Beleidigung einer Schildwache polizeilich abgestraft.

Derselbe ist unter den vorliegenden Umständen ebenfalls als gemeiner bewaffneter Theilnehmer an dem Verbrechen des Tumults zweiten Grades angeklagt.

XVII.

Anton Noll, genannt Pudelwirth, 46 Jahre alt, verheiratheter Schneidermeister, wurde gesehen, wie er mit einem Gewehr zur Stadt hinaus lief, und zwar in der Richtung gegen Bieber zu, weil er vielleicht glaubte, das Militär würde um die Stadt herumziehen und den Weg gegen Würzburg einschlagen. Ein Zeuge hörte ihn, als er gegen das obere Thor zu lief, rufen: „Herbei, ihr Bürger, jetzt kommen sie her, jetzt kann man noch draufschlagen.“ Er wurde jedoch auch beim Abzug des Militärs, mit einem Gewehr versehen, ruhig an der Kaserne stehend gesehen.

Nach seiner eigenen Angabe war er am 2. März 1849 Nachmittags auf einer Wiese unweit der Stadt, hörte allda das Läuten, ging in die Stadt und will von Knaben erfahren haben, daß jeder Bürger mit Gewehr kommen solle; er holte dann seine Flinte und ging ans Rathhaus. Was der kg. Landrichter allda sprach, will er wegen des Lärmens nicht verstanden haben. Er will nur einige Minuten am Rathhaus gestanden und dann ruhig nach Hause gegangen sein. Was die Zeugen gegen ihn ausreden, stellt er in Abrede.

Sein Leumund ist gut; nur wurde im Jahre 1833 eine Untersuchung wegen Körperverletzung und Störung des häuslichen Friedens gegen ihn mangelnden Beweiseshalber eingestellt.

Er ist gleichfalls als gemeiner bewaffneter Theilnehmer an dem Tumulte zweiten Grades angeklagt.

XVIII.

Peter Noll, 43 Jahre alt, verheiratheter Fuhrmann, welcher in der Nähe der Kaserne wohnt, wurde bemerkt, wie er einen Wagen ganz nahe an die Fenster der Kaserne schob und mit Mist belud. Es wird vermuthet, als ob er dies gethan habe, um das Einsteigen in die Kaserne und das Auflegen der Gewehre zu erleichtern.

Beim Abzuge des Militärs wurde er, mit einer Mistgabel versehen, an der Kaserne stehend wahrgenommen, er stieß mit seiner Mistgabel gegen den kg. Oberlieutenant, als dieser aus der Kaserne heraustrat. Er wurde auch gehört, wie er schimpfte: „Die Lumpen müssen heute noch fort!“

Er gibt an, Nachmittags Mist geladen und auf die Wiesen gefahren zu haben, da habe er Sturm läuten gehört, er sei nach Hause gegangen, habe an der Kaserne viele Leute bemerkt, und sei ruhig an seinem Stalle stehen geblieben. Er stellt in Abrede, damals eine Mistgabel gehabt zu haben.

Ein Zeuge will ihn auch ruhig ohne Waffe am Seitengäßchen bei der Kaserne stehen gesehen haben; der Zeuge blieb jedoch nicht lange dort; ein Anderer sah den Peter Noll gleichfalls ohne Waffe ruhig stehen und hörte, wie er zu Johann Hofacker sagte, er solle doch folgen, nämlich in die Stadt zurückgehen. Der Zeuge verlor indeß den Peter Noll bald aus dem Gesichte.

Sein Leumund ist gut.

Da durch die Entlastungszeugen der Anschuldigungsbeweis nicht aufgehoben wird, so ist er gleichfalls als gemeiner bewaffneter Theilnehmer des in Frage stehenden Tumultes angeklagt.

XVIIII.

Gegen **Johann Schließmann**, 20 Jahre alt, ledigen Sattlergesellen, ältesten Sohn des oben unter Nr. V. erwähnten Joseph Schließmann, liegt Folgendes vor:

Er befand sich unter denjenigen Wilderern, welche am 26. Februar 1849 von einer Militärpatrouille getroffen wurden.

Am 2. März Vormittags wurde er schon in der Nähe der Kaserne gesehen; er hatte einen Stein in der Hand und drohte gegen die Soldaten. Nachmittags nach dem Sturmläuten bemerkte man ihn mit Gewehr unter der lärmenden Menge vor der Kaserne, wie er drohte und schimpfte. Er wurde schreien gehört: „Jetzt müssen sie hin werden!“ und: „Ihr Lumpen, jetzt müßt Ihr aus der Kaserne fort!“

Beim Abzuge des Militärs sah man ihn mit Gewehr bewaffnet denselben nachhufen und den Weg über die Pflanzenländer einschlagen. Auch ist bezeugt, daß er mit seinem Bruder Johann Joseph und einem Unbekannten an der Aumühle stand, wobei der Letztere gegen das auf der Straße fortziehende Militär feuerte.

Später wurde er bemerkt, wie er nebst Anderen jubelnd von der Verfolgung des Militärs mit Gewehr versehen in die Stadt zurück ging. Über diese Umstände enthält der Anschuldigungsbeweis bestimmte Zeugenaussagen.

Er selbst läugnet in seinen Verhören jede Theilnahme an dem Aufstande, und gibt an, schon Mittags in den Orber Gemeindewald mit seinem Bruder Adam Schließmann und dem Kuhhirtensohn Adam Basser auf die Jagd gegangen zu sein, und zwar in der Richtung gegen Burgjoß und Villbach zu; er will im Walde in einer über eine Stunde von Orb entfernten Gegend das Schießen gehört, und auf dem Rückwege in die Stadt von ihm begegnenden Leuten den Vorfall erfahren und erst bei eingetretener Dunkelheit nach Hause gekommen sein.

Adam Basser – derselbe, welcher auch am 26. Februar unter den Wilderern von vorerwähnten Patrouille betroffen wurde – will auch den ganzen Nachmittag über bis gegen 8 Uhr Abends mit Johann Schließmann auf der Jagd gewesen sein; andere Zeugen wollen ihn zur Zeit des Aufstandes oder kurz nachher theils im Walde, theils auf der Straße von da nach Orb zurückkehrend betroffen haben.

Den bestimmten Aussagen der Anschuldigungszeugen gegenüber wird die öffentliche Verhandlung näher aufklären, ob und inwieweit nicht die Möglichkeit gegeben sei, daß Johann Schließmann das Militär verfolgt, demungeachtet aber in schnellem Lauf sich in jene Gegend, wo er von Zeugen bemerkt wurde, begeben habe, um seine angebliche Abwesenheit von Orb des Vorfalls glaubhaft zu machen.

Sein Leumund ist gut. Johann Schließmann ist nach dem Angehörten des Verbrechens des Tumultes zweiten Grades als gemeiner bewaffneter Theilnehmer angeklagt.

XX.

Gegen dessen Bruder **Johann Joseph Schließmann**, 18 Jahre alt, ledigen zweitältesten Sohn des Joseph Schließmann, liegt vor:

Auch er war unter den am 26. Februar 1849 von der Patrouille betroffenen Wilderern, er trug den erlegten Rehbock. Er wurde gesehen, wie er am rechten Ufer des Baches mit einem Gewehr versehen stand, und dieses gegen das Militär abfeuerte, sodann in größter Eile gegen die Aumühle zulief. An der Aumühle wurde, wie schon oben bei Nr. XIX bemerkt, auch er gesehen, als ein Unbekannter auf das Militär schoß.

Abends, als das Militär abgezogen war, wurde er in der Nähe der Apotheke sagen gehört: „Gelt, wir sind noch ein Stück nach, wir sind noch weit mit hinunter, und haben drauf geknallt."

Er läugnet, sich bei dem Vorfalle betheiligt zu haben, will an jenem Nachmittag Lehmen gefahren haben, zur Zeit des Vorfalls mit seinem Schubkarren nach Hause gekommen, auf Geheiß seiner Mutter aber bald wieder ausgegangen sein, um in dem Menschengetümmel seine beiden Geschwister zu suchen und heimzuführen; er will sie auch gefunden und mit sich nach Hause genommen, dabei ganz kurze Zeit am Rathhause verweilt haben, nachhaer aber alsbald wieder mit dem Schubkarren in die Lehmengrube gefahren sein. Der von ihm versuchte Vertheidigungsbeweis schließt die Möglichkeit nicht aus, daß er sich auch unter den Verfolgern des Militärs befand.

Er erfreut sich eines guten Leumundes, ist jedoch nach den vorliegenden Umstanden des Tumults zweiten Grades als gemeiner bewaffneter Theilnehmer angeklagt.

XXI.

Philipp Schneider, 29 Jahre alt, lediger Bäckergeselle, Sohn des Bäckermeisters Philipp Anton Schneider, wurde am 2. Marz 1849 Vormittags gesehen, wie er aus dem Engelwirtshaus in die Stadt gehend gegen die Kaserne gewendet mit der Faust drohte.

Nachmittags nach dem Sturmläuten fand er sich mit Gewehr bewaffnet am Rathhause ein, ging dann gegen die Kaserne zu, und schimpfte und drohte vor der Kaserne unter der Menge stehend gegen das Militär. Man hörte ihn rufen: „Sie müssen heraus!" Er wurde gesehen, wie er in der Nähe des Schulgartens stand und gegen das abziehende Militär in der Richtung gegen das Spital zu Feuer gab. Später sah ihn ein Zeuge aus einem Acker auf einer Anhöhe nochmals gegen das Militär feuern. Auch lief er mit seinem Gewehr in die Pflanzenländer und Wiesen.

Nach Abzug des Militärs kehrte er nebst vielen Anderen mit Gewehr bewaffnet in die Stadt zurück.

Er gibt in seinen Verhören an, auf das Sturmläuten nur kurze Zeit unbewaffnet an das Rathhaus und erst spät, als das Militär schon abgezogen, in die Gegend der Kaserne gegangen zu sein.

Sein Zeugenbeweis, sich zur Zeit der Vertreibung des Militärs nicht aus dem Hause entfernt zu haben, kann nicht als gelungen betrachtet werden.

Die Anklage geht daher ungeachtet guten Leumundes gegen ihn gleichfalls als gemeinen bewaffneten Theilnehmer an dem Verbrechen des Tumults zweiten Grades.

XXII.

Johann Philipp Stock, 24 Jahre alt, lediger Schlossergeselle, wurde gesehen, wie er nach dem Sturmläuten in der Neugasse gegenüber dem Engelwirthshause an der Wachtstube mit einem Gewehr stand, sich aber ruhig verhielt. Sodann wurde er in der Nähe der Kaserne, sein Gewehr gegen diese anschlagend, bemerkt.

Er konnte als abwesend, und angeblich nach Amerika gereist, nicht vernommen werden.

Sein Leumund ist nicht ganz gut, wegen Diebstahlversuchs wurde er schon polizeilich bestraft und eine Untersuchung wegen Mißhandlung des Waldhüters gegen ihn eingestellt; er wurde einmal legitimationslos aufgegriffen.

Er ist gleichfalls des Tumults zweiten Grades als gemeiner bewaffneter Theilnehmer angeklagt, und gegen ihn die Einleitung des Ungehorsamsverfahrens beschlossen worden.

XXIII.

Gegen **Adam Welzbacher**, 40 Jahre alt, verheiratheten Schmiedemeister von Orb, ist Folgendes erhoben:

Schon Nachmittags gegen 3 Uhr am 2. März 1849 wurde er mit einem Gewehr in der Nähe der Kaserne bemerkt.

Als Sturm geläutet wurde, stand er innerhalb des Rathhauses, er zog darüber los, daß Tags zuvor ein Bursche von Soldaten so sehr gehauen worden sei, und äußerte, die Soldaten müßten hinaus, es thue kein Gut.

Er war sodann einer der Hauptlärmer auf dem Platz vor dem Rathhause und mit einem Gewehr versehen. Er schrie: „Das nutzt alles nichts!“ und eilte dann gegen die Kaserne.

Dort wurde er bemerkt, wie er gleich einem Wachtposten mit seinem Gewehr in der Nähe der Schule stand; beim Abzug des Militärs befand er sich an der Promenade und schrie: „Hinaus, ihr Lumpen, unser Zweck wird doch erreicht.“ Er wurde gesehen, wie er mit seinem Gewehr am Friedrichsgraben stand, auf das abziehende Militär Feuer gab und sogleich wieder lud.

Später kam er mit seinem Gewehr auf der Wirtheimer Straße zurück.

Er gibt in seinen Verhören an, zuerst auf das Sturmläuten ohne Gewehr an das Rathhaus gekommen zu sein; erst als der kg. Landrichter von der Kaserne mit der Nachricht zurückgekommen, daß das Militär abziehe, sei er nach Hause gegangen, und habe sein Gewehr geholt; es habe nämlich geheißen, einige Bürger sollten mit Gewehr an die Kaserne gehen, um Ruhe und Ordnung zu erhalten; er habe sich beim Abzug des Militärs mit seinem Gewehr ruhig an die Planken der Promenade gestellt, und beabsichtiget, die jungen Leute von Unfugen zurückzuhalten, allein es sei demungeachtet mit Steinen und Koth gegen die Soldaten geworfen worden, worauf diese gefeuert hätten.

Sein Leumund ist gut.

Er ist gleichfalls angeklagt, gemeiner bewaffneter Theilnehmer bei dem hier in Frage stehenden Tumulte zweiten Grades gewesen zu sein.

***

Aschaffenburg den 3. April 1850.

Der funktionirende 1. Staatsanwalt am kg. Appelationsgerichte von Unterfranken und Aschaffenburg

gez. Dr. Lotz

Das Aktenstück „Anklageschrift“ ist damit zu Ende. Es folgen demnächst ebenfalls an dieser Stelle das „Zeugenverzeichnis“ und der Schuldspruch: „Im Namen seiner Majestaet des Koenigs von Bayern“.

Vorbemerkung

In sieben Veröffentlichungen in dieser Zeitung (im Juni und Juli 1987), habe ich die „Anklageschrift" des I. Staatsanwalts am kg. Appellationsgericht von Unterfranken und Aschaffenburg wörtlich wiedergegeben. Im Anschluss daran folgen jetzt noch das Zeugenverzeichnis und der Schuldspruch „Im Namen Seiner Majestaet des Königs von Bayern". Mit dem Zeugenverzeichnis wird heute begonnen, dieses allerdings etwas gekürzt, d. h., einige wesentliche Anmerkungen wurden – des Platzes wegen – weggelassen. Damit wird die Veröffentlichung der seinerzeitigen Gerichtsakten fortgesetzt. Der Schuldspruch folgt dann anschließend.

Zeugen-Verzeichnis

Der funktionirende Staatsanwalt am lg. Schwurgerichtshofe von Unterfranken und „Aschaffenburg erachtet in der Untersuchungssache gegen

Johann Heßberger, ledigen Siebmacher von Orb

und Genossen wegen Verbrechens des Tumultes zweiten und höchsten Grades die Vernehmung nachstehender Zeugen und Sachverständigen in der öffentlichen Sitzung des Schwurgrichtshofes zur vollständigen Erörterung des Gegenstandes für nothwendig.

Derselbe ersucht den Herrn Präsidenten des Schwurgerichtshofs zur öffentlichen Verhandlung dieser Sache einen Sitzungstag festzusetzen, und das Verzeichnis der nachgenannten Zeugen den Angeklagten mittheilen zu lassen.

Nr. Vor- u. Zuname Stand u. Gewerbe Wohnort

1. Karl Kreß, kg. Landrichter, Orb
2. Anton Schultheis, kg. Landgerichts-Ass., Orb
3. Maximilian Graf von Spreti, kg. Oberlieutnant, Landau in der Pfalz

4. Anton von Roth, kg. Leutnant, Landau in der Pfalz
5. Eduard von Hellingrath, kg. Oberlieutnant, Landau in der Pfalz
6. Friedrich van de Velde, kg. Lieutnant, Landau in der Pfalz
7. Anselm Desch, Polizeisoldat, Würzburg
8. Jakob Heim, Polizeidiener, Orb
9. Jgnatz Joseph Dickert, Gemeindebevollmächtigter, Gerbermeister, Orb
10. Johann Adam Schreiber, Gemeindebevollmächtigter, Schmiedemeister, Orb
11. Alois Rau, Glasermeister, Orb
12. Jakob Frisch, Glasermeister, Orb
13. Maria Luise Döppenschmitt, ledig, Tochter des Gradierers Döppenschmitt, Orb
14. Philipp Stock, Tagelöhner, vormals Soldat des kg. 12. Inf Reg., Orb
15. Adam Acker, Fuhrmann, verheirathet, Orb
16. Maria Anna Desch, Ehefrau des Schmiedemeisters Gg. Desch, Orb
17. Johann Stock, Gastwirth zum Braunen Hirschen, Orb
18. Valentin Ullinger, Tagelöhner, verheirathet, Orb
19. Heinrich Joseph Kuhl, lediger Zimmergeselle, Orb
20. Georg Philipp Breuning, 13-jähriger Sohn des Tagelöhners Andreas Breuning, Orb
21. Adam Acker, ledig, Tagelöhner, Sohn des Adam Acker Wittwer, Orb
22. Jakob Schmalbach, lediger Schneider, Orb
23. Balthasar Stürmer, pensionirter Soldat des 12. Inf. Reg., Kirchschönbach
24. Oswald Krenzer, Skribent im kg. Landgericht, Orb
25. Joseph Adam Weisbecker, verheirathet, Skribent auf dem Rathhaus, Orb
26. Jakob Wirtheim, Landgerichtsdiener, Karlstadt

27. Johann Hildebrand, Landgerichtsdienersgehilfe, Orb
28. Johann Peter Seynstahl, Stadtschreiber, Orb
29. Georg Hafenrichter, kg. Gendarmerie-Brigadier, Bischofsheim
30. Karl Theodor Brückbräu, kg. Steuerliquid.-Kommissions-Aktuar, Orb
31. Georg Anton Frankenberger, kg. Stadtpfarrer, Orb
32. Johann Doeppenschmitt, Schuhmachermeister, Orb
33. Ignaz Schopp, Bäckermeister, Orb
34. Jakob Huth, Schlossermeister, Gemeindebevollmächtigter, Orb
35. Alois Berth, Schuhmachermeister, Gemeindebevollmächtigter, Orb
36. Johann Wolf Maurermeister, Gemeindebevollmächtigter, Orb
37. Bernhard Mohr, Thierarzt, Orb
38. Johann Weber, Tischlerlehrling, Sohn des Flurschützen Joh. Weber, Orb
39. Johann Rieger, Sattlermeister, Orb
40. Joseph Eisenmann, Handelsmann, ledig, Orb
41. Benjamin Eisenmann, Leinwebergeselle, ledig, Orb
42. Arnold Kertel, Bierbrauer, ledig, Sohn des Gerbers Philipp Kertel, Orb
43. Adam Neiß, Tagelöhner, verheirathet, Orb
44. Johann Prasch, Brunnenwärteran der Saline, Orb
45. Arnold Acker, 17-jährig. Sohn des Schlossermeisters Jakob Acker, Orb
46. Jakob Becker, Holzarker im Staatswald, Orb
47. Friedrich Jacobi, kg. Forstamtsaktuar, Hammelburg
48. Johann Baerenschneider, Bedienter des kg. Forstmeisters Frh. v. Täufenbach, Orb
49. Heinrich Ehmer, Werkfuhrmann auf der Saline, verheirathet, Orb

50. Samuel Selinger, verheirathet, Handelsmann, Orb
51. Katharina Herdegen, Gastwirtin Zum Engel, Orb
52. Margaretha Rieger, Ehefrau des Sattlermeisters Johann Rieger, Orb
53. Lorenz Schopp, Bäckermeister, Gemeindebevollmächtigter, Orb
54. Kaufmann Lichtenstaetter, ledig, Geschäftsführer der Mandel Lichtenstätter Wittwe, Orb
55. Johann Weißbecker, Zehnter beim kg. Rentamte, Orb
56. Johann Philipp Walter, Buchbindermeister, Orb
57. Johann Eck, Tischlergeselle, Sohn des Alois Eck, Orb
58. Joel Seliger, Handelsmann und Metzger, 76 Jahre alt, Orb
59. Hanna Reiß, Ehefrau des Metzgers Michael Reiß, Orb
60. Maria Anna Schreiber, Gastwirtin Zur Krone, Wittwe, Orb
61. Johann Pfeiffer, Metzgermeister, Orb
62. Jakob Äcker, Amtsschlosser auf der Saline, Orb
63. Bernhard Schreiber, Wagnermeister, Orb
64. Heinrich Ihl, Schlossermeister, Orb
65. Michael Reiß, Metzgermeister, Orb
66. Ignaz Herdegen, Bäcker, ledig, im Hause des Engelwirths Georg Herdegen, Orb
67. Adam Meder, Schullehrer, Orb
68. Dorothea Meder, dessen 18-jährige Tochter, Orb
69. August Heimberger, Schullehrer, Jockgrimm
70. Margarethe Krauß, Schullehrers-Wittwe, Orb
71. Barbara Meder, 26-jährige Tochter des Schullehrers Meder, Orb
72. Philipp Reinhard, verheiratheter Müllermeister und Landwirth auf der Aumühle, Orb
73. Adam Reinhard, Müllermeister, Wittwer, Orb
74. Karl Sebastian Kreuz, Sergant, Landau in der Pfalz
75. Andreas Freiberger, Korporal, Landau in der Pfalz

76. Franz Zoecklein, Korporal, Landau in der Pfalz
77. Maximilian Schwarz, Vize-Korporal, Landau in der Pfalz
78. Franz Martin Barthenstein, Soldat, Landau in der Pfalz
79. Anton Düll, Soldat, Landau in der Pfalz
80. Andreas Flury, Soldat, Landau in der Pfalz
81. Georg Frank, Soldat, Landau in der Pfalz
82. Bernhard Goetz, Soldat, Landau in der Pfalz
83. Karl Goldhammer, Soldat, Landau in der Pfalz
84. Heinrich Hamburger, Soldat, Landau in der Pfalz
85. Kaspar Hauck, Soldat, Landau in der Pfalz
86. Michael Heilmann, Soldat, Landau in der Pfalz
87. Johann Adam Helfrich, Soldat, Landau in der Pfalz
88. Isaak Hirsch, Soldat, Landau in der Pfalz
89. Stephan Hofmann, Soldat, Landau in der Pfalz
90. Johann Jonas, Soldat, Landau in der Pfalz
91. Nikolaus Kaupert, Soldat, Landau in der Pfalz
92. Johann Kenner, Soldat, Landau in der Pfalz
93. Michael Kießewetter, Soldat, Landau in der Pfalz
94. Bernhard Kroenung, Soldat, Landau in der Pfalz
95. Johann Jgnaz Kuhn, Soldat, Landau in der Pfalz
96. Engelbert Mack, Soldat, Landau in der Pfalz
97. Friedrich Müller, Soldat, Landau in der Pfalz
98. Georg Reinwand, Soldat, Landau in der Pfalz
99. Michael Reuß, Soldat, Landau in der Pfalz
100. Andreas Rommel, Soldat, Landau in der Pfalz
101. Ignaz Roßwirt, Soldat, Landau in der Pfalz
102. Joseph Schellhammer, Soldat, Landau in der Pfalz
103. Franz Schmitt, Soldat, Landau in der Pfalz
104. Johann Schmitt, Soldat, Landau in der Pfalz
105. Johann Seufert, Soldat, Landau in der Pfalz
106. Georg Sommer, Soldat, Landau in der Pfalz

107. Kaspar Staeblein, Soldat, Landau in der Pfalz
108. Johann Thein, Soldat, Landau in der Pfalz
109. Kilian Volk, Soldat, Landau in der Pfalz
110. Peter Anton Schnarr, Schlossergeselle, Sohn des Maurers gleichen Namens, Orb
111. Philipp Geis, Melner und Zehentinspektor, Orb
112. Adam Weisbecker, verheiratheter Sälzer und Fuhrmann, Orb
113. Franz Uhl, Brunnenmeister an der Saline, Orb
114. Adam Stenger, Kaufmann, Orb
115. Heinrich Ullinger, Handelsmann, Kaffee- und Bierwirth, Orb
116. Johann Neiß, Gastwirth, Orb
117. Anton Rieger, Bäckermeister, Orb
118. Maria Reinhard, Ehefrau des Chirurgen Franz Reinhard, Orb
119. Jakob Weisbecker, Metzgermeister, Orb
120. Philipp Noll, verheirathet, Sälzer Fuhrmann, Orb
121. Johann Weisbecker, Tagelöhner, Sohn des Fabrikanten Johann Adam Weisbecker, Orb
122. Heinrich Schneider, Schuhmacher, Sohn des Bäckers Philipp Anton Schneider, Orb
123. Ignaz Geis, Müllergeselle, Sohn des Müllers Philipp Geis, Orb
124. Johann Joseph Metzler, verheirathet, Straßenwärter, Orb
125. Johann Weißbecker, Tagelöhner, Sohn des Zehnters Joh. Weißbecker, verheirathet, Orb
126. Johann Baptist Kuhl, Zimmergeselle bei Philipp Kuhl, Orb
127. Johann Büttner, auch Busemer genannt, Zimmerlehrling bei demselben, Orb
128. Philipp Kuhl, Zimmermeister, Orb
129. Johann Heßberger, Schmiedemeister, Orb
130. Karl Anton Ihl, verheirathet, Weber und Musiker, Orb

131. Heinrich Joseph Metzler, ledig, Bäckermeister, Orb
132. Philipp Auerbach, ledig, Maurergeselle und Tagelöhner, Orb
133. Adam Basser, Kuhhirtensohn, Orb
134. Johann August Reitz, Landwirth, Oberndorf
135. Johann Michael Graetz, Tischler, bei Gastwirth Andreas Graetz sich aufhaltend, Aura
136. Adam Pfeifer, genannt Nadel, verheirathet, Wegmacher, Orb
137. Johann Engel, lediger Sohn des Tagelöhners Georg Engel, Dienstknecht, Altenburg
138. Karl Weißbecker, 16-jähriger Sohn der Bauernwittwe Katharina Weißbecker (Blecher), Orb
139. Karl Jhl, ledig, Schneider, Sohn der Magdalene Jhl, Wittwe, Orb
140. Heinrich Engel, ledig, Maurergeselle, Sohn des Tagelöhners Johann Engel, Orb

Aschaffenburg, den 13. April 1850.

Der funktionirende I. Staatsanwalt am kg. Appellationsgerichte von Unterfranken und Aschaffenburg

gezeichnet Dr. Lotz

Im Namen seiner Majestät des Königs von Bayern

Das königliche Appellationsgericht von Unterfranken und Aschaffenburg hat, versammelt in geheimer Sitzung vom vierten, fünften, sechsten, siebenten, achten, dreizehnten, vierzehnten, fünfzehnten, sechzehnten, achtzehnten und einundzwanzigsten März achtzehnhundertfünfzig, wobei zugegen waren:

von Papius Direktor, Then Rath, Escheric, Koehler, Schipp, Assessoren, Dr. Lotz, kg. Staatsanwalt, und Ruppert, Sekretär, am einundzwanzigsten März achtzehnhundertfünfzig, Vormittags Zehn Uhr - folgende Erkenntniß erlassen:

Nach Anhörung des kg. Staatsanwalts Dr. Lotz in seinem Vortrage über die verbundenen drei Untersuchungen:

I. gegen Johann Heßberger, ledig von Orb und Genossen, wegen des am 2. März 1849 in Orb stattgefundenen Tumultes,

II. gegen Kaspar Becker und Genossen von da, wegen des am 28. August 1848 allda vorgefallenen Landfriedensbruches zum Nachteile des israelitischen Handelsmannes Silberthau allda, und

III. gegen Johann Kuhl, ledig, von da, wegen Mordversuches;

Nach Einsicht und Ablesung der wichtigeren Aktenstücke dieser drei Untersuchungen;

Nach Ansicht des von dem kg. Kreis- und Stadtgerichte Aschaffenburg vom 9. November 1849 erlassenen Verweisungserkenntnisses;

Nach Ansicht des von dem kg. Staatsanwalte Dr. Lotz am 12. Februar laufenden Jahres gestellten schriftlichen Antrags, welcher dahin geht:

I. Bezüglich des am 2. März 1849 stattgehabten Tumultes:

1. die Sache in die öffentliche Sitzung des kg. Kreis- und Stadtgerichts Aschaffenburg zu verweisen, und zwar:

a. in der Richtung gegen die in § 1. seines Antrages vom 1. bis 30. benannten Personen, nämlich: Adam Acker, ledigen Sälzer; Philipp Acker, ledigen Sälzer; Johann Ehmer, genannt Kilian, verheiratheten Tagelöhner; Peter Engel, Oechsner; Philipp Häuser, ledigen Ziegler; Johann Heim, verheiratheten Gerbertagelöhner; Johann Heim, ledigen Lumpensammler; Philipp Heim, genannt Lumpenlips, ledigen Lumpensammler; Johann Heßberger, genannt Heßche, ledigen Siebmacher; Johann Hofacker, genannt Habalthes, ledigen Taglöhner; Jakob Hofmann, ledigen Leinweber; Johann Philipp Koch, verheiratheten Schlosser; Johann Kuhl, ledigen Zimmergesellen, genannt Forstmeister; Adam Lindemaier, ledigen Wasenmeister; Jakob Mack, verheiratheten Gradierer; Philipp Mack, verheiratheten Zeugschmied; Anton Metzler, verheiratheten Fuhrmann; Johann Joseph

Metzler, verheiratheten Nagelschmied; Anton Noll, genannt Pudelwirth, verheiratheten Schneider; Peter Noll, verheiratheten Fuhrmann; Johann Pfeufer, verheiratheten Wagnermeister; Philipp Anton Platt, verheiratheten Bauernknecht; Josef Schließmann, verheiratheten Schleichwächter; dessen zweiten Sohn Johann Joseph Schließmann, ledig; Johann Schneeweis, verheiratheten Nagelschmied; Philipp Schneider, ledigen Bäckergesellen; Johann Adam Schreiber, ledigen Schmiedgesellen; Heinrich Stock, ledigen Oechsner; Johann Philipp Stock, ledigen Schlossergesellen und Adam Welzenbach, verheiratheten Schmiedemeister, sämtlich von Orb - als gemein bewaffnete Theilnehmer nach Art. 321 Nr. IV Th. I des St.G.B.

b. in der Richtung gegen Joseph Fastnacht (Nr. 31) als unbewaffneten Theilnehmer nach Art. 321 Nr. V und

c. in der Richtung gegen Jakob Heim (Nr. 32) wegen Theilnahme nach Nr. VI desselben Artikels;

2. gegen die ebenda sub Ne. 33. bis 40. benannten Personen, nämlich: Philipp Auerbach, ledigen Maurergesellen; Jakob Dehmer, verheiratheten Sälzer; Adam Eck, verheiratheten Schuhmacher; Johann Philipp Engel, verheiratheten Sieder; Georg Reinhard, verheiratheten Gradierer; Johann Schließmann, ledigen Satlergesellen; Adelbert Schreiber ledigen Schmiedslehrling und Adam Schwaizer, ledigen Schmied; das Strafverfahren einzustellen,

3. den sub Nr. 41 genannten Bernard Pfeufer zur Aburtheilung an die zuständige Militärbehörde zu verweisen, und

4. anzuordnen, daß das kg. Kreisund Stadtgericht Aschaffenburg in geheimer Sitzung über die in § 1 seines Antrages sub Nr. 42, 43 und 44 benannten drei Personen noch Beschluß fasse;

II. Bezüglich der Untersuchung wegen des In der Nacht vom 28. auf den 29. August 1848 an dem Handelsmanne Abraham Kohn Silberthau zu Orb verübten Landfriedensbruches:

1. die Sache in die öffentliche Sitzung des kg. Kreis- und Stadtgerichts Aschaffenburg zu verweisen, und zwar:

a. gegen Kaspar Becker, verheiratheten Werkzimmermeister; Johann Engel, verheiratheten Kaminfeger; Philipp Heim, verheiratheten Schuhmacher; Anton Hinterlang, ledigen Maurer; Johann Hinterlang, ledigen Dienstknecht; Jakob Holzmann, ledigen Bäckergesellen, angeblich in Amerika abwesend; Jakob Jhl, ledigen Zimmergesellen und Johann Lindenmaier, ledig wegen Vergehens nach Art. 333 Absatz 2 Nr. II Zhl. I des St.G.B. als gemein bewaffnete Theilnehmer,

b. gegen Johann Kesselring; Johann Kuhl, vulgo Forstmeister; Karl Lindenmaier und Franz Reinhard, ledigen Taglöhner, zur Zeit abwesend, wegen Vergehens nach Nr. III desselben Artikelabsatzes als gemein bewaffnete Theilnehmer, und zwar bei Johann Kesselring (Nr. 8) im Zusammenflusse mit dem Vergehen des Diebstahls, und bei Johann Kuhl (Nr. 9) im Zusammenflusse mit einem polizeilich strafbaren Diebstahle, dann:

c. gegen Margaretha Kesselring, Amtsdieners-Wittwe; deren ledige Tochter Elisabetha und Eva Kesselring und Maria Eva Metzler, ledig (Nr. 13. mit 16.) wegen Vergehens des Diebstahls,

2. in Ansehung der Barbara Häuser, ledig; Philipp Häuser, Salinenziegler; Heinrich Joseph Kuhl, ledigen Zimmergesellen und Margaretha Metzler, Wittib (Nr. 17. mit 20.) die Sache zur Abwandlung des indizirten Diebstahls an die zuständigen Polizeibehörden zu verweisen,

3. gegen Philipp Bauer, verheiratheten Schuhmacher; Johann Heßberger, genannt Hes`che; Jakob Hofmann, ledigen Leinweber; Johann Philipp Holzmann, ledigen Schlosser; Johann Joseph Metzler, Nagelschmied; Friedrich Prasch, ledigen Dienstknecht und Adam Welzbacher, Schmiedemeister (Nr. 21. mit 27. des Antrages) das Strafverfahren wegen Theilnahme am Landfriedensbruche einzustellen, und 4. dabei anzuordnen, daß das kg. Kreis- und

Stadtgericht Aschaffenburg in geheimer Sitzung über Konrad Wolf noch Beschluß fasse.

III. **Bezüglich der Untersuchung wegen es am 10. Dezember 1848 am Waldaufseher Johann Bauer von Orb verübten Mordversuches - das Strafverfahren in der Richtung gegen Johann Kuhl einzustellen.**

In Erwägung - bezüglich -

I. des Tumultes am 2. März 1849:

1. daß der Thatbestand des Verbrechens des Tumultes zweiten oder höchsten Grades dadurch vollständig gegeben ist, daß eine Menschenmenge von mehr als 10 Personen am 2. März 1849 Nachmittags zu Orb vor dem Rathhause, theils bewaffnet und theils unbewaffnet, öffentlich zusammenrottete, um das, zu Folge Regierungsentschließung vom 7. November 1848 zur Unterstützung der Obrigkeit nach Orb beorderte Militärdetachement gewaltsam zum alsbaldigen Abzug zu nöthigen, nachdem der kg. Landrichter seine Verwendung bei der kg, Regierung für dessen Abberufung bereits zugesichert, und in diesem Sinne einen Bericht an die kg. Regierung in der Nacht vorher durch einen Expressen schon abgesendet hatte, daß die versammelte Menge, der Dazwischenkunft des zum Auseinandergehen auffordernden Landrichters ungeachtet, auf ihrem Verlangen unter Lärmen, Schimpfen und Drohen hartnäckig beharrte, so daß sich der kg. Landrichter genöthigt sah, zur Verhütung größeren Unglücks sich in die Kaserne zu verfügen, und den dortigen Kommandanten zur Anordnung des alsbaldigen Abzuges zu bestimmen, so wie endlich dadurch, daß dieses Militär bei seinem sofortigen Abzuge mit Steinwürfen und scharfen Schüssen verfolgt wurde, welche mehrere Verwundungen von Militärpersonen zur Folge hatten;

In Erwägung:

2. daß die Richtung der Zusammenrottung gegen die Obrigkeit namentlich darin hervortritt, daß das ganze zur Un-

terstützung der Obrigkeit nach Orb detachierte Militärkommando zum alsbaldigen Abzuge gezwungen werden sollte, was nur durch Nöthigung des betreffenden Militärkommandanten zur Anordnung des alsbaldigen Abzuges geschehen konnte und daß die versammelte Menge überdieß nach dem Erscheinen des kg, Landrichters, ungeachtet seiner lauten Aufforderung zum Auseinandergehen, bei ihrem Trotze hartnäckig beharrte,

Erwägung ferner:

3. daß, wenn auch die scharfen Schüsse und die dadurch verübten Gewaltthätigkeiten der einzelnen Militärpersonen erst nach dessen ertrotztem Abzuge erfolgten, dieses doch immer als eine Fortsetzung des Tumultes sich darstellt, wodurch eben der vorliegende Tumult sich zu einem Tumulte höchsten Grades nach Art. 321 Thi. 1 des StGB. Steigerte.

4. daß übrigens nicht zu ermitteln war, durch wessen Schüsse oder Steinwürfe die Soldaten verwundet wurden, was zur Ermächtigung einer Anwendung der Nr. II. des Art. 321 Thl. I des St.G.B. nothwendig war, und daß auch außerdem das gegen mehrere Theilnehmer erwiesene Schießen gegen das abziehende Militär als eine thätliche Hülfeleistung zu der verübten Gewaltthätigkeit an der Person im Sinne des Gesetzes – Art. 73 Thl. I des St.G.B. – wegen mangelnden Kausalzusammenhanges nicht angesehen werden kann,

5. daß aber ferner hinreichender Verdacht zur Annahme der Betheiligung als Rädelsführer bei diesem Tumulte vorlieget:

gegen den stumpfarmigen Jakob Mack, verheiratheten Gradirer, weil er nach den vorliegenden Zeugenaussagen ein Haupttumultant am Rathhause war, zum Gewehrholen aufforderte und der Menge die Richtung gegen die Kaserne als diejenige anzeigte, wohin sie ziehen sollte; auch schon in der Frühe an jenem Tage geäußert haben soll: „Bürger, ich bin fertig, meine Büchse ist geladen, wir gehen hinunter und jagen Alle fort“;

Philipp Mack, verheiratheten Zeugschmied, weil er nach Zeugenaussagen überall an der Spitze war und als Haupttumultant das „große Wort“ geführt hat, während sein versuchter Vertheidigungsbeweis als mißlungen sich darstellt,

gegen Johann Heßberger, ledigen Siebmacher, weil er nach den Zeugenaussagen einer der Haupttumultanten an der Spitze der Bewegung war, an jenem Tage schon vorher mit der gewaltsamen Vertreibung des Militärs gedroht hatte, und auch einer der Ersten war, welche auf das abziehende Militär schossen;

gegen Johann Hofacker, genannt Habalthes, ledigen Taglöhner, weil er nach den Zeugenaussagen als Hauptlärmender zum Holen der Gewehre besonders aufgefordert und am Rathhause schon vor Ankunft des kg. Landrichters von der Rathhaustreppe aus der versammelten Menge predigend aufgereizt hat;

gegen den Joseph Schließmann, verheiratheten Schleichwächter, weil derselbe nach den Zeugenaussagen zur Verfolgung des abziehenden Militärs nach vorheriger Empfangnahme von Kugeln, durch Andeutung des Weges und unter Winken und Rufen: „da gehen wir hinaus, da hinte“, aufgefordert hat und einer der Ersten war, die auf das abziehende Militär schossen;

6. daß die Theilnahme an dem Verbrechen des Tumultes höchsten Grades als Rädelsführer nach Art. 322 Nr. II Th. l. des St.G.B. jedenfalls mit Zuchthausstrafe bedroht ist;

7. daß ferner die Angeschuldeten Adam Acker, Philipp Acker, Johann Ehmer, genannt Kilian, Peter Engel, Philipp Häuser, Johann Heim, Gerbertaglöhner, Jakob Hofmann, Johann Kuhl, Adam Lindenmaier, Anton Metzler, Fuhrmann, Johann Joseph Metzler, Nagelschmied, Anton Noll, genannt Pudelwirt, Peter Noll, Fuhrmann, Johann Schließmann, ledig, und Johann Joseph Schließmann, ledig, Philipp Schneider, ledig, Johann Philipp Stock, ledig, zur Zeit abwesend, und Adam Welzbacher, Schmiedemeister, durch die Zeugenaussagen hinreichend beinzichtet sind, sich an

diesem Tumulte des höchsten Grades als **gemeine, bewaffnete Theilnehmer** nach Zif. IV des angeführten Artikels 321 Th. I des St.G.B. betheiligt zu haben;

8. daß über den der Theilnahme beschuldigten Soldaten Bernard Pfeufer die Kompetenz der Aburtheilung und allenfalls nöthigen weiteren Untersuchung lediglich der betreffenden Militärbehörde zusteht;

9. daß dagegen rücksichtlich aller übrigen durch das Erkenntniß des kg. Kreis- und Stadtgerichts hierher verwiesenen Angeschuldigten hinreichende Beweise zur Anklage in den Akten der Voruntersuchung nicht enthalten sind, während

10. bezüglich der im staatsanwaltschaftlichen Antrage hub. Zif. 42, 43, 44 benannten Personen Heinrich Ihl, Jakob Prasch und Karl Schopp die Aufforderung des kg. Kreis- und Stadtgerichtes zur nachträglichen Beschlußfassung um deswillen nicht als nothwendig erscheint, weil die Untersuchung eine Richtung gegen sie gar noch nicht genommen hat;

In Erwägung

II. Bezüglich des Landfriedensbruches vom 28. August 1848 bei Abraham Kohn Silberthau

1. daß der in der Nacht vom 28. auf den 29. August 1848 von einer zusammengerotteten Menschenmenge von jedenfalls mehr als zehn Personen unter bedrohlichem Geschrei verübte, gewaltsame Überfall des Abraham Kohn Silberthauschen Hauses zu Orb mit erfolgtem gewaltsamen Eindringen in dasselbe und mit erfolgter Zerstörung im Innern des Hauses und Hinausschleuderung mehrerer Waren durch die Fenster auf die Straßen, sich lediglich als das Verbrechen des Landfriedensbruches nach Art. 332 Th. I. des St.G.B. darstellt, weil jede Richtung gegen die Obrigkeit hier gebricht, und sich eine solche während des Zerstörungswerkes auch nicht blicken ließ,

2. daß nach allen Umständen hier Rache an Silberthau als der muthmaliche einzige Beweggrund der That angenommen werden muß,

3. daß nach der Art der Ausführung und namentlich nach dem geordneten in zwei Kolonnen abgetheilten Anmarsch der Frevler gegen den öffentlichen Rechtsfrieden ebenso wenig bezweifelt werden kann, daß der verübte Unfug vorher verabredet worden war, der Thatbestand des vollendeten Verbrechens des Landfriedensbruches nach Art. 332 Absatz I Th. I des St.G.B., sohin nach allen seinen Merkmalen als vollständig gegeben erscheint;

4. daß wegen des von Silberthau nach seinen Angaben erlittenen Verlustes, eines Waaren-Werthes von mehr als 800 fl. und wegen der hierbei mitunter gehörten bedrohlichen Aeußerungen gegen dessen Person, und der mitunter gehörten Rufen: „Geld raus, Bücher raus, Waaren raus“, die Konkurenz des mit Zuchthaus bedrohten höher strafbaren Verbrechens des Raubes oder ausgezeichneten Diebstahls sich um deswillen nicht annehmen läßt, weil die Akten keine Anhaltspunkte dafür enthalten, daß gerade diejenigen, welche diese habsüchtigen und bedrohlichen Worte ertönen ließen, sich etwas von den Sachen des Silberthau angeeignet haben, oder daß das Eindringen in das Haus und das Öffnen des umgeworfenen Kleiderschrankes, in habsüchtiger oder diebischer Absicht erfolgt sei, vielmehr nach allen Umständen die Absicht der rechtswidrigen Zueignung bei einzelnen Theilnehmern des Landfriedensbruches oder auch bei anderen hinzugekommenen Personen erst später, nachdem die Waaren entweder zerstreut oder auf die Straße geworfen waren, erwacht zu sein scheint;

5. daß sonach der vorwürfige Landfriedensbruch wegen der konkurirenden Handlungen sich zur Verweisung vor das Schwurgericht nicht eignet;

6. daß indessen zureichende Gründe vorliegen, um wegen Landfriedensbruches den

1. den Kaspar Becker,

a. den Johann Engel, Kaminkehrer,

b. den Philipp Heim, Schuhmacher,

c. den Anton Hinterlang, ledigen Taglöhner,

d. den Johann Hinterlang, ledigen Dienstknecht,

e. den Jakob Holzmann, ledig - zur Zeit abwesend,

f. den Jakob Ihl, ledig,

g. den Johann Lindenmaier, ledig - als bewaffnete Theilnehmer nach Absatz II Zif. II des angeführten Artikels 332, und

h. den ledigen Karl Lindenmaier, und

i. den ledigen Franz Reinhard – zur Zeit abwesend – als gemeine, unbewaffnete Theilnehmer nach Ziff. III, desselben Artikelabsatzes vor die öffentliche Sitzung des kg. Kreis- und Stadtgerichts zu verweisen, während,

7. die wider Johann Kesselring, Johann Kuhl, ledig, vulgo Forstmeister, Philipp Bauer, Johann Heßberger, ledig, vulgo Hes`che, Jakob Hofmann, Johann Philipp Holzmann, Johann Joseph Metzler, Nagelschmied, Friedrich Prasch und Adam Welzbacher, Schmiedemeister - in den Akten gesammelten Verdachtsgründen eine Verurtheilung derselben wegen Theilnahme an dem Landfriedensbruche offenbar nicht verwerten lassen;

In Erwägung ferner:

8. daß bezüglich derjenigen Personen, bei welchen sich Kleidungsstoffe von der dem Silberthau bei jener Gelegenheit entkommenen Art vorfanden, was auf Theilnahme am Landfriedensbruche durch Diebstahl oder Diebstahlsbegünstigung schließen läßt, ebenso wenig zureichende Verdachtsgründe zur Vorgerichtstellung wegen Landfriedensbruches oder wegen Diebstahls in den Akten enthalten sind, indem nicht mit Gewißheit zu ermitteln war, daß die bei diesen Personen vorgefundenen Kleidungsstücke und Tuchreste wirklich von dem damals entkommenen Eigenthum des Silberthau herrühren, und weil noch weniger feststeht, wie diese Personen in den Besitz dieser Sachen kamen, ob durch unmittelbare Betheiligung bei dem Diebstahle oder durch späteren Erwerb derselben, und ob im letzten Falle

mit Wissen oder Unwissen das an diesen Waaren stattgefundenen Diebstahls, wonach also auch bezüglich der hier verwiesenen Beschuldigten:

Margarethe Kesselring,

Philipp Häuser,

Elisabetha Kesselring,

Heinrich Joseph Kuhl und

Maria Eva Metzler,

Margaretha Metzler, Wittib,

Barbara Häuser,

sich die Sache zur Einstellung des Verfahrens eignet, ohne auf die von dem Staatsanwalte bezüglich der vier letzten beantragte Verweisung zur Polizeibehörde einzugehen, welche schon aus dem Grunde als nicht gerechtfertigt sich darstellt, weil der Besitz von unter fünf Gulden gewertheten Kleidungsstoffen der entwendeten Art nur als eine **Anzeigung** (indirium) der Betheiligung am Landfriedensbruche durch Diebstahl oder Diebstahlsbegünstigung zu betrachten ist;

In Erwägung endlich:

9. daß bezüglich der bei Schneidermeister Konrad Wolf erst nach der Akteneinsendung an das kg. Appellationsgericht vorgefundenen Kleidungsstoffe von der dem Silberthau damals entkommenen Art ein Verweisungsbeschluß des kg. Kreis- und Stadtgerichts Aschaffenburg nicht vorliegt, dem kg. Appellationsgericht also auch ein Eingehen auf die Materialien dieses Untersuchungsprozesses nicht zusteht, ein hierüber zu erlassender Beschluß aber gleichwohl als notwendig erscheint, weil bei Konrad Wolf Haussuchung gehalten wurde, und ihm über das Untersuchungsergebnis besondere Vorhaltungen gemacht wurden;

In Erwägung:

III. Bezüglich des am 10. Dezember 1848 an dem Waldaufseher Johann Bauer von Orb verübten Mordversuchen:

1. daß nach den vorliegenden Erhebungen die dem Johann Kuhl, ledig, zur Last gelegte That als Tödtungsversuch objektiv aufgefaßt werden könnte,

2. daß indessen selbst hierfür bei der Ungewißheit über die Schußentfernung -und über die Schußrichtung es an genügenden Anhaltspunkten gebricht und

3. daß bei dem Mangel jeder weiteren Unterstützung der desfalls ganz allein stehenden Aussage des besagten Waldaufseher es auch in subjektiver Beziehung an zureichenden Verdachtsgründen fehlt, um gegen Johann Kuhl wegen versuchter Tödtung des Waldaufsehers Bauer weiter einzuschreiten;

Aus diesen Gründen erkennt das kg. Appellationsgericht

I. Bezüglich der Untersuchung wegen Tumultes:

A. daß Anklage statt habe, welche darauf gerichtet ist, daß am 2. März 1849 Nachmittags in Orb das Verbrechen des Tumultes zweiten und höchsten Grades begangen worden ist, und daß sich hierbei betheiligten

I. als Rädelsführer:

1. Jakob Mack, verheiratheter Gradierer,
2. Philipp Mack, verheiratheter Zeugschmied,
3. Johann Heßberger, lediger Siebmacher,
4. Johann Hofacker, lediger Taglöhner,
5. Joseph Schließmann, verheiratheter Schleichwärter, sämtlich von Orb

II. als gemein bewaffnete Theilnehmer:

1. Adam Acker, lediger Sälzer,
2. Philipp Acker, lediger und angesessener Sälzer,
3. Johann Ehmer, genannt Kilian, verheiratheter Taglöhner,
4. Peter Engel, verheiratheter Oechsner und Fuhrmann,
5. Philipp Häuser, lediger Zieglersohn,
6. Johann Heim, verheiratheter Gerbertaglöhner,

7. Jakob Hofmann, lediger Leinweber,
8. Johann Kuhl, lediger Zimmergeselle, genannt Forstmeister,
9. Adam Lindenmaier, lediger Wasenmeister,
10. Anton Metzler, verheiratheter Fuhrmann,
11. Johann Joseph Metzler, verheiratheter Nagelschmied,
12. Anton Noll, genannt Pudelwirth, verheiratheter Schneider,
13. Peter Noll, verheiratheter Fuhrmann,
14. Johann Schließmann, lediger Sattlergeselle,
15. Johann Joseph Schließmann, ledig, Bruder des Vorigen,
16. Philipp Schneider, lediger Bäckergeselle,
17. Johann Philipp Stock, lediger Schlossergeselle, zur Zeit abwesend, und
18. Adam Welzbacher, verheiratheter Schmiedemeister, sämtliche von Orb;

Das kg. Appellationsgericht verweist daher die genannten Personen zur Aburtheilung vor eine außerordentliche Schwurgerichtssitzung für den Kreis Unterfranken. und Aschaffenburg welche am Mondtage, den 1. Juli 1850 zu Würzburg zu beginnen hat, und verordnet zugleich:

1. daß die zur Überführung der Angeklagten dienenden Gegenstände an die Kanzlei des Schwurgerichtshofes zu Würzburg gebracht,

2. daß die noch in Haft befindlichen Angeklagten Jakob Mack, Philipp Mack, Johann Heßberger, Johann Hofacker, Johann Kuhl, Jakob Hofmann, Philipp Häuser und Adam Lindenmaier unverzüglich in das Gefängnis des Schwurgerichtshofes zu Würzburg abgeliefert werden,

3. daß gemäß Art. 113 Th. II des St.G.B. der als Rädelsführer angeklagte Joseph Schließmann, und gemäß Art. 114 daselbst die unangesessenen Angeklagten Adam Acker, Johann Schließmann, Johann Joseph Schließmann und Philipp Schneider alsbald in Haft zu nehmen und gleichfalls in

das Gefängnis des Schwurgerichtshofes abzuliefern seien; dann

4. daß gegen den abwesenden Johann Philipp Stock unverzüglich eine Ediktladung gemäß Art. 278 des Gesetzes vom 10. November 1848 über das neue Strafverfahren erlassen werde; endlich

5. daß durch den kg. Staatsanwalt eine Anklage schriftlich abgefaßt und nebst dem Erkenntnisse auf Anklage den verhafteten Angeklagten nach ihrer Ankunft im Gefängnisse und den auf freiem Fuße belassenen Angeklagten durch das Gericht ihres Wohnortes zugestellt werde;

B. daß gegen die übrigen wegen Theilnahme am Tumulte in Untersuchung genommenen:

Johann Heim, ledigen Lumpensammler,

Philipp Heim, ledig, genannt Lumpenlips,

Johann Philipp Koch, verheiratheten Schlossermeister,

Johann Pfeufer, verheiratheten Wagnermeister, Philipp Anton Platt, verheiratheten Brunnenknecht,

Johann Schneeweis, verheiratheten Nagelschmied,

Johann Adam Schreiber, ledigen Schmiedgesellen,

Albert Schreiber, dessen jüngeren Bruder, ledigen Schmiedslehrling,

Heinrich Stock, ledigen Oechsner,

Joseph Fastnacht, verheiratheten Seilermeister,

Jakob Heim, ledigen Schuhmacher,

Philipp Auerbach, ledigen Maurergesellen,

Jakob Dehmer, verheiratheten Sälzer,

Adam Eck, Schuhmacher,

Johann Philipp Engel, verheiratheten Sieder,

Georg Reinhard, verheiratheten Gradierer,

Adam Schweizer, ledigen Schmied –

sämtlich von Orb - das Verfahren eingestellt werde.

C. daß wegen des ledigen Schreiners Bernard Pfeufer, welcher Soldat im 12. kg. Linieninfanterieregiment ist, die Sache zur Aburtheilung an die zuständige Militärbehörde verwiesen werde;

D. daß von einer Hinweisung der Sache in Beziehung auf Heinrich Ihl, Jakob Prasch und Jakob Schopp zu Orb zur Beschlußfassung durch das kg. Kreis- und Stadtgericht Aschaffenburg Umgang zu nehmen sein.

II. Bezüglich der Untersuchung wegen landfriedensbruches bei Silberthau:

A. daß die Sache zur Aburtheilung in die öffentliche Sitzung des kg. Kreis- und Stadtgerichts Aschaffenburg verwiesen werde, damit daselbst wegen einer im Vergehensgrade strafbaren Theilnahme an dem Verbrechen des Landfriedensbruches, verübt an Abraham Kohn Silberthau zu Orb in der Nacht vom 28. auf den 29. August 1848 weiter verfahren werde, und zwar gegen:

1. Kaspar Becker, verheiratheten Werkzimmermeister,
2. Johann Engel, verheiratheten Kaminkehrer,
3. Philipp Heim, verheiratheten Schuhmacher,
4. Anton Hinterlang, ledigen Taglöhner,
5. Johann Hinterlang, ledigen Dienstknecht,
6. Jakob Holzmann, ledig - zur Zeit abwesend,
7. Jakob Ihl, ledig,
8. Johann Lindenmaier, ledig,

als gemeine bewaffnete Theilnehmer nach Absatz II Zif. II des Art. 333 Th. I des St.G.B. dann

9. gegen den ledigen Karl Lindenmaier und
10. den ledigen Franz Reinhard, zur Zeit abwesend,

als gemeine unbewaffnete Theilnehmer nach Zif. III dess. Artikelabsatzes;

B. daß bezüglich der übrigen der Theilnahme an diesem Landfriedensbruche Beschuldigten, als nämlich:

Johann Kesselring, ledig,

Johann Kuhl, ledigen Zimmergesellen, vulgo Forstmeister,

Philipp Bauer, verheiratheten Schuhmachermeister,

Johann Heßberger, ledigen Siebmacher,

Jakob Hofmann, ledigen Leinweber,

Johann Philipp Holzmann, ledigen Schlosser,

Johann Joseph Metzler, verheiratheten Nagelschmied,

Friedrich Prasch, ledigen Dienstknecht,

Adam Welzbacher, verheiratheten Schmied,

Margaretha Kesselring, Amtsdienerswittwe, deren Töchter

Elisabetha und Eva Kesselring, ledig

Maria Eva Metzler, ledige Taglöhnerin,

Barbara Häuser, ledige Zieglerstochter,

Philipp Häuser, Salinenziegler,

Heinrich Joseph Kuhl, ledigen Zimmergesellen. und

Margarethe Metzler, Wittib,

das Verfahren, und zwar in Ansehung der acht letzteren Personen wegen Verdachts der Theilnahme durch Diebstahl oder Diebstahlsbegünstigung eingestellt werde;

C. daß das kg. Kreis- und Stadtgericht Aschaffenburg angewiesen werde, wegen der nach dem erlassenen Verweisungskenntnisse bei dem Schneidermeister Konrad Wolf zu Orb vorgefundenen verdächtigen Gegenstände über das Ergebnis der gegen diesen Konrad Wolf gerichteten Voruntersuchung nachträglich noch zu Beschluß zu fassen;

III. In der Untersuchung gegen Johann Kuhl, ledig von Orb wegen Mordversuches an dem Waldaufseher Bauer allda,

daß das über Johann Kuhl, ledig, wegen versuchter Tödtung eingeleitete Verfahren eingestellt werde, - und verordnet zugleich, daß, da ein Grund zur ferneren Verbindung dieser bisher verbundenen drei Untersuchungen nun nicht mehr besteht, dieselben nun vollständig getrennt und zu jenen sub. II und III daher eine Abschrift des gegenwärtigen Erkenntnisses gebracht werde.

Alles dieses zu I. in Anwendung der Art. 319, 321, 322 Nr. Il. und Art. 51 Abs. 2 Nr. 2 Th. I des St.G.B., dann Art. 51, 52, 63, 65, 116, 113 und 277 des Gesetzes vom 10. November 1848 über das neue Strafverfahren;

Ferner zu II in Anwendung der Art. 332, 333 Abs. II Nr. II und III., dann des Art. 63 Abs. 2 des allegirten Gesetzes vom 10. November 1848. Endlich zu III. gleichfalls in Anwendung des Art. 63 Abs. 2 des oben allegirten Gesetzes.

Also geschehen zu Aschaffenburg wie Eingangs gemeldet.

gez. Papius, Then, Escherich, Köhler, Schipp

(L.S.) gez. Ruppert

***

Soweit die mir vorliegenden Gerichtsakten. Dabei fällt auf, dass der eigentliche Schuldspruch, d. h. das Urteil über die Angeklagten, fehlt. Im „Würzburger Abendblatt" vom 4. Juni 1850 ist der Schuldspruch aber abgedruckt, und zwar heißt es dort wörtlich, womit die Echtheit der hier gefundenen Gerichtsakten bewiesen ist, denn die Familiennamen und Berufe stimmen gegenseitig überein:

Unter dem Titel:

„Tags-Neuigkeiten aus der Stadt und dem Kreise.“

„Vor dem Schwurgerichte sind, nachdem die Verhandlungen am 21. Mai d.J. *begonnen* hatten, die des Tumultes Angeklagten aus Orb gestern lediglich wegen Vergehens der Widersetzung gegen die Obrigkeit verurtheilt worden, nämlich:

1. Jakob Mack, 62 J. alt, pensionirter Gradirer, zu 15 Monat,
2. Philipp Mack, 43 J. alt, Zeugschmied, zu 15 Monat,

3. Joh. Heßberger, 49 J. alt, Siebmacher, zu 15 Monat,
4. Johann Hofacker, 50 J. alt, Taglöhner, zu einem Jahr,
5. Joseph Schließmann, 47 J. alt, Schleichwächter, zu sechs Monat doppelt geschärftem Gefängniß,
6. Joh. Ehmer, 29 J. alt, Taglöhner, zu 6 Monat doppel geschärftem Gefängniß,
7. Philipp Häuser, 21 J. alt, Ziegler, zu 10 Monat,
8. Johann Schließmann, 21 J. alt, Sattlergeselle, zu 6 Monat,
9. Adam Welzbacher, 40 J. alt, Schmiedmeister, zu 3 Monat doppelt geschärftem Gefängnisse.

Dagegen sind von Schuld und Strafe freigesprochen worden:

1. Philipp Acker, 37 J. alt, Sälzer,
2. Peter Engel, 47 J. alt, Oechsner,
3. Johann Heim, 51 J. alt, Gerbertaglöhner,
4. Jacob Hofmann, 33 J. alt, Webergeselle,
5. Joh. Kuhl, 29 J. alt, Zimmergeselle,
6. Adam Lindemaier, 33 J. alt, Sälzer und Wasenmeister,
7. Anton Metzler, 38 J. alt, Fuhrmann,
8. Joh. Jos. Metzler, 36 J. alt, Nagelschmied,
9. Anton Noll, 46 J. alt, Schneider,
10. 10.Peter Noll, 43 J. alt, Fuhrmann,
11. Joh. Jos. Schließmann, 18 J. alt, Sattlergeselle,
12. Philipp Schneider, 29 J. alt, Bäckergeselle.

Ferner ist gegen Joh. Philipp Stock und Philipp Schneider, welche Beide abwesend sind, die Einleitung des Ungehorsamsverfahrens beschlossen worden, und wird daher deren Aburtheilung später erfolgen."

***

Schlussbemerkung

Mit der heutigen Ausgabe schließt die Veröffentlichung der Gerichtsakten über die sogenannte Orber Revolution im Jahre 1849. Den mannigfaltigen Reaktionen konnte ich entnehmen, dass die Serie bei den Lesern großes Interesse fand, was mich sehr gefreut hat. Ich bedanke mich bei allen, die mich auf irgendeine Art unterstützt haben, insbesondere danke ich dem Orber Bürger, von dem ich die Gerichtsakten bekommen haben; er möchte allerdings nicht genannt sein.

Über nichtpolitische Vereine

10. Dezember 1987

17. Dezember 1987

35. Über „nichtpolitische Vereine in Orb“[8]

Vorbemerkung

In dem umfangreichen Aktenmaterial des Hessischen Staatarchives Marburg befinden sich zahlreiche Unterlagen, die das ehemalige Landgericht Orb und die Stadt Orb betreffen. Ich nahm mir Zeit, um aus der großen Anzahl von Akten einige herauszusuchen, die, wie ich glaube, heute noch von allgemeinem Interesse sind.

Ab heute werde ich in zwangloser Folge einige dieser Themen veröffentlichen.

Heute:

Über „nichtpolitische Vereine in Orb“.

I. Die ehemalige „Turngemeinde in Orb".

Ich bringe zunächst den Schriftwechsel zwischen dem Königlichen Landgericht Orb und der Königlichen Regierung von Unterfranken und Aschaffenburg in Würzburg:

„Orb, am 28. April 1850
Königliche Regierung von Unterfranken und
Aschaffenburg Kammer des Innern!

Bericht des Königl. Landgerichts Orb
Adressor vom 18. April 1850,
Nr. 23417/21621

---

8 Der vollständige Titel lautet: „Aus Orber Vergangenheit. Nach Akten des Hessischen Staatsarchivs Marburg. Über „nichtpolitische Vereine in Orb“.

Die Einreichung der Satzungen der politischen Vereine betreffend.

Dem höchsten Auftrage vom 18. prs. 27. ds. Mts. entsprechend, bringt man anreichend Abschrift des Verzeichnisses der im Landgerichtsbezirk bestehenden nicht politischen Vereine gehorsamst in Vorlage und bemerkt hierzu:

1. politische Vereine bestehen zurZeit im Bezirke nicht,
2. die beiden nicht politischen Vereine, Gesangverein und Turngemeinde, wurden zur Vorlage ihrer Satzungen und Anzeige ihrer Vorstandschaft nicht aufgefordert, weil die Vereine von köngl. Regierung sowie die Satzungen genehmigt sind, letztere den Akten anliegen und die Vorstände dem Landgericht bekannt sind.

Man hält daher eine desfallsige nochmalige Vorlage für nicht nothwendig.

Zum Nachweise legt man die Akten

a. über die Bildung des Gesangvereins Orb und
b. über die Bildung einer Turngemeinde in Orb

gehorsamst vor. Beide Vereine haben seit Jahresfrist kein Lebenszeichen gegeben und dürfte nur der Umstand, daß noch einige Passive zu tilgen sind, die förmliche Auflösung noch ...? In tiefster Ehrfurcht die königliche Regierung unterthänigst gehorsamstes Landgericht

gez. Unterschrift“

Der vorstehende Bericht trägt auf der linken Seite eine nur teilweise lesbare Notiz der Kgl. Regierung in Würzburg:

„Der Rückschluß der mit Bericht vom 28. April d. Js. Bezeichneten *Betreffs* anher vorgelegten beiden Aktenhefte wird das Landgericht beauftragt, über das bisherige Verhalten der Turngemeinde in Orb genaue Erhebungen zu pflegen und das Resultat derselben sammt sondere in der Aufgabe, ob und welche derselben bei der am 2. März v. Js. stattgehabten Wiedersetzung betheiligt waren, binnen acht Tagen anher vorzulegen.

Würzburg am 6ten Juni 1850

Kgl. Regierung Ka. ds. J.

gez. Unterschrift“

Anmerkung

Aus den Akten des Staatsarchivs geht nicht hervor, ob und inwieweit das Landgericht Orb dem Ersuchen der Kgl. Regierung von Würzburg nachgekommen ist und festgestellt hat, „ob und welche Mitglieder der Turngemeinde bei der am 2. März 1849 stattgefundenen Wiedersetzung beteiligt waren.“ (Siehe hierzu auch meine Niederschrift über die „Orber Revolution“ von 1849.)

Verzeichnis

der im Bezirke des königl. Landgerichte Orb *bestehenden* nichtpolitischen Vereine.

Benennung des Vereins	Zweck des Vereins	Vorstandsschaft	Bemerkungen
Gesangverein in Orb	a) Fortbildung in der Musik, vorzüglich im Gesange, b) Erhaltung der Geselligkeit durch Vortragen mehrstimmiger Gesänge.	Landrichter Kreß, Vorstand Jacobi Oswald Kreuzer, Lehrer Schoppelrei (?), Lehrer Meder Johannes (?)	a) Genemigt durch höchste Entschließung vom 30. Juni 1846. b) Forstamtactuar Jacobi nach Hammelburg versetzt und ausgetreten.
Turngemeinde in Orb	Gemeinschaftliche Bildung und Entwick-	Schopp, Philipp Jakob, Sattler und Stadtvorstand.	Genehmigt durch Entschließung

	lung körperl. Kraftanlagen durch Turnübungen, nicht minder Erstrebung, Vermehrung und Verbreitung ..(?).. deutschen ..(?).. und Bewahrheit der Sitten.		königl. Regierung vom 31. Okt. 1848

Zur Beglaubigung Orb, am 28. April 1850
Königl. Landgericht
gez. Unterschrift"

Späterer Vermerk bei „Turngemeinde": Besteht nicht mehr.

Auf einem Einzelblatt, zu dem vermutlich ein Hauptblatt fehlt, ist folgender Vermerk zu lesen:

... bemerkt man, daß gegen die Conduite der Mitglieder und die Statuten der Turngemeinde keine Erinnerung besteht.

Der Koeniglichen Regierung unterthänigst gehorsamstes K. Landgericht gez. Büttner, Landr."

Anmerkung

Über die im vorstehenden Text genannte „Turngemeinde in Orb" habe ich bereits im Jahre 1980 geschrieben, und zwar im

Zusammenhang mit der Beschreibung der Orber Turnerfahnen, nämlich hier der ältesten historischen Turnerfahne, die im Heimatmuseum einen Ehrenplatz hat, dass sei an dieser Stelle nur kurz wiederholt:

Es lag vor 1846 im Wesen der damaligen Zeit, dass die Turner sich auch mit Politik beschäftigten. Es war die Zeit, der Kleinstaaterei, in der die deutschen Landesfürsten die Bürger in ihrem Tun und Handeln immer mehr einschränkten und nur ihre eigenen Ziele verfolgten, ohne auf die Belange des gesamten deutschen Volkes Rücksicht zu nehmen.

Hiergegen anzugehen war auch das Ziel der Orber Turner. So bildeten sich, als im Jahre 1842 die Turnsperre in Preußen aufgehoben wurde, in ganz Deutschland viele Turngemeinden. Sie waren auch aus einem politischen Bedürfnis heraus entstanden und waren vielmals Zufluchtsstätten politischer Bestrebungen. Ihre Aufgaben sahen die Turngemeinden nicht allein in der körperlichen Ertüchtigung. Ihr Zielen und Streben waren auf Einigkeit und Freiheit gerichtet, sie wollten ein geeintes Deutschland. Man suchte außerdem sich auf vielen Gebieten, so auch geistig zu bilden. Deshalb gründete man in den Turngemeinden Gesangsabteilungen, Büchereien, technische „Hilfsdienste“ und – wie auch in Orb – freiwillige Feuerwehren.

Um 1850 wurde die Turngemeinde aufgelöst und es entstand daraus der „Verein Einigkeit Orb“, der die Fahne der Turngemeinde übernahm und nur die Inschrift änderte.

Im Jahre 1933 fiel der „Verein Einigkeit“ (wie andere Orber Vereine auch), den Nationalsozialisten zum Opfer. Die Mitglieder der „Einigkeit" teilten das Inventar unter sich auf; die Fahne fiel dem Bauunternehmer Anton Engel zu [Bauunternehmen ehemals in Bad Orb, Hubertusstraße, heute Sitz in Hanau]*, der sie viele Jahre zuhause aufbewahrte.*

Wilhelm Pungs, der von der Existenz dieser Fahne wusste, hat sie nach vielen Erkundigungen und langem Suchen dort entdeckt. Dem damaligen Bürgermeister Anton Drisch gelang es, die Fahne von der Familie Engel zunächst als Leihgabe zu erhalten; später wurde sie der Stadt übereignet. Im Einverständnismit dem seinerzeitigen Museumsleiter Johann Hessberger hat die Fahne im Jahre 1955 im Bad Orber Heimatmuseum einen Ehrenplatz erhalten.

Soweit über die „*Turngemeinde* in Orb“, betreffenden Akten.

Über „nichtpolitische Vereine in Bad Orb“.

II. Den „Gesangverein in Orb“.

Der Schriftwechsel zwischen dem kgl. Landgericht Orb und der Königl. Regierung von Unterfranken und Aschaffenburg in Würzburg:

„Orb, am 28.Juni 1845

Koenigliche Regierung Kammer des Innern

Offizialbericht des Königlichen Landgerichts Orb.

Die Bitte der zur Bildung eines Gesangvereins zu Orb zusammengetretenen Musikfreunde um

Erwirkung der allerhöchsten Genehmigung der entworfenen Vereinsstatuten betreffend.

Mehrere Musikfreunde der Stadt Orb und dem hiesigen Amtsbezirke sind zur Bildung eines Gesangvereins zusammengetreten und *haben* in ihrem provisorischen Ausschuß die anruhenen Vereinsstatuten entworfen.

Deren anher gestellten Bitte Berufs der Erwirkung der allerhöchsten *Genehmigung* dieser Statuten wird nunmehr dadurch entsprochen, und die darüber anher gelangten....?..... an die hoechste Kreisstelle zur weiteren Verfügung zur Vorschriftsmäßigen Vorlage gebracht.

Unterthänigst gehorsamstes Landgericht

gez. Unterschrift (unleserlich)“

Das Papier trägt am linken Randfolgenden handschriftlichen Vermerk:

„Nr. 30926 Würzburg am 15. Juli 1845

Die Anlagen des Berichtes vom 28.v.M. im bezeichnenten Betreff werden anruhend zu folgender Verfügung zurückgegeben:

1. Während nach § 5 der Statuten über die Aufnahme eines Mitglieds der Ausschuß zu entscheiden haben soll, wird nach § 7 die Aufnahme eines Mitgliedes im Allgemeinen durch die ..?....bedingt. Dieser Wiederspruch ist zu lösen.
2. Der § 28 ist so zu sehen, daß jede Veränderung der Statuten der Genehmigung der K. Regierung unterliegen, bevor solche wirksam werde.
3. Es ist ein Verzeichnis jener Personen, welche dem Verein beitreten wollen, unter Angabe ihrer Standesverhältnisse zu fertigen und ist, falls unter denselben sich Schullehrer befinden sollten, mit den betreffenden Distrikts-Schul-Inspektionen ins Benehmen zu treten, ob gegen den fraglichen Beitritt ein dienstliches Hinderniß nicht im Wege stehe.

Die so vervollständigten Verhandlungen sind wieder vorzulegen.

Statuten

für die am 3ten Juni 1845 in Orb zusammen getretene Gesellschaft zur Bildung eines Gesang Vereins

§ 1

Der Zweck der Gesellschaft ist 1. Fortbildung in der Musik. vorzüglich im Gesang, und Erhöhung der Geselligkeit durch Vorträge mehrstimmiger Gesänge.

§ 2

Dieselbe besteht aus

a. aktiven, d.h. produzierenden, und

b. passiven, d.h. zuhörenden Mitgliedern.

§ 3

Mitglied der Gesellschaft kann jeder Gebildete werden.

§ 4

Es steht jedermann frei, als aktiv-es oder passives Mitglied der Gesellschaft beizutreten. Auch Wittwen können passive Mitglieder der Gesellschaft werden.

§ 5

Über die Aufnahme eines aktiven Mitgliedes hat jedoch der Ausschuß in Gemeinschaft mit den aktiven Mitgliedern, über die Aufnahme eines passiven Mitgliedes aber die ganze Gesellschaft zu entscheiden."

„§ 6

Wer der Gesellschaft beitreten will, hat sich bei dem Vorstande der Gesellschaft entweder schriftlich oder mündlich zu melden, welcher dessen Name im Lokale anzuheften und den Tag der Abstimmung zu bestimmen hat.

Handelt es sich hierbei um die Aufnahme eines aktiven Mitgliedes, so ist derselbe, wenn es nicht notarisch musikalisch gebildet, vom Musikdirigenten zu prüfen und dann wenigstens zwei Proben anzuwohnen; bei musikalisch gebildeten Individuen fällt diese Prüfung und Anwohnung bei den Proben hinweg.

§ 7

Zur Entscheidung über die Aufnahme eines Mitgliedes ist die Anwesenheit von wenigstens zwei Drittheilen der treffenden Mitglieder nach Maasgabe der Bestimmungen des § 5 erforderlich und entscheiden hierbei absolute Stimmenmehrheit; bei Stimmengleichheit hat der Vorstand eine entscheidende Stimme, er sei actives oder passives Mitglied.

§ 8

Das Resultat in beiden Fällen wird dem Bewerber schriftlich vom Vorstande eröffnet.

§ 9

Für den Fall der Abweisung steht es dem Bewerber frei, sich nach 4 Wochen noch einmal um die Aufnahme zu melden.

§ 10

Durch die Aufnahme in die Gesellschaft ist jedes Mitglied verpflichtet, der Gesellschaft wenigstens auf die Dauer eines Jahres anzugehören, außerordentliche Fälle, z.B. Versetzung ausgenommen; späterhin findet eine vierteljährige Aufkündigung statt.

§ 11

Jedes aktive Mitglied zahlt monatlich 6 Kr, jedes passive 12 Kr, und außerdem jedes der letzteren bei der Aufnahme ein Eintrittsgeld von 24 Kr. zur Gesellschaftskasse.

§ 12

Jedes aktive Mitglied ist verbunden, den Gesangproben und Produktionen thätig beizuwohnen und überhaupt alles, was an ihm ist zur Realisierung des Zweckes der Gesellschaft beizutragen. Wer bei den Proben oder Produktionen zu erscheinen verhindert ist, hat solches dem Vorstand entweder schriftlich oder mündlich anzuzeigen. Ein sechsmaliges unentschuldigtes Ausbleiben zieht den Ausschluß von der Gesellschaft nach sich.

§ 13

Sollte außerdem ein Mitglied der Gesellschaft ein Benehmen verschulden, welches dessen ferneres Verbleiben in derselben nicht räthlich oder thunlich machen würde, so ist einer außerordentlichen Versammlung sämtlicher Mitglieder über den Ausschluß zu berathen und hierzu die Anwesenheit von zwei drittheilen der Gesellschaftsmitglieder sowie zwei drittheilen der Stimmen der Erschienenen erforderlich.

§ 14

Anständige Fremde können derzeit in die Gesellschaft eingeführt werden, nur müssen sie dem Vorstande oder einem Ausschußmitgliede vorgestellt oder wenigstens angezeigt werden.

§ 15

Die Familien-Angehörigen der aktiven oder passiven Gesellschaftsmitglieder mit Ausnahme der Kinder unter achtzehn Jahren haben zu allen Gesangs-Produktionen ungehinderten Zutritt.

§ 16

Zu den Proben haben nur die aktiven Mitglieder der Gesellschaft Zutritt.

§ 17

Der Ausschuß der Gesellschaft besteht aus

einem Vorstande,

einem Dirigenten,

einem Caßier, der zu gleicher Zeit die Secretariatsgeschäfte zu besorgen hat, und

zwei Ausschußmitgliedern oder Beisitzern.

§ 18

Der Vorstand und Secretair, bezüglich Cassier der Gesellschaft werden von sämtlichen Mitgliedern der Gesellschaft und zwar aus der Mitte derselben gewählt; der Dirigent mit den beiden Beisitzern kann nur von den aktiven Mitgliedern und aus deren Mitte gewählt werden und haben die beiden Beisitzer den Dirigenten nicht nur zu unterstützen, sondern auch zu vertreten.

§ 19

Zur Wahl des Ausschusses ist die Anwesenheit von zwei Drittheilen der sämtlichen, bezüglich aktiven Mitgliedern der Gesellschaft erforderlich, und entscheidet bei solchen absolute Stimmenmehrheit.

§ 20

Die Wahl des Ausschusses findet alljährlich am 3ten Juni, wenn solcher ein Dienstag außerdem an dem diesem unmittelbar vorgehenden oder nachfolgenden Dienstage statt.

§ 21

Der Gesellschafts-Ausschuß ist der dirigierende Theil der Gesellschaft; er bestimmt namentlich die abzuhaltenden Produktionen und hat überhaupt alles dasjenige in Ausführung zu bringen, was dem Zwecke der Gesellschaft förderlich und nützlich ist, zugl. die Anschaffung von Musikalien.

§ 22

Nur bei außerordentlichen Ausgaben ist die Meinung sämtlicher Mitglieder zu hören, die treffende Angelegenheit von zwei

Drittheilen der Gesellschaft zu berathen und durch 2 Drittheile der Stimmen der Erschienenen zu entscheiden.

§ 23

Der Vorstand der Gesellschaft wird im Verhinderungsfalle durch den Cassier vertreten.

§ 24

Aus den Beiträgen der Mitglieder werden in der Regel die Musikalien, das Mobiliar die Kosten für das Lokal, dessen Beheizung und Beleuchtung bestritten und alle Jahre am Stiftungstage (§ 20) Rechnung vom Cassier gestellt.

§ 25

In den Sommermonaten April mit September findet an jedem Dienstag in der Woche, in den Wintermonaten Oktober mit März alle 14 Tage eine Gesangsprobe statt. Bei einfallenden Feiertagen findet die Probe am nächsten Dienstage statt.

§ 26

Alle Monate hat regelmäßig eine Produktion stattzufinden, deren Zeitpunkt der Ausschuß bestimmt.

§ 27

Nach Auflösung des Vereins soll das Vermögen desselben der Kirche dahier zur Anschaffung von Musikalien und Instrumenten zufallen.

§ 28

Abänderungen der Statuten können nur in einer Plenarversammlung und zwar bei Anwesenheit von zwei Drittheilen der Gesellschaftsmitglieder und zwei Drittheilen der Stimmen der Anwesenden erwirkt werden und unterliegen vor ihrer Verwirklichung der Genehmigung königlicher Regierung.

***

Orb, den 12. Januar 1846

Königliche Regierung von Unterfranken

und Aschaffenburg

Kammer des Innern

Bericht des Landgerichts Orb ... vom 15. July 1845

Die Bildung eines Gesangvereins zu Orb betreffend.

Nach Entschöpfung der durch die nebenbezogene hohe Entschließung angeordneten Ersatzungen legt man die betreffenden Aktenstücke in einem Hefte gehorsamst vor. Widerspruch zwischen § 5 und 7 der Statuten ist nun gehoben.

Der Zusatz zu § 25 findet sich unter § 28 der neu entworfenen Statuten. Daß die k. Distrikts-Schulinspektion keinen Anstand in der Bildung des Gesangvereins sehen, ist Seite 9 der Akten zu ersehen.

Da nun hiermit die früher bestehenden Anstände gänzlich beseitigt sind, so erlaubt man sich gehorsamst zu bemerken, daß der in der Bildung begriffene Gesangverein dafür der Hauptheben des formalen (?) Zusammenhalts Stände hiesiger Stadt ist, und daß in dessen Leistungen die wesentliche Erholung für Jedermann liegt, der in hiesiger, vom Mutterland so ganz abgeschlossenen Stadt zu leben hat.

Der Gesangverein ist auch fern von jeder politischen Richtung, hält sich fest auf Standpunkte des Ehrgefühls, ist Exzessen fremd, und verfolgt blos mit überraschender Aufopferung seinen gemeinnützigen Zweck.

Man fühlt sich daher gedrungen, solcher Instutition des Wort zu sprechen und waget an hohe Stelle die unterthänigste Bitte, dem Gesangverein dahier, die allerhöchste Genehmigung gnädigst zu erwirken, was umsoweniger einem Anstand unterliegen dürfte, da die beiliegende Namensliste der Vereinsmitglieder die Namen sämtlicher hiesiger Beamten als Gewähr der Solidität der Gesellschaft in sich trägt. Eurer Kgl. Regierung unterthänigst gehorsamstes Landgericht Büttner

gez. Büttner, Ldr.

***

Nr. 13906

P.S. Würzburg, den 30. Juni 1846

An das kgl. Landgericht Orb

Die Bildung eines Gesangvereins in Orb betreffend.

p. acta in Heft nebst den Statuten

Im Namen seiner Majestaet des Koenigs!

In Erwiderung des Berichts vom 12. Jänner d. Js. bezeichneten Betreffs wird dem Lgr. eröffnet, daß die Statuten zu den in deren Betr. angegebenen Zwecken zu bildenden Gesangvereins mit den Modifikationen genehmigt werden,

1. daß der § 3 der Statuten die Fassung erhalte: Mitglied der Gesellschaft kann jeder gebildete Mann und Jüngling werden, letzterer muß jedoch die Volljährigkeit bereits erreicht haben.
2. daß der Absatz 2 in § 4 gestrichen werde.
3. daß in § 15 statt der Worte „mit Ausnahme der Kinder unter 18 Jahren" zu setzen werde: „mit Ausnahme der noch Sonntagsschulpflichtigen Kinder". Die bestehenden Vorschriften über Einhaltung der Polizeistunde sind genau zu befolgen und die genehmigten Statuten in zwei beglaubigten Abschriften einzusenden. Das kgl. Lgr. empfängt seine Akten nebst den Statuten mit dem Auftrage zurück, das Weitere zu verfügen und die kgl. Distriktsschulinspektion in Orb von gegenwärtiger Entschließung in Kenntnis zu setzen.

***

Kgl. Reg. v. U.u.A, K.d.l.

Orb den 14 März 1850

Königliche Regierung von Unterfranken und Aschaffenburg

Kammer des Innern

Bericht des königl. Landgerichts Orb
Adresor v. 8. März 1850
Nr. 21984/16739

Die Einreichung der Satzungen der politischen Vereine im Koenigreich betreffend.

Dem hoechsten Auftrage vom 8. pr. 12. d. Mts. entsprechend zeigt man gehorsamst:

1. Politische Vereine existieren z.Z. im Gerichtsbezirk nicht; der seither in Orb bestandene März-Verein hat sich längst aufgelöst.

Als nichtpolitische Vereine bestehen im Bezirke:

a. der Gesangverein in Orb, der, nachdem dessen Statuten vorgelegt waren, von koenigl. Regierung durch hoechste Entschließung vom 30. Juni 1846 Nr. 13906/24487, genehmigt wurden.

b. die Turngemeinde in Orb; dieselbe erhielt, nachdem Statuten und Namensverzeichnis im Bericht vom 2. Septb. vorgelegt waren, durch hoechste Verfügung kgl. Regierung vom 31. Okt. 1848 Nr. 41103/3193 die Genehmigung.

2. diese beiden Vereine scheinen aber auch entschlafen zu sein, nachdem sie beiläufig seit einem Jahr kein Lebenszeichen mehr von sich gegeben haben.

In tiefster Ehrfurcht verharret
der Königlichen Regierung unterthänigst
gehorsamstes Landgericht
gez. Unterschrift (unleserlich)"

***

Auf dem gleichen Bericht des Kgl. Landgerichts Orb an die Regierung steht eine Verfügung der Kgl. Regierung, die ich wie folgt entziffert habe:

„Aus dem Bericht vom 14. d. Mts. bezeichneten Betreffs scheint hervorzugehen, daß die in Orb bestehenden Vereine nach Erscheinen des Gesetzes vom 26. Februar d. Js., die Versammlungen und Vereine betreffen, die Vorstandschaft und Satzungen nicht zur Anzeige gebracht zu haben. Das Lgr. hat hierüber **umgehend** zu berichten, zugleich aber auch das nach Nr. 28 u. resp. 32 der Vollzugsinstruktion herzustellende gesonderte Verzeichnis der Vereine in Abschrift anher vorzulegen.

Würzburg am 18. April 1850

Kgl. Regierung K.d.I.

gez. Unterschrift (unleserlich)"

Soweit mein Bericht über den „Gesangverein in Orb".

I. Wasenmeister, II. Verehelichungserlaubnis für Adam Pfeifer aus dem Friedrichsthal

14. Januar 1988

36. I. Wasenmeister und II. Verehelichungserlaubnis für Adam Pfeifer aus dem Friedrichsthal[9]

ACTA

der

königlich bayerischen Regierung

des

Unter - Mainkreises

Kammer des Innern.

Betreff. Orb Landgericht

Wasenmeister

(Ein Wasenmeister war ein „Feldmeister", so wurden Abdecker oder Schinder genannt, die Tierkadaver zu beseitigen hatten.)

9 Der vollständige Titel lautet: Aus Orber Vergangenheit. Nach Akten des Hessischen Staatsarchivs Marburg. Heute über: I. Wasenmeister, II. Verehelichungserlaubnis für Adam Pfeifer aus dem Friedrichsthal"

I. Wasenmeister

Vorbemerkung

Aus dieser Akte habe ich im nachfolgenden nur wenige der zahlreichen Schriftstücke wiedergegeben. Einige sind kaum noch zu entziffern, andere betreffen andere als Orber &lange. Es gehörten ja auch Aufenau und Neudorf sowie Aura, Mittelsinn und Obersinn zum Landgericht Orb.

Interessant ist aber die von den beiden damaligen Wasenmeistern Ad. u. Joh. Lindenmayer verfasste „Vorstellung und Bitte an die Königliche Regierung" in einer Schrift vom 13. Februar 1855, weil darin die damaligen Verhältnisse anschaulich geschildert werden. Der Antrag der Wasenmeister Lindenmayer bestätigt die in jenen Jahren hervorgehende große Not, in welcher die Orber unverschuldet geraten waren. Zuvor war ja der bekannte Bericht des Untermain-Kreises über die „Verhältnisse in der Stadt Orb" geschrieben worden, die zu einer großen Sammlung im Königreich Bayern Anlass gaben.

Ich selbst erinnere mich noch gut, dass in meiner Kinderzeit Tierkadaver in der sogen. „Schindskaute", einem Waldstück am Markberg, vergraben wurden. Die Vermutung liegt nahe, dass man dieses Waldstück deshalb gewählt hat, weil es Sandboten hatte und man dort leichter ein Loch graben konnte als an Stellen, die stark verwurzelt waren.

Aus den Akten:

„An das K. L. G. Orb

Nach einer Mittheilung der k. Kammer der Finanzen übt ein gewisser Nord aus Birstein als Erbpächter die Wasenmeisterei im Bezirke Aufenau aus. Das k. L. G. Orb wird nun aufgefordert, binnen 8 Tagen Aufklärung geben .... einzulassen, ob dieser

Fremde seine Verrichtung als Wasenmeister im bes. diesem Bezirke genüge, so daß in polizeilicher Beziehung gegen den selben eine begründete Ausstellung nicht bestehe.

Würzburg, am 12. Nov. 1823

gez. Unterschrift. ... (Freiherr)"

*

„Würzburg, d. 15. April 1826

Protokoll-Auszug an die königl. Kammer der Finanzen die Wasenmeisterei zu Aufenau und Neudorf betreffend

Der Bericht des königlichen Landgerichts Orb nebst beiliegendem Protokoll in oben bezeichnetem Betreff sey an die Königl. Kammer der Finanzen mitzutheilen und an Stelle unter Beziehung auf den diesseiteigen Antrag vom 3. Dezember 1832 wiederholt um Auflösung des Erbpachts der Wasenmeisterei zu Aufenau und Neudorf um so mehr ergeben, als dieses Verhältnis den neuesten allerhöchsten Bestimmungen über dieses Gewerbe nicht mehr entspreche.

Gez. Unterschrift"

*

Notiz auf einem *Beschluss der Königl. Regierung in Würzburg vom 27. April 1826, der die Wasenmeisterei von Birstein, Neudorf und Aufenau betrifft:*

„An das Königliche Landgericht Orb Auf die schriftliche Vorlage des K. Landgerichts vom 10. V. M. wird dem Wasenmeister Philipp Lindenmayer von Orb die Ausübung des Wasenmeistersgewerbe zu Aufenau und Neudorf gegen Entrichtung eines jährlichen Concesionsgeldes von 4 Gulden mit dem Bemerken gestattet, daß das Erbbestandsverhältnis aufgelöst sey.

Würzburg, den 5. Mai 1826

Die Königliche Regierung, Kammer des Innern

gez. Unterschrift"

*

„Zur

„Königlichen Regierung zu Unterfranken und Aschaffenburg unterthänigst gehorsamste Vorstellung und Bitte der Wasenmeister Ad. u. Joh. Lindenmayer zu Orb Contravention Anderer gegen die Wasenmeister-Ordnung etc. betreffend.

Königliche Regierung!

Wiewohl erst im vorvorigen Jahr durch das Kreisamtsblatt v. 13tem März 1854 unter Anderem bekannt gemacht wurde,

daß der Wasenmeister darüber zu wachen habe, daß von niemand Anderem gefallenes Vieh vergraben oder abgezogen und in das Wasser oder sonstwohin geworfen werde und bei Entdeckung einer solchen Polizeyübertretung dem Wasenmeister die sonst üblichen Gebühren doppelt bezahlt werden sollen, die Thäter aber für allen Schaden zu haften haben und bei Viehseuchen mit 10 bis 20 Thalern außerdem aber mit I bis 2 Thalern bestraft werden sollen, ferner, obwohl durch das bezeichnete Kreisamtsblatt unter Anderem weiter bekanntgemacht wurde,

daß jeder Verkauf verwesen-mäßigen Fleisches sowie das Füttern der Hunde mit solchem Fleisch, sodann das Einsalzen, Räuchern oder anderweitiger Verwendung desselben neuerlich bei 15-30 Thalern Strafe verboten werde,

so wird doch diese Verordnung von Seite mehrerer im hiesigen Gerichtsbezirke vorhandenen Schäfer und eines Mundschlächters konsequent ignoriert, indem dieselben fallmäßiges Vieh, vorzüglich Pferde, Schaafe und Hunde schlachten und das Fleisch sodann verwenden.

Bei diesem namentlich in unserer Zeit angenommenen Verfahren, unbrauchbare fallmäßige Pferde etc. zu schlachten, glauben dieselben, obige Verordnung, da hinein von wasenmäßigem Fleische die Rede ist, umgehen zu können, verursachen aber uns Wasenmeistern enormen Schaden, während dieselben zugleich die Gesundheit des ganzen Gerichtsbezirkes und der Umgebung gefährden.

Aus Anlaß dessen stellen wir nun hiermit an hohe Königliche Regierung die unterthänigst gehorsamste Bitte:

das königliche Landgericht Orb zu beauftragen, in vorkommenden Fällen strengstens einzuschreiten,

ehrfurchtsvollst beifügend, das wir es unsererseits an der geeigneten Wachsamkeit nicht werden fehlen lassen, um diesem sehr ahndungswerthen Unfug durch Anzeigen zu heben.

In tiefster Ehrfurcht Eurer Königlichen Regierung unterthänigst gehorsamste

gez. Lindenmayer

Orb am 13ten Februar 1855“

Soweit die Akten über den WASENMEISTER.

Eine Stellungnahme der Königl. Regierung von Unter/ranken und Aschaffenburg in Würzburg hierüber geht aus den Akten nicht hervor.

II. Verehelichungserlaubnis für Adam Pfeifer vom Friedrichsthal

„Orb am 29ten November 1827

Königliche Regierung!

Bericht

des königl. Landgerichts Orb im Betreffe

Adam Pfeifer von Friedrichsthal, Bürger

Annahme und Verehelichungs-Erlaubnis - Rekurs betreffend

Zur Kammer des Innern mit Akten

Adam Pfeifer, elternloser Bürgers-Sohn von Friedrichsthal, einem zur Gemeinde Orb gehörigen Weiler, erkaufte eines der dortigen Güter um 550 fl., verlobte sich mit einer Waise von Lanzingen, welche von ihrer Mutter auf Kasseler Gemarkung hiesigen Bezirkes in Grundstücken 277 fl. besitzt und ward auf den Besitz des gesetzlich erforderlichen Grundvermögens gegen das Gutachten des Gemeinde-Ausschusses bei vorhandener übrigen gesetzlicher Erforderniße zum Bürger angenommen, wogegen der Ausschuß innerhalb der gesetzlichen Frist den Rekurs nahm, die Rekursschrift mit sämtlichen Akten legt man daher in dem Ausschuß zur Entscheidung untertänigst vor und fügt zur Rechtfertigung der landgerichtlichen Entscheidung noch folgende pflichtmäßige Bemerkung bei:

1. Adam Pfeifer besitzt das zu Friedrichsthal erkaufte Gut zu 550 fl. an blosen Wiesen seiner Braut in Kassler Gemarkung 120 fl., mithin zusammen 670 fl., also mehr als das gesetzlich erforderliche Grundvermögen, wenn er nur die Wiesen seiner Braut beibehalten kann.

Um das gekaufte Gut zu bezahlen, besitzt seine Braut an Äckern in Kasseler Gemarkung 157 fl.

Er selbst hat amtlich liqudirte gute Außenstände	323/25
und bedarf daher von dem übrigen	
Vermögen seiner Braut nur	69/35
Gleich	550 fl.

Seiner Braut bleiben sonach an gerichtlich und amtlich beschienenen Vermögen in Lanzingen noch 281/25 fl., wovon die oekonomisch geringe Einrichtungen jeweils gemacht werden und innerhalb 6 Jahren nach den Kaufbedingungen eine Scheune mit Stall bei dem erprobten Fleiß des Aspiranten errichtet werden kann, welche allein dem Gute mangelt.

1. Jedes Gut zu Friedrichsthal, besonders wenn es noch einige Wiesen besitzt, in einer angrenzenden Gemarkung dabei ist, ist zur Ernährung einer Familie hinreichend. Dies ward schon bei der ursprünglichen Anlage dieses Weilers erwogen, und wird durch die Einwohner selbst erwiesen, welche sämtlich, 2 ausgenommen, sich redlich und barg ernähren, obgleich noch bei keinem einzigen Gut die sämtlich dazu gehörigen Oedungen urbar gemacht sind. Grade nur diese 2 luderlich von außen dahin gegangenen Einwohner sind es, auch welche Waldfrevler geheißen werden können, keinem der übrigen Bewohner

Friedrichsthals kann diese Beschuldigung gemacht werden. Selbst die 2 zugereißten erscheinenden Frevler sind nicht von großem Belange, denn sie sind ohne Fuhrgeschirr, können daher nur Frevelholz tragen, höchsten mit Schubkarren fahren.

2. Adam Pfeifer hat seit seiner Jugend bei Bauern gedient, ist zur Feldarbeit vollständig befähigt, und hat von seinen Ausständen einen großen Theil selbst erspart. Seine Braut hat von ihm ein 2jähriges Kind; um die Annahme in Lanzingen hat Pfeifer sich noch gar nicht beworben.

Die gegentheiligen Anführungen pos. 6 und 7 in der Rekursschrift sind unerhört, so wie das ganze Reisernoment von 1 mit 5 grundlos ist.

Eurer königlichen Regierung unterthämgst gehorsamstes Landgericht

(Unterschrift unleserlich)“

***

„Würzburg, den 22. Jänner 1828

An das Landgericht Orb

Die Berufung der Gemeinde Orb wegen der dem Adam Pfeifer zu Friedrichstahl bewilligten Ansäßigmachung betreffend.

Die unterzeichnete kgl. Stelle findet nach Einsicht der hierüber zuwiderfolgenden Verhandlungen keine zureichende Veranlassung, eine Änderung des von dem kg. Landgericht in der unten bezeichneten Angelegenheit erlassenen bewilligenden Beschlußes eintreten zu lassen, und bestätigt denselben aus den beigefügten Notizen, wonach das weiter Geeignete zu verfügen ist.

Königliche Regierung

gez. Unterschrift (unleserlich)“

***

Anmerkung

Weitere Verfügungen oder sonstige Unterlagen liegen den Akten nicht bei, so daß man davon ausgehen kann, daß dem Adam Pfeifer die Verehelichungserlaubnis erteilt wurde.

Den Orber Kirchenbüchern zufolge hat Adam Pfeifer seine Braut Elisabeth Wenzel aus Lanzingen am 12. Febr. 1828 in Orb geheiratet. Sie sind wahrscheinlich die Eltern des im Jahre 1825 geborenen und 1898 verstorbenen Adam Pfeifer aus Friedrichsthal, der in 1. Ehe mit Johanna geb. Freb und in 2. Ehe mit Johanna Rosine geb. Müller verheiratet war. Aus dieser Ehe gingen 2 Söhne hervor, wovon einer auch Adam genannt war (geb. 1872). Nachkommen von ihm leben heute noch in Orb.

Über das „Verkehrs- und Nachrichtenwesen 1817-1866“

18. März 1988

25. März 1988

37. Über das „Verkehrs- und Nachrichtenwesen 1817-1866“[10]

Vorbemerkung

Der Schriftwechsel über das Verkehrs- und Nachrichtenwesen in der bayerischen Zeit erstreckte sich über mehrere Jahrzehnte und ging durch viele Hände und Behörden. Teil ist das Geschriebene in den betreffenden Akten lesbar, zum anderen Teil aber nicht zu entziffern. Aus diesem Grund ist der Zusammenhang nicht immer gewahrt.

Die Abhandlung enthält Informationen über die Botengänge zwischen Orb und Aschaffenburg. Über die Route des zweimalwöchentlichen Fußweges nach Aschaffenburg und zurück ist in den Akten allerdings nichts zu lesen. Die Boten (im vorliegenden Falle Urban Gebhard und sein Sohn Heinrich Gebhard aus Orb) haben im Laufe der vielen Jahre den nächsten und passendsten Weg wohl selbst herausgefunden. Wenn man sich einmal vorstellt, dass der Bote den Weg nach Aschaffenburg und zurück ungeachtet Witterung zweimal in der Woche zu Fuß gehen musste, mag dies auch für einen gewohnten Marschierer nicht leicht gewesen sein. Bei viel Gepäck durfte er sich jedoch eines Schubkarrens bedienen.

Die Akten berichten weiterhin über die wöchentlichen Fahrten des Johann Adam Dehmer aus Orb zur Beförderung von Personen und Materialien mit einem zweispännigen Wagen nach Würzburg und zurück. Hier war die Route Lohr-Gemünden-

[10] Der vollständige Titel lautet: Aus Orber Vergangenheit. Nach Akten des Hessischen Staatsarchivs Marburg. Heute: Über das »Verkehrs- und Nachrichtenwesen 1817-1866« (Die Botengänge zwischen Orb und Aschaffenburg und die Fahrten zwischen Orb und Würzburg in bayrischer Zeit.)“

Karlstadt vorgeschrieben, wobei der Fahrer sowohl bei der Hin- als auch bei der Rückfahrt in Wernfeld Nachtquartier beziehen musste.

Aus der Bittvorstellung des Heinrich Gebhard an die Königl. Regierung - Kammer des Innern - in München geht hervor, dass schon seit 1818 ein wöchentlich zweimaliger Botendienst von Orb nach Aschaffenburg und zurück durchgeführt wurde. Das Gesuch des Orber Fuhrmanns Johann Adam Dehmer um eine Konzession als fahrender Bote nach Würzburg und zurück ist vom Jahre 1839. In den dazwischen liegenden Jahren wird nur der Bote zu Fuß den gewohnten Weg nach Aschaffenburg und zurück gegangen sein. Über die weitere Verbindung nach Würzburg ist in den Akten nichts vermerkt.

Im nachfolgenden werde ich den Inhalt der Akten nur auszugsweise wiedergeben und mich dabei auf das Wichtigste beschränken.

***

In einem Schreiben der Regierung von Unterfranken und Aschaffenburg in Würzburg an die Königl. Kammer des Innern in München vom **6. Dezember 1822**, das als Gegenstand **die Anschaffung einer Paket- und Brieftasche für den Postboten zu Orb** betrifft, ist der Beschluss wiedergegeben,

„daß man von den Kosten, welche für die Anschaffung einer Paket- und Brieftasche für den herrschaftlichen Boten zu Orb mit 17 fl. 8 Krz. veranschlagt sind, die Hälfte übernehmen wolle, wenn die andere Hälfte »jenseits« bestritten werden würde.“

*

Die Regierung in Würzburg unter dem 16. Dezember 1822 an das Königl. Landgericht Orb, die Anschaffung einer Paket- und Brieftasche für den Postboten zu Orb betreffend:

„Auf den Bericht hin wird der Anschaffung einer Paket- und Brieftasche für den Briefboten zu Orb nach dem hier zurückfolgenden Kosten-Überschlag zu 17 fl. 8 Krz. genehmigt und das K.L.G. beauftragt, die fraglichen Sachen hiernach fertigen zu lassen und die Kosten zur Zahlungsanweisung vorzulegen.“

*

„Unterthänigst gehorsamste Bittvorstellung des Heinrich Gebhard zu Orb um gnädigste Adjunction auf den Botendienst seines Vaters Urban Gebhard unter dem 3. Dezember 1829 an die Königliche Regierung, Kammer des Innern, in München:

Bereits seit dem Jahre 1818 verrichtete auf die gnädigste Anstellung dieser Königlichen höchsten Kreis-Regierung mein Vater Urban Gebhard den wöchentlich zweimaligen Botendienst des königlichen Landgerichts Orb, einschließlich königl. Rent-, Forst- und Hauptsalzamtes nach Aschaffenburg, und von da mit Briefschaften und Paketen nach Orb zurück, wobei ich ihn, seines eingetretenen hohen Alters wegen, schon seit mehreren Jahren unter der Strenge und den Vitalitäten jeder Witterung nicht nur auf das kräftigste unterstütze, sondern auch seit geraumer Zeit diese Botendienste fast ganz allein verrichtete und mir bei gewöhnter pünktlicher Arburatesse und Treue in allen mir geschehenen Aufträgen die allgemeine Zufriedenheit und unbedingtes Vertrauen der königl. Behörden erworben habe. Vertraut nun mit allen Obliegenschaften dieser Botenstelle, und mit allen dazu erforderlichen Kenntnissen versehen, wage ich es nun mit ehrfurchtsvoller Vorlage mehrerer offiziellen Zeugniße des königl. Rentamtes, des k. Hauptsalzamtes zu Orb und des Kahler Bergwerkes, eine höchste Königliche Regierung auf das inständigste um die höchste Gnade zu bitten,

daß ich meinen altersgebrechlichen Vater in dieser Botenstelle, und mit huldvollster Zusicherung des damit verbundenen Gehaltes adjungirt werden möchte“ Unermüdet werde ich mich bestreben, diese höchste Gnade zu verdienen und verharre in tiefster Devotion,

Eurer Königlichen Regierung

unterthänigst gehorsamster

gez. Heinrich Gebhard zu Orb."

Das Königl. Landgericht Orb berichtet unter dem 18. Januar 1830 der Königl. Regierung, das Gesuch des Heinrich Gebhard von Orb um die Adjunktion auf den Amtsbotendienst seines Vaters betreffend:

„In Gemäßheit der nebenbemerkten Regierungsverfügung legt man über die Amtsstellenverpflichtung und des Gehalts des Amtsboten Gebhard die 3 beiliegenden Dekrete sowie das Verpflichtungsprotokoll unterthänigst vor. Diesen Aktenstücken fügt man zugleich die Erklärung des Amtsbothens über die gänzliche Abtretung des Bothendienstes auf den Fall der höchsten Genehmigung bei. Schließlich bitte man um die gnädige Rücksendung der vorgelegten landgerichtlichen Akten."

*

Das Gesuch des Heinrich Gebhard von Orb um die Adjunktion auf den Amtsbotendienst seines Vaters betreffend, teilt die Regierung von Würzburg der Königl. Regierung, Kammer der Finanzen, folgenden Beschluß mit:

„Der K. Regierung – Kammer des Innern – sey unter Rückgabe der überreichten Mitteilung vom 26.v.Mts. zu äußern, daß gegen die Übertragung der Amtsbothendienste, welche der Invaliden-Korporal Gebhard allda bei den hier vorliegenden guten Zeugnißen keine Anstände unterliegen und daß sein Vater auf diesen Botendienst und den Ansprüchen daraus bei Gericht verzichte, der Sohn nach § 20 der Verordnung vom 17. Dez. 1825 Ges.-Blatt Seite 1049 den Botendienst auf Ruf und Widerruf erhalte und ihm die bisherigen Vergütungen hierfür nicht als Gehalt, sondern ausdrücklich als Bote auf die Dauer der ihm übertragenen und wirklich geleisteten Botendienste bewilligt würden."

„Zeugnis

Dem Amtsbothen Urban Gebhard von Orb, welcher gesonnen ist, seinem Sohn Heinrich Gebhard die Amtsbothenstelle zu *übertragen*, wird auf sein Verlangen hiermit amtlich bezeugt, daß gegen eine solche Übertragung nichts eingewendet werden wird, indem sein Sohn Heinrich schon mehrere Jahre lang die meisten Bothengänge zur vollsten Zufriedenheit des unterzeichneten Hauptsalzamtes besorgt, und sich stets ordentlich betragen hat.

Saline Orb am 3ten October 1828

Königlich Bayerisches Hauptsalzamt Orb“

*

„Zeugnis

Heinrich Gebhard, Sohn des Amtsboten Gebhard von hier, 26 Jahre alt, seinen den zweimaligen Botengängen in jeder Woche von hier nach Aschaffenburg über acht Jahre unterstützet, hierbey die amtlichen Aufträge mit möglichster Genauigkeit besorgt; die herrschaftlichen Paquetten und Briefschaften wohl verwahrt an Ort und Stelle in der fürgesetzten Zeit überbringt, die amtl. Gelder sowohl als jene der treulich abliefert; sich niemals dem Trunke ergibt, überhaupt einen sittlichen Lebenswandel führt; des Lesens, Schreibens und Rechnens wohl bewandert sey, wird demselben andurch auf Verlangen nach Pflichten attestirt.

Orb am 17. August 1829

Koenigl. Rentamt

gez. J. Ottenberger“

*

„Attest

Heinrich Gebhard, Sohn des Amtsbothen Urban Gebhard von Orb, versieht schon seit als 6 Jahren, abwechselnd mit seinem Vater, dessen Dienst zur vollesten Zufriedenheit des unterzeichneten kgl. Amtes; namentlich besagten die Correspondenz, Gegenstände desselben sowie alle Geldlieferungen pünktlich und getreu und unterzieht sich auch Privatbestellung willig. Da überdies die Handhabung seines

Bothenamtes dem Urban Gebhard (Vater) allmählich sauer und resp. unmöglich wird, so nimmt ths k. Bergamt keinen Anstand, dem Heinrich Gebhard (Sohn) auch formalitär als Amtsbothen zu erkennen und hierzu die höchste Genehmigung des kgl. General-Bergwerks- und Salinen-Administration zu erwirken.

Auf Verlangen und nach Amtspflicht ausgestellt.

Kahler Bergwerk den 3ten Oktober 1829

Kgl. Bergamt Kahl

gez. Unterschrift, Bergmeister“

Geschehen Orb am 7. Juni 1830

„Gegenwärtig

K. Landrichter Debes

Protokoll Walter

dann Heinrich Gebhard

Anstellung des Heinrich Gebhard von Orb als Amtsbote.

Wurde heute Heinrich Gebhard, Sohn des seitherigen Amtsboten Urban Gebhard, und nunmehr verehlichten Bürger dahier vorgerufen und demselben die bereits schriftlich mitgetheilte höchste Regierungs-Entschließung nochmals abgelesen, dieser gemäß wurde Heinrich Gebhard angewiesen, als nunmehrigen Amtsbothen alle ihm von dem K. Landrichter, Rentamte, der K. Salinenverwaltung dahier so wie von sonstigen Stellen und Privaten zur Überlieferung an das K. Postamt zu Aschaffenburg zugeteilt werdende Briefe und Papiere, so wie umgekehrt aller von dem K. Postamt Aschaffenburg zur Überlieferung hierher erhaltene Brief redlich und treu zu besorgen und sich dafür mit den von seinem Vater bereits bezogenen Bothenlöhnen vom Königl. Rentamte und Hauptsalzamt für Herrschaftliche Aufträge, dann in privaten Sachen mit dem bestimmten Bothen...(?) sich begnügen. Gleiche Treue, Redlichkeit und Pünktlichkeit von denselben in Beziehung auf die durch deren Verfügungen und Akkorde auf ...(?)... Geldtransporte des K. Rentamtes, dann Geld- und sonstige Transporte des K. Oberzollamtes Wirtheim angefohlen.

Zur treuen Erfüllung dieser Obliegenschaften wurde Heinrich Gebhard durch bürgerlich Eid verpflichtet, was derselbe durch Unterschrift beurkundete.

gez. Heinrich Gebhard, Amtsbothe."

Auf Beschluss des Landgerichts Orb wurde des vorstehenden Protokolls mit seinem Bericht an die Kreisregierung eingesandt.

Text eines Briefes des Landgerichts Orb vom 25. Sept. 1839 an die Königl. Regierung von Unterfranken und Aschaffenburg in Würzburg, Kammer des Innern:

„Gesuch des Bürgers und Fuhrmanns Johann
Adam Dehmer von Orb um eine Concession
als fahrender Bote von hier nach Würzburg
betreffend, mit zwei Anlagen.

Das vorschriftsmäßig instruierte Gesuch wird damit zur competenzmäßigen Verfügung vorgelegt und zur gnädigsten *Willfahrung* gehorsamst vorgelegt.

Der königlichen Regierung unterthänigst gehorsamste Landgericht

gez. König, Landrichter."

*

Hier die Antwort der Regierung zu Würzburg an das Landgericht Orb:

„Das Landgericht erhält die mit Bericht vom 25ten v.M. vorgelegten 2 Anlagen mit dem Auftrage zurück, das bezeichnete Gesuch vorerst vorschriftsmäßig nach den Vollzugsvorschriften vom 24ten Juny 1835 zu Art. 10 Zif. I ungesetzlichen Grundbestimmungen für das Gewerbswesen im besonderen Ziff. III ibid., dann nach § 2, 4 und 9 der Land- und Wasserboten-Ordnung vom 16. November 1822 vollständig zu instruiren, insbesondere die in § 2 bezeichneten Betheiligten durch die resp. Polizeibehörden vernehmen zu lassen, eine Beschreibung des Grundvermögens des Gesuchstellers zu den Akten bringen, und dessen Schuldenbelastung oder Freyheit durch Hypothekenbuchs-Extrakt formulieren zu lassen, und ferner den Gesuchssteller zu vernehmen, ob er sich nicht mit einer auf die Land- und Wasserbotenfahrten von Lohr, Wernfeld oder Gemünden influrirenden Botenfahrten begnügen wolle.

Die so ergänzten Akten sind bald in Vorlage zu bringen.

Adp. 2 Berichtsanlagen

Würzburg den 4. Oktober 1839

gez. Unterschrift"

***

Schreiben des Landgerichts Orb vom 26. Nov. 1839 an die Königl. Regierung von Unterfranken und Aschaffenburg, Kammer des Innern: das Gesuch des Fuhrmanns Johann Adam Dehmer von Orb um Konzessionierung als fahrender Bote:

„Conzessionirung" als fahrender Bote von Orb nach Würzburg betreffend:

„Nachdem die Akten nach Maßgabe der nebenstehenden höchsten Entschließung ergänzt sind, werden solche hiermit zur weiteren höchsten Verfügung der Königl. Regierung unterthänigst gehorsamst wieder vorgelegt.

Landgericht, gez. Unterschrift, Landrichter."

Die Königl. Regierung von Unterfranken und Aschaffenburg **an die K. General-Post-**Administration **in München an die obrigen Betreffs:**

„Wir beehren uns, anliegend die Akten des K. Landgerichts Orb über das Gesuch des Fuhrmanns Johann Adam Dehmer von Orb um die Conzessionirung als fahrender Bote zu Orb nach Würzburg zur gefälligen Aeußerung mitzutheilen."

***

Die K. Regierung von Unterfranken und Aschaffenburg Kammer des Innern.

Das Gesuch des Fuhrmanns und Bürgers Adam Dehmer von Orb um „Conceßionirung" als fahrender Bothe von Orb nach Würzburg über Lohr und Carlstadt betreffend:

„Wir beehren uns unter Rückschluß der Akten auf die gefällige Zuschrift vom 2. Dezember v.J. dienstergebenst zu erwidern, daß wir gegen die Ertheilung der in Rubro genannten Conceßion auf der angegebenen Route und unter einer gehörigen polizeilichen Controle, damit der heute nicht gegen das Interesse der Staats-Post-Anstalt handle, nichts einzuwenden haben.

gez. Unterschrift"

***

Mit dem vorstehenden Bescheid der Königl. General-Post-Administration in München vom 5. Januar 1840 an die Königl. Regierung von Unterfranken und Aschaffenburg in Würzburg ist dem Fuhrmann Johann Adam Dehmer von Orb die nachgesuchte Landbotenkonzession erteilt, im Einzelnen unter den Bedingungen, die die Regierung in Würzburg an das Landgericht Orb unter dem 14. Januar 1840 im nachstehenden Text genannt hat.

„Dem Fuhrmann Adam Dehmer von Orb wird auf Ansuchen und mit Zustimmung der Generals-Administration der K. Posten in der Erwägung, daß Bewerber seine Befähigung zum Botengewerbe durch den Besitz eines entsprechenden Schuldenfrage-Vermögens hinlänglich nachgewiesen hat, gegen dessen Leumund nichts zu erinnern, eine Botenverbindung zwischen Orb und hiesiger Stadt aber ausweis der Akten dringendes Bedürfnis ist, durch die Ertheilung einer neuen Konzession auch für die bereits bestehenden wenigen Landboten dieser Route in ihrem Auskommen eine wesentliche nicht zu fürchten ist, die Konzession zu einmaliger wöchentlich Landbotenfahrt in einem zweyspännigen Wagen mit der Befugnis, Personen wie Frachtstücke in Orb aufzunehmen, unter den Bedingungen ertheilt.

1. daß er sich in Allem nach den Vorschriften der Land- und Wasserbotenordnung vom 16ten November 1822 und den allenfalls für die Folge gegeben werdenden Vorschriften halte.
2. eine Kaution von 300 fl. zur Sicherheit des Postkärnens wie des verkehrenden Publikums aufrecht mache,
3. wöchentlich donnerstags von Orb ab über Lohr, Gemünden und Karlstadt hierher dahier an Freytag Abend eintreffe, und Samstags mittags 11 Uhr von hier ab auf derselben Route Sonntags nach Orb zurückkehre, und sein Nachtquartier auf Her- und Rückreise in Wernfeld nehme.

Hiernach hat das Landgericht unter Rückempfang mit der Bericht vom 26ten November v.J. vorgelegten Akten das Weitere zu verfügen, nach Rechtskraft dieser Entschließung dem Bewerber zur Aufrechtweisung der geforderten Kaution anzuhalten und ihm nach Errichtung derselben die anliegende Konzessions-Urkunde ausfolgen zu lassen.

Hyrbey wird dem Landgericht aber bemerkt, daß dem öffentlichen Ansehen von Gewerbskonzessions-Gesuchen nach Ministerial-Reß. vom 25ten März 1837, Kreis-Intell.Blatt 1837 Seite 289 u. 290 stempelfrey (?)

Ad.p. Konzessions-Urkunde in nachfolgender Form u. 1 Faszkl. (?) Akte

K.d.J.

„J.R. ertheilt die unterfertigte Stelle dem Fuhrmann Adam Dehmer von Orb auf den Grund der Land- und Wasserboten-Ordnung vom 16ten November 1822 die Konzession zur wöchentlich einmaligen Landbotenfahrt von Orb über Lohr, Gemünden und-Karlstadt nach Würzburg und zurück in zweyspännigem Wagen mit dem Rechte, in solchem Personen und Waaren aufzunehmen, und unter der Bestimmung, daß er nur donnerstags von Orb abfahre und nach genommenen Nachtlagern in Wernfeld Freytags Abend dahier eintreffe, Samstags darauf 11 Uhr von hier abzufahren, zu Wernfeld zu übernachten und Sonntags zu Orb wieder einzutreffen habe.

Hierüber wird demselben Gegenwärtig in seiner Legitimation zugefertigt.

K.d.J.

Notific. Abschrift obiger Entschließung an das Landgericht Orb, der Generaladministration der K. Posten zu München mittelst Schreibens.

Würzburg, d. 14. Jenner 1840".

gez. Unterschrift (unleserlich)“

***

Ende.

Über den Orber Sauerborn

03. Juni 1988

38. Über den Orber Sauerborn[11]

Vorbemerkung

*Über dieses Thema schreibt **Franz Nikolaus Wolf** (in „Das Landgericht Orb, seine Salinen und Umgebungen, 1824") auf Seite 45:*

„Die Mineralquellen zu Orb.

Vor der Stadt Orb an der Haupt-Salzquelle der Saline, und zunächst am königl. Landgerichtsgebäude, ist der sogenannte Sauerborn (Brunn), aus welchem die Orber sich ihr Lieblingsgetränk holen, und in der südlichen Umgebung der K. Saline sind noch 2 Mineralbrunnen. Die Analyse dieser Mineralbrunnen ist blos und mit fixer Luft, Kohlenstoffsäure und kohlensauren Gase angeschwängertes süßes Wasser. Das kohlenstoffsaure Gas ist daher die einzige Bedingung dieser Mineralquellen. Sie gestalten sich dadurch, daß an dem Orte des Hervortrittes der Kohlensäure süßes Brunnenwasser hinzu geleitet wird, sich mit Luft schwängert, und so das Mineralwasser zeugt."

***Johann Büttel** (* 1831, † 1910) schreibt über das gleiche Thema in **„Geschichte der Stadt und Saline Orb"** auf Seite 17 unter g) Mineralquellen u.a.:*

„Am südlichen Ende der Stadt, in nächster Nähe der früheren Hauptsalzquelle der Saline, befindet sich der als allgemein beliebtes Trinkwasser benutzte Sauerbrunnen. Derselbe befand sich früher im Souterrain eines salinarischen Gebäudes in der Tiefe von ca. 3 Metern, durch einen ca. 20 Meter langen Stollen gelangte man zur eigentlichen Quelle, einer Ausströmung von kohlensauren Gasen aus der Erde, zu der süßes Quellwasser zugeleitet ist, das dann mit Kohlensäure geschwängert, das wohlschmeckende erfrischende kohlensaure Wasser liefert."

***

---

11 Der vollständige Titel lautet: „Aus Orber Vergangenheit. Nach Akten des Hessischen Staatsarchivs Marburg. Heute: Über den Orber »Sauerborn«"

Beim Hess. Staatsarchiv Marburg gibt es ein Aktenstück, betitelt:

Das Mineralbad zu Orb in Unterfranken und Aschaffenburg. Die Fassung des Orber Sauerbrunnens betreffend

Um den Zusammenhang im Wesentlichen zu wahren, habe ich im Nachfolgenden viele Schriftstücke der betreffenden Archivunterlagen wiedergegeben. Der Leser wird das eine oder andere inhaltlich nicht so bedeutend finden. Auf alle Fälle ist es aber interessant zu lesen, dass sich höchste Stellen der Regierungen in München und Würzburg mit dem Orber Sauerbrunnen beschäftigten mussten. Das vom Salinen-Inspektor Knorr in Bad Kissingen angeforderte und gefertigte Gutachten liegt den Akten nicht bei. Aus dem Gesamtinhalt und den entstandenen Kosten kann man aber schließen, dass das Gutachten positiv ausgefallen und die Fassung des Sauerbrunnens genehmigt und durchgeführt worden ist. Im Einzelnen lautet der Text der betreffenden Aktenblätter wie folgt:

„Die Fassung des Orber Sauerbrunnens

Durch das Protokoll zum Königl. Finanz-Ministeriumsfolgt gegen Remission der Bericht der Königl. Regierung von Unterfranken und Aschaffenburg de dato 15ten Juny d.Js. unten bezeichneten Betreffes zur gefälligen förderlichen Äußerung mit der ergebensten Bemerkung, daß das unterzeichnete Ministerium mit dem Gutachten des K. Kreisbaurathes Schierlinger über die Fassung der bezeichneten Quelle vollkommem einverstanden sey.

München den 27ten July 841
Königliches Ministerium des Innern
gez. Unterschrift
Betreff: Die Fassung des Orber Sauerbrunnens.“

***

„An die K. General-Bergwerks- und Salinen-Administration

Der K. General-Bergwerks- und Salinen-Administration wird der Bericht der K. Regierung von Unterfranken und Aschaffenburg, K.d.I. vom 5ten d.M. betreffend die „Fassung des Orber Sauerbrunnens“ gegen Remission unter dem Auftrage zugeschlossen, nach dem Schlußantrag diese Berichtes die geeignete Weisung an den k. Salineninspektor Knorr zu Kissingen zur Untersuchung der fragl. Quelle zu Orb und Abgabe eines umfassenden Gutachtens ergehen zu lassen und das Ergebnis seinerzeit anher vorzulegen.“

„Nachricht an das K. Ministerium des Innern

in vorläufiger ergebenster Erwiderung der schätzbarsten Note vom 22ten d.M. betreffend.

München, den 29ten September 1845

gez. Unterschrift

Die Fassung des Orber Sauerbrunnes betreffend.“

***

„Die K. Regierung von Unterfranken und Aschaffenburg, K.d.I.,

hat die Bewilligung eines Geldbetrages von 500 fl zum Zwecke der Fassung des Orber Sauerbrunnens begutachtet. Nachdem nun durch die diesseitige Ministerialentschließung vom 29. Septb. v.J. die Verfügung getroffen worden ist, daß die fragliche Quelle durch den K. Salinen-Inspektor Knorr in Kissingen untersucht und darüber ein umfassendes Gutachten abgegeben werden solle, so wird das sehr verehrliche K. Finanzministerium ergebendt ersucht, das Ergebnis jener Untersuchung vom sobälder anher gefälligst mittheilen zu wollen, als hiervon die Erledigung eines allerhöchsten Befehls abhängig ist.

München, den 9. Januar 1846

Königl. Ministerium des Innern

gez. Unterschrift“

Das gleiche Blatt enthält einen nebenstehenden Vermerk:

„An die kg. General-Bergwerks- und Salinenadministration

München, den 18. Januar 1846

Die kg. General-Bergwerks- und Salinen-Administration wird die baldige Eroerderung der diesseitigen Entschließung vom 29. September v.J.Nr. 15.177 ihm angemerkten Betreffe mit dem Anhange erinnert, daß die Vorlage des Ergebnisses der angeordneten Untersuchung der in Frage stehenden Quelle zu Orb und die Abgabe des umfassenden Gutachtens hierüber umsomehr in möglichst kurzer Frist entgegensehen werde, als hiervon noch eine Mittheilung des K. Ministeriums des Innern die Einladung (?) eines allerhöchsten Befehls abhängig ist.

gez. Unterschrift“

„An das K. Finanzministerium

Das Gesuch des Apothekers Koch in Orb um eine allerh. Unterstützung zur Emporbringung des dortigen Soolenbades, hier die Emporbringung des Orber Sauerbrunnens betreffend.

An die Kgl. General-Bergwerks- und Salinen-Administration

den Orber Sauerbrunnen betreffend.

Da die kgl. General-Bergwerks- und Salinen-Administration den ihr unterm 29. Sept. v.J. und 18. Jan.d.J. ertheilten Auftrag in rubririerten Betreffe bis jetzt noch nicht vollzogen hat, so wird dieselbe unter Bestimmung einer weiteren Frist von 8 Tagen an Einbeförderung jenes Rückstandes hierdurch erinnert.

gez. Unterschrift

München den 16ten Februar 1846“

„P.P.

An das K. Ministerium des Innern

Die Fassung des Orber Salinenbrunnens betreffend

folgt die Beilage der jenseitigen schätzbarsten Note vom 22. September verfl. Jahres in rubririerten Betreffe nebst dem mit Bericht der K. General-Bergwerks- und Salinen-Administration vom 7ten d.M. vorgelegten technischen Gutachten des k. Salinen-Inspektors Knorr zu Kissingen zur gefälligen Einsicht, indem man der am Schluße des hier oben erwähnten Berichts erbetenen Anweisung der auf die fragl. Technische Untersuchung des Orber Sauerbrunnens erlaufenden Commissionskosten um jenseitige gefällige Verfügung und deren Eröffnung anher das ergebenste Gesuch stellt.

gez. Unterschrift“

***

„An das Königliche Finanz-Ministerium

Die Fassung des Orber Sauerbrunnens betreffend.

Das unterfertigte Königliche Ministerium beehrt sich, die unterheutigen an die K. Regierung von Unterfranken und Aschaffenburg, K.d.I., im untenstehenden Betreffe erlassene Entschließung dem königlichen sehr verehrlichen Finanz-Ministerium in vorläufiger ergebensten Erwiderung des schätzbaren Communicats vom 16.vor.Mts. in rubririerten Betreffe mit dem ergebensten Ersuchen, um gefällige Kredits-Eröffnung für den Betrag von 687,42 auf Rechnung der zur Emporbringung der inländischen Heilbäder für 1845/46 bestimmten 12000 fl. hierneben in Abschrift ergebenst zu übernehmen.

München, den 16. Maerz 1846

Koenigliches Ministerium des Innern

gez. Unterschrift“

***

„An das Königliche Finanz-Ministerium

Die Fassung des Orber Sauerbrunnens betreffend.

Nebenstehender Vermerk

In Abschrift an die Königl. Regierung von Unterfranken und Aschaffenburg, Kammer der Finanzen, mit der Ermächtigung zur Eröffnung des Kredits von Sechzig acht Gulden 42 cr. á Conto des Gesundheits Etats pro 1845/46.

München den 24. März 1846

gez. Unterschrift"

***

„Ministerium des Innern

Der K. Regierung wird auf Bericht vom 5. Septb.v.Js. im rubr. Betreffe unter Rückgabe der Beylagen, Nachstehendes erwidert:

1. Bevor auf die bezüglich der Fassung des Orber Sauerbrunnens gestellten Antrags Entschlißung erfolgen kann, hat die K. Regg. Vorerst noch über das gegen Remission anliegendes, von dem K. Salinen-Inspektor Knorr zu Kissingen in dieser Sache abgegebenen Gutachten vom 10.Januar d.J. sowie über die in Abschrift mitfolgenden weiteren technischen Erinnerungen vom 9.d.Mts., insbesondere aber auch über sich in kürzester Zeitfrist gutachtlich zu äußern.
2. Die von dem k. Salinen-Inspektor Knorr zu Kissingen in dem mitfolgenden Verzeichnisse berechneten Komissionskosten zum Zwecke der Untersuchung fraglichen Brunnens werden im Gesamtbetrag von 68 fl. 42 cr. vorbehaltlich der (... ?) genehmigt und ist wegen deren Anweisung bereits das Erforderliche eingeleitet worden.

München, den 16. März 1846

An Regg. Von Unterfranken und Aschaffenburg ergangen."

ENDE.

Die Zeichnung aus dem Heider Bilderbogen von 1852 zeigt im Vordergrund den Eingang zum tiefer gelegenen eingefassten Sauerborn. (Im Hintergrund das Gebäude des ehemaligen Kgl. Landgerichts Orb, später nach beiden Seiten erweitert, das Preußische Amtsgericht Orb.) Bei der Einweihung des Sauerborns soll er „Theresienborn" genannt worden sein, zu Ehren von Theresia, der Gemahlin Königs Ludwigs I.

Emporbringung Sauerborn

24. Juni 1988

39. Emporbringung Sauerborn

An das K. Finanzministerium

Das Gesuch des Apothekers Koch in Orb um eine allerhöchste Unterstützung zur Emporbringung des dortigen „Soolenbades", hier die Emporbringung des Orber Sauerbrunnens betreffend.

„München, den 8ten Februar 1846

an die kgl. General-Bergwerks- und Salinen-Administration

den Orber Sauerbrunnen betreffend.

Da die kgl. General-Bergwerks- und Salinen-Administration den ihr unterm 29. Sept. v. J. und 18. Jan. d. J. ertheilten Auftrag in rubririerten Betreffe bis jetzt noch nicht vollzogen hat, so wird dieselbe unter Bestimmung einer weiteren Frist von 8 Tagen an Einbeförderung jenes Rückstandes hierdurch erinnert.

gez. Unterschrift

München, den 16ten Februar 1846

P.P. An das K. Ministerium des Innern

Die Fassung des Orber Sauerbrunnens betreffend folgt die Beilage der jenseitigen schätzbarsten Note vom 22. September verfl. Jahres in rubririerten Betreffe nebst dem mit Bericht der K. General-Bergwerksund Salinen-Administration vom 7ten d.M. vorgelegten technischen Gutachten des K. Salinen-Inspektors Knorr zu Kissingen zur gefälligen Einsicht, indem man der am Schluße des hier oben erwähnten Berichts erbetenen Anweisung der auf die fragl. technische Untersuchung des Orber Sauerbrunnens erlaufenen Commissionskosten um jenseitige gefällige Verfügung und deren Eröffnung anher das ergebenste Gesuch stellt.

gez. Unterschrift

An das Königliche Finanz-Ministerium

Die Fassung des Orber Sauerbrunnens betreffend.

Das unterfertigte Königliche Ministerium beehrt sich, die unterm heutigen an die K Regierung von Unterfranken und Aschaffenburg, K.d.l., im untenstehenden Betreffe erlassene Entschließung dem königlichen sehr verehrlichen Finanz-Ministerium in vorläufiger ergebensten Erwiderung des schätzbaren Communicats vom 16. vor. Mts. in rubririerten Betreffe mit dem ergebensten Ersuchen, um gefällige Kredits-Eröffnung für den Betrag von 687,42 auf Rechnung der zur Emporbringung der inländischen Heilbäder für 1845/46 bestimmten 12000 fl. hierneben in Abschrift ergebenst zu übernehmen.

München, den 16. Maerz 1846, Koenigliches Ministerium des Innern

gez. Unterschrift

An das Königliche Finanz-Ministerium.

Die Fassung des Orber Sauerbrunnens betreffend.

Nebenstehender Vermerk.

In Abschrift an die königl. Regierung von Unterfranken und Aschaffenburg, Kammer der Finanzen, mit der Ermächtigung zur Eröffnung eines Kredits von Sechzig acht Gulden 42 cr. a Conto des Gesundheits Etats pro 1845/46. München den 24 März 1846

gez. Unterschrift.

Ministerium des Innern

Der K. Regierung wird auf den Bericht vom 5. Septb.v.Js. im rubr. Betreffe unter Rückgabe von Beylagen, Nachstehendes erwidert:

1. Bevor auf die bezüglich der Fassung des Orber Sauerbrunnens gestellten Antrags Entschließung erfolgen kann, hat die K Regg. vorerst noch über das gegen Remission anliegendes, von dem K Salinen-Inspektor Knorr zu Kissingen in

dieser Sache abgegebenen Gutachten vom 10.Januar d.J. sowie über die in Abschrift mitfolgenden weiteren technischen Erinnerungen vom 9. d.Mts., insbesondere aber auch über sich in kürzester Zeitfrist gutachtlich zu äußern.

2. Die von dem K. Salinen-Inspektor Knorr in Kissingen in dem mitfolgenden Verzeichnisse berechneten Komissionskosten zum Zwecke der Untersuchung fraglichen Brunnens werden im Gesamtbetrag von 68 fl. 42 cd. vorbehaltlich der (...?...) genehmigt und ist wegen derer Anweisung bereits das Erforderliche eingeleitet worden.

München, den 16. März 1846.

An Regg. von Unterfranken und Aschaffenburg ergangen.

Die Zeichnung aus dem Heider Bilderbogen von 1852 zeigt im Vordergrund den Eingang zum tiefer gelegenen eingefassten Sauerborn. (Im Hintergrund das Gebäude des ehemaligen Kgl. Landgerichts Orb, später nach beiden Seiten erweitert, das Preußische Amtsgericht Orb.) Bei der Einweihung des Sauerborns soll er „Theresienborn" genannt worden sein, zu Ehren von Theresia, der Gemahlin Königs Ludwigs I.

120 Jahre Turnverein. Ein Rückblick auf die letzten zwei Jahrzehnte

15. Juli 1988

40. 120 Jahre Turnverein[12]

Die Vereine spielen im gesellschaftlichen, kulturellen, wirtschaftlichen und nicht zuletzt im sportlichen Geschehen eine wichtige Rolle. Das gilt sowohl in den Gemeinden wie auch in den Kreisen und Ländern. Immer und überall ist man stolz darauf, wenn ein Verein Erfolge erzielt, die zu seinem und dem Ansehen seiner Gemeinde beitragen. Bad Orb ist reich an Vereinen, die entweder Turnen und Sport betreiben oder durch Pflege Chorgesangs, der Musik und der Geselligkeit dem kulturellen Leben unserer Heimatstadt förderlich sind. Außerdem

---

12 Der vollständige Titel lautet: „120 Jahre Turnverein. Ein Rückblick auf die letzten zwei Jahrzehnte"

gibt es kirchliche Vereine und solche, die dem Schutz des menschlichen Lebens dienen oder sich dem Naturschutz verschrieben haben. Einerlei, wie ein Verein der Gemeinschaft von Nutzen ist, sollte man ihn fördern und unterstützen.

Stolz darf ein Verein sein, wenn er durch jahrzehntelange Tätigkeit zu einer traditionsreichen Gemeinschaft herangewachsen ist und durch sein Tun nebenbei auch zur Festigkeit der Heimatverbundenheit beigetragen hat. Es gibt in Bad Orb zahlreiche Vereine, die sich durch ihre Arbeit solche Verdienste erworben haben und schon 25, 50, 75 und mehr Jahre. Dies muss man unbedingt anerkennen.

Zu diesen Gemeinschaften in Bad Orb zählt auch der Turnverein, der am 15. August 1868 von 10 jungen Leuten gegründet worden ist und heute 120 Jahre besteht. Die Gründung dieses Vereins sowie das Vereinsleben überhaupt waren damals nur Männersache. Hundertzwanzig ist an sich keine Zahl, die zum Feiern oder zu Festlichkeiten Anlass gibt, zumal das 125jährige im Jahre 1993 dann in einem größeren Rahmen gefeiert werden soll. Es wäre aber eine große Unterlassung, wollte man ganz still darüber hinweggehen. Der Turnverein Bad Orb ist mit 120 Jahren (von der ruhenden „Liedertafel" abgesehen) nicht nur der älteste, sondern mit seinen mehr als 1800 Mitgliedern auch der größte Verein der Badestadt. (In dieser Zahl sind rd. 160 auswärtige Mitglieder enthalten).

Es war an sich der Wunsch und die Hoffnung, im Laufe dieses Jubiläumsjahres das 2000. Mitglied begrüßen zu können: Daraus wird aber wohl nichts werden. Nicht etwa, dass der Verein z.Zt. keinen Zuspruch mehr hätte wie in den zurückliegenden Jahren. An dem langsameren Wachstum mögen insbesondere die geburtenschwachen Jahrgänge der jüngeren Zeit schuld sein, wie das auch aus den Statistiken der Mitgliederzahlen von anderen Vereinen und Verbänden zu ersehen ist.

Zur Gründung des Turnvereins im Jahre 1868 kam es etwa 20 Jahre nach der Auflösung der ehemaligen Turngemeinde Orb, die sich im Jahre 1842 nach Aufhebung der Turnsperre (im benachbarten Preußen) gebildet hatte. Weil über die ersten 100 Jahre der Vereinsgeschichte in der Festschrift zum Bestehen 1968 bereits geschrieben wurde, sollen an dieser Stelle nur die letzten 20 Jahre betrachtet werden.

In diesem Zusammenhang soll auch erwähnt werden, dass sich im Jahre 1880 aus den Reihen der TV-Mitglieder die Turngemeinde Orb gebildet hatte, die sich aber 1919, kurz nach Ende des 1. Weltkrieges, dem Turnverein wieder anschloss. Trotzdem ging die Mitgliederzahl infolge der Inflation, dann im Dritten Reich und im 2. Weltkrieg wieder zurück. Heute, nach 120 Jahren seit der Gründung, präsentiert sich der Verein als ein moderner, mitgliedsstarker Verband.

Wie gesagt: über die Vereinsgeschichte der ersten Jahre ist in der Festschrift zum 100jährigen Bestehen im Jahre 1968 bereits ausführlich geschrieben. Mit diesem Beitrag sollen deshalb nur die wichtigsten Geschehnisse der danach folgenden 20 Jahre, also von 1969 bis heute, aufgezählt werden.

Da ist vor allem die **Bildung neuer Abteilungen** zu nennen, denn die veränderten Verhältnisse und die Schaffung moderner Turn- und Sportstätten verpflichteten den Verein, sein Angebot an die Bürger zu erweitern.

So wurde im Jahre 1979 die Gymnastikabteilung „ER und SIE“ gegründet, eine Abteilung, in der ältere Damen und Herren von einer Fachkraft, Frau Margarethe Freund, betreut werden. Die Übungsstunden erfreuen sich einer guten Beteiligung. In gleichem Atemzug wäre die **Abteilung „Mutter und Kind“** anzuführen, die seit 1974 besteht. Erste Übungsleiterin war Tilly Häfner, heute sind es Ute Kreis und Sylvia Link, beide hier wohnhaft.

Dann folgte die 1977 wieder ins Leben gerufene **Handball-Abt.**, die jetzt also im zwölften Jahr besteht und großes Interesse gefunden hat. Handball wurde bereits vor und nach dem 2. Weltkrieg bei uns gespielt. Die Abteilung hatte sich aber in den 50er Jahren wieder aufgelöst. Zurzeit werden 3 Mannschaften im Spielwettbewerb unterhalten, wovon die I. Männermannschaft kürzlich den Aufstieg in die B-Klasse geschafft hat. Leiter der Abteilung ist derzeit Fritz Amberg.

Des Weiteren spielen wir seit den siebziger Jahren auch **Volleyball**, das am meisten verbreitete Ballspiel der Welt. Im Augenblick beteiligen sich je eine Männer- und eine Damenmannschaft an den Rundenspielen und beide sind recht erfolgreich. Leiter dieser Abteilung ist z.Zt. Günther Lindenmayer.

Wandern entspricht alter turnerischer Tradition, d.h., gewandert wird im Orber Turnverein schon seit Jahrzehnten. Eine ausgesprochene **Wanderabteilung** führt der Turnverein seit 1969. Erster Wanderwart war Arnold Richter, heute liegt das Amt bei Edmund Heim.

Weiterhin besteht – jetzt im zehnten Jahr - ein **Seniorenkreis**. In dieser Abteilung wird kein aktiver Sport getrieben, dagegen insbesondere Kulturarbeit und die Geselligkeit gepflegt. Dazu trifft sich der Kreis meist einmal im Monat zu Unterhaltung, Film- und Diavorträgen und im Sommerhalbjahr auch zu Omnibusfahrten zu sehenswerten Zielen. Augenblicklicher Leiter ist Josef Engel.

Als neue Abteilungen sind weiterhin zu nennen: Die **Tanzgruppe** (unter Ursula Sonnabend), die außer auch Gymnastik (Aerobic) betreibt; ferner eine **Wintersportabteilung**, die hauptsächlich Ski (nordisch und alpin) sowie Triathlon pflegt. Diese Abteilung wird von Peter Hartig geführt. Erster Obmann der im Jahre 1971 gegründeten Abteilung war Alfred Möckel. Schließlich ist die **Männerriege** zu nennen, die sich aus Aktiven verschiedener Abteilungen zusammensetzt. Sie tritt nicht nur bei turnerischen Veranstaltungen auf, sondern auch bei festlichen und unterhaltenden Anlässen. Sie wurde in den Jahren 1968/69 vom jetzigen 1. Vorsitzenden Hubert Engel ins Leben gerufen, der sie auch jetzt noch leitet.

Das **Theaterspiel** im TV Bad Orb wurde schon vor dem 1. Weltkrieg gepflegt, damals insbesondere bei den Weihnachtsfeiern. Obmann der **Laienspielgruppe** ist seit Jahren Klaus Metzler. Die Gründung der **Musikabteilung** liegt jetzt schon 36 Jahre zurück, die der **Tischtennis-Abt.** 25 Jahre. Zuvor wurde Tischtennis beim FSV Bad Orb gespielt.

So sehr man über die Bildung der neuen Abteilungen erfreut sein kann, muss bedauert werden, dass die nach dem Bau des neuen Schwimmbades am Orbgrund in den Jahren 1935/36 gegründete **Schwimmabteilung** Ende der siebziger Jahre sich auflöste, nachdem sich für den letzten Abteilungsleiter Wolfgang Eich, der weggezogen ist, kein Nachfolger gefunden hat.

***

Auf Wettkampferfolge der letzten Jahre will ich an dieser Stelle nicht eingehen. Deren Aufzählung wurde den Rahmen dieser Betrachtung sprengen. Dagegen sollen hier noch die größeren festlichen Veranstaltungen aufgezählt werden, die in diese Zeit fielen. Das sind im Einzelnen:

1969 die zweite Fahrt des Vereins-Musikzuges nach Auray/Bretagne;

1972 die Ausrichtung des Gauspielmannstreffens, d.h. das Treffen aller Spielmanns- und Musikzüge im Turngau KINZIG auf dem Festplatz in der Wemmstraße;

1977 die Ausrichtung des Landestreffens der Hess. Turnermusiker, ebenfalls auf dem Festplatz im Wemm mit 37 teilnehmenden Zügen.

Seit 1972 alljährlich einwöchige Ausflugsfahrten im Herbst in die verschiedensten Gegenden, so nach Tirol, ins Allgäu, in den Bayrischer Wald, nach Trier (verbunden mit einer Fahrt nach Frankreich) sowie weiteren namhaften Orten, insbesondere in der Bundesrepublik.

1972 und in den folgenden Jahren jeweils die Durchführung von **Volkswandertagen** anfangs auch Volksläufen, mit Start und Ziel auf unserer Festwiese bei den „Drei Birken“. Die jetzt alljährlich durchgeführten Volkswandertage erfreuen sich stets einer guten Beteiligung, ebenso wie die seit 1984 alljährlich durchgeführten Winterwanderungen.

Hervorzuheben ist in diesem Zusammenhang der **Volkswandertag 1988 im Rahmen der Landesverbandswanderung der EVG-D Landesverband Hessen e.V. in Bad Orb am 2. und 3. Juli** mit internationaler Beteiligung; mit 2450 Teilnehmern war dieser außerordentlich gut besucht.

Ansonsten hat der Verein in der Berichtszeit an allen Gau- und Kinderturnfesten des Turngaues KINZIG teilgenommen, an vielen leichtathletischen Wettkämpfen und Meisterschaften, an allen Hess. Landesturnfesten sowie Deutschen Turnfesten, so 1973 in Stuttgart, 1978 in Hannover, 1983 in Frankfurt/M. und 1987 in Berlin. Die Handball- sowie Volleyballspieler beteiligten sich außer den Punktspielen an vielen Turnieren und Freundschaftsspielen. Das Blasorchester war in den fraglichen 2 Jahrzehnten bei allen Wertungsspielen dabei, die innerhalb der Landesturnfeste oder Deutschen Turnfesten sowie Landestreffen der Hess. Turnermusiker durchgeführt wurden, und dies jeweils mit guten Noten.

In den letzten 20 Jahren ist der Turnverein auch Eigentümer von Grund und Boden geworden, und zwar hat er im April 1978 die oben bereits genannte Festwiese bei den sog. „Drei Birken" (Flurbezeichnung „Bocksberg“) in einer Größe von 25,96 ar, die bis dahin von uns nur gepachtet war, käuflich erworben. Sie wurde, wie gesagt, in den ersten Jahren als Start und Ziel für Volksläufe und Wandertage benutzt und eignet sich auch bestens für das jährliche Sommerfest verbunden mit dem Volkswandertag, ebenso wie im Herbst für die traditionellen Bratfeste verschiedener Orber Vereine.

***

Nicht vergessen will ich in diesem Zusammenhang das im „Haus der Vereine" in der Bahnhofstraße wo uns die Stadt im Mai 1981 mehrere Räumlichkeiten zur Verfügung gestellt hat. Dieses Heim dient für Zusammenkünfte jeglicher Art, wie Sitzungen, Versammlungen, Tagungen sowie für Übungsstunden Gruppen des Blasorchesters.

***

Man hat im Verein längst erkannt, welche Wichtigkeit das geschriebene Wort hat; es lässt sich Vergangenes belegen, aber auch Zukünftiges behandeln und erläutern. So haben wir im Januar 1952 mit der Herausgabe regelmäßig erscheinender Rundbriefe begonnen, diese allerdings ab 1972 auf vierteljährliches Erscheinen umgestellt und das Mitteilungsblatt „**Vereins-Echo**" genannt. Die einzelnen Abteilungsleiter bringen dazu ihre Berichte. Diese Mitteilungsblätter haben wir inzwischen zu Büchern binden lassen.

***

Innerhalb der letzten 20 Jahre hat nur einmal der **1. Vorsitzende gewechselt**. Im Januar 1986 ist für Jakob Metzler, jetzt Ehrenvorsitzender, der seit 1967 dieses Amt bekleidet hatte, Hubert Engel (vorher Oberturnwart und Techn. Leiter) gewählt worden.

***

Zu erwähnen wäre noch, dass die gewohnten alljährlichen **vorweihnachtlichen Familienfeiern** wegen der Fußbodenbeeinträchtigung seit 1973 nicht mehr in der Turnhalle abgehalten werden dürfen. 1973 waren wir in den Kurhaussaal ausgewichen, später dann regelmäßig ins Sängerheim gegangen.

***

Wegen des **Brandes Mitte Juni 1987 ist die Turnhalle** bei der Grund- und Hauptschule völlig ausgefallen und bis heute (Sommer 1988) noch nicht wiederhergestellt. Einzelne Abteilungen unseres Vereins sind deshalb nach wie vor gezwungen, in andere Häuser auszuweichen.

***

Außer dieser Veröffentlichung soll in einer **Feierstunde am Abend des 27. November d.J.** in der Konzerthalle des Jubiläums gedacht werden.

Zur Person der vier bekanntesten Heimatgeschichtsschreiber

31. März 1989

41. Zur Person der vier bekanntesten Heimatgeschichtsschreiber

*"Persönlichkeiten werden nicht
durch schöne Reden geformt,
sondern durch Arbeit und
eigene Leistung"* (Albert Einstein)

I. **Franz Nikolaus Wolf** (* 1781)
II. **Johann Büttel** (1831-1910)
III. **Dr. Karlheinrich Schäfer** (1871-1945)
IV. **Richard Zentgraf** (1881-1936)

Vorbemerkung:

Die Personenbeschreibungen von Büttel, Schäfer und Zentgraf sind im Wesentlichen bekannt und sollen an dieser Stelle nur kurz wiedergegeben werden. Von Franz Nikolaus Wolf dagegen liegen keine biographischen Angaben vor. Mein Anliegen war daher, solche auch von ihm zu erhalten, zumal er mit seiner Niederschrift

„Das Landgericht Orb, seine Saline und Umgebungen"

das erste Heimatgeschichtsbuch über Orb geschrieben hat und sich die notwendigen Unterlagen dafür erst mühsam beschaffen musste. Alle späteren Autoren haben davon profitieren können. Wörtlich schreibt Wolf in seinem Vorwort u.a.:

„Im wahren Schmerze vermisste ich die altertümlichen Urkunden über die vordersten Verhältnisse der Stadt Orb und der Saline daselbst, jene unschätzbaren Urkunden, welche in der neueren Zeit die arge Ungewissheit eines mit dem Ordnen des städtischen Archivs beauftragten Stadtschreibers als veraltete und unzierliche Papiere dem Feuer übergab."

Büttel hatte es in seinem Buch: „Geschichte der Stadt und Saline Orb" schon viel leichter, weil er sich in vielen Teilen auf Wolf stützen konnte. Das Wolf`sche „Landgericht Orb, seine Saline und Umgebungen" ist nur noch in wenigen Exemplaren vorhanden gewesen; es liegt jetzt als Reprintausgabe von 1977 wieder vor. Wegen seiner umfangreichen Beschreibungen verdient die Niederschrift Beachtung und eingehendes Studium.

I. Wer war nun Franz Nikolaus Wolf?

Um diese Frage zu beantworten, habe ich einen umfangreichen Briefwechsel führen müssen, sowohl mit dem Stadt- und Stiftsarchiv Aschaffenburg wie auch mit dem Hess. Staatsarchiv Marburg und dem Bayr. Staatsarchiv Würzburg. Vom letzteren hatte ich mir einiges versprochen, weshalb ich dort selbst vorstellig wurde und im Archiv Einblick in die betreffenden Akten nehmen durfte,

„weil die mit dem hohen Zeitaufwand verbundene Durchsicht des einschlägigen Schriftgut amtsüblich den Benützern selbst überlassen werden muss."

In dem Verzeichnis der geprüften, aber noch nicht definitiv angestellten Rechtskandidaten (wozu Wolf gehörte), habe ich feststellen können, dass Wolf gemäß dieser Akten 1782 in Münnerstadt geboren wurde, in den Jahren 1803, 1804 und 1805 an der Universität Würzburg studierte, dort seine „Concurs-Prüfung" erstand, mit der Concurs-Note 2-3, und gegenwärtig um eine Advokatur nachsuchte."

Nach den Akten des Staatsarchivs Marburg wurde Wolf am 20.10.1820 zum Aktuar beim Landgericht Orb ernannt und am 30.10.1828 zum Landgericht Eltmann versetzt. Soweit also die stichhaltigsten Unterlagen, die ich mir bis dahin habe beschaffen können.

Nun zu seiner Person:

Nachdem ich in Würzburg festgestellt habe, dass Wolf in Münnerstadt geboren war, wandte ich mich an das Katholische Pfarramt Münnerstadt, weil damals die Pfarrämter für die Registrierung zuständig waren. Von dort habe ich dankenswerterweise jetzt erfahren, dass Franz Nikolaus Wolf am 20.9.1781 (nicht 1782) geboren wurde. Seine Eltern waren Schmiedemeister Caspar Wolf (*25.3.1752, † 12.7.1833) und Ehefrau Kunigunda geb. Greubel († 23.10.1818 im Alter von 68 Jahren), die aus Reiterswiesen bei Bad Kissingen stammte. Das Ehepaar hatte 8 Kinder, von denen Franz Nikolaus das zweite war; 4 der 8 Kinder starben im frühen Kindesalter. Über Franz Nikolaus findet sich in den Matrikeln (d. s. verschiedene Pfarrbücher) des Kath. Pfarramtes Münnerstadt weder eine Eintragung über eine Trauung noch über den Sterbetag. Er dürfte demnach Münnerstadt als lediger junger Mann verlassen haben.

Gemäß den eingesehenen Akten ist Wolf nach seinem Weggang von Orb im Jahre 1828 nach Eltmann versetzt und 1835 erneut, und zwar nach Hilders versetzt worden. Die Akten geben aber keine Auskunft darüber, ob Wolf die Stelle in Hilders tatsächlich angetreten hat oder aus dem Staatsdienst ausgeschieden ist. Damit sind meine Erkundigungen über Wolf vorerst erschöpft.

Als sein Buch „Das Landgericht Orb, seine Saline und Umgebung“ im Jahre 1823 druckfertig war, war Wolf 42 Jahre alt, denn er hat den Text des Buches von 1820 bis 1823 niedergeschrieben.

Das Buch ist in Aschaffenburg bei „Wailandt`s Wittib“, der Druckerei der „Aschaffenburger Zeitung“, heute „Main-Echo“, gedruckt und am 1.1.1824 herausgegeben worden. Das Impressum sagt ferner aus, dass das Buch auf Kosten des Verfassers, also im Selbstverlag erschienen ist und für Franz Nikolaus Wolf ein hohes finanzielles Wagnis darstellte.

***

II. Johann Büttel

Johann Büttel, Königl. Bayer. Bezirkstierarzt a.D., Autor des Buches:

„Geschichte der Stadt und Saline Orb"

Erschienen 1901, Druck von J. M. Richters Graph. Kunstanstalt Würzburg. Benutzte Quellen: Nachwort zur Reprint-Ausgabe von **Robert Eckert**.

*

Johann Büttel wurde am 30. Juni 1833 als 8. Kind der Eheleute Heinrich Büttel und Maria Anna geb. Weisbecker zu Orb geboren. Sein Vater war Maurermeister und Gemeindepfleger. Er selbst übte den Beruf eines Bezirks-Tierarztes aus, allerdings nicht in Orb. (Das Bezirks-Tierarztamt in Orb wurde 1867 beim Übergang an Preußen aufgelöst). Sein Buch: „Geschichte der Stadt und Saline Orb" erschien in Würzburg, wo auch seine Frau verstarb. Er selbst starb am 13. Oktober 1910.

Johann Büttel war 70 Jahre alt, als sein Buch herausgegeben wurde. In seinem Vorwort schildert er, wie schwer und mühevoll es war, das notwendige Quellenmaterial für sein Buch zu beschaffen, es zu ordnen und zu bearbeiten. Behandelt er darin doch viele Themen, so die ältere Zeit, die Stadt Orb im Mittelalter bis zur bayrischen Zeit, die Stadt unter bayrischer Herrschaft, die Stadt während ihrer Zugehörigkeit zu Preußen, die Kirchen und Religions-Ereignisse, die Stiftungen in Orb, die Kinderheilanstalt, die Saline Orb, den Hof Altenburg, den ehemaligen Weiler Friedrichsthal, außerdem adelige Besitzungen und Sagen.

Außer der Straße, (der „Johann-Büttel-Straße“, einer Verbindungsstraße zwischen der Hubertusstraße und der Sachsenhäuser Straße), die in Dankbarkeit nach ihm benannt ist, wird sein Andenken durch die Pflege seiner Grabstätte geehrt, die auf einem roten Sandstein folgende Inschrift trägt:

Johann Büttel, Königl. Bayerischer

Bezirkstierarzt a.D. 1831-1910

Er war ein großer Freund der Jugend
und Förderer ihrer Bildung.

Ehre seinem Andenken.

Im gleichen Grab ruhen auch seine Eltern. Das Grab liegt in der 2. Reihe links vom Wege, der vom Eingang Molkenbergstraße Richtung Schule führt, oberhalb des Grabes der Familie Reinhard.

***

III. **Dr. Karlheinrich Schäfer**

Reichsarchivrat Dr. Karlheinrich Schäfer ist der Autor des Buches **„Forschungen zur Kulturgeschichte der Stadt Orb“**

Herausgegeben im Jahre 1930.

Quellennachweis: Vorwort zur Reprintausgabe von **Robert Eckert**.

***

Dr. Schäfer wurde am 27. Juli 1871 in Wetter bei Marburg geboren und starb (laut Totenschein des KZ-Oberarztes) am 29. Januar 1945 im Krankenbau des Konzentrationslagers Sachsenhausen, also noch kurz vor Ende des Krieges. Als Todesursache wurde angegeben: Rippenfellentzündung und allgemeine Körperschwäche.

Sein Buch behandelt u.a. Namens- und Familiengeschichte, Berufe wie Orber Chirurgen, Mediziner, Apotheker, Schultheise der Stadt Orb, Bürgermeister und Stadtschreiber, äußere Merkmale wie Stadt, Burg, Schule, Rathaus, Stadtmauer, Saline, Mühlen und Fluren.

Sein Vater war Blechschmied und Klempner. Sein Leben (1871-1945) bewegte sich zwischen dem Kaiserreich and dem Zusammenbruch des Hitlerstaates. Er studierte ev. Theologie. 1895 bestand er das theologische Staatsexamen, 1898 das Pfarrerexamen. Nach weiteren Studien in Marburg und Tübingen fand er i.J. 1900 eine Stelle beim Kölner Stadtarchiv.

Am 8. Dezember 1902 wurde er katholisch; dadurch verlor er seine Stelle. Am 1. November 1903 wurde der junge Gelehrte durch Vermittlung der Görres-Gesellschaft Mitarbeiter an einem Institut in Rom. Bis zum Ausbruch des 1. Weltkrieges arbeitete er hier in den Archiven und Bibliotheken des Vatikans, Roms und Italiens, darüber hinaus auch in Südfrankreich. Der Ausbruch des 1. Weltkrieges überraschte ihn in seiner Heimat und konnte nicht mehr nach Rom zurück. Er wurde als Sanitäter ausgebildet, als Landsturmmann eingezogen und nahm an den Kämpfen um Verdun teil. Nach dem Krieg kehrte er nach Witzenhausen zurück, wo seine Mutter und Schwester seit dem Tod des Vaters lebten. Im Jahre 1920, fast 50 Jahre alt, fand er eine Stelle im neugegründeten Reichsarchiv in Potsdam. Als Reichsarchivrat stand er im Range eines Oberregierungsrates. Nunmehr auf festen Füßen stehend, heiratete er Barbara Marx, eine Luxemburgerin. Sein Heim in Potsdam wurde bald ein gesellschaftlicher Mittelpunkt. 1934, noch vor Erreichung der Altersgrenze, wurde er wegen seiner hitlerfeindlichen Einstellung entlassen. Er aber forschte und schrieb weiter. Als die Nazibehörden Verdacht schöpften, schleusten sie einen Spitzel in Form einer Hausangestellten in sein Haus ein. Im Oktober 1942 wurde er zusammen mit seiner Frau verhaftet und in das Untersuchungsgefängnis nach Moabit gebracht. Der Prozess fand vor dem 3. Sondergericht in Berlin statt. Im Jahre 1943 wurde Schäfer dann zu 2 Jahren, seine Frau zu 1½ Jahren Zuchthaus verurteilt. Am 8. März 1943 verlor er seinen Titel, das Ruhegehalt wurde ihm entzogen. Nach Verbüßung ihrer Zuchthausstrafe besuchte Frau Schäfer mit ihrer Tochter am 14.8.1944 ihren Mann, der sehr niedergeschlagen war und zu ihnen sagte: „Wenn Ihr meine Asche angeboten bekommt, so nehmt sie nicht an! Wenn Ihr meinen Körper bekommt, so beerdigt ihn neben meiner Mutter Grab!“ Als man nach Schäfers Tod seiner Frau und Tochter die Asche anbot, lehnten sie ab.

Der Verfasser des Buches „Forschungen zur Kulturgeschichte der Stadt Bad Orb“ hat seinen wiederholten Kuraufenthalt in Bad Orb dazu benutzt, um in seinen Untersuchungen der Nachwelt zahlreiche neue Aufschlüsse zu vermitteln. Es ist, wie die von Franz Nikolaus Wolf und Johann Büttel, eine wichtige Schrift, für die wir ihm dankbar sein müssen.

IV. Rektor Richard Zentgraf

Quellennachweis: Eine Niederschrift zum 100. Geburtstag am 3. Mai 1981 von Karl Nolte (in kurzer Zusammenfassung).

***

Richard Zentgraf wurde am 3. Mai 1881 als Sohn eines Hauptlehrers in Eichenzell bei Fulda geboren. Am 29.6.1906, 25 Jahre alt, empfing er in der Michaelskirche zu Fulda die Priesterweihe. Die erste Berufung führte ihn als Kaplan und Lateinschullehrer nach Geisa. Seine erfolgreiche Tätigkeit im Schuldienst bewog die bischöfliche Behörde, ihn für den höheren Schuldienst zu erwählen. Am 1. Oktober 1910 übernahm er sodann die Leitung der Lateinschule in Amöneburg und am 15. April 1914 wurde er Rektor der Orber Lateinschule. Im Jahre 1917 wurde die bis dahin bischöfliche Schule von der Stadt Bad Orb übernommen, trotzdem blieb Zentgraf dank freundschaftlichen Einvernehmens der kirchlichen, kommunalen und staatlichen Stellen auch weiterhin ihr Rektor. Bei Ausbruch des 1. Weltkrieges wurde Zentgraf zum Militärgeistlichen ernannt und er übernahm die seelsorgerische Betreuung der Soldaten bei der Kommandantur des Truppenübungsplatzes Orb. 1917 wurde ihm das Verdienstkreuz für Kriegshilfe verliehen,

Neben seinem Lehrauftrag und priesterlichen Wirken widmete sich Zentgraf dem weiteren Studium, so u.a. von 1916 bis 1919 an der Philosophischen Fakultät der Universität Frankfurt.

Als nach Kriegsende die Orte Villbach und Lettgenbrunn wieder besiedelt wurden, oblag Zentgraf die geistliche Betreuung dieser Gemeinden. Auch in der Seelsorge der Orber Pfarrgemeinde half Zentgraf tatkräftig mit. Seine werktäglichen Messen hielt er in der Hospitalkapelle, wo er Schwestern und Kranken Trost und Kraft für den Alltag spendete. Zentgraf hat durch geistige und praktische Förderung des späteren Musikdirektors Albert Jung während dessen Ausbildung Anteil an der kulturellen Bedeutung im Orber Kulturleben.

Besondere Verdienste für unsere Stadt erwarb sich Zentgraf durch seine heimatgeschichtlichen Bücher. 1927: „Bilder aus der Geschichte der Stadt Bad Orb"; 1928: „Bad Orb im Spessartwald“ und „Alt Orb und seine Kirche“. Zu erwähnen wäre außerdem seine Veröffentlichung über die Kuranstalt Küppelsmühle in den Monographien deutscher Städte. Seine Publikationen finden überall Anerkennung und sehr gute Kritiken.

So war es eine wohlverstandene Dankesschuld, als die Stadtverordnetenversammlung am 30. Januar 1929 Zentgraf einstimmig zum Ehrenbürger der Stadt Bad Orb ernannte. In der Begründung hierzu hieß es: „Herr Rektor Zentgraf hat durch die von ihm verfassten Bücher über die Geschichte der Stadt und des Bades unserer Vaterstadt auf Generationen hinaus einen unschätzbaren Wert von hoher literarischer Bedeutung geschaffen, der es voll und ganz rechtfertigt, wenn ihm die städtischen Körperschaften ihre Dankespflicht in dieser Form abstatten. Herr Rektor Zentgraf hat sich nicht allein durch seine schriftstellerische Tätigkeit, durch seine Kenntnisse der Musik, der Kunst und Wissenschaft, sondern auch durch seine lange liebenswürdige Persönlichkeit gegen jedermann in allen Kreisen der Bevölkerung zahlreiche Freunde erworben, die sein Scheiden von hier auf das lebhafteste bedauern."

Die angegriffene Gesundheit zwang Zentgraf am 1.4.1929, in relativ jungen Jahren, in den Ruhestand zu treten. Er kehrte nach Eichenzell in sein Elternhaus zurück. Doch auch in seinem Ruhestand war er voller Aktivitäten. Neben seiner priesterlichen Tätigkeit widmete er sich heimatlichen Gesangvereinen und Kirchenchören und gestaltete mit ihnen Darbietungen im Rundfunk.

Am 7. Mai 1936 erlag Zentgraf seinem Herzleiden. Unter ungewöhnlich großer Anteilnahme der Bevölkerung, seiner geistlichen Mitbrüder und vor allem den Vertretern von allen Stätten seines früheren Wirkens und den Sängern des ganzen Bezirkes wurde er in seinem Heimatdorf zu Grabe getragen.

Ehre seinem Andenken.

***

Anmerkung:

Ich selbst bin Rektor Zentgraf großen Dank schuldig, da er mich während meiner Schulzeit in der Lateinschule als Vollwaise mit Büchern und Schreibpapier versorgte und mir zum Schluss eine Freistelle auf der Kreisrealschule Gelnhausen verschaffte, wo ich dann die Mittlere Reife erwarb.

Die Orber Mundart. Eine Sammlung von Orber Wörtern und Redewendungen

27. Oktober 1989

03. November 1989

10. November 1989

42. Die Orber Mundart. Eine Sammlung von Orber Wörtern und Redewendungen

Bevor ich im nachfolgenden über dieses Thema schreibe, möchte ich begründen, was mich dazu bewogen hat: Beim Umgang mit Jugendlichen, dazu zähle ich auch meine Enkelkinder, musste ich oft feststellen, dass bei ihnen mehr hochdeutsch oder hessisch gesprochen wird als der alte Orber Dialekt. Das bedauere ich, da hierdurch wiederum ein Stück Volkstümlichkeit verloren geht. Früher war das nicht der Fall, wo sich die Einheimischen (ausgenommen in der Schule) fast nur orberisch unterhielten. Durch den Umgang mit den Kurgästen und den Zuzug vieler Fremder ist die alte Orber Mundart immer mehr verdrängt worden. Zugegeben: Die Zeitungen schreiben nur hochdeutsch und im Rundfunk und Fernsehen wird fast ausschließlich hochdeutsch gesprochen, wenn mitunter auch die eine oder andere Mundart etwas durchklingt. Bei gewissen Anlässen, so in Filmen und im Theater, kann man einzelne Dialekte hören, so dass man unschwer das vom Bayerischen, das schwäbische vom Rheinhessischen, den Kölner vom Norddeutschen und den Berliner vom Sachsen unterscheiden kann. Auch einzelne Orte und Landstriche bei uns haben oft noch ihre eigene Mundart, wie sich z. B. die von Gelnhausen ganz wesentlich vom Dialekt des nicht weit entfernten Jossgrunds unterscheidet.

So hat auch die Orber Mundart ihre besondere Eigenart. Allerdings lässt sich das Orberische nicht so gutschreiben und lesen wie das „Gelnhäuser". Ein Nicht-Orber wird die in meinem Aufsatz oft gebrauchte Buchstabenkombination „ao" nicht richtig lesen oder gar verstehen können. Das „ao" ist ein Laut, den es im Hochdeutschen nicht gibt. Er ist weder ein „a" noch ein „"", sondern ein Mittellaut zwischen beiden. (Im Englischen gibt es diesen Laut: Er wird dort meist mit „aw“ umschrieben.)

Man hat, so meine ich, schon viel über die Orber Mundart g e s p r o c h e n, aber nur wenig g e s c h r i e b e n. Mir ist nur eine Veröffentlichung bekannt, und zwar hat mein Vetter Dr. Heinrich Dehmer vor etlichen Jahren eine Abhandlung über den Orber Dialekt in der Zeitung gebracht, sie ist aber kaum noch bekannt. Ich will deshalb versuchen, früher geläufige Worte in alphabetischer Folge zu nennen und zu erklären. Dabei ist es oft schwer, für das einzelne Wort eine annähernd genaue hochdeutsche „Übersetzung“ zu finden.

Die nachfolgende Zusammenstellung erhebt keinesfalls einen Anspruch auf Vollständigkeit. Weitere Original-Orber Ausdrücke sind mir deshalb willkommen. Ich werde sie sammeln und gegebenenfalls nachtragen. Bei der Zusammenstellung ist mir der an Heimatgeschichte stark interessierte Orber Bürger Otto Wolf zur Hand gegangen, wie ich auch sonst von Verwandten und Bekannten unterstützt wurde. So lieferte mit auch Karl August Ihl einen Beitrag. Ihnen allen auch an dieser Stelle herzlichen Dank!

Hier nun Ausdrücke Worte mit hochdeutscher „Übersetzung“ bzw. Erklärung

A

Aabee	Toilette
Aadäppel	Kartoffeln
Aadäppel-kähler	Kartoffel-keller
Aade	Erde
aal(t)	alt
Aawes	Erbsen
Aawes-soppe	Erbsen-suppe
Ackbeer	Erdbeere
Aobtriet	Plumpsklo
Aommefraa	Hebamme
Aomer	Eimer

Aondift-sches	Endivien
Aonke	Nacken
aowe	hinab – hinunter
äwer	aber

B

de Baag ufe	den Berg hinauf
Baas	Tante
Babeier	Papier
Baldin	Schal
Bäiwerschen	kleine Bu-ben
balwarisch	heftig, un-gestüm
Bann	Teil einer Scheune
Boam	Baum
babbele/ beppele	schwät-zen
Baufer	der Knall beim Zer-schlagen einer auf-geblase-nen Tüte

bawes	barfuß
Bersche-moaster	Bürger-meister
Bern	Birnen
Bie	Decke im Raum
bischbele	flüstern
Blaomme	Pflaume
Bleeder	Blätter
Bloutsugge-ler	Blutegel
Bobberäider	Hefege-bäck zu St. Martin Nikolaus
Bonn	Bohnen
Bookratzer	roher Schlitten aus Bret-tern
Boorlawe	Empore
Boue	Buben
Braoms	viel Schlamm oder mi-serables Essen
brockele	pflücken (gilt nur

	für Beeren, hauptsächlich für Heidelbeeren)
Brossel	Brosamen, Krümel
Bumberheckelsches	Versteckspiel
Butzel	Butzen, Brocken
Buudem	(Fuß-) Boden (Dachboden)

D

daa schnappt	er hinkt
daab	taub
dackele	verhauen
Dachhoas	Katze
Daisch	Dich
Daochdäib	Tagedieb
Daochtroppe	abgetropftes

	Dachwasser
daodern	brabbeln (Kleinkind)
Deppes	Unbeholfener
kao Deesch gää	nicht beachten
demmele	Fahrradpedale treten
iedemmele	mit Füßen einstampfen
demmsch	schlapp
demmsche	beruhigen
dengele	Sense schärfen (durch Hämmern der Schneide auf d. Dengelstock)
Deppe	Topf
Deppekraut	Weißkraut

Diesch	Tisch
Disch-goorsch	durcheinander reden
diewe aowe	drüben hinunter
Dotte	Tüte
Dower	Spiel-Kreisel
dowern	mit dem Kreisel spielen
dräwe	drehen

E

en Draasel	eine Menge
en große Draasel	eine ganze Menge
Dreemel	dicker Knüppel
Dormel	ein Schwächling
Drumm-bette	Trompete
douge	eintunken
Dochter-mann	Schwieger-sohn

ebbes	etwas
eenek-necht	vorgestern
Eesche	Egge
eewele	Ordnen
Eildeppe	Topf mit Dickmilch
arimbei-dele	Herumzer-ren
es drätscht	es regnet stark
es gitt	es gibt
es klenkt	Die Sterbe-glocke läu-tet
es schlääät zusamme	alle Glo-cken läuten
es raont	es regnet
es wiedert	es donnert
es wim-melt	eine Menge

F

fanze	im Schlaf sprechen
feerschele	Furche zie-hen
Feerhank	Vorhang

Feier	Feuer
Feierwehr	Feuerwehr
Feilsels	Füllmasse
fechte	sich fürchten
Flaasch	Fleisch
flaomme	verhauen
flatsche	schnell laufen
flatschern	flattern
fissedern	abtasten
Fohne	Fahne
Fraa	Frau
Fraad	Freude
en Freeme	ein Fremder
fuchse	ärgern
Funzel	trübes Licht (kleine Flamme) auch: langweiliger Mensch

G

Gaas	Ziege
gäämailern	gähnen
gaalern	herumspielen
Gailspeckel	Pferdeäpfel
garran	quietschen
Gassel	Peitsche
Gaschte	Gerste
gaschdich	zornig
Gaßhert	Ziegenhirt
gätze	laut herumschreien

G

Gebäbbel	Geschwätz
Geckel	Hahn
gedorpelt	hin- und her getaumelt
Gedouz	Getue
gee one	geh weg (auch: Ausdruck des Erstaunens)
geglotzt	hingeschaut

Gelersch	1. Zeugs, Gelump, 2. männliche Geschlechtsteile
geraommelt vool	dicht besetzt / gefüllt
gicke	stechen
Goot	Patin
Gräfe	Grieben
Grafaome	Gebärden
Greeschelflaasch	Wellfleisch
Griefegusche	Entzündung der Lippen
Grind	(Wund-) Schorf
Grindhaomel	Schimpfwort
Gusche	Mund
Guutsje	Bonbon

H

Haadelbeer	Heidelbeeren
Haadkneip	kurze Sense zum Mähen von Heidekraut
Haaklootz	Klotz zum Holzhacken
häi-haa	hierher
Häscher	Murmel
Haohefe	Hagebutte
Haombel	eine Hand voll
Haobsels	Halt
Haoselsness	
Hausmerrn	Hausflur
hautern	
Heppe	Handbeil mit Nase
heewe/ gehoowe	heben/gehoben
hiegedatscht	hin gegriffen
hieve	zögern
hie un ha	hin und her
Hinkbeer	Himbeere
Hinkel	Huhn
Hinkelslattern	Hühnerleiter

Holler	Holunder
Hoomel	Hammer
Horle	Ziege mit Hörnern
hunn	haben

I/J

iekaffe	einkaufen
iemerrn	Sauerteig ansetzen
iewer-morrn	übermor-gen
iewerre	hinüber
jounern	winseln

K

Kaascht	Kartoffel-hacke
Kähler	Keller
Kailings-koop	Kaul-quappe
Kaodert	Kater
Kaonnsfeier	Johannis-feuer
Kaonnstraul	Johannis-beere
Kaonnepee	Sofa

Kappeloo	Kaplan
Kehl	Run-kel/Dick-wurz
Kersch	Kirche
Keete	Kette
Kieholz	Kien-Holz zum Feuer-An-machen
Kinn	Kinder
Kitzing	Katze
Klaader	Kleider
Kläwer	Käfer
kläwern	klettern
Kleftern	Nase
Klosterbern	Stachel-beere
Kneipsche	kleines Kü-chenmes-ser
knerrn	drücken
knerze	stöhnen
Knerzje	Ende eines Brotes
Knoorz	Astwulst

Koppsche	Tasse ohne Henkel
Kou	Kuh
kouche	kauern
Kraocke	Krähe
Kraotsches-beer	Brombeere
Krautscheisel	Vogelscheuche
Krautsoppe	Suppe aus Kraut und Kartoffel
Krimm	Kurve
Kroppe	(Koch-) Topf
Kroppesterze	(Koch-) Topfdeckel
Krotze	freches Kind

L

Laase	Spur
Laawe	Dachboden
Laawestääche	Bodentreppe
Läffel	Löffel
Laome	Lehm
leggene	leugnen
Lizzepeh	Fahrrad
lum, lunze	gucken

M

Maadaschen	Mädchen
madavern, sabbele, seiern	dummes Zeug reden
Maonne	Korb mit 2 Handgriffen aus Weidengeflecht
maondenern	bewältigen
Maretsch	Meerrettich
Maria Bettstroh	Weidenröschen
Mattborn	Marktbrunnen
Mattbornskinsche	der Junge oben auf d. Brunnen

Matzeaache	entzündete, verklebte Augen
Melch	Milch
Meste	Misthaufen
Mistwao	Mistwagen
Molkwoorf	Maulwurf
morn	morgen

N

Naal	Nägel
Naalschmied	Nagelschmied
Naalschou	Nagelschuhe
Ness	Nüsse
necht	gestern
Numbel	Bissen

O

oodrapeert	angetroffen
Oodrell	neutrale Stelle bei den

	Versteckspielen
olwer	übel
oores	überdrüssig
Ookratzels	Reibfläche der Streichholzschachtel
Oomachsels	Holz zum Feuermachen
Oorschel	Orgel

P

Päifche	kleine Pfeife
Paonnekuche	Pfannkuchen
Parrer	Pfarrer
Petzeme	Ameise
Petter	Pate
Plätzern	knattern
Ploug (auch Zackerploug)	Pflug
Poudel	verspielter Kerl
Puudel	Jauche

Q

quares un schaares	kreuz und quer

R

Raadel	Knüppel
Rääf	Zubehör zur Sense beim Getreide-mähnen, auch ein Schimpfwort
Raffel	Zähne
Raise	Rücken-Tragekorb
Raonke	Ein großes Stück
Ramsch	1. Nachgeburt, 2. Unordentliche Person
Raotzer	Fleißiger Arbeiter
reihe	Lenken
Die Remms ho	krank (kaputt sein)
Retsch	Rettich
ruste	wühlen

S

Säckel	Hosentasche
Saifress/Saifraos	Schweinefutter
Saihert	Schweinehirt
Sii	Söhne
simmelern	überlegen, nachdenken
Soppe	Suppe
Soppegreunes	Suppengrün (Gewürz)
Sotterklowe	(alte) Tabakpfeife
suggele	saugen

Sch

Schaale	Klappladen vor dem Fenster
schaome	sich schämen
Schaole	Tasse
Schaoppe	Schuppen
scheersche	schieben
Scheppe	Schaufel
Schessel	Schüssel
Schetz	Flurhüter
Schibbel	Altes Orber Nationalgericht, hauptsächlich aus Kartoffelscheiben
Schick	Kautabak
schicke	Kautabak kauen
Schickelchen	Schuhchen (kl. Schuhe)
Schlappe	Hausschuh
Schlaoms	Schlamm
Schlao	Vorschlaghammer
Schleppmelch	Dickmilch
Schlippsche	leichtes Mädchen
schluderisch	kein Verlaß, kein fester Krautkopf
Schlupp	Krawatte
Schlurie	unordentliche Frau
schmäise	jemand schlagen
Schmaalzkraut	Feldsalat
Schmecke	Peitschenschnur
Schnaabelwaad	Tratsch, Klatsch
schnäubig	wählerisch
schnaue	atmen
Schnerch	Schwiegertochter
Schneppel	kleines Stück
Schou	Schuhe
Schouk	einzelner Schuh
schreie	laut weinen

Schroole	dicke Baumrinde

Sp

späize	spucken
Spreisel	Feueran-machholz

St

Stääche	Treppe
Stänner	Holzzuber
Stao	Stein
Staoweg	Steinweg (hier auch Kanalstraße
Stiewer	Re-gen/Schnee-schauer
strannele	zweifeln
strimpisch	auf/mit Strümpfen
Stumpsels	Stampfkar-toffel (Orber Nationalge-richt)
Stunn	Stunde

T

Trappe	Treppe
Trouner (en amme Trouner)	ein armer Kerl

U

Uuchel	Schlitzohr

V

verschwen-gelt	verschüt-tet
Vieschel	die Vögel
vieschel-links	durchei-nander
Vuuchel	der Vogel

W

Wääg	Weg
Päägschäi-ser	Gersten-korn (im Auge)
Wabsbild	Weib/Frau
warim	warum
Wasserkra-one	Wasser-hahn
wiederegge	wieder-kauen

Wintergreu	Ginster

Z

zackern	pflügen

Hier eine Zusammenstellung von früher (zum Teil vielleicht auch heute noch) üblichen Schimpfwörtern; wohlgemerkt: nicht Spitznamen:

Aofalk, Aommeloi, Balwarisch Aos, Breimaul, Daab Hinkel, Daap Nuus, Dappschaof, Daibhenker, Dilldepp, Dollbohrer, Dummbebbeler, Dusseldeer, Dormel, Fleehauwe, Fladerwiesch, Gischbel, Gaschbel, Gluck, Grindhaomel, Goije, Gaoggel, Hambel, Hannebambel, Henkholz, Haomduxer, Grischbienes, Horle, Jerz, Käsbebbeler, Keeser, Keeshauwe, Knaatschdeppe, Knalldrapp, Knotterdeppe, Kraockeherm, Krotze, Laooarsch, Leisdink, Merrle, Olwell, Lumpejulle, Quarrasch, Rääf, Ransche, Saigusche,Sabbelhannes, Saffegusche, Schepp Jule, Schlurie, Schinnaos, Seierhannes, Schoude, Schussel, Sterzkalb, Traomfunzel, Verdrebte (Imgewendte), Warrerstroh, Zorngeckel, Zornickel.

Fürwörter

Ich	aisch
Du	dou
Er	hää
Sie	säi
Es	es
Wir	meer
Ihr	eer
Sie	däi
Mein	moi
Dein	doi
Sein	soi
Unser	uns(er)
Euer	auer
Ihr	denne eer

Eine Aufstellung von landwirtschaftlichen Geräten, die heute kaum noch bekannt sind:

Haadkneip, Binnaosse	Bindachse
Esche	Egge
Feerschelploug	Pflug zum Karoffelhäufeln
Haibaom	Balken auf dem Heuwagen
Haiboamsaal	Seil zum Festbinden des "Haibaoms"
Kummet	zum Anspannen von Rindvieh
Miestwao	Mistwagen
Veederploug	Vorderteil vom Pflug
Sillscheid und Ackerwaage	zum Zuggeschirr gehörig
Schlaffbalke	eine Vorrichtung aus Holz, auf dem der Pflug auf der Straße nachgezogen wurde

Schleckerfaß = ein etwa 20 cm langer flacher Behälter aus verzinktem Stahlblech zur Aufnahme des Wetzsteins, den der Mäher am Gürtel trug.

Noch ein Wort zur Landwirtschaft:

Lampern = Lamperloch, das ist ein mit Wasser gefülltes Erdloch auf dem Acker, in dem man früher die jungen Runkelrüben vor dem Einpflanzen anfeuchtete.

Hier noch einige kurze Sätze, original oberisch:

Aisch ho da-isch gann	Ich hab dich gern

Aisch maog daisch näit	Ich mag dich nicht
Häi soi mer all zesamme	Hier sind wir alle beisammen
Mer ge I die Kerch	Wir gehen in die Kirche
Waos kost daos daonn?	Was kostet das?
Dou haost haut gout gekocht	Du hast heute gut gekocht
Mer kumme de Molkbaag erao	Wir kommen den Molkenber runter
Daos haots se Labtaog noch näit gää	Das hat es zu Lebzeiten noch nicht gegeben
Wo machst`n oone, Wo gehste daon hiie	Wo gehst Du hin
Doa kinnste in die Raise geheppe	Da könnte man vor Wut in die Luft gehen
Aisch muss emaol omenn hie	Ich muss mal dahin (ohne nähere Ortsangabe)
Aisch muss ooannermann hie	Ich muss woanders hin
Mach disch / iene / uufe	Geh hinein / hinauf
Was issn daos fern Braomms?	Was ist denn das für ein Fraß?
Es haot wider e Mords Zaisch eraogehaa	Es hat wieder stark geregnet / geschneit

Hier noch einige Flur-, Straßen- und Ortsnamen, einige von vielen:

Aa	Au
Aalebaag	Alter Berg

Aalehell	Alten-berg-straße
Aabäsch	Aubach
Aaleborg	Altenburg
Bräil	Am Brühl
Dalles	Solplatz
Gaßbaag	Geißberg
Haosel	Hasel-straße/Haselbach
Haoseploug	Hasen-pflug
Heech	Hoch-straße
Hierbaag	Hühner-berg
Fraabaag	Frauen-berg
Kuhöll	Kuhhöhle (das Gelände, auf dem die St. Michaels-Kirche steht)
Lemdich	Leimbach (Bach und Straße)

Laomeskoude	Leimen-kaute
Haoselrouh	Haselruhe
Roßhell	Roßhöhle
Sewelswiee	Sebolds-wiesen
Aufene	Aufenau
Alsbaag	Alsberg
Aalehosel	Altenhaß-lau
Haone	Hanau/M.
Lahatte	Lohr-haupten
Mannes	Mernes
Minster	Salmüns-ter
Owerndorf	Obern-dorf
Paffehause	Pfaffen-hausen
Wertem	Wirtheim
Wittsche-born	Wittgen-born
Gellehaus	Gelnhau-sen
Staone	Steinau

Die Orber Mundart. Nachtrag zur Sammlung von Orber Wörtern und Ausdrücken

12. Januar 1990

19. Januar 1990

43. Die Orber Mundart. Nachtrag zur Sammlung von Orber Wörtern und Ausdrücken

Die Veröffentlichungen in den Zeitungen zu dem oben genannten Thema haben bei den Lesern ein über Erwarten großes Interesse gefunden, wie vielfach aus Kreisen der Bevölkerung zu hören war. Selbst von auswärts habe ich viele anerkennende Worte gehört. Ein mir befreundeter Turner aus Gelnhausen, der meinen Aufsatz gelesen hat, schrieb mit, z.B., dass ich dankbare Leser gefunden habe, „denn die Mundart einer Landschaft ist ein Stück Kulturgeschichte."

Es war mir aber von vornherein klar, dass ich mit der ersten Aufzählung längst nicht alle gebräuchlichen Wörter genannt habe. Daraufhin wurden mir, wie ich das auch gewünscht und zum Ausdruck gebracht hatte, von etlichen Orber Bürgern noch Ausdrücke genannt, die über mein Wissen und meine Erinnerungen hinausgingen. Ich bin mir klar darüber, dass ich auch mit diesem Nachtrag noch nicht alle ortsüblichen und gebräuchlichen Wörter und Ausdrücke erfasst habe. Um den Zusammenhang zu wahren, habe ich aber den heutigen Nachtrag nicht länger hinausschieben wollen und werde, sofern mir noch mehr Wörter genannt werden, diese zu einem späteren Zeitpunkt niederschreiben und veröffentlichen.

Ich bin nun allen, die mich in dieser Sache erfreulicherweise unterstützt haben, von Herzen dankbar und werde im Nachfolgenden zahlreiche Wörter und Ausdrücke nachtragen und in alphabetischer Folge aufführen, wobei ich sicher bin, dass auch diese gerne gelesen, aufgenommen und gesammelt werden.

Hier nun wieder Ausdrücke und Worte mit hochdeutscher „Übersetzung“ bzw. Erklärung:

Addernessel	böse Frau (Schimpfwort)
alleweil	jetzt, gerade eben
Aoflatsch	linkischer dummer Mensch (Schimpfwort)
Aombel	einen Arm voll
Haombel	eine Hand voll
Äscheleene	schmutzige Frau (Schimpfwort)
atze	stehlen
Bagges	Mühlkoppe (Fisch), zoologischer Name
Bapp	die ehemalige Adt`sche Fabrik in

	Wächtersbach
Bäsch	Bach
Blaose	schlechte Gesellschaft
Bankert	uneheliches Kind (Schimpfwort)
Baschgar	Mischling, Bastard
beschnaodele	kritisieren
blotze	rauchen
Boormilsche	heutige Rotahornallee zwischen Villbacher Str. und Hotel Madstein
Broome	Bremse (Fliege)
Brollos	ungeschlachteter, roher

	Kerl (Schimpf-wort)
Brotze	missmuti-ger Ge-sichtsaus-druck
Brotze schiewe	Angeberei
Dappdeer	Schimpf-wort
Demmber (Saidemm-ber)	Großer Kochtopf für Schwei-nefressen
dinn	drin, drin-nen
doowe	drobeb
dous	draußen
dunne	drunten
Doubel	Schimpf-wort
drangsal-lern	drangsalie-ren
Dreemel	dicker Knüppel
Drottwa	Bürgersteig
eender	eher / frü-her

Ern	Hausgang
Fangenaale	Fangen spielen
Faschde	Ferse
Flaader-wiesch	gleichgülti-ger Mensch (Schimpf-wort)
flatsche	jemanden verhauen
Fletsch	Flügel
die Fletsch henge losse	missmutig sein
Foorell	Forelle
fujoase	jemanden drangsalie-ren
Freggel, Freggelsche	Ferkel
Gääleräiwe	Möhren
Gäälera-ofarn gäcke	Farnkraut rülpsen
Gählings	plötzlich (gählings)
Gedeerz	Getier (Tiere)

Gebregg	Holzgerüst im Schweinestall
Geneerschel	Nörgelei
Gequellte	Pellkartoffel
gestraonnelt	gezweifelt
gout	gut
gouze	bellen
Grummet	zweiter Grasschnitt (im August)
haut	heute
Hai	Heu
Haiblumme	Grassamen
Hauwelskopp	Wuschelkopf
hemme	bremsen
hinnersich	rückwärts
Holzhepche	Zaunkönig / Rotkelchen
Houfeschnicksches	Murmelsiel

huudern	herzhaft lachen
legank	Eingang
ieverrex	extravagant
Joppsche	Jacke
Kalleraowe	Kohl- oder Steckrüben
Kähleresel	Kellerassel
Kippel	Anhöhe, auch Küppelsberg und Sanatorium Küppelsmühle
Klunscher	Bonbon
Koltern	Wolldecke
Kotzdower	Spielkreisel (auch offene Drehkabine auf Karussellplattform)
Laddann	Leiter
Lieschebaonk	Treffpunkt der Müßiggänger

loubern	nachstellen, beobachten
laommedern	klagen

Mackstao	Hrenzstein
Maie	Birken
maone	meinen
Matte	Quark

Mattsteck	Mitbringsel vom Markt
Naidscheer	Neugierige(r), auch Schimpfwort
nait, nett	nein
Näwel	Nebel
Noll	Nadel
Oansingele	Ohrensausen
oogestiefelt	angestiftet
oo-men hiegeeh	irgendwo hingehen
paaforsch	rechthaberisch
Pitsche	Pfütze
Quademmber	breiter Hintern
Raach	Rauch
Räil	Stütze für die Raise

raschann	räuchern
Rascherkoammern	Räucherkammer
Riewelkuchen	Streuselkuchen
rousch	ruhig
ruste	suchen, wühlen
Saipersch	Auslauf für Schweinede
de Sell	Jemand ohne nähere Angabe
sellemoals	damal
singele	prellen (mein Arm „singelt“, mein Arm ist geprellt
soufe	saufen

spille geh	Nachbar-schaft besu-chen
Sunn	Sonne
Su-chenale	Versteckspiel
schackele	nicht normal laufen
schacks	linkshändig
schee Schellern	schöne Schulter
schmäise	schlagen
Schlickser	Schluckauf
Schmatze	Schmerzen
Schnoa-bel	Mund/Mund-werk
Schnopp-douch	Taschentuch
Schossee (Chaus-see)	Straße
Eewer-Schossee	Würzburger-straße
Inner-Schossee	Villbacher-straße
Schoude	Verrückter (Schimpf-wort)

schrao	eingefallen, hohlwegig
Staobäi-ser	Neunauge (Fisch, bota-nischer name)
stenze	stehlen
Väi	Vieh
vawarratt	verwirrt
vadaobt	verdreht
Veeder	Onkel
veersich	vorwärts
Vissema-dente	Grimasse schneiden, sich heraus reden
Wass	Weizen
aisch wass	ich weiß
Waoms, Waomm-sche	Weste
Watte-heisje	Wartturm auf dem Mol-kenberg
Winkel-sche	enge Seiten-gasse
wäll-schann	wälzen

zäitisch	gar gekocht, rechtzeitig
Zellerisch	Sellerie
Zwicker	Kneifer (Brille)

| Zwicker | Kneifer (Brille) |

Weitere Schimpfwörter

Wohlgemerkt: Die in der STADTSCHELLE Nr. 52 veröffentlichten sog. „Beinamen“ sind keine Schimpfwörter, sondern Spitz- oder Uznamen; sie stammen auch nicht von mir. Ich bin seither mehrfach darüber angesprochen worden, habe es aber stets abgelehnt, solche Namen zu veröffentlichen, weil sie beleidigend sein könnten. Schimpfwörter sind solche Worte, die auf keine bestimmte Person, sondern auf jeden zutreffen können.

Hier nun noch einige Nachträge:

Ääferdeppe, Addernessel (böse Frau), Äscheleene, Bankert (uneheliches Kind), Baschger - Bastard (Mischling), Brummeldeppe, Brolloss (roher Kerl), Doupel, Dappes, Dunsel, Fratz, Gaasboock, Haiwelskoop (Wuschelkopf), Hurreck, Läffgoje, Poudel, Saibagges, Schrääläffer, Spelunkes, Stadtstinker

Die sieben Wochentage auf orberisch:

Sunnisch	Sonntag
Mondisch	Montag
Dinnsdisch	Dienstag
Mett-woch(e)	Mittwoch
Dorsch-disch	Donners-tag
Fräidisch	Freitag
Saomsdisch	Samstag

Ausdrücke und Gegenstände aus dem landwirtschaftlichen Gebiet, heute nur noch wenig bekannt; sie wurden mir größtenteils von einem Bauern genannt:

Aonkejoch od. Sternjoch	Zum Anspannen von Ochsen und Kühen
Binnkneddel	wurde zum Festspannen der Heuseile gebraucht
Binnradel	zum Festbinden von Kurz- oder Langholz
Binnoassekringel	Halterung der Binnaosse
Däisel	Deichsel
Destelstecher	zum Abstechen der Disteln im Kornfeld
Futtermoanne	Korb zum Transport von Heu in Scheune und Stall
Hairobber	zum Rupfen von Heu aus dem festgetretenen Heuhaufen

Haizange	Gerät zum Hochrollen von Heu in die Scheune
Krennel	Verbindung von Vorder- und Hinterpflug
Krummet	(nur) zum Anspannen von Pferden
Ladderwoa	Leiterwagen
Lenkwied	Verbindung zwischen Vorder- und Hinterwagen
Linse	Halterung von Achse und Wagenleiter
Linsekringel	Verbindung zwischen Linse und Runge zum Halten der Wagenleiter
Meckeholz	hintere Wagenbremse (Schraube)

Memm	Euter der Kuh
Raadels-keete	kleine Kette am Vorder-wagen
Sensewoorf und Sense-scheercher	Stiel und Handgriff der Sense
Sättel	Streuwanne
Störzer	einfacher Pflug
Stiefel mit Lie	Sicherung, dass das Rad nicht von der Achse fällt
Schlaffbaom	vordere Wa-genbremse
Stampsels	Viehfutter aus zer-stampften oder gemah-lenen Run-kelrüben mit Häcksel oder Spreu
Schänze	Korb

Unnerwen-ner	Pflug mit langem Streichblech (Rister)
Veerrenn	„verm enn“ (vor dem Ende) eines Ackers, d.h. ein Stück Acker, auf dem der Bauer das Gespann wenden musste
Weeder	Teil des Hin-terwagens
Waosch-meer	Wagenfett
Winne	Winde zum Raus- und Hochheben
Wied	Strohge-flecht zum Binden von frisch ge-mähtem Ge-treide

Die Orber Mundart. Ein Nachtrag zur Sammlung von Orber Ausdrücken und Redewendungen

12. April 1990

44. Die Orber Mundart. Ein Nachtrag zur Sammlung von Orber Ausdrücken und Redewendungen

Über die Orber Mundart habe ich bereits vor einiger Zeit in mehreren Ausgaben dieser Zeitung berichtet. In der Zwischenzeit sind mir noch weitere Wörter eingefallen oder von interessierten Lesern genannt worden. Es ist mir klar, dass es darüber hinaus noch eine Reihe von Ausdrücken gibt, die Wert wären, einmal aufgezählt zu werden. Trotzdem will ich das Thema mit der heutigen Ausgabe beschließen, allerdings noch eine Anzahl von Redewendungen anhängen, die im Orber Sprachgebrauch oft vorkommen. Weiterhin bringe ich noch 2 Verse, die interessant sind und festgehalten werden sollten. Bleibt mir nur noch, all denen zu danken, die mich in dieser Sache so engagiert und hilfreich unterstützt haben

Hier nun noch eine Anzahl Ausdrücke und Wörter mit hochdeutscher „Übersetzung" bzw. Erklärung:

Aaschell	Eichhöhle
ammer Deifel	armer Kerl
aisch geh	ich gehe
aisch hoo	ich habe
aobinne	abbinden
oobinne	anbinden
Bagaasch	schlechte Gesellschaft
Däätz	dicker Kopf
diiwe	drüben
gann	gerne
gedestemeert	nicht gut angesehen

gefug-gelt	getauscht
Grotze	Schimpfwort
Immgo-ank	Prozession
Korfersc htebern-sche	ehemaliger Kurfürsten-brunnen an der Villbacher Straße
die Krop-pisch	die Kleinste
Links-datsch	Linkshänder
räsche	zusammenre-chen
raffe	zusammen raffen
Raffe	Lattenrost zur Aufnahme von Futter für das Vieh
Rao	Rain/Abhang runter/herun-ter
erao	runter/herun-ter

geh maol erao	komm mal runter
saot	satt
schaab	scharf
Schliede	Schlitten
schrää	schräg
schrääg enniwer	gegenüber
Schlapp-maul	Schimpfwort
Schlapp gusche	Schimpfwort
Schwan-notz	Schimpfwort
Schwe-renöder	Schimpfwort
Sunn	Sonne
Staod	Stadt
Stoul	Stuhl
Va-staond	Verstand
Vlize-weck	trockener Weck
Wao	Wagen
Kinner-wao	Kinderwagen
wunn	wollen

wunner-schee	wunderschön
meer wunn	wir wollen
Wutz	Schwein/Schimpfwort
Zuuwer	Bottich

Einige von vielen gebräuchlichen Redewendungen, die mir angetragen wurden:

Aonnern dou esse, meer dou spaochtele	Andere Leute essen, wir speisen.
Aisch gee i di Schoul, mein Bou zu verrembern	Ich gehe in die Schule, meinen Jungen zu entschuldigen.
Aisch hoo nix gesaat kräischt (Meer haot kaoner ebbes gesaat)	Man hat mir nichts gesagt.
Aisch koo deer näit ge-helfe	Ich kann Dir nicht helfen.
Daa hat die Bouzel vool	der ist betrunken
daa iss näwisch de Kappe	der ist verrückt.
dao soi aisch hiige-schmesse	da bin ich hingefallen.
daos bräischt alles net ze soi	das hätte alles nicht sein müssen.
Die Aadäppel musse noch'en Wouler mache	Die Kartoffeln müssen noch etwas länger kochen.
an Houfe Lait soi mitgaonge	eine Menge Leute sind mitgegangen.
Meer iss so olwer	mir ist so schlecht.
Gee maol of die Lawe un	Geh mal auf den

holl de Bookratzer erao	Dachboden, und hol den Schlitten herunter.
Wäi aisch bei denne war, hoo däi iwwer maisch gesaat	Als ich bei denen war, haben die zu mir gesagt.

Noch ein alter Spruch:

„Oo Maria Lichtmess die Herrn bei Daoch ess, die Räische wann se wunn, die Amme wann se hunn."	„An Maria Lichtmess essen die Herren schon bei Tageslicht. Die Reichen, wenn sie wollen, die Armen, wenn sie etwas haben." (Überliefert von de Dina am Markt)

Sachregister

Sachregister

Bildnachweis

U1, U4: Foto Wolfgang Hessberger

Seite 31, 32, 33, 254: Foto Wolfgang Hessberger

Seite i: Magnus Scheler

Seite 7, 9, 17, 27, 52, 53, 54, 55, 58, 67, 68, 69, 70, 73, 76, 77, 82, 92, 100, 106, 108, 111, 113, 114, 115, 118, 119, 122, 123, 127, 128, 129, 130, 136, 139, 146, 147, 154, 176, 178, 180, 182, 190, 201, 202, 208, 211, 268, 270, 272, 273, 274, 276, 277, 319, 398, 583: Josef Engel/Repro Karl A. Ihl

Seite 30, 231, 258, 265, 266, 280, 283, 285, 288, 295, 297, 298, 299, 300, 301, 302, 303, 304, 397, 402, 403, 407, 413, 414, 419, 431, 443, 546, 564: Gemeinfrei

Seite 167: Anton Strauß

Seite 112, 162, 163, 164, 171, 172, 351, 370, 377, 384, 388, 389, 390, 391, 392, 393, 457, 465, 575, 580: Stadtarchiv, Sammlung Karl A. Ihl †

Seite 194: Helga Koch

Seite 225, 226: Bad Orber Geschichts- und Heimatverein e.V.

Seite 238: K. Schneider

Seite 315, 316, 333, 334, 335, 336, 337, 348, 369: Museum Stadt Bad Orb

Seite 314: Bickell, Ludwig [Hrsg.]. Die Bau- und Kunstdenkmäler im Regierungsbezirk Cassel (Band 1): Kreis Gelnhausen: Atlas, Seite 265

Seite 349: Roland Röder

Seite 353: Familie Richard Werner

Seite 355: Familie Geis

Seite 357: Familie Kupsch

Seite 359, 360: Familie Schöning